Herderbücherei

Band 1187

Über die Autorin

Christa Meves, geboren 1925, Studium der Germanistik, Geographie und Philosophie an den Universitäten Breslau und Kiel, Staatsexamen in Hamburg, dort zusätzlich Studium der Psychologie, Ausbildung zur analytischen Kinder- und Jugendlichentherapeutin an den Psychotherapeutischen Instituten Hannover und Göttingen. Freipraktizierend in Uelzen, Arztfrau und Mutter zweier Töchter. 1974 Wilhelm-Bölsche-Medaille, 1976 PRIX AMADE, 1978 Niedersächsischer Verdienstorden und 1979 Konrad-Adenauer-Preis der Deutschlandstiftung, 1984 Bundesverdienstkreuz Erster Klasse.

Christa Meves

Lebensrat von A–Z

Ehepartner – Kinder – Großeltern

Herderbücherei

Veröffentlicht als Herder-Taschenbuch

Buchumschlag: Werner Bleyer

Umschlagfoto: Hartmut Schmidt

Herder Freiburg · Basel · Wien
Herstellung: Freiburger Graphische Betriebe 1985
ISBN 3-451-08187-3

MIT HARALD UND
FÜR HARALD ZUM
40. EHEJUBILÄUM

Inhalt

I.

Ehe-Alphabet

II.

Großeltern-ABC

III.
ABC der Verhaltensstörungen

I.

Ehe-Alphabet

Einst war die Ehe ein Hafen, aus dem einige
Paare mit vollen Segeln sicher ausfuhren,
andere lagen darin vor Anker und verrosteten,
noch andere erlitten Schiffbruch an der Küste.
Heute ist sie eine Fahrt auf offenem Meer,
ohne jeden Hafen im Hintergrund, und jeder
der beiden Partner ist zu Wachsamkeit und
tiefer Verantwortung verpflichtet, wenn das
Schiff überhaupt flott bleiben soll. Jede Form
der Ehe kann ihren Lohn und ihre Würde in sich
tragen, wenn die Menschen sich nur entschließen,
sie ihr zu verleihen.

Margaret Mead

Wir sollen heiter Raum um Raum durchschreiten,
An keinem wie an einer Heimat hängen,
Der Weltgeist will nicht fesseln uns und engen,
Er will uns Stuf' um Stufe heben, weiten.

Hermann Hesse

Einführung

Diesen Band zu schreiben, ergab sich aus der Situation: Ich sann auf ein Hochzeitsgeschenk für meine Kinder, so wie man eben darüber nachdenkt bei ähnlichen Anlässen: daß es etwas Bleibendes sei, ein Geschenk „fürs Leben" und etwas möglichst Persönliches, Mühevolles dazu, etwas, das durch den Charakter des „Selbstgehäkelten" ausdrückt: Ich hab' Euch lieb, ich geb' Euch ein Stück von mir selbst, von meiner Zeit, von meinem Leben. Unabhängig davon kam mir immer einmal wieder in den Sinn, daß ich meinen beiden gern dies und jenes an Erfahrungen aus der Praxis für ihre Ehe mitgeben würde, ohne daraus eine pathetische „Belehrung" werden zu lassen. In diese Situation fiel das Wort eines Pastors nach einem Vortrag, zu dem er mich eingeladen hatte: „Was wir brauchen", sagte er, „ist ein Ehebrevier, das wir anläßlich der Trauung den jungen Paaren mit auf den Weg geben könnten. Viele der modernen Ehebücher geben ganz brauchbare Rezepte für den Alltag und erklären auch recht gut die Hintergründe des Fehlverhaltens der Menschen; aber den meisten fehlt der religiöse Akzent und damit doch das für uns Wesentliche. Rezept und Training allein retten ja nicht vor der so häufig rasch einsetzenden Zerrüttung der Ehe. So ein Buch sollten Sie schreiben." Ich fuhr nach Hause und tat's. Die so entstandene kleine Schrift richtet sich also nicht an meine eigenen Kinder allein. Sie möchte darüber hinaus den vielen jungen Paaren, die mit dem besten Willen ihr gemeinsames Leben beginnen, in aller Bescheidenheit ein Stück Hilfe geben, damit dieser glückliche Anfang auch einen glücklichen Fortgang finde. Den Ehen der Zukunft fällt eine schwere und gänzlich neue Aufgabe zu: in der Erkenntnis der verschiedenartigen Begabungen und Interessen von Mann und Frau eine gleichwertige, eine vollgültige und damit eine menschlichere Partnerschaft zu leben. Daran ein wenig mitzuwirken, war mein ganz persönlicher Wunsch beim Schreiben dieses Buches. Wie meinen Kindern sei es allen empfohlen, die nicht im Üblichen, im Mittelmäßigen steckenbleiben wollen, sondern die sich auf dem Boden der Realität mit uns mühen um den Fortschritt in eine humanere Welt hinein.

A

Anfang und Ende aller Weisheit in bezug auf die Dauer des Glücks einer guten Ehe ist die Lebenseinstellung der beiden Menschen, die sie eingehen

Es ist sicher wichtig und notwendig, daß man sich gegenseitig gut schmeckt, daß man sich „riechen" kann – und dennoch, so lehrt die Erfahrung, reicht das nicht aus. Mißt man seine Zusammengehörigkeit nur an solchen Kriterien der Empfindung, so zeigt sich meist, daß sie als Basis für eine lebenslängliche Ehe nicht hinreichend tragen. Ohne ein tieferes und festeres Fundament schlagen solche Empfindungen nur allzuleicht ins Gegenteil um, dem das Paar dann hilflos ausgeliefert ist, so daß es in einen zerrüttenden Strudel gerät. Wer beschließt, gemeinsam einen *Lebensweg* zu gehen, muß eine Vorstellung davon haben, wohin er will. Viele Frauen früher wollten eben als Lebensziel nur zu *dem* geliebten Mann. Ihr Weg war dann mit der Hochzeit zu Ende; sie blieben gewissermaßen auf der Kirchenbank hocken und überließen ihren Männern die Mühsal des Weges, womit diese dann oft überfordert waren und nicht selten schließlich einfach davonrannten oder sich kopflos in irgendein Unglück stürzten. Eine Ehe führen heißt eben, sich gemeinsam durch das Leben kämpfen – aber es ist eine höchst fragwürdige Angelegenheit, wenn nur einer der beiden weiß, wohin er will, während der andere in seinem Schlepptau hängt und einfach nach dem Motto lebt: „Wo Du hingehst, da will ich auch hingehen." Es könnte ein solcher Partner, der blind mitläuft, zu spät entdecken, daß er zu etwas geführt wird, das er im innersten Kern seiner Seele absolut nicht gutheißen kann. Am Anfang muß also bewußte Einstimmigkeit über das Ziel herrschen, über das Lebensziel, das man zu erreichen hofft.

Viele Paare heute sehen in dieser Hinsicht nur Teilziele und halten sie für das Ganze: eine Wohnung einrichten, ein Haus bauen, einige Kinder aufziehen, die berufliche Karriere des Mannes oder auch – immer noch selten die der Frau anstreben, wohlhabend werden. Es ist gewiß wichtig, solche Pläne zu haben; aber aus ihrer Aufzählung geht schon ganz deutlich hervor: Diese Ziele sind alle zeitlich begrenzt, sie sind Etappen des Weges, niemals das eigentliche Endziel. Aus dieser Aufzählung geht darüber hinaus hervor, daß selbst Einstimmigkeit in einem der Teilziele, die man für das Ganze nimmt, nicht genügt. Setzt man sich zum Beispiel zum Ziel, so viel Geld zusammenzutragen, daß man überhaupt nicht mehr zu arbeiten braucht, so wird man bald in der ehelichen Gemeinsamkeit merken, wie wenig diese Zielsetzung die Möglichkeit in sich schließt, dauerhaft miteinander glücklich zu sein. Die Erfahrung lehrt vielmehr, daß Überdruß, Depressionen und Übellaunigkeit zu regieren beginnen, wenn man versucht, über eine lange Zeit ohne jede Tätigkeit zu leben. Aber selbst wenn man in ideologischer Begeisterung beschließt, die Revolution herbeizuführen, kommt dabei selten heraus, daß das eine Aufgabe ist, die ein Paar über Jahre in einer geistigen Gemeinschaft wirklich trägt. Gemeinsamkeit der Zerstörung führt schrecklicherweise in die Selbstzerstörung des Paares. Nur eine Gemeinschaft mit konstruktiven Zielen ist eine dauerhafte Gemeinschaft.

Wie kommt man denn nun aber zu einer Ausrichtung auf ein konstruktives Lebensziel – und was ist das überhaupt? Sie läßt sich gewiß nur finden, wenn man sich vorher bewußt gemacht hat, daß unser Leben hier auf der Erde einen Sinn hat, daß nämlich – christlich gesprochen – jeder Mensch ein „Pfund", eine Begabung, eine Art Vorschuß mitbekommen hat und daß es zu unserer Lebensaufgabe gehört, mit diesen „Pfunden" zu wuchern, die Begabungen auszubauen, sich um ihre Entfaltung und Verwirklichung zu bemühen. Und zwar hat dies anscheinend auch nicht einfach um ihrer selbst willen zu geschehen, sondern die entfalteten Begabungen bilden das Gefäß, auf dessen Boden jeder auf seine Weise, jeder nach seinem Vermögen daran mitwirken soll, daß der Geist Gottes, der Geist des Guten, der Liebe, der Vergebungsbereitschaft, der schöpferische Geist, in der Welt wächst, damit eines Tages die zentrale Bitte des Vaterunser-Gebetes in Erfüllung gehen kann: daß Gottes Wille sich auch hier auf der Erde voll verwirklicht, daß *sein* Reich wirklich kommt.

Wir sind heute weit entfernt von dieser Erfüllung – unsere Generation wird das gewiß nicht zu ihrer Lebzeit erleben – und dennoch lohnt es sich für das eigene persönliche Leben, in klarer Zielsetzung mit auf dieses Ziel hinzuwirken. Denn erstens gibt es auf diesem Weg in Hülle und Fülle zu tun, zweitens trägt eine solche Einstellung im persönlichen Bereich so reiche Früchte, daß man wohl die Erfüllung der großen Bitte im kleinen immer wieder erleben kann, drittens bietet diese Einstellung den einzigen, den wunderbarsten Schutz gegen die wilden Krisen unseres Schicksals, und viertens gibt sie, erhaben über jeden Vergleich mit anderen Möglichkeiten, die Chance für eine dauerhafte Lebenserfüllung in der Ehe. Denn diese Einstellung bewirkt, daß man sich als Paar an die Hand nimmt und auf ein Ziel zugeht, das wie ein Berggipfel in der Ferne über einem steht und das man in gemeinsamer Wanderung zu erreichen sucht. Man kreist nicht um sich selbst, um sich als einzelnen, aber auch nicht um sich als Paar, man hakt damit nicht in Eigensucht und Egoismus zu zweit fest, sondern hält den Blick gerichtet auf das überpersönliche Ziel: etwas beizutragen – gemeinsam das Bestmögliche beizutragen im Dienst an der Schöpfung, in der Arbeit für Gott. Deshalb ist die Ehe in der katholischen Kirche mit Recht ein Sakrament, eine Gemeinschaft für eine heilige Aufgabe. Und auch im Trauritual der evangelischen Kirche kommt das zum Ausdruck (dadurch, daß das Paar, auf den Altar gerichtet, den Segen empfängt), daß hier nicht nur ein Vertrag zwischen zwei Menschen geschlossen wird, sondern der Bund eines Paares mit Gott.

Diese Gegebenheit klar im Bewußtsein zu haben und sich zu ihr zu bekennen, sich ihr zu unterstellen, ist das A und O, ist *die* entscheidende Voraussetzung und Gewähr für das Glück der Ehe. Wir Menschen haben so viel Destruktives, so viel Suchthaft-Egoistisches, so viel gefährlich Wuchernd-Machtgieriges in uns, daß wir, wie gerade unsere Zeit schlagend beweist, kaum hinreichend gewappnet sind für unser Leben, wenn wir es einfach ohne Überlegung und ohne eine klare Orientierung auf uns zukommen lassen. Wenn man seinen Partner liebt, erscheint es als das einfachste von der Welt, ihm nur Gutes zu tun; aber der Alltag bringt uns Enttäuschungen aneinander, die natürlicherweise Aggressionen auslösen. Nur allzuleicht geraten wir dann ohne eine feste Marschrichtung in das Feld negativer Reaktionsformen. Nach dem Motto „Wie du mir, so ich dir" kommen wir unversehens in die Teufelskreise der Rachsucht. Machen wir uns deutlich, daß wir damit in direkter Weise dem „Un-Sinn", dem Widersinn der Schöpfung dienen würden, so können wir klarer auch in Stunden des Verletztseins daran festhalten, das Gute leben zu wollen und deshalb auf Rache zu verzichten. Die Ausrichtung unseres Lebens auf Gott zu ist deshalb nicht nur die schönste Wahl, die wir treffen können, sondern, ganz nüchtern betrachtet, auch die, die uns am sichersten zu einer Erfüllung unseres Lebens kommen läßt. Vermutlich ließe sich das heute schon statistisch absichern. Und wir Modernen, die wir so sehr auf Absicherung durch Erfahrung bedacht sind, sollten nicht so dümmlich sein, diese wichtigste aller Regeln in den Wind zu schlagen. *Dieser* Kurs ist der richtige – auch wenn er unterwegs nicht immer ganz leicht einzuhalten ist. Alle Rezepte ohne diese Ausrichtung auf das erste und oberste Ehegebot müßten Stückwerk bleiben, alle Erörterungen über Chancen und Fallen auf dem Weg wären sonst müßig; denn dieses Gebot ist *eine* Variante des großen alten ersten Gebotes des Moses: „Ich bin der Herr, dein Gott, du sollst nicht andere Götter haben neben mir." Dieses Gebot steht nicht nur an allem Anfang, es umfaßt unser ganzes Leben und gibt ihm seine Kraft. Nicht andere Götter haben, das bedeutet nämlich unter anderem auch, sich nicht der drängenden Kraft der vitalen Antriebe allein, sich nicht der Herrschsucht, der Besitzgier, der Bequemlichkeit, dem Egoismus, der Sexualität ausschließlich zu verschreiben. Die Anbetung all dieser falschen Götter führt in elende Sackgassen, die sich in bezug auf die Ehe besonders schädlich auswirken. Denn es gehört zur Struktur des Menschen, daß er unzufrieden und unglücklich wird, wenn er einseitig und verbohrt den „falschen Göttern" folgt, ohne die Warnungen seines Mißmuts als Signale zur Umkehr zu verstehen. Und es ist eine der Hauptursachen aller Ehetragödien, daß der eine die „Schuld" für sein Unglücklichsein jetzt dem anderen anzulasten sucht, wodurch alle Teufelskreise der Zerrüttung und Entfernung voneinander einsetzen.

Das Verbot, „nicht andere Götter zu haben", schließt aber auch die Warnung vor einer Überhöhung des Bildes vom Partner ein. Im Überschwang der Liebeserfüllung ist ein Paar nur allzuleicht geneigt, sich gegenseitig zu vergöttern. Aber in diesem Weg liegen gefährliche Illusionen. Es ist enttäuschend für einen Mann, wenn er in der Ehe die Erfahrung macht, daß seine Göttin unter einer bedenkenlosen Klatschsucht leidet, es ist schockierend für eine Frau, wenn ihr vergötterter Heldenpartner sich im Alltag in dieser oder jener Situation als feige erweist. Um solchen Enttäuschungen vorzubeugen, ist es wichtig, rechtzeitig mit dem Partner über die eigenen Schwächen zu sprechen, ihn über unseren „wahren" Charakter aufzuklären, statt krampfhaft die Illusion der „Göttlichkeit" zu züchten, um in seinen Augen unentwegt vorbildlich, heldenhaft und supertüchtig zu sein.

Jedes Paar muß wissen, daß es in der großen Liebe zueinander durch den anderen hindurch den „Himmel" erlebt, *Gottes* Liebe, einen Vorgeschmack der Ewigkeit. Aber dieses Erlebnis darf nicht einfach mit dem Partner total gleichgesetzt werden. Wir sind Menschen mit Fehlern, weiß und schwarz gescheckt. Wenn in der Liebe bei uns das Gold unter dem Mantel aufleuchtet, so ist das gewiß der göttliche Teil in uns, der durch uns hindurch auf den anderen übergreift. Das ist ein Wunder, und wir empfinden das auch so; aber wir sollten wissen, worum es sich handelt: nicht darum, daß wir „wie Götter sind", sondern daß Gott sich uns in Form unserer Liebe zueinander schenkt. Das zu erleben, sollte uns dankbar machen, gegen unseren Partner, vor allem aber gegen Gott, der uns gerade an unserem Eheanfang seine helle Feuersäule schickt, die uns voranleuchtet, damit wir die Orientierung nicht verlieren, wenn wir den Weg antreten in das gelobte, das unbekannte Land der Ehe hinein.

Wenn dies klar ist, können wir an die Einzelheiten gehen, die kleinen, eigentlich relativ unwichtigen, die sich alle mit dem ersten Gebot umgreifen lassen. Sie sind eigentlich bereits keine Probleme mehr, wenn man fragend mit dem Maßstab des großen A mißt. Sie weiten sich trotz aller Ratschläge zu unlösbaren Riesenproblemen aus, wenn man jenen Maßstab verliert. Wir können menschenwürdiges Leben, menschenwürdige Ehe nur im Geist Gottes vollziehen. Was bedeutet „Geist Gottes" in uns? fragt Klaus Hemmerle und antwortet:

„... Daß wir nicht mehr aus uns leben, sondern daß wir aus einem Ursprung in uns leben, der tiefer inwendig ist als unser Innerstes ... Der vom Geist Erfüllte ist sozusagen gesteigerte Identität mit sich, gesteigerte Persönlichkeit, aber er ist zugleich jene Persönlichkeit, die die innere Endlichkeit herausgebrochen und sich geöffnet findet in die Ursprünglichkeit Gottes selbst hinein. In mir lebt ein Ursprung, der inwendiger ist, tiefer innen ist als mein Inneres. In mir lebt Gott selbst, ich brauche nicht mehr aus dem kargen Vorrat, aus der kargen Ration meines eigenen Könnens und Mögens zu leben, sondern ich kann aus Gott selbst leben, der sein ganzes Ja und Du zu mir gesagt,

der seine Liebe in mich ausgegossen hat. Um den Römerbrief zu zitieren: Dort, wo die Bedrängnis, wo dies In-die-Enge-Kommen mir begegnet, bin ich nicht am Ende, sondern durch die Stufen der Geduld und der Bewährung wächst eben jene Hoffnung, die sich nicht mehr auf mich stützt, sondern darauf, daß in mir der Geist Gottes ausgegossen ist.
Ich kann leben aus der Zukunft, denn diese Zukunft, die Gott selber ist, hat sich mir geschenkt. Ich kann von Gott her denken, ich kann von Gott her die Dinge sehen, ich kann von Gott her meinem Nächsten begegnen: Gott in mir ist mächtiger als ich. Ich kann meine eigene Ohnmacht immer und immer wieder ihm überantworten."

Unter *dieser* Voraussetzung läßt sich auch alles Weitere noch etwas genauer unter die Lupe nehmen.

B

Die Bereitschaft, von seinem Partner zu lernen

Wir vergessen so leicht: Wenn wir als erwachsene Menschen heiraten, wenn wir mündig werden vor dem Gesetz, bedeutet das noch lange nicht, daß wir fertig sind, daß unsere geistig-seelische Entwicklung abgeschlossen ist. Die kleinen Jungen und Mädchen, die im Grundschulalter plötzlich anfangen, sich zu schämen, die sich nicht mehr nackt zeigen wollen, spüren unbewußt etwas höchst Grundsätzliches: Als Junge oder Mädchen ist man unvollkommen, ist man eigentlich nur halb. An ein erwachsenes Menschenpaar, an einen Mann und eine Frau, wird nun die Möglichkeit herangetragen, sich gegenseitig zu ergänzen, in der Vereinigung der beiden Halbheiten zu einer Ganzheit zu werden. Aber in unserem Geist und in unserer Seele ist das nicht so einfach und wunderbar zu vollziehen wie im körperlichen Bereich; dort wird gewissermaßen vorwegnehmend, ja geradezu gleichnishaft deutlich, was im geistig-seelischen Bereich mühsam Schritt für Schritt und immer neu vollzogen werden soll: durch das Geschenk des Partners ganz zu werden. Dies schaffen zu können, setzt zunächst die Einsicht voraus, daß wir voller Fehler und eben nur halb sind. Keiner von uns ist seelisch ebenmäßig ausgebildet. Es gibt Bereiche, die zurückgeblieben sind, für die bisher keine Möglichkeit bestand, sie zu entfalten.

Viele Mädchen haben zum Beispiel in unserer Gesellschaftsform wohl gelernt, sich anzupassen – aber keineswegs hinreichend die Fähigkeit erworben, sich durchzusetzen. Es wäre sinnlos und falsch, wenn der Ehemann das Sichdurchsetzen für sie übernehmen und diesen ungeübten Teil weiter in die Mottenkiste verbannen würde. Das ist eine große Versuchung für einen Mann. Denn wenn die Möglichkeit, sich durchzusetzen, bei der Frau nur schwach ausgebildet ist, hat er ja leichtes Spiel, sich auch ihr gegenüber durchzusetzen und mühelos den Pascha zu spielen! Und dennoch zahlt sich das auf die Dauer nicht aus, es führt ab vom Weg, statt auf ihm vorwärts. Es zerteilt die Hälften, statt sie zusammenzuschmieden. Deshalb sollte ein Mann seine Frau ermuntern, persönliche Wünsche zu äußern und kritische Bemerkungen zu machen, wenn sie das zu wagen in ihrer Kindheit nicht hinreichend gelernt hat.

Viele Männer können – um nur ein banales Beispiel zu nennen – vorzüglich mit Hammer und Meißel umgehen, aber angesichts der Situation, in der unverhofften Abwesenheit ihrer Ehefrauen ausnahmsweise ein warmes Essen auf den Tisch zu bringen, geraten sie in panische Ratlosigkeit. Es ist keineswegs erstrebenswert in einer modernen Ehe, wenn die Frau diese Hilflosigkeit dadurch auf die Spitze treibt, daß der Mann grundsätzlich aus ihrem Machtbereich Küche ferngehalten wird. Auf diese Weise wird nicht Ergänzung vollzogen, sondern die Gewichte werden einseitig verteilt und damit Überlastung der einen „Waagschale" bewirkt. Allzuviel Spezialistentum führt auf der einen Seite zur Versuchung der Ausnutzung von Macht und auf der anderen Seite zu quälender Abhängigkeit. Seelisch-geistige Ergänzung in der Ehe bedeutet, daß beide Partner, auf welchem Sektor auch immer, versuchen, gegenseitig dazu beizutragen, daß Hilflosigkeiten überwunden, Unfähigkeiten zu Fähigkeiten nachgeübt werden, so daß *jeder* autark und keiner in einer schäbigen Weise vom andern abhängig gehalten wird.

Diese Aufgabe bezieht sich nicht nur auf unsere Fähigkeiten. Mann und Frau sind in vielen seelischen Bereichen von Natur ganz verschieden, eine Gegebenheit, die heute unsinnigerweise immer heruntergespielt wird – ein Trend, der im Ehealltag überhaupt nicht hilfreich ist. Wir sollten unsere Verschiedenheiten, das ganz andere und die verschiedene Verteilung der Begabungen erst einmal annehmen, anstaunen und auch dieses mit aufzunehmen versuchen, statt abzuqualifizieren. Wenn wir Frauen uns beim Zeitunglesen zuerst für die Familienseite interessieren, der Mann hingegen für Außenpolitik oder Wirtschaft, so ist das zunächst einmal praktisch, denn man kann die Zeitung gleichzeitig lesen, ohne sich darum zu zanken; aber darüber hinaus kann man im Interessenaustausch voneinander lernen: der Mann die Anteilnahme, das Einfühlen und Verstehen der Menschen in seiner Umgebung, die Frau durch Rückfragen an ihren Mann das Denken in politischen oder wirtschaftlichen Dimensionen.

Ich glaube, daß auf diesem Feld bedeutsame Zukunftsaufgaben gerade in der Ehe auf uns warten. Die einseitig patriarchalisch geführten Ehen der letzten Jahrhunderte haben ja eine zu starre Rollenverteilung heraufbeschworen, die die natürliche schöpferische Spannung zwischen den Geschlechtern zu einer gefährlich-destruktiven Überspannung verzerrte: Der Mann hatte zu beherrschen, die Frau hatte sich zu unterwerfen, was nur allzusehr ränkevolle und heimliche Bemächtigungsimpulse ihrerseits heraufbeschwor. Die Emanzipationsbewegung war eine folgerichtige, impulsiv aufgetretene Gegenbewegung, die wohl in bezug auf die äußeren Rechte, aber leider noch nicht in bezug auf die innere Harmonisierung Fortschritt bedeutete; denn die im Zuge der Emanzipation erwirkte Intellektualisierung der Frau hatte für die Partnerschaft zunächst eher unheilvolle Folgen. Sie bedeutete überzogene Angleichung der Frau an den Mann. Viele dieser Frauen versuchten eilfertig, ihr „Eigentliches" auszuschalten, statt ihm die neuen Fähigkeiten hinzuzufügen. Das aber bedeutete Erschlaffung der polaren Gegensatzspannung, Minderung der gegenseitigen Ergänzungsmöglichkeit und beschwor „Verkopfung" und Gefühlszerredung in der Ehe herauf, Erscheinungen, die die ersehnte gemeinsame Entwicklung und Steigerung nicht erbringen konnten.

Dieser kollektiven Sackgasse können wir nur entrinnen, wenn wir uns bewußt machen, daß die *übertriebene* Angleichung der Frau an die Aufgaben und Charaktereigenarten des Mannes in bezug auf die Partnerschaft erneut Ungleichgewicht bedeutet, ein

Ungleichgewicht dazu, das durch Züge wie Versachlichung, Ernüchterung, abstrakte Zielsetzung ganz allgemein Seelenverlust, Substanzverlust durch Vermännlichung bedeutet. Einseitigkeiten dieser Art können uns nicht den ersehnten Fortschritt in menschlichere Lebensformen hinein erbringen! Die „Gleichberechtigung" der Frau bedeutet keine Befreiung der Menschen von gegenseitigem Sich-Unterjochen, wenn sie einseitig Angleichung der Frau bedeutet! Sie führt dann direkt in die Kampf-Ehe nach Tier-Rivalitäten-Verhaltensmanier. Das Suchen nach mehr Menschlichkeit, das dumpf in allen diesen Bewegungen zum Ausdruck kommt, kann aber nur verwirklicht werden, wenn dem Fühlen, dem Empfinden, dem Schönen in der Partnerschaft ein *hoher* Wert beigemessen wird. In jedem Mann lebt das Gefühl – sonst könnte er nicht lieben –, aber im allgemeinen ist es in den Frauen stärker ausgebildet, ist unmittelbar vorhanden, ist leichter ansprechbar. Die Gefühlsstärke gehört zu der besonderen Begabung vieler Frauen, und sie ist ein kostbarer Schatz, den wir pflegen sollten, statt ihn abzuwerten und zu verdrängen. Mehr Menschlichkeit in der Welt werden wir aber ganz gewiß nicht dadurch erreichen, daß wir uns stärker in die Intellektualisierung zwingen, sondern nur dadurch, daß wir Gefühlspflege treiben.

Es ist das Gebot der Stunde, daß der Mann das Bedürfnis entwikkelt, sich zu emanzipieren aus seiner einseitigen Vertechnisierung heraus zur Befreiung der Gefühlsbereiche in sich selbst. Die Ehepartnerin kann darin *die* entscheidende Hilfe geben, wenn die Mutter des Mannes dies versäumte oder seine Gaben durch eine einseitig intellektuelle Ausbildungsform verschüttet wurden. Wenn die Hauptbegabung der Frau – ihre wache Hellhörigkeit für die Realitäten des Alltags, ihr Sinn für die Situation des einzelnen Menschen, ihr Einfühlungsvermögen, ihr Mitleid – von ihr selbst und von ihrem Partner als ein Wert verstanden wird, kann sie als Lernziel eingesetzt werden.

Bedürfnisse dieser Art finden heute ihren Ausdruck in dem vehementen Streben junger Paare, dem Mann die Haushaltsführung und Kinderpflege hauptberuflich aufzunötigen. Wenn man nur könnte – man würde ihm auch die Aufgabe des Gebärens und Stillens aufdrängen, und der junge Mann würde wie unter dumpfem Zwang heute gewiß zunächst auch dazu ja sagen. Dabei wird noch verkannt und nicht unterschieden: Es gibt Grenzen des Austauschbaren, es gibt biologisch bedingte „Unbegabtheiten", die nicht einfach abschaffbar sind. Nicht jeder kann auf jedem Gebiet, wenn er nur rechtzeitig zu üben beginnt, ein Meister werden! Das Gebären und Stillen sagt uns darüber Eindeutiges aus. Und im übrigen bildet sich nachweislich bereits im Säuglingsalter bei den Mädchen die Feinmotorik sehr viel schneller und besser aus, bei den Jungen die Grobmotorik – selbst dann, wenn man ihnen keine Vorurteile entgegenbringt und sie mit den gleichen Gegenständen hantieren läßt. Die Richtung und Intensität der Interessen – das zeigt sich bereits im zweiten Lebensjahr – ist bei Jungen und Mädchen angeborenerweise unterschiedlich. Deshalb zeigen die modernen Bestrebungen in den jungen Ehen auch sehr häufig, wie wenig sie sich dauerhaft verwirklichen lassen. Küchendienste gehen den Männern trotz mancher Übung doch nur mühsam von der Hand, das Interesse für Wohnungsgestaltung und Nahrungsbereitung erlahmt erfahrungsgemäß auch bei den gutwilligsten bald, und kaum ein Politiker schaffte es bisher, seiner Partnerin zu einer politischen Karriere zu verhelfen. Und das liegt in den meisten Fällen eben keineswegs an der so viel beschworenen Mißgunst der Männer, sondern daran, daß das Interesse der meisten Frauen für das politische Alltagsgeschäft weniger dauerhaft ist.

Aber selbst das übertriebene Rollenvertauschen, das sich hitzig in Äußerlichkeiten festbeißt, drängt im Grunde dennoch zu echten Fortschritten: Es besteht aus der Sehnsucht nach einer menschlicheren Partnerschaft. Die kann aber nur erreicht werden, wenn Mann und Frau ihre natürliche Verschiedenartigkeit als *gleichwertig* respektieren und bereit sind, ihren Gegenpol, der im Partner betont vorhanden ist, während er bei ihnen selbst nur schwach ausgebildet ist, zu respektieren und, soweit das ohne Zwang möglich ist, nachzuüben. Die Frauen der letzten fünfzig Jahre haben darin viel geleistet; sie konnten das, weil die abstrakte Nüchternheit des Intellekts hoch im Kurs stand und steht. In der Zukunft müssen die Männer mehr von ihren Frauen lernen, von Frauen, die ihre fühlhafte Eigenart selbstbewußt pflegen. Das Rollenchaos führt uns in pervertierte Formen von Partnerschaft. Die Achtung vor der Verschiedenheit von Männern und Frauen und das Bemühen um Rollenergänzung allein kann uns zu einem Gleichgewicht in der Partnerschaft führen. Aber diese sehr dringende, sehr notwendige Zukunftsaufgabe können wir nur lösen, wenn wir nicht zornig und ideologisiert geschöpfliche Ungleichheit verleugnen und sie fortzuretuschieren versuchen, sondern wenn wir dankbar das ganz Andere des Partners annehmen in steter Bereitschaft, in kleinen Schritten hellhörig daran teilzunehmen und uns dadurch bereichern und ergänzen zu lassen.

Dies ist für junge Paare gewiß leicht nachvollziehbar. Schwieriger wird die Sache hingegen, wenn es gilt, sich gegenseitig dabei zu helfen, immer wiederkehrende Fehlverhaltensweisen abzubauen. Davon haben wir alle eine ganze Menge; die meisten sind uns aber keineswegs bewußt. Der eine verärgert seine Umwelt durch unverschämte, verletzende Äußerungen, ohne das so recht zu merken, der andere ist maßlos im Geldausgeben oder geizig. Der eine geht, wenn er sich gekränkt fühlt, in Schweigen über, bricht den Kontakt ab, der andere verstört seine Umwelt durch penetrante Unordentlichkeit. Der eine schmatzt, schlürft, der andere bedient seine Nase ohne Taschentuch – und was wir da alle für Fehler mehr haben – was dergleichen Angewohnheiten, Süchte und Fehlhaltungen wir sonst mit uns herumtragen. Es gehört nicht nur zu den Rechten, sondern auch zu den Pflichten guter Ehepartner, behutsam und rücksichtsvoll den Versuch zu machen, sich gegenseitig solche Schwächen abzugewöhnen; denn sie schaden uns doch in der Welt draußen! Dort aber werden wir wegen dieser unserer Unbotmäßigkeiten verlacht oder gar ausgestoßen. Erfolgreiche Hilfe können wir uns gegenseitig in der Partnerschaft schenken.

Es ist aber auch nicht damit getan, daß wir unentwegt aneinander herumnörgeln und uns schiefmäulig spitzige Vorwürfe machen. Das hilft überhaupt nicht weiter! Ein solches Lernen ist nur möglich, wenn sich die Partner vorher die gegenseitige Bereitschaft, voneinander zu lernen, zugebilligt und zugesichert haben, denn „Liebe herrscht nicht, Liebe bildet, und das ist mehr", sagt Goethe. Von einem liebenden Partner läßt sich nämlich sehr viel leichter ein Wort der Kritik ertragen, wenn man die Gewißheit hat: dieses Wort will nicht verletzen, ist kein Zeichen von Machtausübung, sondern es will nur liebevoll voranhelfen.

Da die meisten unserer Schwächen aber fest eingewurzelt sind und sich ohne unsere bewußte Steuerung immer wieder hervordrängen, brauchen wir den wiederholten Wink. Oft genügt ein Blick oder ein zärtlicher Schubs, um zu erreichen, daß die Schwierigkeit ins Bewußtsein gerät. Aber vor allem gehört zu einem solchen Umlernen, daß man die ersten Lernerfolge beachtet und seiner Freude darüber Ausdruck gibt. Unter einer solchen Verstärkung, so sagen die Lernpsychologen, lernt es sich leichter, kommt man schneller zur Korrektur des unerwünschten Verhaltens.

Aber gerade bei einer solchen Verabredung bedarf es doppelt einer Haltung des fürsorglichen Respekts, der taktvollen Rücksichtnahme. Sich freizugeben zur gegenseitigen Erziehung, das kommt schließlich einer völligen Auslieferung an den Partner gleich. Sie darf auf gar keinen Fall mißbraucht und sie darf auch nicht ins Maßlose übertrieben werden! Auch ein guter Pädagoge geht nur Schritt für Schritt, in vorsichtiger Dosierung voran. Wer hier Auslieferung mit Machtanmaßung und Holzhammergebaren beantwortet, wird rasch die Erfahrung machen, daß die Türen der Offenheit sich verschließen und Trennendes sich einstellt gerade dort, wo man doch der Gemeinsamkeit so dringend bedürftig ist. Grundsätzlich werden wir mit diesem unserem Mühen nur Erfolg haben, wenn wir uns keine Rechte anmaßen, sondern uns allein vom anderen mit ihnen beschenken lassen, und wenn wir eine Verhaltensänderung nicht für uns selbst, zu eigensüchtigen Zwekken anstreben, sondern um des anderen und der besseren Erfüllung seiner Aufgaben in dieser Welt willen. Wir dürfen uns nicht gegenseitig verändern wollen, ohne in jeder kleinen Einzelheit dafür vom Partner einen Auftrag bekommen zu haben. Es ist ein schweres Amt, das uns durch Partnerschaft aufgetragen ist, und wir machen häufig wie die Elefanten im Porzellanladen Fehler, ehe wir das rechte Gespür erlernt haben. Aber die Erziehung im Erwachsenenalter ist grundsätzlich dadurch gekennzeichnet, daß der „Lehrbeauftragte" selbst immer ein Lernender bleibt, bereit zur Kurskorrektur und zum Einsehen seiner eigenen unbedachten und falschen Handlungsweisen während dieser Arbeit.

Das gegenseitige Sich-Ergänzen ist keine einmalige Angelegenheit – etwa nur der jungen Jahre. Wir Menschen sind wie die Pflanzen Organismen, die fortgesetzt in Veränderung begriffen sind, nicht nur in körperlicher, sondern auch in seelischer Hinsicht. Unsere Veränderungen machen immer neues Suchen und Finden der Partner nötig. Natürlicherweise machen wir auf unserem Lebensweg Zeiten größerer seelischer Ferne und neu entdeckter Nähe durch! Entfernungen sollten für uns kein Anlaß zur Verzweiflung sein. Aufmerksamkeit, Hellhörigkeit, abwartende Einfühlung sind in solchen Zeiten mehr am Platze als Fordern, Fragen und Anklammern. Voreiliges Machenwollen behindert die Möglichkeit zum Reifwerden.

Es gibt, wie bei allen Versuchen zum Lernen, auch in der Ehe trotz Willigkeit zur Verhaltenskorrektur die Erfahrung, daß man sich vergeblich müht. Es muß zu den unumgänglichen Spielregeln auf diesem Feld gehören, daß der eine Partner seinen Auftrag zurückziehen kann, wenn er zu der Erkenntnis gekommen ist, daß die beiderseitigen Bemühungen vergeblich waren. Wir sind keine schrankenlosen „Macher", wir können nicht *alle* unsere Probleme durch Training ändern. Es gibt Unabänderliches in unserem Charakter. Es gemeinsam anzunehmen, zu tragen, gegenseitige Erleichterungen zu erfinden, gehört dann zu einer liebevollen Eheführung.

C

Die Chance, zu vergeben und um Vergebung zu bitten

Dieses C bildet eigentlich eine Voraussetzung zum vorangegangenen B in unserem Ehealphabet. Nichts, nichts in der Welt der Menschen kann in Ordnung kommen oder in Ordnung bleiben ohne diese Bereitschaft. Da wir Menschen nun einmal Fehler haben, benehmen wir uns immer wieder töricht. Wir verletzen unsere Partner unbedacht, ohne jede Absicht; manchmal glauben wir es nötig zu haben, uns gegen einen Vorwurf, einen unberechtigten Anspruch wehren zu müssen, manchmal reitet uns auch der Teufel, und wir sind dann von der Lust besessen, den anderen zu ärgern. Oder wir haben einfach schlechte Laune oder fühlen uns körperlich nicht wohl und reagieren das Unbehagen am Nächsten ab. Oder wir haben draußen in der Welt Verletzung und Enttäuschung hinnehmen müssen, gehen wundgescheuert nach Hause und laden sie ohne jede Erklärung und ohne Übergang dem Partner auf. Das *sollte* zwar nicht passieren, aber es passiert uns eben doch. Aber all dieses unser Versagen könnte ertragen werden, brauchte nicht zum Zerbrechen der Gemeinschaft zu führen, wenn der, der die Ehe als Schuttabladeplatz benutzte, sich spätestens am nächsten Tag daranmachen würde, das Gerümpel wieder sorgsam zu entfernen. Da hilft nichts anderes, so hart und so schwer das dem Sünder sein mag: es *muß* dieses Wort gesprochen werden: „Es tut mir leid, daß ich mich gestern so benommen habe; bitte, sei mir nicht mehr böse. Ich hatte mich so über den Chef geärgert" – oder: „Ich hatte solche Kopfschmerzen" – oder: „Du hattest doch wieder das Kleid an, das ich nicht mag" – oder was es auch sei. Es ist unendlich wichtig, an dieser Stelle die Dinge ehrlich beim Namen zu nennen und nicht zu fürchten, sich auf diese Weise etwas zu vergeben. Man vergibt sich nichts, man bekommt alles geschenkt: nämlich Heilwerden dessen, was dem Ehehaus einen Riß zufügte – freilich nur unter der Voraussetzung, daß der Partner die Situation nicht zur Machtausübung mißbraucht, sondern diese Worte nimmt als das, was sie sind, als eine hohe Leistung, als ein Geschenk im Dienst der Liebe. Bei einer solchen Einstellung wird die Bitte um Vergebung zu einem Anlaß großer Freude, zu einer Vertiefung und Stärkung der Beziehung.

In diesem Bereich ist in einer mündigen Beziehung das bittende Wort durch *nichts* anderes ersetzbar. Der Blumenstrauß, der neue Sessel, die Gießkanne und Küchenuhr, am nächsten Tag als Geschenke dargebracht, können zwar Ausdruck des Willens zur Versöhnung sein, räumen aber die Not nicht aus, die durch kränkende Worte entstanden ist. Der Weg der Vergebung muß in derselben Weise vollzogen werden, wie der Schaden entstand.

Viele Ehemänner haben die merkwürdige Vorstellung, daß sich Versöhnung ohne Worte im Bett bewerkstelligen ließe. Das ist ein verhängnisvoller Irrtum – im Gegenteil: Frauen erleben sich in solchen Situationen dann als ausgenutzte Esel, als Schlafmittel für ihre Ehemänner und reagieren unversehens mit Gefühlen der Abscheu, die in eine innere Distanzierung führen. Sie erleben dann ihren Mann nicht als den, der liebevoll seine Zärtlichkeit schenkt, sondern als einen, der sich roh nimmt, was ihm „rechtmäßig" zusteht. Nach einem Streit ohne klare Bereinigung der Konflikte, ohne Vergebung mit dem Partner zu schlafen, ist eine geradezu gefährliche Notlösung: denn sie ist der direkteste Weg zu partiellen Sexualstörungen, zu einer reaktiven Frigidität oder Impotenz. An dieser Stelle wird das Glück der Ehe unbedacht aufs Spiel gesetzt, ohne daß das nötig wäre.

Um Vergebung zu bitten, ist nicht leicht. Das liegt daran, daß wir uns selbst sehr gern vormachen, wir seien im Recht und der andere sei eben doch „irgendwie" an der Mißstimmung schuld.

Aber selbst wenn sich hier eine Begründung für die eigene Unschuld finden oder dumpf fühlen ließe, sollte man sich die Frage stellen: Wer hat den Streit angefangen, wer von uns beiden hat das *erste* verletzende Wort gesprochen? Dieser sollte sich auch trotz aller „Wenn" und „Aber" die Rolle zudiktieren, als erster um Verzeihung zu bitten. Das allein ist fair. Dennoch ist es gewiß kein Unglück, wenn der nur reagierende Partner, der schließlich auch verletzend wurde, um sich zu verteidigen, als erster zu dem Aussprechen der Bitte um Vergebung kommt. Die Schwierigkeiten, die wir an dieser Stelle mit uns selbst haben, resultieren daraus, daß wir unser Schuldgeständnis als „Selbstwertverlust" erleben. Wir fürchten, uns auf diese Weise minderwertig fühlen zu müssen, daß wir uns schließlich selbst widerlich finden und keine Kraft zum Leben mehr haben können. Deshalb haben Menschen mit einem schwachen Selbstwertgefühl besonders große Schwierigkeiten mit dem Bitten um Verzeihung und geraten dabei letztlich in immer schwerere Krisen ihrer Lebensgestaltung. Denn wer sich versteckt, kann nicht vorwärtskommen.

Überwindung von Existenzangst ist also nötig, damit ein Mensch den anderen um Vergebung bitten kann. Das ist eine Leistung. Aber sie muß als eine solche auch vom Partner beachtet werden; denn es ist viel einfacher, die Bitte um Vergebung anzunehmen als um Vergebung zu bitten. Deshalb ist es besonders verwerflich – das soll hier in aller Schärfe gesagt werden –, wenn die Versöhnung verweigert wird. Nur ein Sadist schlägt die hingehaltene Hand aus. Wer sich von seinem Partner abwendet, der in ehrlicher Bereitschaft um Vergebung bittet, zerbricht die Ehe, zerbricht den Bund mit Gott. Freilich gibt es in Fällen schwerer vorausgegangener Verletzungen, etwa in Form von Gewalttätigkeiten, einen seelischen Zustand, in dem es nicht mehr möglich ist, den Bittenden anzunehmen. Angemessene Reaktion wäre es, in solcher Situation zu antworten: „Ich danke Dir – aber bitte laß mir noch Zeit, ich bin noch nicht ganz damit fertig." Wenn wir nur zur Versöhnung bereit sind, wird uns auch mit der Zeit die innere Möglichkeit dazu geschenkt. Wir können Nöten dieser Art rascher Herr werden, wenn wir uns verdeutlichen, daß sich uns in der Vergebungsbereitschaft unseres Partners stellvertretend die große versöhnende Hand unseres Schöpfers hinhält, die Hand dessen, der uns kennt mit unseren elenden Schwächen und von dem uns gesagt ist, daß er uns annimmt samt all den schwarzen und grauen Flecken auf unserer Weste, wenn wir nur zurückkehren und anklopfen – eben weil Er uns liebt. Das Bitten um Vergebung fällt leicht, wenn wir gewiß sind, angenommen zu sein.

Der schrecklichste Widerstand, der sich in uns aufrichtet, um sich der Vergebungsbereitschaft entgegenzustellen, ist der *Rachedurst.* In uns allen lebt ein Bedürfnis nach Vergeltung, ein Bedürfnis, durch eine gleiche Tat den Verletzer zur Sühne zu nötigen, die Ordnung mit Hilfe des Taliongesetzes der Juden, des „Auge um Auge, Zahn um Zahn", wiederherzustellen. Das Gesetz des Talion, so urtümlich es in jedem von uns noch heute lebendig ist, hat sich aber in der Geschichte der Menschheit nicht bewährt. Es heilt nicht, sondern es bringt neues Unheil, führt in eine Kette weiterer gegenseitiger Rachefeldzüge, es bringt nur scheinbar den erhofften Ausgleich und Frieden. Echte Ausräumung von Untaten ist nur durch das Bitten um Vergebung einzuleiten und nur durch das Gewähren der Absolution zu vollenden. Es bildet den einzigen Weg zur Versöhnung. In jedem Menschen, auch in dem, der sich zum christlichen Glauben bekennt, steckt die große Gefahr, daß das Rachebedürfnis zu wuchern beginnt, wenn keine Anstrengungen zur Versöhnung gemacht werden; denn es hilft nicht, seinen Rachedurst zu verdrängen, er setzt sich oft auf eine versteckte Weise, rasant und gefährlich für beide Partner, doch durch. Eine Frau, die einsam ihrem Ehemann in christlicher Nächstenliebe immer und immer wieder zu verzeihen sucht, daß er sich zu Hause wie ein Barbar benimmt und niemals Reue zeigt, handelt sich auf diese Weise in schöner Unbewußtheit oft schwere psychosomatische Leiden ein. Gelenkrheumatismus, chronische Durchfälle (Colitis ulcerosa), chronische Magenschleimhautentzündungen, Eßstörungen, Depressionen und dergleichen mehr sind häufig die Folge einer Kette von Frustrationen, die niemals zu einer Lösung gebracht worden sind. Das ist ein hoher Preis, der in solchen Fällen tragischerweise von beiden Ehepartnern bezahlt werden muß. Ein Partner, dem es trotz des Wissens um diese Gegebenheiten nicht möglich ist, um Verzeihung zu bitten, und der auch keine Ansätze macht, sich sein Barbarentum abzugewöhnen, ist seelisch schwer krank. Wer sich angesichts solcher Erkenntnisse entschließt, eine Ehe fortzuführen, muß wissen, daß er eine Krankenbetreuung übernimmt, eine Aufgabe, die mit anderen Maßstäben zu messen ist als eine Partnerschaft. Eine solche Betreuung bedarf der ständigen Begleitung durch einen sachverständigen oder freundschaftlichen Berater, wenn sie nicht doch auf die Dauer zu einer überfordernden Aufgabe werden soll. Eine Ehe mit einem psychisch Kranken macht auch entlastende Zwischenphasen, etwa in Form von Erholungsreisen allein oder einer lebenerfüllenden Zusatzarbeit, nötig. Mit einem eheunfähigen Partner ist nur in dieser Weise lebenslängliche Gemeinschaft möglich, wenn der gesunde Partner nicht über kurz oder lang an seiner Aufgabe zerbrechen soll. Ob eine Ehe im Zeichen des Pflegedienstes oder der Partnerschaft steht, hängt davon ab, ob der Engpaß der Vergebungsbereitschaft bewältigt wird oder nicht.

D

Durststrecken aushalten

Auf jeder gemeinsamen Wanderschaft gibt es Durststrecken, für beide Partner oder für einen von ihnen. Denn auf jedem Lebensweg treten Situationen ein, in denen uns das Glück nicht in breiten Strömen zufließt. Für den Mann ist der letzte Teil der Schwangerschaft der Frau, aber noch viel mehr die eineinhalb Jahre der so engen Kommunikation zwischen Mutter und Kind eine Durststrecke. Das Interesse für ihn steht dann nicht an erster Stelle im Leben der Frau, er muß es aushalten, vorübergehend den zweiten Platz einzunehmen. Das wird kein Problem, wenn der Mann mit der Frau gemeinsam das Aufziehen des Kindes als eine hauptsächliche Aufgabe, als einen wesentlichen Sinn seines Lebens verstehen kann, wenn der Mann mit durchdrungen ist von dem nur allzu wahren Satz: „Wer sein Kind als Säugling bemuttert, braucht es sein ganzes Leben lang nicht mehr zu bemuttern" (Harris). Dann kann er sich herausstellen aus einer egozentrischen Mitte und gerät nicht in die Gefahr, unbewußt auf die Säuglingsstufe zurückzufallen und in Rivalität zu seinem Sohn zu treten, kaum daß der geboren ist!

Viele Durststrecken gibt es auch für die Frauen: Wenn der Beruf oder gar die Berufung den Mann zwingt, oft von zu Hause fortzubleiben, gar nur am Wochenende heimzukehren und wenig freie

Zeit für die Familie, für ein Leben zu zweit bleibt. Eine Frau, die sich im gleichen Joch mit ihrem Mann weiß, die seine Sache zu der ihren gemacht hat, wird dann nicht schmollend die Vernachlässigte zu spielen brauchen, sondern sich fröhlich auf seine Heimkehr vorbereiten. Allerdings: sie muß die Gewißheit haben, daß die ferne Arbeit im Dienst der großen Lebensaufgaben steht, daß sie unumgänglich notwendig ist, damit die Begabungen ihres Mannes optimal zur Verwirklichung gebracht werden. Dann kann sie seine Abwesenheit aushalten und die Rückkehr mit ihm gemeinsam um so unbeschwerter genießen.

Belastende Durststrecken sind auch chronische Krankheiten eines Partners, eines Kindes oder eines Familienmitgliedes, das unter dem gleichen Dach lebt.

Das Leid, wenn es sehr groß ist, hat eine gefährliche Eigenschaft: Es kann alle Freude ringsumher einsaugen und abtöten. Solche Durststrecken sind überhaupt nur zu überstehen, wenn die „Leidgeprüften", die „Heimgesuchten", wie es in der alten Wortwahl so treffend heißt, durchhaltend bereit sind, ihr Schicksal als sinnvoll anzunehmen – als eine Schicksals*prüfung,* die es notwendig macht, sich gegenseitig zu stützen, damit gemeinsam standgehalten werden kann.

Die Erfahrung, die wir als Bevölkerung in einer Wohlstandsgesellschaft und im Sozialstaat der letzten zwanzig Jahre gemacht haben, hat uns zu der bestürzenden Einsicht verholfen, daß es einer besonderen, zuchtvollen Reife bedarf, um „eine Reihe von guten Tagen zu ertragen", ohne in kleinkindhafte Verhaltensweisen, in Unzufriedenheit, Nörgelsucht und Riesenansprüche zu verfallen. Wir haben neu die Not als einen wirkungsvollen Zuchtmeister zur Abhärtung, zur Mobilisierung von Kraft und Erfindungsreichtum, ja als einen Erzieher zu einer wirklichkeitsgerechten Einstellung des Menschen zum Leben verstehen gelernt. Haben wir das in unserem Bewußtsein, so wird es uns leichter, angesichts von schwerem Schicksal in der Ehe nicht gleich die Fahne zu streichen, sondern zu bedenken, daß uns auch das Schmerzliche schließlich „zu unserem Besten geraten kann". Wer als alter Mensch das Resümee seines Lebens zieht, kommt nur allzuoft zu der Erkenntnis, daß gerade das Schwere, das Leidvolle innerlich weiterbrachte, gleich, ob es von außen kam oder durch eigenes Fehlverhalten hervorgerufen wurde. Wer dieses Wissen in der Ehe beherzigt, hat mehr Standfestigkeit, läuft nicht beim ersten Ehekrach zum Scheidungsanwalt, sondern kann in Geduld das Mißliche ertragen oder es in hellhöriger Nachdenklichkeit allmählich zu ändern suchen. Ungeduld und mangelnde Widerstandsfähigkeit gegen unlustvolle oder schmerzende Zustände sind Kennzeichen des Kleinkindes. Wer als Erwachsener mit babyhaftem Verhalten sein Leben zu gestalten versucht, wird die Erfahrung machen, daß die Schwierigkeiten kein Ende nehmen, sondern wie Pech zu kleben scheinen – und wenn er sich auch noch so oft scheiden läßt! Er schneidet sich mit der Übertragung des eigenen Fehlverhaltens auf den Ehepartner letztlich doch nur ins eigene Fleisch; und die Wunden, die dabei immer zahlreicher in der gleichen Weise entstehen, bedeuten Aufforderung des Schicksals, endlich einmal die Fehler bei sich selbst zu suchen und an dieser Selbsterkenntnis zu wachsen. Durststrecken auszuhalten, kann also ganz generell Stärkung und seelisches Wachstum bedeuten, wenn man nur bereit ist, den konstruktiven Sinn von Lebensschwierigkeiten zu verstehen und anzunehmen.

E

Eifersucht bekämpfen

Es gehört zu den Gefahren eines Ehelebens, sich in Eifersüchteleien festzubeißen. Ganz gleich, ob sie berechtigt oder unberechtigt sind, führen sie niemals zu einer positiven Bewältigung der Konflikte. Eifersucht zerstört. Sie ist kein konstruktiver Wächter. Sie will allein haben, vor allem *haben*. Das Denken des Eifersüchtigen kreist um sich selbst und behandelt den Partner wie einen Besitz, den es zu hüten gilt. Eifersucht, so oder so, erzeugt berechtigte Abwendung, erreicht meist das Gegenteil von dem, was man sich heimlich wünscht: nämlich den Partner stärker zu binden. Es gibt Menschen, die eifersuchtskrank sind. Sie übertragen, ohne das zu wissen, ihre Kindheitskonflikte mit Vater, Mutter oder mit den Geschwistern auf den Ehepartner.

Die tiefenpsychologische Erfahrung hat uns gelehrt, daß viele starre Charakterzüge in der Kindheit dadurch vorgeformt werden, daß ein Problem damals unbewältigt blieb. Viele der Eifersuchtskranken haben zum Beispiel die subjektive Erfahrung gemacht, daß sie als Kleinkind durch die Ankunft eines neuen Geschwisters entthront wurden. Sie fühlten sich degradiert. Ist auf diese Weise im Unbewußten eine seelische Verletzung entstanden, so kann bei einem solchen Partner jede „Neuerwerbung", jede neu in den Familienkreis eintretende Person ähnlich panische Ängste um Liebesverlust auslösen.

Es gibt – oft ebenfalls auch bereits in den Kinderjahren – eine erotisch gefärbte Eifersucht, besonders auf den gleichgeschlechtlichen Elternteil. In der Praxis ergibt sich häufig, daß die Ursache der krankhaften Eifersucht dadurch entstand, daß Vater und Tochter oder Mutter und Sohn, manchmal durch die Witwenschaft oder die unglückliche Ehe, in einer allzu engen Beziehung lebten. Wenn diese durch eine neue Liaison oder durch eine neue Eheschließung des Erwachsenen mehr oder weniger abrupt aufgelöst wird, kann das Kind dieses Ereignis als „Treulosigkeit" des Urpartners erleben, so daß in der Ehe im Erwachsenenalter eine unrealistische Erwartungsangst vor Wiederholungen des traumatisierenden Ereignisses chronisch bestehen bleibt, ohne daß die Ursache der Angst bewußt wird. Solche Menschen bedürfen dringend psychotherapeutischer Hilfe, da sie *so* nicht ehefähig sind und zwangsläufig durch ihre Verdächtigungen und bespitzelnden Kontrollen die eheliche Beziehung vergiften.

Gibt einer der Partner berechtigten Anlaß zur Eifersucht, so sollte man dennoch alles daransetzen, ihre Wucherung in der Seele zu bekämpfen. Viel wichtiger ist es, das Auftauchen einer neuen Liebe als ein Signal zu betrachten, das Auskunft darüber gibt, daß irgendein Bereich des Partners in der Ehe unbefriedigt bleibt. Ehepartner sollten miteinander darüber sprechen und den Versuch machen, herauszufinden, um was für ein Bedürfnis es sich handeln könnte. Ist erst ein Bewußtsein darüber vorhanden, worum es geht, zeigt sich oft, daß es sich bei einigem guten Willen auch in der Ehe verwirklichen läßt – oder daß es in die Liebe zum Partner eingeschlossen werden kann, *einen* seelischen oder geistigen Teilbereich seiner Bedürfnisse in einer freundschaftlichen Beziehung außerhalb der Ehe stillen zu dürfen. Steht dies in einer Beziehung zur Steigerung der Lebensverwirklichung, so kann das – haben die Partner nur echte Liebe zueinander – eine Stärkung auch der Lebensgemeinschaft bedeuten.

F

Freiräume für den anderen schaffen

Ehe kann und darf nicht bedeuten, daß zwei Menschen ihr Eigenleben vollständig aufgeben und nur noch als Eheeinheit handeln. Das darf deshalb nicht sein, weil der Mann und die Frau niemals vollständig übereinstimmende Begabungen und Interessen haben.

Der eine Partner kann zum Beispiel nur schwach musikliebend der andere leidenschaftlich Ausübender sein. Sich darin weiter zu vervollkommnen, Musik in einem Quartett, in einem Orchester zu machen, ist für diesen dann nicht nur eine Freude, sondern im Sinne jenes unter A behandelten Gebotes notwendige Verwirklichung seiner Begabung, *sein* spezieller Beitrag zur Steigerung der geistigen Kräfte in der Welt. Der andere hat nicht *diese* spezielle Form einer schöpferischen Möglichkeit ausgebildet, statt dessen aber die, zu malen, zu modellieren, zu konstruieren. Es wäre falsch, wenn er, statt diese Fähigkeiten in seiner Freizeit weiter auszubauen, seinem Partner zuliebe bei jeder Orchesterprobe im Foyer sitzen würde. Das wäre zwar Liebe, aber eine, die den einen auf Kosten des anderen zur Entfaltung bringen würde. Das aber zahlt sich nicht aus, eben weil im Grunde einer beim anderen schmarotzt, weil in solchem Fall der eine den anderen aufsaugt und damit eine Art geistigen Kannibalismus betreibt. An diesem Beispiel wird deutlich, daß auch die Liebe eines Paares ganz unumgänglich den Bezugspunkt auf ein übergeordnetes Lebensprinzip braucht, wenn es nicht Gefahr laufen soll, sich in gegenseitigen Beanspruchungen und Liebesbeweisen zu verzehren und die Bindung letztlich zu zerstören, statt sie zu festigen.

Auch die exklusive Liebe zu zweit muß sich gegenseitig mit Abstand, mit Freiräumen um sich herum beschenken. Es ist keine Liebe, vom Partner zu fordern, sich ganz für ihn aufzuopfern; Liebe ist vielmehr darauf bedacht, hellhörig und ermutigend im anderen den besten Kräften zur Verwirklichung zu verhelfen, sie ist bereit, um dieses Zieles willen eigene egoistische Ansprüche zurückzustellen, ohne sich dabei vollständig aufzugeben. Gibt einer der Partner sein Eigenleben ganz auf, strebt er danach, dem anderen ein Totalopfer zu bringen, so zeigt sich an den Folgen, daß *so* partnerschaftliche Liebe von der Schöpfung nicht gemeint ist; denn der, dem dieses Totalopfer geschenkt wird, wird von ihm erdrückt. Er wird durch das Übermaß so sehr gebunden, daß er das bald – ohne Wissen und Wollen – als unerträgliche Fessel erlebt, so daß geradezu automatisch Befreiungsimpulse aktiviert werden. Oder aber der so im Übermaß beschenkte Partner versinkt in eine Unselbständigkeit, die ihn in die geistig-seelische Verkümmerung zwingt. Die Partner, die Tag für Tag in einer Gemeinschaft leben, brauchen immer einmal wieder Abstand voneinander. Selbst bei Tieren, bei Ratten und Tupajas, zeigt sich, daß sich die Reizschwelle für Aggressionen enorm steigert, wenn sie auf zu engem Raum miteinander leben müssen. Fischmännchen greifen schließlich ihre Weibchen an, wenn man beide in ständiger Isolation sich selbst überläßt. Wieviel nötiger hat es erst ein Mensch unseres Kulturkreises, der zum Individuum erzogen ist, sich gelegentlich zurückzuziehen, seine eigene Mitte zu finden, um danach zu um so lebensvolleren Wiederbegegnungen mit dem Partner zu kommen! In unserem Leben ist ja niemals ein einziges Prinzip maßgebend. Wie das Einatmen und das Ausatmen muß es auch in der Beziehung eines Paares einen Wechsel geben zwischen Nähe und Ferne, zwischen einem Sich-Abtrennen und einem Sich-wieder-Verbinden.

Alle Riesenerwartungen, zum Beispiel die Forderung eines Mannes, daß seine Frau ständig in seiner unmittelbaren Nähe zu sein habe, gründen nicht auf Liebe, bedeuten nicht Partnerschaft eines erwachsenen Menschen, sondern machen deutlich, daß er seine Partnerin an die Stelle der Mutter setzt und fordert, daß sie die Funktion von Dauerspendung und Dauergeborgenheit übernimmt wie eine Mutter für ihren Säugling. Besonders leicht neigen diejenigen Menschen zu solchen Fehlvorstellungen von Ehe, die in ihrer eigenen Kindheit mütterliche Geborgenheit nie kennengelernt haben oder mit ihr maßlos verwöhnt worden sind. Solche Menschen suchen, ohne daß es ihnen bewußt ist, den Partner für die eigenen neurotischen Wünsche zu mißbrauchen. Zerrformen dieser Art bringen aber nicht weiter, sie führen entweder zum Zerbrechen des mißbrauchten Partners, zur Entstehung chronischer seelischer oder auch körperlicher Leiden bei ihm (Migräne, Asthma bronchiale) oder zu seinem Ausbruch aus dem blutsaugerischen Gefängnis. Spätestens dann, spätestens in Gestalt dieser Not, die durch die Erkrankung oder das Fortgehen des Gefährten entsteht, erhält der an einem kindlichen Entwicklungsstand festhaltende Mensch die Chance, neu aufzubrechen in das Land eines maßvollen und verantwortungsbewußten Erwachsenenlebens hinein.

G

Gegenseitigkeit der Ansprüche beachten (Geldfragen)

Das Wort „Anspruch" sollte in einer guten Ehe eigentlich so wenig wie möglich vorkommen. Es klingt nach Forderung, nach hochnäsigem, füßestampfendem Begehren „berechtigter" Dienstleistungen füreinander. Solche Einstellung läßt die Liebe rasch dahinschwinden. Liebe läßt sich nicht zwingen, ein Gefühl läßt sich nicht befehlen. Liebe ist wie eine zarte Mimose, und deshalb sollten wir alles tun, so pfleglich und behutsam wie möglich mit ihr umzugehen. Liebe fordert nicht, der Liebende schenkt und hofft allenfalls, mit Liebe beschenkt zu werden.

Dennoch gibt es im Ehealltag Anforderungen, die an ein Paar aus der Situation heraus gestellt werden. So ist es zum Beispiel für die gesunde seelisch-geistige Entfaltung eines Kindes *unumgänglich* nötig, daß seine Mutter in den ersten beiden Lebensjahren ständig bei ihm ist. Diese Lebensbedingung des Menschen zu erfüllen, ist für ein Paar verantwortliche Aufgabe, Forderung des Lebens an sie, damit sie einen positiven Beitrag leisten für die Zukunft; denn Kinder, die in dieser ersten Lebenszeit weggeschoben oder in einem Heim abgegeben werden, weil die Mutter im Beruf bleibt, werden in hohen Prozentsätzen schwer gestörte Wesen, die später weder lieben noch arbeiten können.

Angesichts einer solchen Lage tritt die Forderung an das Paar heran, eine Arbeitsteilung vorzunehmen: Der Mann sorgt für die finanzielle Existenzsicherung, die Frau für die Pflege des Kindes und des Mannes. Durch ihre Situation bedingt, hat die Frau ein Recht auf finanziellen Unterhalt durch ihren Mann, der Mann das Recht auf Versorgung in bezug auf die tägliche Lebenshaltung durch die Frau. Dieser Status, der in unserer abendländischen Gesellschaft berechtigterweise zur Sitte werden mußte – denn der Kindersegen war groß und die Haushaltsführung schwierig –, sollte heute in unserem Status der Zweikinderfamilie wieder der lebendigen Wirklichkeit angepaßt werden: Dieses arbeitsteilige Prinzip hat wirklich nur dann und nur so lange Berechtigung, wie Kinder im Hause sind, die der Betreuung bedürfen. Bevor es sie gibt oder nach ihrem Flüggewerden sollte man sich vor einer starren Fortführung solcher Normen hüten. Die berufstätige Frau sollte ihrem Einkommen entsprechend einen kleinen Teil der finanziellen Lasten der Haushaltsführung mitübernehmen, und der Mann sollte seiner Arbeitszeit entsprechend einen Teil der täglichen Lasten mittragen. Bei einem berufstätigen Ehepaar ohne Kinder bedeutet es Paschahaltung, wenn sich der Mann nach allen Regeln der Kunst Unordnung zu verbreiten erlaubt und seiner Frau gravitätisch das Aufräumen überläßt. Es bedeutet Mißachtung und hat mit Liebe nichts zu tun, wenn der Ehemann seine Frau wie eine leibeigene Sklavin hält und den Anspruch erhebt, von morgens bis abends bedient zu werden. Liebende haben Freude daran, einander Lasten abzunehmen. Es bedeutet Vernachlässigung der Liebe, dem anderen in falscher Anspruchshaltung Lasten einfach aufzubürden. Ein Mann vergibt sich nichts, wenn er sein Bett selbst macht, wenn er seine Schuhe putzt und seinen Anzug bürstet und wegordnet.

Da der Sektor Geld in einer Ehe oft einen allergischen Punkt darstellt, an dem viel gefährlicher Zündstoff entstehen kann, sollte man rechtzeitig Abmachungen treffen, Regelungen, die in gemeinsamer Konferenz beschlossen werden. Dabei gibt es natürlich viele Abweichungen von der Grundregel, die Verantwortung für die Unterhaltungskosten gemeinsam zu tragen. Es kann einem Mann schlechterdings undenkbar erscheinen, im Haushalt mit Hand anzulegen. Dann hat aber auch die Frau das Recht auf alleinige Nutzung ihres selbstverdienten Geldes. Es können beide beschließen, eine Hilfskraft für den Haushalt einzustellen; dann sollten aber beide prozentual zum Einkommen an den Kosten beteiligt werden unter der Voraussetzung, daß der Frau durch die Hilfskraft die gleiche freie Zeit und die gleiche Möglichkeit, Geld zu verdienen, geschaffen werden wie dem Mann. Natürlich gibt es viele Variationen solcher Abmachungen, aber man sollte sie nicht scheuen und mit Mut und Behutsamkeit zusammen wirklich ausdiskutieren. Außerdem muß, wenn sich die Situation verändert, jeweils ein neuer „Vertrag" geschlossen werden. Auch wenn ein Paar den Entschluß faßt, daß die Frau nicht mitarbeitet, weil sie Kinder hat oder weil ihr eine schöne, kultivierte, sorgfältige und zeitfordernde Haushaltsführung (vielleicht auch die Pflege eines Gartens) der liebste Beruf ist, sollte auf jeden Fall eine finanzielle Regelung getroffen werden. Eine Frau muß wissen, mit was sie rechnen kann. Es ist unwürdig, wenn sie den Haushaltsvorstand um jede Mark bitten muß. Es sollte mit einem klaren Darlegen der Einkommensverhältnisse, mit Überlegungen zu Sparvorhaben und Zukunftplänen eine Regelung über das wöchentliche Haushaltsgeld und das monatliche „Nadelgeld", das Taschengeld der Frau, gesprochen werden. Die nicht verdienende Frau muß auf jeden Fall so lange als gleichberechtigte Teilhaberin am verdienten Geld des Mannes gelten, solange sie um der Erziehung der Kinder willen keine Berufsarbeit übernehmen kann. Bei einer verantwortungsbewußten Mutter kann das durchaus das Gesamt der Zeit umfassen, in der noch Kinder im Hause leben.

Es ist für die Erfüllung des Lebenssinnes eines Paares gewiß besser, wenn es nach einer solchen langfristigen berufslosen Zeit der Frau erlebt, daß es die Kinder gesund, stabil und mit allen Möglichkeiten zu einer Entfaltung ihrer Menschlichkeit in die Erwachsenheit entläßt. Alle Einbußen an „Zugewinn" durch die Ehefrau machen sich hier erfahrungsgemäß reich bezahlt. Sie können von der Frau aber nur erbracht werden, wenn der Mann ihre ständige Erziehungsarbeit an den Kindern als einen hohen Wert versteht und das auch in der finanziellen Regelung zum Ausdruck bringt.

Regelungen sollten auch getroffen werden um die selbständige Krankenversicherung und Altersversorgung der Frau. Es ist begrüßenswert, daß die Bundesregierung zur Zeit Schritte unternimmt, den Frauen auf diesem Sektor zu ihrem Recht zu verhelfen; aber auch in den freien Berufen muß hier Vorsorge getroffen werden, die die Abhängigkeit der Frau von ihrem Mann verhindert. Denn eine solche Abhängigkeit ist eines mündigen, erwachsenen Menschen unwürdig. Eine lebenslängliche Ehe kann keine menschenwürdige, freiwillige, beglückende Partnerschaft sein, wenn sie durch äußere Abhängigkeit erzwungen ist. Das entehrt nicht nur die Frau – es ist auch für den Mann ein gefährlicher Weg zur Bequemlichkeit. Was braucht er sich schon Mühe zu machen um eine Frau, die er ohnehin fest an der Kette hat! Bequeme Wege aber bringen uns grundsätzlich nicht weiter. Die Sklavenhaltung der Frau durch den Mann kann nur sein „Niederes" aktivieren und richtet damit letztlich Schaden in ihm selbst an, denn es bringt ihn weg von seiner Lebensbestimmung, sich in seinen seelischen und geistigen Kräften zu steigern. Mit Recht sagt deshalb Robert Havemann:

> „In dem Maße, wie sich materielle Abhängigkeit in das Verhältnis einschleicht und an ihm mitwirkt, in ihm operiert, wird die Beziehung beschädigt und schließlich zerstört und aufgelöst. Es heißt nicht, daß deswegen die äußeren Formen der ehelichen Beziehung aufgehoben werden. Die Ehe wird oft als eine höchst unmoralische Beziehung ein Leben lang fortgesetzt, wenn sie noch so sehr innerlich ausgehöhlt ist. Die materielle Abhängigkeit ist der Feind moralischer Beziehungen zwischen den Menschen. Die materielle Abhängigkeit verwandelt reine und menschliche Beziehungen in unmoralische. Ich möchte sagen, die Ehe als Institution, in der solche materiellen Beziehungen sich manifestieren, ist geradezu der Todfeind wirklicher Liebe zwischen den Menschen."

Manches junge Ehepaar hat die Vorstellung, daß Schwierigkeiten um das Geld deshalb bei ihnen nie auftauchen werden, weil einer von ihnen ohnehin der Experte in Wirtschaftsfragen ist. Einer der beiden hat Gespür und Begabung für Einteilung und Maß, einer hat Spaß am Planen, Sparen und Geldanlegen – dem anderen ist das nur lästig, und er ist erfreut, den persönlichen Finanzminister mitgeheiratet zu haben. Aber diese Rechnung geht selten auf. Später stellt sich nämlich oft heraus, daß der „Finanzminister" Geldausgaben oder Investitionen machte, die dem anderen keineswegs gefallen, weil die Partner keine Übereinstimmung darüber haben, was sie für anschaffenswert halten. Das ist besonders oft der Fall, wenn die Ehefrauen in diesem Bereich das Heft in der Hand haben. Es kann aber auch geschehen, daß der von der ehelichen Wirtschaft „Entlastete" sich in eine Haltung der Überheblichkeit hineinsteigert – nach dem Motto: Für mich die feineren Aufgaben, für meinen Partner die gröberen. Der eine trägt in solchem Fall eine erhebliche Verantwortung, wird aber dafür von seinem Partner keineswegs in der gebührenden Weise anerkannt.

Bitternisse dieser Art lassen sich vermeiden, indem man gemeinsam Abrechnungen durchführt, sich gegenseitig Einblick gewährt in Einnahmen und Ausgaben und miteinander aus der gemeinsamen Wirtschaftsführung zu lernen bereit ist. Der allzu Ausgabefreudige, Verschwenderische sollte Buch führen über seine Ausgaben und das Einteilen des Geldes mit Hilfe des Partners üben. Der allzu Sparsame, der Geizige, kann, wenn er nur den Mut hat, sich von einem lästigen Trieb des Sammelns und Zurückhaltens befreien zu wollen, den Partner auffordern, ihm dabei zu helfen. Unter dieser Voraussetzung wird es ihm leichter fallen, sich den Gewinn einer Reise, einer Instandsetzung, einer zeitsparenden Anschaffung schmackhaft machen zu lassen. Gerade in bezug auf unseren Umgang mit Geld haben wir meist im Erwachsenenalter viel nachzuholen, denn viele von uns haben auf dem Boden von Fehlentwicklungen des Besitztriebes große emotionale Schwierigkeiten, mit Geld realitätsgerecht umzugehen. Niemand kann uns dabei so wirkungsvoll behilflich sein wie unser Ehepartner, wenn wir das Problem nur in ehrlicher Bereitschaft und nüchtern anzupacken verstehen.

Viele junge Ehepaare scheuen sich, über die Finanzen feste Regelungen zu treffen. Sie haben das Gefühl, daß das Geld keine Konflikte heraufbeschwören könne, sie meinen, ihrer Liebe unrecht zu tun, wenn sie über geldliche Angelegenheiten miteinander sprechen. Das ist aber falsch. Es entspricht einer unrealistischen Einstellung. Je mehr hier gleich am Anfang in gegenseitiger Achtung Abmachungen getroffen werden, um so mehr beugt man der Entstehung unterschwelliger Explosionsherde vor, die die Beziehung später sinnlos belasten können. Fühlt sich ein Paar dieser Frage am Anfang nicht gewachsen, sollte es einen erfahrenen, sachverständigen, am besten juristisch gebildeten, unparteiischen Freund bei der Konferenz über die Finanzen um Hilfe bitten.

H

Hörigkeiten begegnen

Die Psychopathologie (die Lehre von den seelischen Erkrankungen) hat ein interessantes Phänomen der Paarbildung aufgedeckt: Es gibt eine Form von Faszination, der Verliebtheit in einen bestimmten Partner, die durch übersteigert einseitige Bedürftigkeiten hervorgerufen wird. Ein Masochist bedarf zu seiner Ergänzung suchtartig des Sadisten, ein Introvertierter sucht nach dem Extrovertierten, ein krankhaft Mutter-Gebundener sucht einen Typ, der seiner Mutter am wenigsten gleicht – und das alles, ohne daß sie auch nur spurweise ahnen, was eigentlich geschieht. Eine Faszination, die auf dem Boden einer mächtigen, übersteigert vorhandenen Bedürftigkeit entsteht, verursacht deshalb Hörigkeit, bewirkt eine krankhafte Abhängigkeit.

Erich Fromm sagt: „Die symbiotische Vereinigung hat ihr biologisches Vorbild in der Beziehung zwischen der schwangeren Mutter und dem Foetus. Sie sind zwei und doch eins. Sie leben ‚zusammen' (sym-biosis), sie brauchen sich gegenseitig. Der Foetus ist ein Teil der Mutter und empfängt von ihr alles, was er braucht; die Mutter ist sozusagen seine Welt. Sie ernährt und beschützt ihn, aber auch ihr Leben erfährt durch ihn eine Steigerung. In der psychischen symbiotischen Vereinigung sind die beiden Körper unabhängig, aber die gleiche Art des gegenseitigen Angewiesenseins besteht psychologisch.

Die passive Form der symbiotischen Vereinigung ist die Unterwerfung oder – wenn wir die klinische Bezeichnung verwenden – der Masochismus. Der masochistische Mensch entrinnt dem unerträglichen Gefühl der Isolation und Getrenntheit, indem er sich selbst zu einem Teil, zu einem Glied einer anderen Person macht, die ihn führt, leitet und beschützt, die sozusagen sein Leben ist und ohne die er gar nicht leben könnte. Die Macht jener Person, der man sich unterwirft, ist übersteigert, mag sie nun ein Mensch oder ein Gott sein; sie ist alles, ich selbst bin nichts, abgesehen allein davon, daß ich ein Teil von ihr bin. Denn damit bin ich auch ein Teil ihrer Größe, ihrer Macht, ihrer Sicherheit. Der Masochist hat selbst keine Entscheidungen zu treffen, hat kein Risiko auf sich zu nehmen; er ist niemals allein – er ist jedoch auch nicht unabhängig. Er ist nicht vollständig, ist noch gar nicht ganz geboren. In der masochistischen Liebesbeziehung liegt der Mechanismus der Götzenanbetung vor. Die masochistische Bezogenheit kann mit psychischem, sexuellem Verlangen vermischt sein: In diesem Fall handelt es sich nicht nur um eine Unterwerfung, an der die Phantasie teilhat, sondern um eine, die den ganzen Körper betrifft. Der Betroffene verliert seine Integrität und macht sich damit selbst zum Instrument eines anderen Menschen. Er ist damit der Aufgabe enthoben, das Problem des Lebens selbst und in Freiheit zu lösen.

Die aktive Form der symbiotischen Vereinigung ist Beherrschung des anderen Menschen oder – um die dem Masochismus entsprechende psychologische Bezeichnung zu nehmen – *Sadismus.* Der Sadist möchte seiner Einsamkeit dadurch entgehen, daß er einen anderen zu einem Teil, zu einem Glied seiner selbst macht. Er übersteigert und vergrößert sich selbst durch die Einverleibung jener anderen Person, die ihn anbetet.

Der Sadist ist von jener Person, die sich ihm unterworfen hat, genauso abhängig wie diese von ihm; keiner kann ohne den anderen leben. Der Unterschied liegt lediglich darin, daß der Sadist befiehlt, ausnutzt, verletzt und erniedrigt, während der Masochist sich befehlen, ausnutzen, verletzen und erniedrigen läßt. Das ist in realistischem Sinne ein beträchtlicher Unterschied; in einem tieferen Sinne ist der Unterschied jedoch nicht so groß wie das, was beide gemeinsam haben: Vereinigung ohne Unabhängigkeit und Integrität."

Mehr oder weniger abgeschwächte Formen dieses „sado-masochistischen" Grundschemas kommen in jeder Ehe vor. Das ist keineswegs gleich „abartig", sondern von der Biologie von Mann und Frau her nur allzu verständlich. Die Frau hat von ihrer biologischen Aufgabe her ein natürliches Bedürfnis sich preiszugeben, der Mann sucht zu erobern und zu beherrschen. Dennoch ist es nötig, diese biologischen Aspekte in uns nicht unreflektiert zu verstärken; denn das führt beide in Abhängigkeiten, die Entwicklung blockiert. In der symbiotischen Beziehung hat der Mensch das Gefühl, ohne den anderen nicht existieren zu können. Aber auch in manchen neurotischen Ehen anderer Art ist dies der Fall, so, wenn ein weltfremder Stubengelehrter voll Lebensangst eine welthungrige, abenteuerlustige Frau heiratet. Er hofft, die Welt im

Schutz der starken Frau doch ertragen zu können; sie hofft, durch ihren Mann von zügellosen, gefährlichen Seiltänzereien abgehalten zu werden. Aber die Einseitigkeiten solcher Charakterstrukturen lassen sich nicht dauerhaft gegenseitig kompensieren, ohne daß es zu gefährlichen Zerreißproben kommt. Die Hörigkeiten, die durch Übersteigerungen bestimmter Bedürfnisse entstehen, können nur dadurch in eine mündige Liebesbeziehung umgewandelt werden, daß der fehlende Teil in dem Menschen selbst allmählich zur Nachentwicklung gebracht wird. Selbst an der Welt Freude zu haben, sollte die Frau ihren Stubengelehrten in kleinen Schritten lehren; die Schönheiten eines Sonnentages im häuslichen Garten zu genießen, sollte mit Liebe und Fürsorglichkeit der stille Gelehrte seiner unruhigen Frau als Erlebnis vermitteln.

Einen Partner zu haben, der abhängig, ja hörig ist, ist eine große Versuchung, besonders für machtgierige, ich-schwache Menschen. Aber die Hörigkeit beraubt den Betroffenen seiner Freiheit, und sein Objekt gerät in den Bann einer Fesselung, die, je mehr Bezirke sie umschließt, je härter sie knebelt, zwangsläufig um so mehr den Drang nach Befreiung mobilisiert.

Wir sollten versuchen, uns solchen Triebmechanismen allmählich zu entwinden. Erich Fromm sagt dazu: „Im Gegensatz zu der symbiotischen Vereinigung ist die reife Liebe *Eins-Sein* unter der Bedingung, die eigene Integrität und Unabhängigkeit zu bewahren und damit auch die eigene Individualität. Die Liebe des Menschen ist eine aktive Kraft, die die Mauern durchbricht, durch die der Mensch von seinen Mitmenschen getrennt ist und die ihn mit den anderen vereint. Die Liebe läßt ihn das Gefühl von Isolation und Getrenntheit überwinden, erlaubt ihm aber, sich selbst treu zu bleiben und seine Integrität, sein So-Sein zu bewahren. In der Liebe ereignet sich das Paradox, daß zwei Wesen eins werden und doch zwei bleiben ..."

Hörigkeit entsteht auch durch eine übertriebene Identifikation mit dem Partner. Es ist verständlich und auch berechtigt, daß ein liebendes Paar sich als Einheit erlebt. Gibt aber der eine oder der andere aus diesem Grunde sein Ich, seine Eigenheiten vollständig auf, so erlebt er sich bald als schutzlos und verlassen in Situationen, in denen die totale Identifikation nicht möglich ist. Auch auf diesem Wege können Hörigkeit und übersteigerte Abhängigkeitsgefühle entstehen. Wer sich solcher Gefahren bewußt ist, vermeidet das totale Aufgehen im Partner, nimmt ihn liebevoll an mit all seinen guten und weniger guten Eigenschaften und bleibt dennoch er selbst. Absolute Identifikation bedeutet den seelischen Tod des Paares. Mit Recht warnt Manfred Hausmann:

„Da erregt die Liebe ihnen schwermütig eine Sucht,
sich aufzugeben und sich im anderen stöhnend
zu verlieren für alle Ewigkeit, daß keines mehr,
kein Ich, kein Du und nichts, sein Wesen hat.
Das aber ist, Geliebteste, der Tod.

Da du dich fallen ließest aus dem Bangen
und aus dem Ich und aus der Zeit,
um in der Ewigkeit an mir zu hangen,
fandst du von Leere dich und Tod umfangen
und grenzenloser Traurigkeit."

I

Intoleranz abbauen – die Grenzen der Toleranz sehen

Ein schwaches Ich ist dadurch gekennzeichnet, daß es Angst vor femden Einflüssen hat und deshalb einen Schutzwall von Rechthaberei um sich errichtet. Der in der Tiefe Unsichere ist unduldsam und stellt den Anspruch, daß die Menschen seines Umkreises keine andere Meinung als seine eigene haben müßten. Er kann die andere Meinung, die andere Lebensvorstellung nicht ertragen, weil er, ohne das zu wissen, dumpf fürchtet, von ihr überstülpt zu werden, sich selbst nicht behaupten zu können. Intoleranz läßt sich also nur bekämpfen, wenn man sich klarmacht, daß die hitzige Abwehr einer anderen Meinung eine unangemessene Reaktion ist, die der Wirklichkeit nicht entspricht und die ganz und gar nicht dem Recht auf freie Meinungsäußerung nachkommt. Jeder demokratische Staatsbürger hat dieses Recht – es ist grotesk, wenn ein Ehepartner es seiner zweiten Hälfte abspricht. Freilich ist es wichtig, daß der mit Intoleranz traktierte Partner dieses Recht nicht einfach fordert, sondern erst einmal versteht, daß der Partner hier eine Schwierigkeit mit sich selbst hat und daß es wichtig ist, ihn an seiner Achillesferse zu schonen. Keiner von uns käme auf die Idee, einem Verwundeten mit Absicht weitere Verletzungen zuzufügen. In diesem Sinne sollte ein Partner, der erlebt, daß sein Gegenüber rechthaberisch und vielredend einen Standpunkt vertritt, der objektiv nicht haltbar ist, nun nicht nach dem Sieg-Niederlage-Prinzip alle Kraft zur Widerlegung der Meinung aufbieten. Liebe versteht, und Liebe schont. Rechthaberei und Intoleranz sind Symptome eines unzureichenden Selbstwertgefühls. Es ist wichtiger, dies bei passender Gelegenheit nachzuüben, bis Kritik und Widerrede ertragen werden können. Das soll nicht heißen, daß jede Intoleranz nach dem Motto „Der Klügere gibt nach" vom Partner schweigend erduldet werden darf. Das Aushalten von Intoleranz hat dort seine Grenze, wo es um Entscheidungen über zentrale Lebensprobleme, um die Zukunft des Ganzen geht. Kein Mensch darf zum Beispiel um der Toleranz willen den Sinn seines Lebens verraten. Die Gemeinschaft mit dem Partner hat dort aufzuhören, wo dieser zu verbrecherischer Handlung, zum Abschwören des Glaubens, zu zerstörerischer statt zu aufbauender Handlung auffordert. Es gibt eine Entscheidung bzw. Scheidung, die unumgänglich notwendig ist – im Sinne jenes Christuswortes vom herauszureißenden Auge. Ehe ist nicht grundsätzlich unscheidbar, sie ist es nur, solange der Bund mit Gott nicht gebrochen wird.

Vor kurzer Zeit erhielt vor einem norddeutschen Jugendgericht eine jugendliche Ehefrau zehn Jahre Gefängnis – das Höchstmaß an Strafe für diese Altersstufe –, weil sie bei zwei der Mordtaten ihres Mannes an jungen Mädchen dabei gewesen war und auch bei der Vorbereitung zu einem dritten Verbrechen nicht von seiner Seite gewichen war. Hier ist Kumpanei zur Treulosigkeit gegen Gott und die gesetzliche Ordnung geworden und muß deshalb – trotz der schrecklichen Lebenstragödie dieser Frau – mit Recht geahndet werden.

So wesentlich es für eine gute Eheführung ist, Toleranz im Hinblick auf Verschiedenheiten der Meinungen und des Charakters zu üben, so unumgänglich ist eine klare Entscheidung zur Trennung nötig, wenn einer sich anschickt, sich selbst, seinen Partner, seine Kinder in den Strudel einer Zerstörungssucht zu reißen. Schwer Alkoholkranke sind in dieser Weise gefährdet, aber auch Geisteskranke, Kriminelle und ideologische Fanatiker. In Fällen, in denen ein Partner so seine Eheunfähigkeit beweist, gilt der schöne Satz „... bis daß der Tod euch scheidet" nicht mehr unbedingt; denn häufig ist der „Tod" bereits durch den Ausfall des einen Partners eingetreten und macht Trennung unausweichlich.

J

Ja sagen zum Lebensrecht des Partners

Viele Irrtümer und Zerreißproben in einer Ehe entstehen dadurch, daß sich unbewußt und naiv in uns die Vorstellung einnistet: Mein Partner liebt mich – er hat es mir gezeigt und durch den Entschluß zur lebenslänglichen Gemeinschaft bewiesen; ich bin sein „Ein und alles"; es wird fortan das Ziel seines Lebens sein, mir alles zuliebe zu tun, sich um meinetwillen aufzugeben, so wie auch ich mich ihm vollständig preisgebe. Ich sagte bereits in anderen Kapiteln: Diese Vorstellung ist deshalb falsch und auf die Dauer nicht durchhaltbar, weil keineswegs Partnerschaft und Ehe Selbstzweck sind, sondern allein eine Konkretion *der* großen Zukunftsaufgabe, die Liebe in der Welt zu mehren. Diese Vorstellung ist aber auch deshalb falsch, weil wir nur mit einer Portion Selbstverteidigung, nur auf dem Boden eines Stückes lebenerhaltenden Egoismus', die Voraussetzung dazu haben, solche geistigen Ziele zu verwirklichen. Wer sich total aufgibt, wird lebens- und eben damit auch liebesunfähig. Weil diese „Gesetze" in uns „einprogrammiert" sind, halten wir das totale Ineinander-Aufgehen grundsätzlich nicht durch. Wir werden wieder zurückgetrieben in ein Mehr an Egoismus und hingetrieben zu Aufgaben, die sich nicht nur durch Ehe verwirklichen lassen. Das geschieht mit uns selbst leider unmerklich. Was uns hingegen mit Empörung und Befremden bewußt wird, ist, daß der Partner nicht hält, was er zu halten doch versprach. Längst wieder im eigenen Fahrwasser, stellen wir empört fest, daß unser Beiboot-Partner nicht im Kielwasser blieb, und sind dann nur allzu rasch geneigt, ihm Lieblosigkeit, Vertragsbrüchigkeit und Eigensucht vorzuwerfen. Wir beginnen, Dienstbarkeit zu fordern, sind aber verabsolutierter Dienstwilligkeit längst unversehens entschlüpft. Es ist nichts als Dummheit, solch einen Zustand hochzuzüchten. Wir können ihm hingegen entgehen, wenn wir uns klarmachen, daß wir unserem geliebten Partner den Boden – auch zum Lieben – entziehen, wenn wir ihm sein Recht auf Eigenständigkeit vorenthalten. Jeder Mensch hat ein Recht darauf, nach einem anstrengenden Arbeitstag müde zu sein. Ihn schmollend der Lieblosigkeit zu bezichtigen, weil er sich unfähig fühlt, zu einem Tanzabend oder in eine Oper zu gehen, heißt in der Ehe mit ungleichen Maßen messen, wobei gerade die eigene Ichsucht übersehen wird. Jeder Mensch hat ein Anrecht auf Entspannung, ein Anrecht auf Schweigen in der Gemeinschaft aus eben diesen Gründen etwa. Wir haben das Recht, dafür zu sorgen, daß wir uns sättigen können, über den Besitz zu verfügen, den wir uns erarbeitet haben, unsere Begabungen auszubauen. Rechte dieser Art müssen wir unserem Partner zubilligen, wenn wir dauerhaft glücklich bleiben wollen.

Nimmt der eine in einer Ehe die Rechte für sich in Anspruch und schiebt dem anderen die Pflichten zu in der verblendeten Vorstellung, das stünde ihm zu, so treten bald die traurigsten Folgen ein; denn selbst wenn etwa eine zum „Dienen" erzogene Ehefrau klaglos dieses Schicksal auf sich nimmt, setzt das große Meutern unbewußt und gegen ihren eigenen Willen ein. So – und keineswegs etwa durch die hemmungslose Sexualsucht der Frauen – kommen Treulosigkeiten und psychosomatische Leiden aller Art zustande.

K

Kinderprobleme bewußt lösen

Trotz all unserer Möglichkeiten zur „Familienplanung", trotz oder gerade wegen all unserer Bewußtheit ist das Problem „Kinder" nicht kleiner, sondern größer geworden. Früher trat der Kindersegen im allgemeinen eben einfach ein. Heute können und müssen wir uns fragen: Soll ein junges Paar Kinder in *diese* Welt setzen? Grundsätzlich läßt sich dazu sagen: Kinder zu bekommen, ist zwar der unmittelbarste Weg, um die Erfüllung seiner Liebe zu erleben. Es bleibt ebenso geheimnisvoll wie augenscheinlich, daß ein Wesen mit Erbanlagen von beiden Eltern entsteht, etwas einmalig Neues, aus den Hälften zu staunenswerter Einheit Kombiniertes. Die Gründung einer Familie zeichnet darüber hinaus auch ganz deutlich gleichnishaft den Sinn des Weges eines Ehepaares ab: nämlich durch die Erziehung der Kinder an der Fortsetzung und Gestaltung der Zukunft mitzuarbeiten; aber dies bildet nur die eine Seite der Medaille. Ein Paar kann auch ohne Kinder eine erfüllte Ehe führen unter der Voraussetzung, daß in anderer Weise in gemeinsamer Anstrengung für die Zukunft gearbeitet wird. Dennoch ist eine freiwillige Kinderlosigkeit allein mit dem Argument, die Erde nicht weiter mitübervölkern zu wollen, höchst fragwürdig. Nicht selten ist dieses Argument nämlich nur eine Scheinbegründung, um die eigene Bequemlichkeit zu bemänteln. Selbsttäuschungen dieser Art, mit deren Hilfe aus Trägheit fundamentale Lebensaufgaben umgangen werden sollen, tragen auf die Dauer nicht. Schwere Krisen entstehen, wenn das Leben dann schließlich als schal und sinnlos empfunden wird. Schon unsere Alten haben uns in Mythen und Märchen die Weisheit vermittelt: daß Glückssuche ohne alle Anstrengung vergeblich ist, daß nur der ans Ziel kommt, der Wagnisse und Herausforderungen auf sich nimmt, der die Aufgaben anpackt, ohne Angst zu haben, sich dabei die Finger schmutzig zu machen.

Aber selbst wenn der Entschluß zur freiwilligen Kinderlosigkeit aus der verantwortungsbewußten Sorge um die Überbevölkerung der Erde geboren sein sollte, bleibt zu fragen, ob er berechtigt ist. Menschen, die in dieser Weise fragen, haben immer einen gewissen Status von Bewußtheit erreicht. Menschen, die nicht nachdenken, setzen oft unüberlegt ein ganzes Rudel von Kindern in die Welt, ohne daß diesen dann auch nur die allernötigsten Anfangsbedingungen erfüllt werden können. Vernachlässigte Kleinkinder aber werden verwahrloste Erwachsene. Kind ist also nicht gleich Kind. Menschen, die über genügend finanzielle, geistige und seelische Möglichkeiten verfügen, einige Kinder sorgfältig zu erziehen, haben infolgedessen in bezug auf dieses Problem eine große Verantwortung. Wir brauchen nicht verwahrloste Menschen, sondern kultivierte, hochbegabte einzelne, wenn unsere Kultur nicht untergehen soll.

Ein Paar, das sich dergestalt seiner Verantwortung für die Zukunft bewußt geworden ist, sollte sich aber dennoch die Frage stellen, zu welchem Zeitpunkt die Geburt eines Kindes für es am besten wäre. Kaum eine Vogelart legt Eier, ohne vorher sorgsam für die Jungen ein Nest gebaut zu haben. Auch Kinder brauchen eine Menge an Voraussetzungen, um gedeihen zu können. Eine Frau, die ihre Berufsausbildung noch beenden möchte, sollte nicht gleichzeitig Kinder gebären. Sie müßte sie fremden Personen überlassen; und selbst wenn das die liebste Großmutter ist, bedeutet das Abschieben von Verantwortung einen Risikofaktor für die Charakterentwicklung des Kindes. Darüber hinaus verwöhnen alte Frauen ihre Enkel – auch die alten Affendamen haben bei der Erziehung ihrer Spätlinge nicht mehr die rechte Energie, hat uns die Affenforscherin Jane Goddall berichtet. Verwöhnte Kinder aber können elend unglückliche, ansprüchlerische, egoistische, passiv-unordentliche Erwachsene werden. Es ist aber ein zu niedrig angesetzter Lebensplan, auf jeden Fall erst einmal Kinder zu bekommen und keine Gedanken darauf zu verschwenden, ob die Möglichkeit vorhanden ist, das *Richtige* für sie tun zu können. Wer Kinder in die Welt setzt, nur um der Umwelt zu beweisen, daß er dazu in der Lage ist, und ohne bereit zu sein zu ihrer Fürsorge und Erziehung durch persönlichen Einsatz, Einschränkungen und Opfer, versündigt sich schwer an ihnen und bekommt diese Schuld als einen fürchterlichen Bumerang in Gestalt aufrührerischer, böser Unbotmäßigkeit spätestens in der Pubertät wieder zurück. Kein Heim, keine Kinderkrippe, kein Grundschulinternat kann die Ausbildung des Kindes zum Menschen durch opferbereite Liebe ersetzen. Nur über individuelle Betreuung wird das Kind ein soziales Wesen, eines, das später durch ein Maß an überschüssiger seelischer Kraft daran mitwirken kann, daß unsere Welt allmählich menschenfreundlicher wird. Seelisch ungepflegte Kinder aber bleiben schwach, bleiben infolgedessen lebenslänglich übertrieben egoistisch.

Über die Zahl und den Altersabstand der Kinder kann es bei einem Paar zu heftigen Meinungsverschiedenheiten kommen. Ich habe einmal in meiner Praxis erlebt, daß ein Ehemann seine Frau, nachdem sie drei Kinder geboren hatte, zwang, eine lebensgefährliche Operation auf sich zu nehmen, weil er sein Erbgut für so wertvoll hielt, daß daraus noch mehr Kinder entstehen müßten. Da sich die Frau der kinderreichen Familie nicht gewachsen und durch solche herrschsüchtigen Handlungen mit Recht erniedrigt und mißbraucht fühlte, wurde sie bald nach der Geburt mehrerer Töchter unheilbar depressiv, und die Kinder bekamen schwere Neurosen.

Es gibt auch heute noch Frauen, die meinen, nur glücklich sein zu können, wenn ihre Wiege Jahr für Jahr immer neu bestzt ist. Kinderreichtum erfordert ein außergewöhnlich hohes Maß an seelischer Kraft der Eltern, wenn die „Brut" nicht durch zu große Enge im Nest Schaden nehmen soll. Behutsame gemeinsame Überlegungen in bezug auf ihre Familienplanung müssen deshalb immer wieder angestellt werden. Es gibt eine mütterliche Triebhaftigkeit, die sich ohne alle Rücksicht auf Kosten von Mann und Kindern in uns Frauen durchsetzen will. Auch bei Entscheidungen dieser Art hilft das verantwortliche Hinschauen auf den überpersönlichen Aspekt etwa in Form der Fragestellung: Haben wir die Kraft, den Platz, das Geld, die Hilfsmöglichkeiten, um mehr als zwei oder drei Kindern die optimale Möglichkeit zu ihrer Entfaltung unter unserer Obhut zu gewährleisten? Aus der kinderpsychotherapeutischen Praxis darf noch hinzugefügt werden: Der Abstand von zweieinhalb bis drei Jahren zwischen zwei Geburten hat sich für die Kinder und Eltern als der günstigste erwiesen. Zu kurze Abstände erzeugen vermehrte Rivalitätsprobleme und lassen die Kinder in der so wichtigen ersten Lebenszeit häufig zu kurz kommen. Zu große Abstände dagegen geben weniger Möglichkeiten, an den Geschwistern Anpassung einzuüben.

Demoskopische Befragungen und Statistiken der letzten Jahre haben deutlich gemacht, daß zunehmend mehr die Tendenz entsteht, ein einziges Kind in die Welt zu setzen. Das ist besonders dann fragwürdig, wenn auf diese Weise nur eine knappe Konzession gemacht wird gegenüber dem eigentlichen Wunsch, kinderlos zu bleiben. Solche Kinder werden nicht um ihrer selbst willen angenommen und geliebt. Sie sind nur scheinbar Wunschkinder; sie dienen vielmehr als Dokumentation der Zeugungsfähigkeit ihrer Eltern. Sie sind allein zu deren Selbsterhöhung ins Leben gerufen. Eine solche Fehleinstellung kann sich auf die seelisch gesunde Entwicklung des Kindes negativ auswirken. Darüber hinaus haben es Einzelkinder grundsätzlich schwerer, weil sie im Kleinkindalter alle erwachenden Rivalitätsprobleme an Erwachsenen und nicht an Geschwistern abmachen müssen, um sich durchsetzen und anpassen zu lernen. Das Spielen mit Kameraden, das frühe Anmelden in einem Kindergarten kann Hilfe sein, ist aber kein vollgültiger Ersatz. Ein, zwei oder drei Geschwister zu haben ist für den Menschen die beste Möglichkeit, in die Realität des Lebens hineinwachsen zu können.

Viele Ehekonflikte entstehen durch Entscheidungen, die über die Kinder und mit den Kindern getroffen werden müssen. Grundsätzlich sollte sich jedes Ehepaar vor Beginn solcher Auseinandersetzungen klarmachen, daß die Kinder weder Besitz des einen noch des anderen Ehepartners, ja nicht einmal der von beiden sind. Es kann bei solchen Problemen also auch nicht darum gehen, daß der eine oder der andere Verfügungsgewalt über die Kinder hat. Väterliche Worte wie: „Was die Kinder für einen Beruf ergreifen ..." oder „wann sie in die Schule kommen, bestimme ich", zeugen von einer paschahaften Fehleinstellung gegen die gemeinsame Aufgabe. Eltern sollten sich als die Vormünder, die Sachwalter ihrer Kinder sehen, die in *deren* Interesse das für sie Bestmögliche zu tun anstreben, damit sie optimal entfaltete Erwachsene werden. Weichenstellende Entscheidungen sollten unter Abwägung der Argumente im Gespräch zwischen den Eltern entschieden werden, und wenn sie sich dafür nicht kompetent genug fühlen, zum Beispiel in pädagogischen, medizinischen oder juristischen Fragen, sollte man sich nicht scheuen, einen Fachmann zu Rate zu ziehen, ehe man als Paar in einen hitzigen Kampf um den strittigen Punkt eintritt und sich daran zerreibt.

In bezug auf die kleinen Entscheidungen des Alltags mag es auch so etwas wie eine Arbeitsteilung der Eltern geben. Fragen um Kleidung, Schularbeiten, Freizeitgestaltung fallen ohnehin meist in Mutters Ressort, weil sie mehr in der Nähe der Kinder ist; Geldangelegenheiten größerer Tragweite müssen unbedingt auch an den Vater herangetragen werden.

Es ist für die Erhaltung einer guten Ehe von großer Wichtigkeit, daß sich der Vater in seiner Freizeit, zumindest aber am Wochenende mit einsetzt bei der Erziehung der Kinder. Nicht nur sie brauchen zu ihrer gesunden geistigen Entwicklung das väterliche Vorbild und väterliche Führung; die Familienmutter kann ihre Kinder mit mehr Kraft, in dem Gefühl von Sicherheit erziehen, wenn sie die Erfahrung macht, daß ihr Ehemann sich mit all seinem Wollen für diese gemeinsame Aufgabe einsetzt. Wir haben in der Praxis die Erfahrung gemacht, daß Ehefrauen, die in der Erziehung der Kinder von ihren Männern allein gelassen werden, eine zu enge Beziehung zu ihren kleinen Söhnen entwickeln, was zu dramatischen Fehlentwicklungen solcher „Kronprinzen" führen kann. Ihre zu enge Gefühlsbeziehung zur Mutter kann in ihrem eigenen Erwachsenenleben komplizierte Schwierigkeiten in bezug auf das andere Geschlecht mit sich bringen. Viele können sich überhaupt keiner anderen Frau verpflichten, manche können nur flüchtige Verbindungen eingehen, sie entwickeln den Charakterzug Treulosigkeit, manche werden gar homosexuell.

Probleme um die Kinder werden um so weniger eine Gefahr für die Ehe, je stärker in strittigen Situationen beide Partner gewillt sind, ihre Orientierung aus dem religiösen Bezugspunkt abzuleiten. Er verhindert, daß Kinder als gegenseitiges Machtinstrument mißbraucht werden.

L

Lebensqualität anstreben

Ich habe hier ganz bewußt dieses Modewort des Jahres 1972 gewählt, weil unter diesem Begriff so viel Fragwürdiges subsumiert wird. Die Lebensqualität eines Ehepaares ist jedenfalls keineswegs einem hohen Lebensstandard, der Komfortwohnung, dem Auto und der zweimaligen Urlaubsreise pro Jahr nach Gran Canaria gleichzusetzen. Lebensqualität in der Ehe bedeutet die Ausbildung und Bemühung um eine Kultur der Herzen. Diese wiederum ist absolut nicht eine Könnerschaft oder Übereinstimmung im sexuellen Bereich allein; sie ist ausschließlich auf diesem Wege auch keineswegs zu erreichen. Die Lebensqualität eines Paares beginnt wie jede Kultur mit der Dankbarkeit. Es ist fatal gefährlich, sich an die Liebe, die Zuwendung, die Fürsorge seines Partners einfach zu gewöhnen, sie für selbstverständlich zu nehmen oder auf die Idee zu kommen, nach immer neuen, tolleren, teureren Liebesbeweisen zu gieren. Ehe als eine Art Warenaustauschunternehmen zu verstehen, spricht dafür, daß die so Handelnden vom Krämergeist besessen sind und keine Kultur haben. Ebenso ist es zwar verständlich, die eigenen Fehler, die man abwehren möchte, auf den Partner zu übertragen und alle Unbotmäßigkeiten der Kinder mit dem schlechten Erbgut oder der Dummheit der angeheirateten Familie zu begründen, denn der unreife Mensch braucht den „Projektionsmechanismus", um sich selbst zu beschützen; mit einer Kultur des Liebens haben solche Vorwürfe aber nichts gemein. Sie gleichen eher dem Gehaben eines Fuhrkutschers. In einer Kultur des Liebens wägt man die kritischen Worte, die man gerade aussprechen will, ab und stellt sich insgeheim die Frage, ob sie irgend etwas beisteuern können zur Vertiefung der Gemeinschaft oder ob sie durch die Roheit des Wortes verletzen. Kultur des Liebens legt Wert auf das Heilbleiben des Partners und schont ihn, um dieses Heilsein nicht sinnlos aufs Spiel zu setzen. Böse Worte können das Bild dessen zerstören, der sie ausspricht, sie können töten wie ein Pistolenschuß oder ein Schwerthieb. Lebensqualität in der Ehe ist nicht zu erreichen ohne das Mühen beider, ihre Zunge im Zaum zu halten. Außerdem hört jede Kultur dort auf und wird dort automatisch zerstört, wo die Gewalt sich einnistet. Ehen, in denen immer wieder geschlagen, getreten und mit Gegenständen nach dem Partner geworfen wird, sind von dem Akteur gebrochen. Deshalb scheidet das Gericht solche Ehen mit Recht. Freilich kann es auch in einer kultivierten Ehe so etwas wie einen Durchbruch primitiver Reaktionen, eine Art Vulkanausbruch geben; aber solche groben Störungen sollten grundsätzlich Anlaß sein zu einer langen Phase sorgfältiger „Aufbauarbeiten" mit der wiederholten Bitte um Verzeihung, einer Analyse der Konfliktsituation und der Verabredung zu gegenseitiger Hilfe in ähnlich gefährlichen Lebenslagen. Zur Qualität einer Ehe gehört auch das Lernen und sorgfältige Respektieren der gegenseitigen Empfindlichkeiten. Keiner von uns ist von ihnen frei. Der eine ist allergisch gegen Hitze, der andere gegen Kälte, der eine ist allergisch gegen bestimmte Geräusche, der andere gegen Gerüche. Den einen macht es wild, wenn der Partner nicht auf die Minute pünktlich ist, der andere wird nervös, wenn die Türen offenstehen. Liebe läßt sich kaum sicherer beweisen als damit, daß man sich Mühe gibt, den Animositäten des Partners gegenüber Schonung walten zu lassen und ohne viele Worte sinnlose Reizungen zu vermeiden. Es gibt für jeden von uns Unannehmlichkeiten, die wir nicht verändern können oder aus Überzeugung auch nicht verändern wollen. Zum Konflikt wird eine solche Lage erst, wenn zwei gegensätzliche Animositäten aufeinanderprallen, etwa wenn der eine morgens nicht sprechen kann und durch Gesprächsversuche des Partners kribbelig wird, der andere aber sprechen muß, um in Schwung zu kommen. An solchen allergischen Punkten sollte man einen Konsensus suchen, etwa indem der morgenschweigsame Mann seine Morgentoilette und das Frühstück allein absolviert und die redselige Ehefrau derweil einen Plausch mit den Kindern, der Bäckersfrau, der Nachbarin oder dem Hausmädchen macht.

Es ist nicht schwer, sich zur Steigerung der Lebensqualität in der Ehe viel Gutes und Liebevolles einfallen zu lassen, wenn man es nur für eine sehr wichtige, höchst wertvolle Aufgabe hält, die Liebe wie eine kostbare Blume zu pflegen. Dann winkt auf dem Weg nach Hause so viel Hübsches, das sich mitbringen läßt, dann fällt beglückend ein, das auf den Tisch zu bringen, was der Mann am liebsten ißt, dann nimmt man mit Freude Rücksicht auf den geheiligten Mittagsschlaf, auf das Unvermögen, aus Tontassen Tee zu trinken oder bei Licht einzuschlafen. Für alle diese Eigenheiten lassen sich Lösungen finden, wenn einer den anderen nur gelten läßt und ihn annimmt in all seiner Widersprüchlichkeit. Nur so ist die Basis geschaffen für Kultur in der Ehe. Es hieße aber, die Probleme von uns Menschen zu vereinfachen, wenn wir meinen würden, mit ein wenig Takt, Respekt und Rücksicht auf beiden Seiten gäbe es keine Schwierigkeiten mehr. Die meisten Menschen stehen in der fatalen Gefahr, gute Behandlung keineswegs besonders gut vertragen zu können. Wer besonders viel freundliche Beachtung und Rücksichtnahme zum Beispiel in Anbetracht von körperlichen Leiden erfährt, gerät – gänzlich unbewußt – in die fatale Versuchung, *mehr* Leiden zu entwickeln. Anerkennung und Beachtung, auf welchem Sektor auch immer, tragen die Teufelsklaue in sich, diesen Sektor auszubauen, bewirken „Verstärkung", können süchtige Aufblähung egoistischer Ansprüche bewirken. Unser Ego ist ein Machthaber, und halten wir es nicht bewußt in Schranken, kann es zu einem kannibalistischen Gewaltherrscher entarten. Auch Zuwendung ist nicht immer bekömmlich. Sie bedarf eines Partners, der reif genug ist, sie nicht für sich zu mißbrauchen.

Viel zu wenig wird heute im allgemeinen bedacht, daß Ehekultur auch davon abhängig ist, daß die Partner ihr *Erleben* miteinander pflegen. Fühlfähige Menschen werden von sehr unterschiedlichen Inhalten angerührt und angesprochen. Der eine kennt das Ergriffenwerden von großer Musik, der andere weiß das vom Sonnenaufgang in den Bergen. Der eine wird von einem Rembrandt tief aufgewühlt, der andere vom Anblick eines Ozeanriesen beim Einlaufen in den Hafen, der eine durch eine Messe, der andere durch Meditation im Anblick einer Blume. Jeder fühlfähige Mensch bringt solche Erlebnisse in seine Ehe mit und sehnt sich nach einer Wiederholung solcher Stunden mit dem geliebten Partner in innerer Gemeinsamkeit.

Wenn wir uns klarmachen, daß solche Stunden des Erlebens uns deshalb so wichtig sind, weil sie uns durch unser Egriffensein eine Erfahrung des Transzendierens über unser Ego hinaus vermittelten, daß es im Grunde Offenbarung Gottes ist, gelebte Religion, so werden Ehepartner nicht nur darauf bedacht sein, sich gegenseitig ein Suchen nach Erlebnissen ähnlicher Art zu gewähren, sie werden in Ehrfurcht vor diesem besten Teil in ihnen versuchen, mit dem Partner mitzuhalten. Das läßt sich nun freilich nicht erzwingen. Wir haben offenbar sehr verschiedene Wellenlängen in unseren Antennen zur Transzendenz. Und es ist gut, wenn Ehepartner sich diese ihre Verschiedenheiten mitteilen und sie tolerieren. Aber wir sollten unsere Partner zu den Orten ihres Erlebens begleiten. Nur allzuoft ergibt es sich, daß ein solches Opfer sich unversehens in ein Geschenk verwandelt, daß für *beide* der Anblick des offenen Meeres und seiner Brandung oder das Ritual eines Gottesdienstes in der Gemeinsamkeit unversehens zu doppelt starkem Fühlen wird. An den zentralen Punkten ihres Erlebens sollten Ehepartner beieinander sein, jedenfalls sollten sie nicht leichtfertig vom gemeinsamen Gang zurücktreten; solche Stunden können weit hinauftragen und eben deshalb auch voneinander entfernen, wenn sie nicht gemeinsam gesucht werden. Wir haben heute – wie nie Menschen je zuvor – die Chance, die Zeit und die Möglichkeiten zur Ausbildung einer sensiblen Erlebnisfähigkeit bekommen. In permanent schwerer äußerer Existenzbedrohung und -bedrängnis bildet sich keine Kultur der Empfindungsfähigkeit. Die Gedanken und Pläne sind mit der Sorge um die Bedürfnisse des nackten Daseins ausgefüllt. Das befriedigt den Menschen aber nicht auf die Dauer. Er strebt nach einer Verminderung der Plagen, nach einem Gewinn von mehr Freizeit. Diesen Status haben wir heute erreicht: Die Medizin schenkte uns Außerordentliches: verlängerte Lebenszeit, die Möglichkeit, Schmerzen zu lindern oder gar zu beseitigen, nicht durch unerwünschten Kindersegen überbürdet zu werden. Die Technik, die soziale Gesetzgebung machte uns in so vieler Hinsicht sorglos und damit frei! Freilich besteht an dieser Stelle für uns die Gefahr, diese geschenkte Zeit mit Zerstreuungen auszufüllen. Der Fernsehapparat ist das einfachste Instrument dazu; aber auch auf viele andere Art läßt sich die gewonnene Zeit totschlagen – lange Autoreisen an den Wochenenden, Zeitungen und Illustrierte, Lärmmusik oder einfach nur in einer Gastwirtschaft Bier trinken, so viel nur hineingeht. Diese Wege zur Gewohnheit zu machen, sind gefährliche Irrwege. Der Mensch langweilt sich trotzdem, er muß geradezu auf die Jagd nach der Unterdrückung seiner Langeweile gehen. Das liegt daran, daß er auf diese Weise an sich selbst vorbeilebt. Und er empfindet das dumpf als ein schreckliches Unglück, sehr viel mehr noch, wenn er im Wohlstand versumpft, als wenn die Daseinsnot ihn erdrückt. Jedes Ehepaar muß wissen, daß, je älter es wird, um so fordernder in seiner Seele das Bedürfnis zu einer Verfeinerung seiner Sinne entsteht. Wer das Grobe in sich pflegt, den Lärm, den passiven Genuß, den Spaß an der Sensation, vergröbert, stumpft ab, geht seelisch zugrunde. Sehr richtig heißt es deshalb in einem modernen Lied: „Wir sterben nicht allein an unserm Tod", denn wir können unter Umständen seelisch längst tot sein, wenn uns im Alter der physische Tod erreicht – oder wir können so gelebt haben, daß der leibliche Tod für uns ein Tor ist zur Ewigkeit, für die wir uns zu unserer Lebenszeit bereits vorbereiteten. Lebensqualität in der Ehe pflegen, das heißt: miteinander Stunden der Besinnlichkeit zu suchen, zu erkämpfen und sie als „Feiertag zu heiligen".

Wir setzen uns heute so leichtfertig über Traditionen und herkömmliche Zeremonien hinweg. Dabei sind sie oft keineswegs überflüssig – wir verstehen nur ihren Sinn nicht mehr. Es ist nicht sinnlos, einen Sonntag festlich zu begehen: mit einem geschmückten Tisch, mit feiertäglicher Kleidung, mit gemeinsamen Unternehmungen. Solche Formen stellen Vorbereitungen dar für Gefühlserlebnisse, sie sind schon in jungen Jahren Übungen auf transzendierendes Erleben hin. Es ist sinnvoll, sich darüber Wissen anzueignen, was für Wege zur Kultivierung in der Geschichte erfolgreich begangen worden sind. Die Ägypter, die Griechen, die Römer, das Mittelalter, die Chinesen haben uns unermeßliche

Schätze zu vermitteln. Die Beschäftigung mit solchen Inhalten, in gemeinsamem Interesse bewußt vollzogen, kann uns aufschließen und unsere Seele bilden, so daß wir jenseits unserer Lebensmitte zu einer Steigerung und Vertiefung unserer seelischen Kräfte kommen. Die Zukunft unserer abendländisch-christlichen Kultur wird davon abhängen, ob eine größere Schar von Paaren diese Aufgabe erkennt, deren Erfüllung darüber hinaus zu einem echten Altersglück führen kann. Denn der Mensch ist ein Angerufener – er geht an seiner Bestimmung vorbei, wenn er nicht alles daransetzt, die inneren Ohren wachzuhalten und die Sensibilisierung dieses Organs zu steigern. Das religiöse Bedürfnis ist das wichtigste Bedürfnis im Menschen – es zu verleugnen, unter Tand zu verschütten, macht spätestens im Alter anfällig für Resignation und Hoffnungslosigkeit.

M

Machtteufeln den Garaus machen

In unserer Zeit wird so viel von der bösen Machtausübung der Herrschenden gesprochen. Wir sind geradezu darauf getrimmt, uns fortgesetzt unterdrückt zu fühlen und mit der Faust der Aufständischen den Ausbeutern den Kampf anzusagen; dabei haben wir wenig Chancen, eine stärkere Humanität in uns zu entwickeln, solange wir ein solches unrealistisches Klischee anwenden nach dem Motto: „Alles Böse, mich Behindernde sitzt draußen, in meiner Umwelt, in der Gesellschaft – ich hingegen, ich kleiner Unschuldsengel flattere in solcher Bedrängnis hilflos gequält mit den Flügeln.“ Nein, so ist es eben nicht: Schon wo zwei Menschen über längere Zeit zusammen sind, regt sich versucherisch und „gesichtslos“, das heißt unbewußt, der Machtteufel, regt sich das versteckte Bedürfnis, das gemeinsame Territorium durch Machtergreifung zu dem in Alleinherrschaft regierten Königreich zu machen. Das geschieht ganz automatisch in uns, weil es der Teil eines biologischen Bedürfnisses ist, das für Selbsterhaltung sorgt. Sind wir aber nicht wachsam gegen diese unsere Biologie, so wird unversehens ein zerstörerischer Teufel daraus – eben indem wir schrankenlos egoistisch unseren Verstand, unsere Schläue, unsere Möglichkeit, zu planen und zu argumentieren, zum Instrument mißbräuchlicher Machtimpulse werden lassen. Auf wieviel raffinierte Weise läßt sich Macht ausüben: Wir Frauen neigen zum Beispiel dazu, das Klischee vom „schwachen Geschlecht" vor diesen Karren zu spannen. Man kann mit Wehleidigkeit Macht ausüben, man kann Abhängigkeiten von bestimmten Lebensgewohnheiten (im sexuellen Bereich, im Bereich der Eß- und Schlafgewohnheiten) zu einem willkürlichen System von Gewähren oder Verweigern umfunktionieren, man kann Schuldgefühle geradezu erpresserisch ausnutzen. Seit dem ersten Sündenfall ist Eva darin immer noch unerschöpflich. Aber Adam steht ihr in nichts nach; abgesehen davon, daß in ihm mehr als bei ihr das Bedürfnis, zu unterwerfen, die Festung zu bezwingen, elementarer als ein biologischer Drang und daher als eine Quelle höchst naiver Lüste vorhanden ist; und das kann nur allzuleicht in ein quälerisch-perverses Bedürfnis ausarten, den Partner in die totale Unterwerfung zu zwingen, um ähnlich triumphierend wie der Jagdhund über dem erlegten Wild Machtausübung in Stolz zu genießen. Machtbedürfnisse sind wie die Affenbrotbäume auf einem der Sterne des kleinen Prinzen bei Saint-Exupéry: Sie wachsen in Windeseile zu wuchernden Ungeheuern, wenn nicht täglich neu in diesem Garten der Lüste fleißig gejätet wird. In einer guten Ehe wird die Existenz des Bösen in uns nicht geleugnet oder in kindischer Manier auf den Partner verschoben, sondern sich gegenseitig liebevoll das Recht zugebilligt, jeder des anderen Affenbrotgärtlein mit zu bewachen. Liebevoll mit zu jäten bedeutet zum Beispiel, seinen Partner augenzwinkernd darauf aufmerksam zu machen, daß er sich ungefragt und ohne Verabredung bereits mehrere Male hinter das Steuer des gemeinsamen Autos verfügt hat, obgleich er weiß, daß der Partner genauso gern wie er selbst steuern mag. Ein freundliches Bewußtmachen von der Anwesenheit eines Machtteufelchens sollte gestattet sein, wenn der eine einen aufregenden Bericht abgibt, um auf dem Höhepunkt der Spannung genießerisch zu sagen: „Den Rest erzähle ich Dir später." Das Machtteufelchen sollte entlarvt werden, wenn die Mahlzeiten ohne Grund und trotz großen Hungers des Partners hinausgezögert werden, wenn man „einfach so" lange über die verabredete Zeit hinaus fernbleibt, usw. usw. Es gibt auf diesem Sektor unerschöpfliche

Möglichkeiten, und sehr oft handeln wir dumpf unbewußt, ohne uns klarzumachen, daß es zerstörerischer Geist ist, der von uns gerade wieder einmal Besitz ergriffen hat.

Wenn der Alltag uns wieder in seine Gewalt nimmt, wenn wir unter seiner Unerbittlichkeit das hohe Lebensniveau wieder verlassen, das uns die Liebe zu unserem Partner zunächst beflügelnd schenkte, geraten wir unversehens in die Gefahr, daß unser elementarer Egoismus wieder stärker hervortritt. Schon die Frage, welches Fernsehprogramm eingeschaltet wird, wenn die Ehepartner darüber uneinig sind, kann in dieser Situation zum hitzigen und ehegefährdenden Streitpunkt werden. Es ist auch nicht gut, wenn in solchen Situationen immer nur der *eine* nachgibt, wie es bereits an anderer Stelle erwähnt wurde. Am besten ist es, wenn in solchen Fällen der Uneinigkeit das Los entscheidet (etwa durch eine geworfene Geldmünze). Noch sinnvoller ist es, wenn das Paar durch die Überlegung zu einer Einigkeit kommt, welches Programm objektiv einen höheren Wert hat. Es ist sicher sinnvoller, die Aufführung einer griechischen Tragödie als die einer Hitparade anzusehen; eben weil jene das „Obere" des Menschen anspricht, ihm seelisch-geistige Kräfte und Orientierungsmöglichkeiten schenkt und seine Lebensqualität steigert. Aber auch bei der Frage, wer die gerade anstehende Pflicht tut, die beiden gleich lästig ist, kann ein heiteres Losen helfen, hitzige Machtkämpfe oder stumme Bequemlichkeiten nicht zum Wuchern kommen zu lassen.

Aufgeblähter Egoismus ist eine dauerhafte Gefahr für jede Ehe. Verblaßt die Spannung der Liebe und zeigt einer der Partner dann einen Rückfall in hemmungslose Selbstsucht, so führt das unweigerlich in Teufelskreise. Fällt *einer* auf die Stufe ausschließlich egoistischer Lebensinteressen zurück – und sei es nur aus Trägheit –, so provoziert das die egoistischen Abwehrmechanismen des Partners. Die Einheit zerfällt in zwei feindselige Hälften, die sich zwangsläufig gegeneinander verteidigen müssen. Wir müssen die wuchernde Selbstsucht als Gefahr für unsere Ehe im Bewußtsein haben und sie angesichts unseres Lebensziels, der Verwirklichung von mehr Menschlichkeit, zu zügeln versuchen. Mit einer solchen Wucherung werden wir grundsätzlich nur fertig, wenn jeder von uns der Wirklichkeit ins Auge sieht, daß er selbst täglich neu anfechtbar ist und daß wir deshalb der *gegenseitigen* Hilfe bedürftig sind. Diese Hilfe kann freilich nicht darin bestehen, daß der

Partner sich jetzt mit Pauken und Trompeten zu einem Dämonenaustreiber macht; vielleicht irrte er sich auch, und nicht Machtteufelchen war anwesend, sondern nur Gedankenlosigkeit. Man sollte sich aber behutsam fröhlich gegenseitig fragen dürfen: „Machtteufelchen?“, um dem Partner die Möglichkeit zu geben, aufmerksam zu werden und über sein Verhalten nachzudenken. Nur liebevoll-gemeinsame, bewußte tägliche Arbeit kann uns hier aufhelfen in die Welt echter Menschlichkeit hinein. Wie schwer das ist, läßt sich daran erkennen, daß nur in seltenen Ausnahmefällen in den Ehen heute dergleichen zustande gebracht wird. Im allgemeinen geht die Macht nach einer mehr oder wenig langdauernden Phase erbitterter Territoriumskämpfe in die Hand des einen oder des anderen Partners über, worüber bei diesem selbst übrigens meistens Unklarheit bestehen bleibt; oder es kommt zu einer Einbahnung arbeitsteiliger Machtressorts, bei deren Verletzung noch eine Zeitlang Wegbeißereien stattfinden, die sich später zu starrer Regelhaftigkeit verhärten. Das alles läßt sich zwar verstehen, und es ist gewiß besser, als wenn die Ehe am ersten Machtkampf zerbricht; dennoch müssen wir uns darüber im klaren sein, daß wir damit innerhalb unserer intimsten Gemeinschaft über den Status des Hühnerhofes nicht hinausgelangt sind und die Gefahr sich einnistet, daß wir ein starres Ehegehäuse errichten, statt lebendig und wandlungsfähig zu bleiben. Wie wenig klar sich viele Frauen über das Ausmaß ihres Machtmißbrauchs im Familienbereich sind, geht herrlich lehrreich aus folgendem Witz hervor: Eine Frau, befragt, wer in ihrer Ehe die Entscheidungen treffe, antwortet: „Im kleinen ich, im großen mein Mann.“ Auf die Frage, was sie darunter verstehe, meinte sie: „Nun ja, ob wir ein neues Auto brauchen, wohin die Ferienreise gehen soll, wieviel Geld wir ausgeben – das entscheide ich, mein Mann darüber, ob wir der UNO beitreten, die DDR anerkennen sollen, ob der Vietnamkrieg weitergeführt werden soll oder nicht.“

N

Nacht- und Tagrhythmen beachten

In den seltensten Fällen sind Schlaf- und Wachrhythmen von zwei Menschen, die sich heiraten, vollkommen gleichlaufend. Am schwierigsten ist es, wenn sich ein notorischer Frühaufsteher mit einer Nachteule verbindet. Es kann zu Verstimmungen führen, wenn der Frühaufsteher, der abends bald bleiern müde wird, seinen Partner regelmäßig wenig geneigt sieht, auch schlafen zu gehen, weil der gerade erst jetzt Frische und Arbeitsfreude entwickelt. Es kann vom Langschläfer als eine grausame Beeinträchtigung erlebt werden, wenn einer ihn um fünf Uhr morgens zum Aufwachen oder gar zum Aufstehen zu ermuntern sucht. Gewiß läßt sich unter den Forderungen des Alltags, der vielleicht beide zwingt, um sechs Uhr aufzustehen, so etwas wie ein Konsensus des Zweckmäßigen und Praktischen anstreben. Auch ein „Nachtmensch" wird durch chronisches Schlafdefizit schließlich doch abends rascher müde werden, wenn er konstant gezwungen ist, morgens früh aufzustehen. Aber selbst dann ist der Bedarf an Schlaf oft unterschiedlich und fordert von den Partnern in einer Ehe, diese Verschiedenartigkeit der Bedürfnisse zu respektieren. Bei großer Geräuschempfindlichkeit und Störbarkeit sind in Fällen starker Rhythmusunterschiede getrennte Schlafräume dringend zu empfehlen. Sie zu unterlassen, weil Tante Ida bei Besichtigung der neuen Wohnung den Schluß zieht, dann könne es mit der Liebe nicht weit her sein, und düstere Prophezeiungen von sich gibt, ist eine unzulässige Konzession an die Umwelt. Es kommt nicht darauf an, was Tante Ida denkt, sie denkt ohnehin wenig günstig, wenn sie im Familienkreis in der Abwesenheit des Paares ihre dunklen Mutmaßungen äußert (das ist ihre Rolle im Familienrivalitätsgefüge), sondern es kommt darauf an, daß es so „vernünftig" miteinander umgeht, daß seine Liebe nicht an den Lächerlichkeiten des Alltags zerbricht.

Es gibt freilich auch eine „Schlafsucht", die mit einer physiologischen Notwendigkeit nichts zu tun hat. Allerdings können es sich außer den Alten und Kranken nur Menschen in freien Berufen, beschäftigungslose Ehefrauen und Superreiche in unserer Gesellschaft leisten, konstant eine Schlafsucht zu entwickeln. Wer aber jede freie Minute zum Schlafen benutzt, ohne überanstrengt zu sein, ohne einen Nachholbedarf zu haben, dem fehlt im allgemeinen noch eine konstruktive Einstellung zum Leben. Er ist noch nicht davon überzeugt, daß das kurze Dasein genutzt werden muß, um der Schöpfung voranzuhelfen. Wer es versteht, seinem Tagewerk Sinn zu geben, einen Sinn, den man mit Interesse und Impetus verfolgt, verschläft nicht seine Tage. Antriebsschwächen dieser Art sind nur durch Einstellungsänderungen zu überwinden, gewiß nicht dadurch, daß der Ehepartner in direkter Fortführung die Rolle der am Bett stehenden drängelnden Mutter übernimmt. Schöpfung schuldhaft verhindern aber bedeutet es, seinen Partner zu einem lebenslänglichen Tagbeischläfer zu machen und dann auch noch die Vorstellung zu hegen, man führe eine ideale Ehe, nur weil man die meiste Zeit im Bett verbringt.

O

Offenheit pflegen

Schon bei den Kindern ist das so: Am meisten lügen die, die berechtigterweise Angst vor Strafe durch ihre Eltern haben. Wer fürchten muß, daß Offenheit für ihn negative Folgen hat, wäre töricht, wenn er nicht alles darauf anlegte, sich zu verschließen. Wenn wir dauerhaft in größtmöglicher Offenheit miteinander leben wollen, müssen wir uns davor hüten, den anderen schnellfertig zu verurteilen, wenn er etwas mitteilt, das eine Schwäche über sich selbst enthält. Freilich gibt es auf diesem Sektor auch große Unterschiede: Der eine ist leicht bereit und fähig, über seine Gefühle, seine Fragwürdigkeiten und fehlerhaften Handlungen zu berichten; die Starken sind das (gelegentlich sind aber auch Masochisten darunter, die mit sich einen lustvoll quälerischen Kultus der Selbstanklage und der Selbstverurteilung betreiben). Der andere kann sich nur ganz schwer äußern und eigene Schwierigkeiten überhaupt nur mühsam in sein Bewußtsein nehmen, weil er von seiner Kindheit her Verletzungen durch die Außenwelt fürchtet, weil sein Ich schwach oder sein Machtbedürfnis überbordend groß ist. Offenheit *fordern,* Nachspionieren und Aufdecken sind in solchen Fällen gewiß nur verstörende Wege. Der Partner, der keine Schwierigkeiten in dieser Hinsicht hat, sollte seine Offenheit weiter unermüdlich pflegen und die seltenen Gegengeschenke beglückt zur Kenntnis nehmen und das mit Worten und Gesten ausdrücken.

Selbstanklägerische Offenheit in lustvoller Übertreibung ist eine Belästigung des Partners, denn sie dient nicht der Gemeinschaft, sondern einem pervers übertriebenen Bestrafungsbedürfnis. Rücksicht auf den Partner macht es möglich, solche exzentrischen Süchte abzubauen.

Offenheit hat dort ihre Grenze, wo sie den Partner sinnlos kränkt und unsicher macht. So braucht ein Ehepaar z. B. eine ganze Menge Wissen um Traumkunde und tiefenpsychologische Kenntnisse, um sich nicht durch die rücksichtslose Offenheit beim Erzählen von Träumen am Frühstückstisch gegenseitig schwer zu beeinträchtigen. Welche Ehefrau wäre nicht verletzt und beunruhigt, wenn ihr Mann zwischen Brötchen und Zeitung lachend erklärte: „Ich träumte, daß ich von einer atemberaubend schönen Frau fasziniert war und dabei dachte: Wie mache ich es nur, daß Du das nicht merkst?" Schon an diesem einfachen Beispiel läßt sich aufzeigen, daß Offenheit ihre Grenzen hat, daß rückhaltlose Offenheit um jeden Preis keineswegs Ehekultur, sondern brutale Taktlosigkeit bedeuten kann. Eine lebenslängliche Ehe gibt viel Gelegenheit, sich langsam, Schritt für Schritt die Reife zum Offensein miteinander zu erarbeiten. Als Postulat setzen, als Partnerrecht fordern läßt sich rückhaltlose Offenheit nicht. Sie läßt sich nur erreichen einerseits durch ein selbstkritisches Nachdenken darüber, was dem Partner zumutbar ist, und andererseits dadurch, daß man ihm immer wieder zu der Erfahrung verhilft, daß man des Vertrauens würdig ist, das er durch seine Offenheit schenkt.

P

Parteienbildung vermeiden

In den allerseltensten Fällen lebt ein Paar fortgesetzt allein auf einer einsamen Insel. Selten ist es über längere Zeit auch nur in seinem Wohnbereich allein. Meistens wird aus dem Paar eine Familie, oft sind aus Rücksicht, aus praktischen Erwägungen oder aus Zuneigung noch Personen aus dem Verwandtenkreis mit in der Gemeinschaft, Angestellte oder Freunde sind aufgenommen und leben gemeinsam unter einem Dach. Grundsätzlich läßt sich sagen: Je größer die Personenzahl, um so schwerer ist es, in dauerhafter Übereinstimmung miteinander zu leben. Die Schwiegermutter muß geradezu ein Engel von Rücksicht und Taktgefühl sein, um die Gemeinschaft eines jungen Paares bei ständigem Zusammensein nicht erheblich zu stören oder gar zu gefährden. Es ist aber sprichwörtlich, wie selten gerade Mütter, die bei den erwachsenen Kindern leben, diese Eigenschaften haben. Meistens haben sie sich eben schon ein- und aufgedrängt, und die Möglichkeit, jemanden zu haben, der den Haushalt besorgt, ist oft ein hoher, ein zu hoher Preis für das Leben mit der Schwiegermutter. Oft sind Mütter dieser Art immer noch in einer übertriebenen Affenliebe mit ihren Kindern verknüpft und haben unbewußt und in versteckter Machtanmaßung das Ziel, den Ehepartner zu verdrängen und ganz an seine Stelle zu treten. Die Parteibildung von Mutter und Sohn gegen die Ehefrau kann höllisch sein und endet nicht selten mit einer Zerrüttung der ganzen Familie. Das liegt nicht immer an den Manipulationen einer „bösen" Schwiegermutter allein. Auch ohne Aktivitäten der Eltern kann ein Ehepaar die Entdeckung machen, daß dem einen oder dem anderen die Ablösung vom Elternhaus noch nicht gelungen ist. Das kann störende Folgen haben, selbst dann, wenn das Elternhaus vom Wohnsitz des jungen Paares weit entfernt ist. Es gibt Ehefrauen, die nach dem Motto „O, mein Papa" ihren Vater weiter in abgöttischer Sehnsucht lieben und die Liebe ihres Partners am Verhalten des „göttlichen" Vaters messen. Der Ehemann merkt aber bald, daß er diesem Anspruch niemals gerecht zu werden in der Lage ist. Es gibt Männer, die ihren Ehefrauen gegenüber bald nach der Hochzeit täglich mehrere Male die kränkende Äußerung machen, wie wenig sie in ihren Dienstleistungen der vergötterten Mutter gleichen. Äußerungen dieser Art beweisen, daß der Partner einen seelischen Entwicklungsrückstand hat, der dringend aufgeholt werden muß. Oft ist das ohne eine psychotherapeutische Behandlung nicht möglich.

Es ist überhaupt ein bedenkliches Zeichen, wenn ein Paar es für nötig hält, sich bei den zusätzlichen Personen des Kreises Bundesgenossen zu suchen, um dieses Bündnis dann gegen den Ehepartner auszuspielen. Werden gar die Kinder in dieser Weise zu Bundesgenossen gemacht, so nehmen sie meist schweren Schaden, weil der Haß auf eine Person, von der man abstammt, wie Selbsthaß und Selbstverachtung zu wirken pflegt. Besonders tragisch ist solch eine Entwicklung in den Fällen, in denen die Kinder, durch die Not eines Elternteils genötigt, selbst dazu übergehen, Partei zu ergreifen, um die leidende Mutter oder den leidenden Vater vor dem Partner in Schutz zu nehmen. Die kleinen Söhne, die vom siebenten Lebensjahr ab ihre Mütter gegen die brutalen Väter verteidigen, haben wenig Chancen, sich je mit ihrer Mannrolle zu identifizieren. Sie wollen lieber so werden wie die Mutter und haben später deswegen häufig erhebliche Schwierigkeiten im Feld der Partnerschaftsfindung.

Erfahrungsgemäß haben die Söhne einen intensiveren Kontakt zur Mutter, die Töchter zum Vater; aber diese unterschwellige Anziehung des anderen Geschlechts innerhalb der Familie sollte auf gar keinen Fall zu einem exzessiven Parteiensystem hochgespielt werden. Es bekommt den Kindern nicht, bis ins Jugendalter hinein in eine Rivalität zum gleichgeschlechtlichen Elternteil gebracht zu werden, denn normalerweise klingt diese einseitige übertriebene Sympathie im Grundschulalter ab. Sowohl ihren Kindern wie den Großeltern gegenüber sollte ein Paar die Rolle unverbrüchlicher Einigkeit bewahren, wenn es nicht zu erheblichen Konflikten kommen soll. Aber das ist natürlich nur möglich unter der Voraussetzung, daß nicht einer der Partner sich durch sein Fehlverhalten chronisch vor der Umwelt ins Unrecht setzt. Die Zeiten, in denen die Väter als herrschsüchtige Tyrannen, die Mütter als zeternde Xanthippen oder heimtückische Giftschlangen absolute Macht ausüben konnten, sind vorüber. Sie handeln sich binnen kurzem in der eigenen Familie eine Feindpartei von Revolutionären ein. In einem Klima fortgesetzter Zwistigkeiten aber kann die Ehe nicht gedeihen, eine Familie sich nicht gesund entfalten. Ein erwachsener Mensch, der lernfähig ist, setzt alles daran, sich Verlockungen zu zügelloser Familientyrannei zu widersetzen. Nur ein absolut eheunfähiger, schwerkranker Mensch gibt sich solcher negativen Entwicklung ungebremst hin.

Die menschenunwürdigste Situation, in die sich ein Paar hineinmanövrieren kann, besteht darin, daß es einen Zwischenträger zwischen sich duldet; etwa so: Ein etwas larmoyanter Ehemann beklagt sich bei seiner Schwiegermutter über die ihn lieblos dünkende Essenszubereitung seiner Frau, übertreibt dabei und entstellt den Sachverhalt, um im Feld der „Parteigründung" mehr Erfolg zu haben. Die Schwiegermutter hat nichts Eiligeres zu tun, als ihrer Tochter die Klagen – noch ein wenig mehr aufgebauscht – zu hinterbringen. Auf diese Weise wird die Atmosphäre zwischen einem Ehepaar schnellstens vergiftet, besonders, wenn die Konflikte nicht zur Sprache gebracht werden. Aber auch dann führen sie selten sogleich zu einer Versöhnung; denn die Schuldgefühle des Ehemanns wegen seiner Verräterei, der Ehefrau wegen ihrer Nachlässigkeit, die gegenseitige Verbitterung und ihr Bemühen, sich durch ein Rechtfertigen von der Schuld zu reinigen, beschwören meistens die abscheulichsten Teufelskreise herauf.

Ein Paar sollte sich in solchen Situationen aber klarmachen, daß der größte Sünder eben jener Zwischenträger ist, der oft mit heimlicher Lust und Schadenfreude den Zwist systematisch gesät hat. Der gemeinsame Kampf sollte solchen schwatzhaften Gesellen gelten, und eine Kumpanei mit ihnen sollte sofort vermieden werden.

Wir müssen uns darüber klarwerden, daß wir niemals darum herumkommen, unter irgendwelchen Unvollkommenheiten unserer Partner, die sich nicht aus der Welt schaffen lassen, zu leiden. Diese Leiden stumm und ergeben nur zu ertragen, den Ärger immer nur „hinunterzuschlucken", kann in bezug auf die seelische und körperliche Gesundheit bedenklich unhygienisch sein. Lasten, die zu schwer werden, führen nur allzuleicht dazu, daß sie sich als schmerzhafte Körperzustände doch ans Licht drängen. Liebevolle Ehepartner sollten es sich deshalb zubilligen, sich bei einem „anständigen", vertrauenswürdigen, tolerant liebevoll zuhörenden Freund ausklagen zu dürfen. Die Voraussetzung zu dieser Regelung ist die Freundschaft dieses Außenstehenden zu *beiden* Partnern des Paares, seine innere Überlegenheit und – unumgänglich – seine Verschwiegenheit! Feindselige Parteienbildung kann bei dieser Handhabung vermieden werden, wenn nicht einseitig, mitleidheischend und aufbauschend nur geklagt wird, sondern auch die positiven Seiten des Partners erwähnt werden. Ein Paar, das sich Seelenhygiene dieser Art zubilligt, statt sie als Verräterei mißzuverstehen, wird die Früchte als eine stabile Gesundheit beider ernten. Zwischenträgern aber sollte in geeinigter Aktion der Mund gestopft werden. Vergiftende Intriganz kann ein Paar, das Zukunft haben will, in seinem Umkreis nicht dulden.

Q

Querulanz bekämpfen

Wenn ein Säugling Unbehagen fühlt, schreit er, wenn ein Kleinkind müde ist, wird es nörgelig. Wir Erwachsenen haben das berechtigte Gefühl, dieses Stadium unserer Entwicklung hinter uns gebracht zu haben, zumal wir fähig sind, selbst die Quellen unseres Unbehagens ins Bewußtsein zu bekommen und im allgemeinen dann auch die Möglichkeit zu haben, es abzustellen. Und dennoch lebt in uns allen die Versuchung, gerade in der Gemeinschaft mit einem liebevollen und aufmerksamen Partner, auf diese Stufe zurückzufallen. Oft gibt es natürlich auch noch einmal wieder ähnliche Situationen wie in unserer ersten Lebenszeit: in Zeiten der Krankheit, in denen wir womöglich unbeweglich ans Bett gefesselt sind. Wie sehr dann gerade der *liebevolle* Partner Rückfälle dieser Art begünstigt, läßt sich immer wieder daran erkennen, wieviel weniger erwachsene Menschen es im Krankenhaus, unter der Obhut fremder, organisierter Helfer wagen, ihre Querulanz offen wuchern zu lassen. Es ist wichtig, sich klarzumachen, wie sehr wir dazu neigen, mit der Liebe Schindluder zu treiben, indem wir den liebenden Partner überfordern. Wir bringen aber jede Möglichkeit zur Partnerschaft überhaupt in Gefahr, wenn wir unsere „Hälfte" in eine allzeit gütige Mutter- oder Vaterrolle hineinzuzwängen suchen; denn dann ist der Partner genötigt, sich uns gegenüber wie zu einem Kind zu verhalten, was uns erneut unzufrieden machen muß. Auf diese Weise können viele Teufelskreise einsetzen, die rückwärts- statt vorwärtsführen. Freilich gibt es in jeder Ehe Situationen, in denen der Pegel des Mißbehagens so hoch ist, daß gar keine Möglichkeit besteht, dem Partner angemessen zu begegnen. Viele Frauen haben eine solche Phase einen Tag vor dem Einsetzen der Monatsblutung oder auch in den ersten Tagen der Menstruation. Ein befreundetes Ehepaar steckte sich in Situationen, in denen einer von ihnen nicht ansprechbar war, einen kleinen gelben Wimpel ins Knopfloch – der Partner war dann ohne Worte orientiert und hatte die Möglichkeit zu distanziertem, schonendem Verhalten.

Sitzen wir in einem Schacht von Seelenverdunklung, so sollten wir nicht das Unglück dadurch verdoppeln und konservieren, daß wir unseren Partner quälen, sondern uns zurückziehen, bis es wieder heller um uns wird. Wenn unsere Übellaunigkeit nicht eine tiefgreifende Veränderungsnot und -bedürftigkeit ist, die des Anpackens des Problems bedarf, können wir hoffen, daß sie wieder von uns genommen wird, wie sie gekommen ist, wenn wir nur Geduld mit uns haben und auf den nächsten Morgen hoffen. Wer seine Mißgestimmtheit wie ein Erwachsener tragen kann, ohne sie wie einen mächtig schweren Rucksack dem Partner aufzunötigen, wird erfahrungsgemäß mit einer beglückenden Erneuerung beschenkt. Vor allem aber: Wie sehr erleichtern wir es unserem Partner auf diese Weise, uns wärmend anzunehmen und still mitzuhoffen, daß die Sonne bald wieder scheint. Wie sehr können wir auf diese Weise die Überwindung der Verdüsterung beschleunigen.

R

Reisen einplanen

Es gibt immer noch Leute, die den gemeinsamen Urlaub eines Ehepaares für einen törichten Luxus halten. Oft ist er ja auch faktisch gar nicht möglich: wenn der Schornstein nicht richtig raucht oder wenn die Kinder klein sind. Und doch sind, wenn auch nur achttägige Urlaubsreisen zu zweit, am besten zwei- oder dreimal im Jahr, nach meiner Erfahrung eine fast lebenswichtige Angelegenheit in bezug auf die sorgsame Pflege einer Partnerschaft. Der Alltag, jahraus, jahrein, bildet für die Liebe eines Paares eine riesige Belastung. Wieviel nüchternen Sinn brauchen wir, um den täglichen Anforderungen des Lebens gewachsen zu sein, wie sehr verschüttet das Gleichmaß einer alltäglichen Ordnung das *Außer*-Ordentliche. Wie sehr legt sich durch dauernde Nähe Mehltau über das Gold des Gefühls, über den besten Teil in uns. Das *ist* einfach so, wir dürfen es nicht betrauern oder den Ausnahmezustand der Wochen des ersten Begegnens zurückzuholen versuchen. Unsere Wirklichkeit will uns im Joch, will den Schweiß und den Ernst der gemeinsamen Mühe, will uns als Werktätige. Aber so, wie wir nach der Aktivität des Tages ein Recht auf die Entspannung durch den Schlaf haben, ebenso wie den sechs Arbeitstagen der erholsame, festliche Sonntag folgt, ebenso sollten wir den Karren unserer Arbeit im Alltag zwischendurch ausspannen und einige Tage und Nächte wieder nur ganz allein füreinander dasein können. Theoretisch ginge das freilich auch zu Hause, ohne die zusätzliche Ausgabe für Reise und Quartier, aber praktisch ist das selten zu verwirklichen, besonders wenn Kinder da sind. Auf jeden Fall aber bietet der Tapetenwechsel die Möglichkeit, die Stimmung auf eine festliche Ebene zu heben, die für die Pflege der Liebe so entscheidend wichtig ist. Wie gesagt – in der Zeit, in der eine Frau einen Säugling zu pflegen hat, sollte man, um eine Trennung von Mutter und Kind zu vermeiden, auf die Reise verzichten, aber man sollte sie unbedingt dann bereits im Auge behalten und zwischendurch immer einmal wieder miteinander Pläne machen. Es ist nicht nötig, an die Costa Brava zu fahren und in einem Luxushotel zu wohnen. Eine bäuerliche Pension in der Nähe reicht auch, wenn man noch von anderen Aufbauplänen umstellt ist; aber man sollte nicht vor lauter „Schaffe, schaffe, Häusle baue" die Sehnsucht nach dem Eheurlaub auf das hohe Alter verschieben, dann ist es dafür nämlich zu spät. Eheurlaub ist grundsätzlich nicht mit Familienfahrten gleichzusetzen, denn sie lassen das Paar nicht zu dem Recht kommen, das es braucht – je kinderreicher die Familie ist, um so weniger. Am besten läßt man die Kinder zu Hause unter der kurzfristigen Obhut einer bekannten oder verwandten Betreuerin. Drei kurzfristige Urlaube belasten eine Mutter in bezug auf die Sorgen um die daheimgebliebenen Kinder übrigens sehr viel weniger als ein einmaliger dreiwöchiger Urlaub im Jahr und geben ihr auch von diesem Gesichtspunkt her mehr Möglichkeit, die Zweisamkeit unbeschwert sorglos zu genießen.

Eheurlaub sollte ganz bewußt nicht mit einer Zeit der Zerstreuung und des flachen Amüsements gleichgesetzt werden. Mit seiner Liebsten zu reisen, enthält eine große Chance gemeinsamer Lebenserfüllung, die man nicht ungenutzt vorübergehen lassen sollte: Man kann durch die gemeinsame Freude an einer unbekannten schönen Landschaft, dem Meer, den Bergen, einem See, einem Wald, dem Erleben großer Kunst in einem Museum, einem Dom, einem Konzert, einem Stadtbild eine unvergleichliche Kommunikation von innen und außen erleben, die in dieser Unmittelbarkeit kaum als Einzelperson empfunden werden kann. Das alles kommt aber nicht von ungefähr zustande. Es setzt Einigkeit und Bewußtheit der Bemühung, Gunst der Stunde und eine bestmögliche Planung voraus. Zu wandern, Ski zu laufen oder zu segeln, sind Wege zur Bereitung solcher festlichen Stunden, die neue Kraft geben für den Alltag und die bewirken, daß der tragende Grund der Liebe nicht aus dem Gedächtnis verloren wird.

S

Sexualität verarbeiten

In einer jungen Ehe, in der Kinder erwünscht und das Nest für sie vorhanden ist, ist die leibliche Vereinigung eine grandiose Verwirklichung der Liebe. Kein Schatten fällt auf sie. Es gibt auf der Erde keine großartigere Möglichkeit der Einigkeit von Geist, Körper und Seele, von Gegenwart und Zukunft, von Erfüllung und Hoffnung. Es macht selig und dankbar, sich gegenseitig so beschenken zu dürfen, so elementar zu erleben, was Transzendenz ist: hinüberzutreten, das Ich abzugeben an das neue unvergleichliche Wir.

Eigentlich gibt es über dieses Thema deshalb nichts zu reden. Reden ist dafür überhaupt nicht angemessen. Ich will aber dennoch ein paar Worte darüber sagen, weil so viele junge Paare heute durch perverse Klischees verstört und verunsichert werden. Weil in der Öffentlichkeit so viel über Sexualität gesprochen wird, weil Sexualität neuerdings sogar an Menschen experimentell erforscht wird (Masters und Johnson in den USA), können junge Paare leicht zu der Vorstellung kommen, es gäbe hier so etwas wie ein „Soll" und eine Idealnorm. Solche Vorstellungen können die Beziehung eines jungen Paares stören und vergiften. Die Fehlvorstellung eines jungen Mannes, pro Nacht drei- bis viermal „können zu müssen", um als richtiger Mann zu gelten, kann bei sensiblen Männern, die in der Kindheit zu drastisch-fordernd erzogen wurden, zu einem totalen Leistungsblock, zur psychischen Impotenz führen. Jedes Paar sollte gemeinsam solche lächerlichen Manipulationen an einem Mysterium über Bord werfen und weiter an dem Wissen festhalten, daß ihre Liebe einmalig und unwiederholbar ist; denn dann sind auch alle Einzelheiten unwiederholbar und mit Experimenten unvergleichbar. Ein Mann, der nur einmal in der Woche „kann", kann ein so großer und zarter Liebender sein, daß dadurch jede Sexbullerei in den Schatten gestellt wird. Ähnlich ist es mit dem verhängnisvollen Getöse um den Orgasmus der Frau. Mittlerweile haben wir nun alle mitbekommen, was darunter zu verstehen ist; es muß „stehenbleiben", eigenständig kontrahieren etc. Es sind meist Männer, oft gar Romanciers, die hier detaillierte Schilderungen von sich geben, seit der Rummel um dieses Thema floriert. Man sollte sich nicht davon beeinflussen lassen und seine Liebe nicht an tumben Tabus der Moderne messen! Derlei „Vorschriften" sollten für liebende Paare nicht gelten. Liebe will keine Vorschrift, ja sie verträgt sie nicht. Die Kraft des Fühlens sollte genügen, statt ängstlich darauf zu horchen, ob der Leib zustande bringt, was man ihm befiehlt. Der Orgasmus der Frau ist in seiner nackten Form im Grunde eine höchst künstliche Anpassung an das männliche sexuelle Erleben. Er geht von dem anatomischen „Rest", der Klitoris, aus und ist deswegen eigentlich für die Frau ein Rückschritt in die infantile Sexualität. Die große Liebe der Frau, die keine Onanistin war, geht nicht phallisch als Anstieg und abrupter Abfall der Spannung vor sich, sondern sie schwingt in weichen Rhythmen, und für sie gibt es eigentlich kein Ende; denn für sie ist das Ende der männlichen Erregung im Grunde die Hoffnung auf einen großen, lang anhaltenden erregenden Anfang: nämlich die Hoffnung, ein Kind empfangen zu haben. Mitten in höchster Verschmelzung findet eine neue Trennung statt. Sie zeigt sich auch äußerlich: der Mann schläft schneller ein, die Frau bleibt oft länger wach, horchwach, geweckt zu einer Verantwortung, die für die Zukunft beginnt. Ganz unbewußt geschieht das, ohne jede Möglichkeit der Kontrolle, selbst dann noch, wenn die Frau weiß, daß aus dieser Vereinigung kein Kind hervorgehen wird. Die Form der Liebe, der Sexualität der Frau ist völlig anders, als all die klugen Experimentierer ahnen können, sie ist unvergleichlich anders als die des Mannes und ihr selbst ein Mysterium. Deshalb ist bisher so wenig Richtiges darüber gesagt worden. Es ist so wichtig, sich nicht mit den Anweisungen aus den Medien zufriedenzugeben, blind durch den Irrgarten modischer, intellektualistischer Fehlvorstellungen zu stolpern und dabei die Orientierung für das Richtige, das Gefühl für unbefangene Spontaneität in der Liebe zu verlieren.

Darüber hinaus: Die Sexualität darf nicht aus dem Zusammenhang gerissen werden. Man sollte die Lust nicht vergöttern. Es ist fragwürdig, die Kunst im Bett nach Gazettenmanier überzubewerten. Dies darf niemals ein Bereich der Zensurierung werden! Der Grad der Liebe darf nicht an derartigen Könnerschaften gemessen werden. Sexualität zum Lebensziel zu ernennen, führt in die Sucht, ins Gieren nach raffinierten Neuerungen, in Abhängigkeit, Teufelskreise, zu Überdruß und Ekel. Sexualität ist *eine* Ausdrucksform der Liebe – *die* wunderbare Schale für ihr unsterbliches Feuer. Sexualität zum Gott ernennen, bedeutet Verrat an der Liebe und tötet sie über kurz oder lang unweigerlich. Und ist dieses Paradies erst verspielt, führt kein Weg dahin zurück.

Es gibt innerhalb der körperlichen Liebe nichts Perverses, wenn beide Partner in voller Übereinstimmung stehen. Wird aber irgendeine Praxis von einem der Partner gefordert, von ihm erzwungen, allein um der eigenen sexuellen Befriedigung willen, so ist das keine Kommunikation, steht nicht im Zeichen der Liebe, sondern in der egozentrischen Befriedigungssucht des einen, der dadurch beweist, daß er an einer schweren Erkrankung leidet. Ein Mann, der seine Frau auffordert, sich von ihm peitschen zu lassen, damit er sexuelle Befriedigung erlange, ist schwerkrank und zeigt durch eine solche Überforderung seines Partners, daß er eheunfähig ist. Liebe bedeutet es in einem solchen Fall, fachmännische Hilfe zu suchen. Es ist Ehebruch, dies dem Partner und sich zu verweigern. Sexuelle Perversionen in der Ehe über Jahre zu praktizieren, führt in eine schreckliche Sackgasse, die oft nur durch das Zerbrechen des einen oder beider Partner ein Ende nimmt. Mit Liebe und einem klaren Kopf lassen sich solche Verläufe durch vorbeugende Behandlung verhindern. Jeder qualifizierte Psychoanalytiker ist auf diesem Sektor ein versierter Fachmann.

Ihn in Anspruch zu nehmen, ist auch nötig, wenn es sich erweist, daß der Ehemann konstant impotent ist. Dieses häufige Leiden, das den davon Betroffenen und seine Ehe schwer beeinträchtigen kann, hat viele Ursachen. Es *kann* körperlicher Natur sein, meist aber entsteht es aufgrund seelischer Schwierigkeiten, die sehr oft ihre Wurzel in der Kindheit haben. Es ist eine eheerschwerende Fehlvorstellung, die Potenz eines Mannes zum Gradmesser der Liebe zu seiner Frau zu machen. Nach meiner Erfahrung fühlen sich viele Frauen durch die Impotenz ihres Partners gekränkt, entwürdigt, beleidigt und reagieren mit Abweisung und Aggression. Damit stoßen sie den Leidenden aber um so tiefer in seine Not, seine Minderwertigkeits- und Schuldgefühle, so daß sich die Schwierigkeiten verstärken und chronifizieren. Dabei haben gerade impotente Ehemänner nichts nötiger als liebevolles Angenommenwerden durch ihre Partnerinnen. In den seltensten Fällen hat die Impotenz ihre Ursache in der Abneigung gegen die Ehefrau – Erwartungsängste, Aggressionsgehemmtheit, Onanieschuldgefühle, zu starke Mutterbindungen (und dadurch eine übersteigerte Tabuierung) oder unbewußter Leistungsprotest ist viel häufiger der Grund. Als Rezept in bezug auf solche Nöte, möge gelten: Ein Ehepaar sollte alles Experimentieren einstellen, sich absolute geschlechtliche Enthaltsamkeit verordnen und seine Bemühungen auf viel fröhliche Gemeinsamkeit in Ferien, Feste und auf gemeinsame Unternehmungen richten. Die gegenseitige Liebe sollte nur in behutsamer Zärtlichkeit zum Ausdruck kommen dürfen. „Berührung nur wie ein Hauch – sei Euer Brauch" ist in solchen Fällen eine oft erfolgreich anzuratende Grundregel. Die Abkehr vom verkrampften Wollen kann irgendwann die verschüttete Spontaneität meist wieder wecken. Wie auf vielen anderen Gebieten des Ehelebens lohnt sich auch hier besonders die Geduld, die Bereitschaft, eine Unvollkommenheit mit aufzunehmen und zu tragen. Auf dem Boden einer solchen Einstellung kann die Liebe zu hoher Entfaltung kommen, selbst in den Fällen, in denen ein sexueller Vollzug niemals möglich ist. Grundsätzlich läßt sich unterscheidend sagen: Ist das Kohabitationsunvermögen eines Mannes bereits bei den ersten Versuchen zur geschlechtlichen Beziehung eingetreten, so ist es meist ein Kennzeichen für Schwierigkeiten, die aus der Kindheit stammen. Sie zeigen damit an, daß sie der Erhellung und Heilung durch einen kundigen Psychotherapeuten bedürfen. Treten sie erst nach einigen Jahren eines glücklichen Ehelebens auf, so signalisieren sie entweder ein hormonales oder ein eheliches Problem. Im ersten Fall erscheint es keineswegs wünschenswert, durch künstliches Eingreifen den physiologischen Mangelzustand zu beseitigen. Es gibt schicksalhafte „Verordnungen" – auch unser Alter gehört zu ihnen –, und es ist leichtfertig und einfältig, sie durch den kleveren Menschen-Mechaniker Arzt, mit den technischen Zaubereien unserer Chemie einfach aus der Welt zu schaffen. Es lohnt sich für ein Ehepaar, schicksalhafte Verordnungen in kluger Einsicht anzunehmen und an dieser Gemeinsamkeit neues Erleben ihrer Liebe zu erfahren. Der Mensch ist kein Auto, und infolgedessen ist ihm auch mit Automechanikermethoden nicht zum Heil, nicht zur Reife zu verhelfen.

Psychische Impotenzprobleme, die mitten aus einem gesunden Eheleben heraus entstehen, müssen auf jeden Fall hinterfragt werden. Es kann etwas Störendes in Erscheinung getreten sein, das sich bei einigem guten Willen verändern läßt – aber nur dann, wenn es ausgesprochen wird. Ein Geruch, eine Veränderung des

Körpers, ein verletzendes Ereignis kann den sensiblen Mann verstören. Es ist unumgänglich, diese Nöte der Partnerin mitzuteilen, sobald sie dem Leidenden bewußt geworden sind.

Entsprechendes gilt auch für die Frau in bezug auf die Frigidität. Wir bezeichnen damit das absolute Unvermögen der Frau, die sexuelle Beziehung zu ihrem Mann als Beglückung zu erleben. Auch hier gilt: Frigidität von Anbeginn an beruht auf einem sexuellen Trauma der Kindheit. Das zu erforschen und zu heilen, ist Sache des Fachmannes, weil es der Leidenden in den seltensten Fällen bewußt ist. Bei anderen Frauen ist ein mehr oder weniger langer Zeitraum nötig, um ganz uneingeschränkt erleben und genießen zu können, vor allem, wenn das Ersterlebnis mit Schmerzen verbunden war – und das ist in den meisten Fällen so. Nur mit Hilfe der behutsamen, fragenden, einfühlsamen Liebe des Ehemannes ist es möglich, daß sich hier keine negativen Gefühle einnisten und zu chronischen Störfaktoren werden. Partnerschaft dieser Art zahlt sich aus. Um so seltener wird es dann zu einer Frigidität innerhalb der Ehe kommen. Freilich ist sie, wenn sie nach mehreren Ehejahren auftritt, viel mehr als die Impotenz des Mannes ein Zeichen dafür, daß die Liebe der Frau durch den Ehemann in einer fundamentalen Weise verletzt worden ist. Mißhandlungen können sich so auswirken, erzwungener Verkehr oder erzwungene Abtreibung, aber auch verheimlichte und von der Frau entdeckte Seitensprünge des Mannes. Verletzungen dieser Art bedürfen der sorgsamen Bemühung des Paares, miteinander die Wunden zu heilen, die Probleme anzupacken in der Art, wie es bereits dargestellt worden ist.

T

Treue bewahren

In einer Ehe, in der die Liebe wie eine zerbrechliche Kostbarkeit von beiden Partnern in täglich neuer Bemühung und Anstrengung gepflegt wird, ist die Treue überhaupt kein Problem. Die Libido, würde Freud sagen, ist absorbiert, sie hat gar keinen Blick für anderes, sie schweift nicht, sie liegt im Hafen vor Anker. Zum Problem wird die Treue erst, wenn ein lebensnotwendiges Bedürfnis geistiger, seelischer oder auch leiblicher Art vom Ehepartner beim besten Willen nicht gestillt werden kann. Viele Frauen bemühen sich zwar um eine Partnerschaft, die Freiräume läßt; dennoch aber geht ihre den Mann zum Kleinkind degradierende Fürsorglichkeit so mit ihnen durch, daß in ihm die Not zwingend wird, jenseits seiner Häuslichkeit den Freiraum zu suchen, der ihm eine Weiterentwicklung ermöglicht. Viele Männer tyrannisieren noch heute ihre Frauen so, daß diese, wenn ihnen aus Verantwortung für die Kinder der Weg der Scheidung nicht möglich erscheint, in die Gefahr geraten, ein psychosomatisches Leiden zu entwickeln als einen Ausdruck der Blockierung ihrer Entwicklung, oder draußen einen Ausgleich zu suchen für die Sklaverei in ihrer Ehe. Empfehlenswert sind solche Wege nicht, denn sie beschwören eine Unzahl schwerer Probleme herauf, an denen Ehen, Familien zerbrochen sind und weiter zerbrechen werden. Heimlichkeit und Schuldgefühle, Entdeckungen, Geständnisse, Depressionen der Betrogenen sind hohe Preise solcher „Seitensprünge“. Auch die Verabredung zur „Freiheit in der Ehe“, sich also gegenseitig soziale, aber keine sexuelle Treue zu schwören, ist meiner Erfahrung nach kein Weg, der ratsam ist. Er löst doch binnen kurzem die Gemeinschaft des Paares auf. Sie geht einfach an den Verletzungen zugrunde, die durch das Sprechen über den zusätzlichen Partner hervorgerufen werden.

An solchen Überlegungen wird aber auch deutlich, daß trotz aller gesetzlichen Regelungen die Treue genau so wenig wie die Liebe ein Gegenstand ist, den einer vom anderen fordern darf. Wenn eine Ehe nachlässig geführt wird oder es sich herausstellt, daß die existentiellen Notwendigkeiten eines Partners in ihr nicht erfüllbar sind, kann Untreue die Folge sein. Als bittere Notlösung läßt sie sich mit echter Liebe und dem Mut zur Verantwortung für die ganze Familie unter Umständen auch erdulden und tragen, und zwar unter der Voraussetzung, daß der Ausscherende die Bereitschaft, die Familie zu erhalten, zeigt und bekundet. Ich kenne viele Ehefrauen, die in Opferbereitschaft und Liebe für ihre Männer deren Berufskameraden-Zweitehe über Jahre toleriert haben, ohne Sticheleien, ohne eine neue Hausmacht auf dem Boden der Schuldgefühle des Partners zu errichten, und die in glücklichen Altersehen die Früchte dieser geduldigen Treue geerntet haben.

Eine solche Haltung ist um so bewundernswerter, als sie Weitherzigkeit und einen Mangel an egoistischem Besitzdrang voraussetzt, die Fähigkeit, warten zu können und das Schicksal nicht zwingen zu wollen. Denn wenn eine Ehefrau merkt, daß ihr Mann sich in eine andere Frau verliebt hat, ist damit ja keineswegs gewiß, daß das eben nichts weiter ist als ein harmloses Zwischenspiel. Männer um die Lebensmitte, die in intellektuellen oder nüchterne Sachlichkeit fordernden Berufen stehen und in ihnen gewohnt waren, Gefühle mehr und mehr zu verdrängen, werden häufig geradezu von einem Sog zu einer besonders mädchenhaften jungen Frau erfaßt. Sie sind, so hat C. G. Jung das genannt, von ihrer „Anima fasziniert". Diese „Anima" ist aber ihre Seele selbst, ihre eigene Gefühlswelt, die nicht länger verdrängt werden kann, die verwirklicht werden muß und sich deshalb in Form einer großen neuen Liebe machtvoll Bahn bricht. Solche Durchbrüche können furchtbar sein, weil sie oft ganz unreal sind, zur Scheidung der alten Ehe führen, den Mann aber gar nicht weiterbringen, weil seine Sehnsucht auf eine unreife Frau projiziert wird, die eine Partnerschaft mit dem viel Älteren dauerhaft nicht vollziehen kann.

Es erscheint mir unermeßlich wichtig, solche Gefahren zu kennen und sie bereits als junges Paar mit im Bewußtsein zu haben; denn man kann sie nur umschiffen, wenn man in der Ehe sehr wach das Gefühl pflegt und sich dafür viel, viel Zeit nimmt. Männer, die ihren Beruf und ihre Karriere überbewerten, für die die Ehefrau und die Familie nicht mehr sind als ein Statussymbol und ein Ort, an dem die Hemden gewaschen und gebügelt werden, pflegen spätestens zwischen vierzig und fünfzig Jahren in den Strudel einer solchen Gefühlsüberflutung zu geraten, der schwere Zerstörungen in ihnen und um sie anrichten kann.

Um solchem Elend vorzubeugen, müssen junge Ehepaare ständig darum bemüht sein, sich miteinander Stunden zu schaffen, in denen „die Seele ihre Flügel ausspannen kann". Sie sollten sich dabei miteinander beraten und Neues einfallen lassen. Der gemeinsame Urlaub ist sicher eine der besten Möglichkeiten, das Gefühl offenzuhalten und seine Stärkung und Vertiefung zu erwirken. Da aber die Liebe ein unmittelbares Geschenk Gottes ist, gibt es auch eine weitere großartige Möglichkeit, sie von ihrer Quelle her zu erhalten: durch den gemeinsamen Besuch von Messen, Gottesdiensten und Abendmahlsfeiern. Christentum zu praktizieren in einer Gemeinde, mit einem Pfarrer, der ein vom Gefühl durchdrungener ist, kann eine großartige Möglichkeit sein, den alten

Bund der Trauung immer wieder zu erneuern. Männer, die ihre Frauen einsam und allein in die Kirche gehen lassen aus Trägheit oder aus dem Unvermögen, die Wichtigkeit solcher Erlebnisse richtig einzuschätzen, werden später häufig so von ihren wild wuchernden Gefühlen gebeutelt, daß ihnen darüber das Hören und Sehen vergeht; und nur im besten Fall schaffen sie es wenigstens dann, durch all diese Not heimzufinden zu ihrem Gott.

Die Verbindung eines Paares kann sich unter Umständen auch als ein Irrtum erweisen. Die Zahl der gegensätzlichen Unverträglichkeiten kann so groß sein, starre Charakterstrukturen und Fehlhaltungen können so sehr im Vordergrund stehen, daß bei aller Mühe um Veränderung nichts erreicht wird. Der beste Weg, solchen Enttäuschungen vorzubeugen, ist immer noch eine lange, mindestens zweijährige Verlobungszeit; denn wenn erst aus der Verbindung Kinder hervorgegangen sind, geht die Entscheidung zur Trennung nicht das Paar allein an, sondern eben auch sie. Wir haben die schlimmsten Erfahrungen gemacht in bezug auf die Entwicklung der Kinder mit leichtfertigen Bäumchen-wechsle-Dich-Geschichten. Ein leiblicher Vater ist nicht einfach durch einen „sozialen" zu ersetzen. Beziehungen lassen sich nicht knüpfen und zusammenfügen wie ein Puzzlespiel. Scheidungswaisen sind in viel größerer Gefahr, neurotisch zu werden oder gar in die Kriminalität zu straucheln, als Kinder aus intakten Ehen. Wenn eine schwere, langanhaltende Ehekrise eintritt, ist der Gesichtspunkt, den Kindern das Nest erhalten zu wollen, höchst gewichtig, und kraft dieser Verantwortung – wird sie von beiden Partnern getragen – kann auch manche Ehenot wieder abgebaut werden. Vor allem sollte ein Ehepaar, das sich nicht mehr versteht, niemals die Hoffnung aufgeben, es doch wieder miteinander zu schaffen. Den Partner in die Kiste „hoffnungslos, unverbesserlich" zu packen, kommt einer Tötung der Ehezukunft gleich. Auch in bezug auf die Entwicklungsverläufe unserer Partner brauchen wir vor allem Geduld, müssen wir es lassen, in infantiler Sucht den anderen nach *unserem* Bild machen zu wollen. Oft durchschaut keiner von beiden die seltsam verschlungenen Wege, die der eine ohne den anderen gehen muß. Es ist eine Illusion, nach einer Seelenverwandtschaft auf die Suche zu gehen, die so viel gemeinsam hat wie eineiige Zwillinge. Abgesehen davon, daß die absolute Gleichheit des Partners die Möglichkeit zur Ergänzung und zur Wandlung mindert (das Leben allzu gleicher Partner wird deshalb oft von ihnen als langweilig empfunden), gibt es die *absolute* Übereinstimmung zweier lebender Organismen nicht. Es ist also müßig, danach zu gieren. Es gehört vielmehr zu unserer Bestimmung, die Grenzen unserer Möglichkeiten zu erfahren, auch die Grenzen der Übereinstimmungsmöglichkeit mit unserem Partner. Es muß offenbar selbst in einer guten Ehe auch Zonen des Alleinseins geben, damit die Offenheit nach oben nicht auf diese Weise verbaut wird. Es besteht kein Grund, das zu bedauern oder es gar in aggressiver Anklage dem Partner anzulasten.

Wenn wir nur unerschütterlich bleiben in dem Streben, die Liebe in der Welt zu mehren, wenn wir nur zäh daran festhalten, unsere Begabungen zu verwirklichen, wenn wir nur bereit sind, selbst die Not als guten Lehrmeister unseres Lebens zu verstehen, können wir auch die Krisen, Stürme und Enttäuschungen im Eheleben in durchhaltender Treue zu Gott bestehen und letztlich doch bewirken, daß Friede und Übereinstimmung zurückkehren in unseren Ehealltag.

Schicksalsschläge können „Gnadenschläge" sein, die die Voraussetzung schaffen für eine Haltung dankbarer Bescheidung und hellhöriger Bereitschaft füreinander.

U

Umgang mit anderen

Eine absolut exklusive Zweisamkeit über Jahre hinaus ist unrealistisch. Sie bedeutet unangemessenen Machtanspruch und artet deshalb auch grundsätzlich in seelisch-geistigen Kannibalismus aus. Wenn wir es auch so empfinden und zu unserem Partner sagen: „Ich will dir alles sein", so ist das doch eine Überschätzung der eigenen Möglichkeiten. Kein Mensch ist vollkommen oder kann von heute auf morgen Fähigkeiten entwickeln, die er nun einmal nicht hat oder die nie gepflegt worden sind. Wir können nicht plötzlich ein adäquater Partner beim Schachspiel sein, wenn wir es nie geübt haben, während der andere es darin schon zur Meisterschaft gebracht hat. Und mancher lernt es trotz aller

Mühe nie. Es wäre also unbillig, es dem Partner zu verübeln, wenn er sich einen angemessenen Mitspieler für dieses sein Hobby sucht. Wir können auch als Einzelperson Geselligkeit nicht ersetzen. Es gibt darüber hinaus spezifisch Männliches, zum Beispiel eine besondere Art, über Finanzen, Politik oder den Beruf zu diskutieren, oder auch spezifisch Weibliches, zum Beispiel die Mode, das Gespräch über persönliche Dinge, den Schwatz, Bereiche, die im Umgang eines Paares miteinander nicht Genüge finden können. Es ist für ein Paar gut, einen oder zwei Freunde zu haben, die man allein zu treffen sich zubilligt. Nur noch paarweise in der Welt in Erscheinung zu treten und nur in dieser Weise Umgang zu pflegen, bietet keine Gewähr für die lebendige Gestaltung und Erhaltung der Ehe – im Gegenteil: Wer sich gegenseitig fesselt, beschwört automatisch den Impuls zur Befreiung herauf. Es gibt auch bei vielen Menschen ein Bedürfnis nach gleichgeschlechtlicher Gesellung – den Männerbund oder das Kaffeekränzchen. Oft sind es Bedürfnisse primitiver Art, die hier ihre Befriedigung erfahren; aber auch sie sollten wir ernst nehmen und uns gegenseitig zubilligen. Wir sind nun einmal keine Engelein, wir bestehen nicht nur aus Geist; und so wichtig es ist, das „Obere" in sich zu pflegen und ihm den Vorrang zu geben, so notwendig sind auch Zugeständnisse an Bedürfnisse einfacher Art. Die Freude an Geselligkeit, an Rummel, Massenveranstaltungen und Gruppengesprächen entspricht dem so elementaren Bedürfnis nach Solidarität in der Gemeinschaft. Sie hat eine das Individuum beschützende und deshalb eben befriedigende Funktion, die nicht leichtfertig abqualifiziert werden sollte, solange ein Bedürfnis danach vorhanden ist. Aber ein Paar sollte sich nicht zwingen, bei derlei Gelegenheit *nur* gemeinsam aufzutreten. Wichtiger als den Unbedürftigen im Schlepptau zu haben, ist es, die Verschiedenartigkeit der Bedürfnisse zu respektieren. Freilich setzt eine solche Großzügigkeit voraus, daß sie nicht zum Mißbrauch und damit de facto zu einer absoluten Vernachlässigung des Ehepartners und einer Entfremdung von ihm führt.

V

Verhütungsmittel diskutieren

Spätestens nach der Geburt des ersten Kindes tritt bei jedem Ehepaar, das den Zeitpunkt der Geburten mit Vernunft regeln möchte, die Frage auf den Plan, in welcher Weise die Erzeugung unerwünschter Kinder verhindert werden soll. Ich brauche nicht aufzuzählen, welche Mittel in dieser Hinsicht zur Verfügung stehen – darüber wird so viel geschrieben und Information in überreichlicher, ja oft schon peinlich pornografischer Art angeboten, als daß darüber ausführlich gesprochen werden müßte. Aber es ist eben nötig, daß ein Paar gemeinsam Fragen dieser Art erörtert, unter Umständen auch erprobt und Erfahrungen über das Maß des Sich-gestört-Fühlens miteinander austauscht. Mittlerweile hat es sich herausgestellt, daß die „Pille" keineswegs das Patentrezept ist; sie ist es kurzfristig, aber ob man sie einer Frau über Jahrzehnte verordnen darf, ohne ihr zu schaden, das hat sich mit dem Erkennen der schädigenden Nebeneffekte eines jahrelang in einen Organismus eingreifenden Medikaments immer mehr als fragwürdig erwiesen. Und mit allem Neuen, Unerprobten, das zur Zeit entwickelt wird, kann es uns da nicht anders gehen. Das Risiko körperlicher, aber auch seelischer Dauerschäden läßt sich nicht ausschließen, die zu zahlenden Preise sind noch keineswegs absehbar. So haben die Frauenärzte erst seit neuerem Datum die sichere Erkenntnis gewinnen können, daß die sog. „Spirale" bei erheblich vielen Patientinnen Eileiterentzündungen auslöst, die oft nicht wieder aufhebbare Unfruchtbarkeit zur Folge haben können. Solange das so ist, bleiben die „konventionellen" Verhütungsmittel immer noch in der Diskussion. Es gibt viele Frauen, für die die Messung der Basaltemperatur und die Enthaltsamkeit zur Zeit des Eisprungs eine optimale Lösung darstellen; das sind jene, die ohnehin Spaß am Registrieren und Ordnen haben, die die morgendliche Temperaturmessung nicht als lästig empfinden, sondern als eine sinnvolle Pflicht. Es gibt aber auch Frauen, für die diese Weise der Verhütung nur mühsam annehmbar ist, und zwar vor allem dann, wenn sie – was höchst natürlich ist – im Laufe ihrer Ehe eben gerade während der Phase des Eisprungs ein großes Bedürfnis nach der Vereinigung zu entwickeln beginnen. Sie sich gerade dann dauerhaft zu versagen, bedeutet eine Verzichtleistung, die sicher oft quälender erlebt wird als die absolute sexuelle Enthaltsamkeit, die sich eine Nonne auferlegt hat. Eine solche Verzichtleistung bewirkt dann, daß die Frau sich in ihrer „lustlosen" Zeit dem Mann eben allein zu *seiner* Bedürfnisbefriedigung hingibt. Das kann zwar durch eben diese Leistung besonderes Glück bedeuten, ein Geschenk an den Geliebten, aber freilich nur dann, wenn er dies auch zu würdigen weiß, wenn der Ehemann nicht die Vorstellung hegt, von seinem „Recht" Gebrauch zu machen. Im allgemeinen stellt für uns Menschen ein nur einseitiges Geben, Zurückstellen und Verzichten zugunsten des anderen auf die Dauer eine Überforderung dar, die, wenn sie nicht rechtzeitig erkannt und gemeinsam getragen wird, leicht zu psychosomatischen Leiden führen kann. Es ist deshalb sinnvoll, einseitige Opfer, auch gerade im Bereich des Sexuellen, zu vermeiden. In einer Frau, die sich nur als Instrument zur Entlastung vom Druck überschüssiger sexueller Energie erleben muß, statt die sexuelle Beziehung als ein Geschenk der Liebe empfinden zu können, beginnt bald, ob sie es will oder nicht, die Seele zu meutern und nach Abschaffung des würdelosen Zustandes zu streben. Deshalb sollte die Sexualität in der Ehe nicht zur fahrplanmäßigen Gewohnheit werden. Sie muß ein Fest bleiben, und das kann sie nur, wenn sich erstens nicht allein die Frau auf den Mann, sondern auch der Mann auf sie einstellt, und zweitens, wenn die leibliche Beziehung eine Sache des Herzens, ein Ausdruck der Liebe füreinander bleibt. Die Leiblichkeit der Frau ist ganz gewiß keine Maschine. Je mehr der Mann darauf Rücksicht nimmt und ihr das Recht zubilligt, „unpäßlich" zu sein, je behutsamer er die Müdigkeit oder Bereitschaft erhorcht, um so mehr wird die Liebe wachsen und sich erneuern können.

Wir sollten uns auch klarmachen: *Jedes* Verhütungsmittel, das mechanisch eingreift, hat eine Teufelsklaue: Der „Genuß ohne Reue", die Ungefährlichkeit des Vollzuges provoziert eine Leichtfertigkeit, die die Einfühlungsfähigkeit des Mannes in das Empfinden der Frau, sein Einüben in Respekt, Zucht und Verantwortung generell mindert. Einfühlungsfähigkeit zu lernen als Attribut der Liebe für die Frau, ist eine der großen Entwicklungsmöglichkeiten des Mannes in der Ehe. Zum „Tier" zu werden, auf die Stufe unreflektierter Triebbefriedigung zurückzufallen, ist auch auf diesem

Sektor Gefahr und Auswirkung der Manipulationen der so klugen und erfinderischen Männer der Wissenschaft. Es gibt keine Kultivierung der Sexualität, es gibt nur die Kunst der Kultivierung der Liebe. Immer noch gibt es viel Neues auf diesem Gebiet zu lernen.

Abtreibung ist *kein* zulässiges Verhütungsmittel. Für den Christen kann es darüber keinen Zweifel geben; denn für ihn ist der noch ungeborene Mensch eine Schöpfung Gottes, die er nicht töten darf. Deshalb treten folgerichtig, selbst nachdem in der Bundesrepublik Abtreibung partiell erlaubt worden ist, bei vielen Frauen, die abgetrieben haben, später Schuldgefühle auf. Sie setzen sich über alle praktischen Erwägungen und Selbstbeschwichtigungen hinweg und treten erfahrungsgemäß als Herabsetzung des Allgemeinzustandes, manchmal nur als Migräne, in Erscheinung. Ich habe schon erlebt, daß es sich verheerend auswirkte, wenn der Ehemann seine Frau gegen ihren Willen zur Abtreibung des Kindes zwang. Frigidität, Ekelgefühle, Eßstörungen, Depressionen, ja den totalen Verlust der Liebe solcher Frauen für ihre Männer habe ich beobachtet und kann deshalb vor leichtfertigen Manipulationen nach dem Motto: „Wenn mir aber was nicht lieb, weg damit, ist mein Prinzip" nur warnen. In natürlichen Frauen ist ein sich über alle bewußten Überlegungen hinwegsetzender Trieb zur Mutterschaft, zum Fortsetzen des Lebens durch ihren Leib hindurch vorhanden. Wir emanzipierten, manipulierten Frauen erleben dann häufig zu spät, daß in uns die Natur gegen die Eingriffe meutert und uns durch die nicht einfach abschaffbare Schuld zu Leidenden macht. Karl Stern berichtet von Patientinnen, die scheinbar aus „heiterem Himmel" eine Depression bekamen – genau zu dem Zeitpunkt, an dem das Kind geboren worden wäre, das sie vor einigen Monaten abgetrieben hatten. Ich habe oft gesehen, daß die Beunruhigung und die Schlaflosigkeit solcher Frauen erst schwand, wenn im bewußten Bedürfnis, die Schuld zu sühnen, das Ehepaar sich entschloß, nachholend doch ein Kind in die Welt zu setzen.

Allerdings gibt es Situationen, in denen eine Abtreibung „das kleinere Übel" ist. In einer Ehe kann als zulässig nur der Gesichtspunkt gelten, daß eine neue Mutterschaft für die Frau Lebensgefahr bedeuten würde. Abtreibungen vorzunehmen, nur weil die Schwangerschaft Pläne durchkreuzt, die Karriere der Frau oder die Reise nach Amerika, sollte ein Ehepaar grundsätzlich als verwerflich ansehen. Auch Kinder, die „aus Versehen" gezeugt sind, wollen angenommen sein. Gerade in Situationen, in denen etwas *gegen* unseren Willen geschieht, sollten wir demütig bereit sein, uns dem Schicksal, dem „Geschickten" zu beugen. Auch das unerwünschte Kind muß als eine Aufgabe angenommen werden. Ja, es gerade als eine besondere Aufgabe zu verstehen, macht das Wesen einer religiösen Einstellung angesichts dieser Problematik aus.

Es gehört zu den Ammenmärchen unserer Sexwelle, ein Mann könne ohne irgendeine Form sexueller Betätigung nicht leben. Sicher gibt es auf diesem Sektor, ja nach der hormonalen Ausstattung, von Fall zu Fall große Unterschiede der sexuellen Bedürftigkeit; aber andererseits spielen auch hier Gewohnheiten eine große Rolle. Auf jeden Fall nimmt die Mächtigkeit des Dranges mit dem Zugehen auf das dritte Lebensjahrzehnt bei den Männern bereits ab und weicht zunehmend mehr der Möglichkeit zu einer Steuerung, die der Liebe Raum gibt, statt sie im hemmungslosen Überflutetwerden durch den Trieb mit Füßen zu treten. Diese Entwicklung zeigt an, daß es bei älteren Ehepaaren gewiß auch Formen der Liebe gibt, die schönste Erfüllung ganz ohne sexuelle Betätigung ermöglichen. Wir verändern uns auch in dieser Hinsicht. Dem „vitalen" Lebensbogen der ersten Lebenshälfte folgt, wenn wir richtig gelebt haben, der „pneumatische" Lebensbogen der zweiten Lebenshälfte. In ihr vergeistigen sich die Formen der Liebe in zunehmendem Maße, und die Sexualität wird unwichtiger. Das ist bei sorgfältiger Eheführung kein Zeichen von Niedergang, kein Zeichen einer brüchig gewordenen Gemeinschaft. Wir sollten deswegen nicht in falscher Einstellung dem modischen sexuellen Leistungsdenken verfallen und an jugendlichen Stadien der Entwicklung festzuhalten suchen, denn der veränderte Status kann ein positiv zu wertender Beweis dafür sein, daß wir auf der Höhe unserer Lebensentwicklung bereits dorthin geraten sind, wo die Luft dünn und klar wird und wir zunehmend mehr Überblick gewinnen über den Sinn all jener Mühen, denen wir uns unterziehen mußten.

W

Wille zum Austragen der Konflikte

Es gibt Ehen, in denen es niemals Streit gegeben hat und deren Liebe dennoch längst unter einer lähmenden Decke von falscher Rücksichtnahme erstickt ist. Diese Entwicklung pflegt in jenen Fällen so zu verlaufen, in denen dieser „Scheinfriede" auf dem Boden der Angst vor dem Austragen der Konflikte errichtet worden ist. Einer solchen Fehlentwicklung läßt sich vorbeugen, und zwar dadurch, daß beide Partner darüber eine Abmachung treffen, aufgeschlossen sein zu wollen für die Erörterung der Konflikte, selbst dann, wenn einer von ihnen das Problem gar nicht als Konflikt erlebt. Die Bereitschaft, einander zuzuhören, wenn der eine oder der andere bedrückt ist durch eine Angelegenheit des Ehelebens, sollte zu den obersten Geboten in einer guten Ehe gehören. Freilich setzt eine solche Regelung voraus, sich vorzunehmen, nicht aus jeder Mücke einen Elefanten zu machen. Man kann Probleme aufbauschen, und man kann Gefühle zerreden. Ein Paar sollte sich auch nicht anmaßen, jeden Konflikt in einem Halbstundengespräch lösen zu können. Oft sind Konflikte überhaupt nicht lösbar, wenn man sie übers Knie bricht. Man sollte die gegenseitigen Fragen und Traurigkeiten aber mit in sein Nachdenken nehmen, sich mit ihnen beschäftigen und vielleicht nach einiger Zeit darauf zurückkommen. Oft fallen dann doch Lösungen ein, wenn man die Fragen nur in wacher Konzentration im Bewußtsein hält. Gespräche dieser Art müssen gewiß nicht das Ziel haben, daß der eine vor dem anderen die Segel streicht. Viel hilft nach gutem Zuhören das Bekunden der Bereitschaft, die Lösung zu suchen. Oft ist überhaupt erst einmal Trost nötig, den anderen in den Arm zu nehmen und damit die Last von seinem Herzen.

Ohne den Mut zum Austragen unserer Konflikte können wir nicht reifen. Aus Bequemlichkeit ausweichen bringt faule, sich stellen bringt gute Früchte. Unsere Bequemlichkeit ist der stärkste Feind unserer wachen Lebendigkeit und unserer Entwicklungsfähigkeit. Sie ist eine Schwäche und beschwört die Gefahr von Stagnation und seelisch-geistiger Verkümmerung herauf. Zwar haben beide Partner nach erschöpfender Tagesarbeit ein Recht auf

Erholung und Entspannung – aber es ist dennoch nur allzuleicht gegeben, daß der eine dieses Recht auf Kosten des anderen pflegt. Machen wir uns klar, daß alles Bequeme schließlich *dem* am meisten schadet, der es pflegt, so werden wir der Bequemlichkeit nicht so leicht nachgeben. Wir werden eben darauf bedacht sein, sie zu vermeiden. Bei dieser Einstellung ist es leichter, aus dem Sessel hochzukommen, um das Geschirr zu spülen oder den Gang in den Keller zu tun.

Eine unumgängliche Auseinandersetzung sollte deshalb eben auch nicht gescheut werden. Selbst wenn das Aussprechen der strittigen Fragen zunächst die Gefahr heraufbeschwört, daß eine unbehagliche Stimmung eintritt, daß vielleicht sogar einmal durch unbedachte Worte ein emotionsgeladener Streit aufbrandet, kann all die Not einer Krise doch zu neuen Ufern führen, wenn beide das nur mit allem Ernst wollen. Am nächsten Morgen schon läßt sich meist ein Wort der Versöhnung finden, und keiner vergibt sich etwas, wenn er damit beginnt, selbst dann, wenn er sicher ist, an dem unglücklichen Verlauf der Auseinandersetzung nicht schuld zu sein.

Wir Menschen haben doch wohl als einzige Lebewesen die Möglichkeit, uns unsere Empfindungen und Gefühle mitzuteilen und mit Hilfe der Sprache die Möglichkeit zu einer einmaligen geistigen, bewußten Kommunikation. Ja, wir haben als Partner geradezu die Pflicht, uns gegenseitig über unseren seelischen Zustand Mitteilung zu machen, denn nur so kann der Partner sich auf uns einstellen, nur so kann er uns wirklich verstehen. Häufig verstehen wir uns selbst freilich weniger als unser Partner, und er findet leichter den Schlüssel zu einer Seelentür in uns, gegen die wir vergeblich anrannten.

In jeder Ehe treten Situationen ein, die den einen nötigen, dem anderen ein Geständnis über irgendein schuldhaftes Versagen zu machen. Das blitzneue Auto ist durch eigene Unachtsamkeit zum Trümmerhaufen geworden, ein wichtiges Dokument ist beim Aufräumen irrtümlich in den Kamin geraten, auf einer Reise ist man einer verführerischen Frau begegnet und ist einer Faszination durch sie erlegen oder man ist beunruhigt von einer Verliebtheit in einen anderen Menschen.

Von absolut entscheidender Wichtigkeit ist es, daß der Partner, dem die Geständnisse gemacht werden, selbst wenn sie ihm heftige Schmerzen bereiten und ihn kränken, den anderen nicht verdammend zurückstößt, sondern über allen Ärger hinweg beglückt registriert, daß das Geständnis Vertrauen bedeutet, Veränderungsbereitschaft, Reue signalisiert. Die Chance dazu sollte man nicht durch eine zeternde Gekränktheit verspielen. Man wird hingegen, wenn der durch die Fehlhaltung entstandene Schaden groß ist, mit dem „Delinquenten" traurig sein; aber man sollte auch Abhilfe zu schaffen suchen, wenn der Verlust nicht unwiederbringlich ist. Wenn es sich um die Wiederholung einer grundsätzlichen Schwierigkeit handelt – etwa die Folge einer unbedachten Ordnungslosigkeit ist –, müssen beide miteinander nach einem Übungsprogramm suchen, um die Schwäche abzubauen. Wer angesichts solcher Situation mit seinem Partner umgeht wie ein autoritärer Vater mit seinem dreijährigen Kind, das die chinesische Vase aus dem Familienbesitz zerbrach, straft, schreit, sich rächt, es dem Partner „heimzahlt", soll sich nicht wundern, wenn der in den Zustand der Dreijährigkeit zurückfällt und als Folge solcher Tyrannei auf dieser Stufe stehenbleibt. An den Folgen solcher Unmenschlichkeit werden auf jeden Fall *beide* zu tragen haben.

Z

Zärtlichkeit schenken

Ein Mensch, der von einer seelisch gesunden Mutter zur Welt gebracht und von ihr liebevoll aufgenommen worden ist, wird von seinem ersten Lebenstag an mit Zärtlichkeit bedacht. Sie streichelt ihr Kind, umfaßt es behutsam, berührt es mit den Lippen. Ein Säugling erlebt diese Berührungen als lustvolle Geborgenheit. Niemals verlieren wir die Sehnsucht und das Bedürfnis nach Zärtlichkeit, immer erleben wir sie als einen Ausdruck der Liebe, als ein Geschenk, das uns umfriedet. Zärtlichkeit wird von vielen Erwachsenen einseitig und falsch nur als eine Vorstufe zu sexueller Betätigung angesehen. Aber die Zärtlichkeit ist ganz eigenständig ein Weg, um Verbundenheit, Bergung und Geborgenheit, Zuwendung und Dankbarkeit zu erleben. Wir sollten in unserer Ehe nicht vergessen, eine Kultur der Zärtlichkeit zu pflegen. Stillsanfte Streichelseligkeit gehört zu den schönsten Freuden, mit denen sich ein Ehepaar lebenslänglich beschenken kann. Damit ist nicht das Streicheln von Haut zu Haut allein gemeint. Liebe kann mit Worten streicheln, mit den Augen, mit der Seele, mit dem ganzen Sein. Eine solche Zärtlichkeit anzustreben und zu pflegen versuchen, ist die beste Abwehr gegen das Versinken der Liebe unter der Mühsal und dem Leid des Lebens, gegen ihren Tod durch auffressende Nähe, gegen das Erstarren in eingefahrenen Gewohnheiten des Miteinanderlebens. Zärtlichkeit ist gleichnishafter Ausdruck des höchsten Zieles einer wahrhaft großen Liebe und ihres Weges durch eine lebenslange Gemeinschaft: achtungsvolle Behutsamkeit zu bewahren und zu steigern in beglückter Ehrfurcht und Ehrerbietung vor dem Offenbarwerden des anderen in seiner geheimen Wahrheit, in seiner inneren Gestalt. Zärtlich sein bedeutet, das Wissen um die Zerbrechlichkeit der Seele mit scheuem Abstandnehmen zu beantworten.

Je mehr wir uns diesem Ziel nähern, um so mehr wird uns der innerste, der unsterbliche Kern der Liebe zueinander entgegenleuchten als ein Geschenk von Gott und für Gott. Rilke weiß das:

Wie soll ich meine Seele halten,
daß sie nicht an deine rührt? Wie soll ich sie
hinheben über dich zu andern Dingen?
Ach gerne möchte ich sie bei irgendwas
Verlorenem im Dunkel unterbringen
an einer fremden stillen Stelle, die
nicht weiterschwingt, wenn deine Tiefen schwingen.
Doch alles, was uns anrührt, dich und mich,
nimmt uns zusammen wie ein Bogenstrich,
der aus zwei Saiten eine Stimme zieht.
Auf welches Instrument sind wir gespannt?
Und welcher Spieler hat uns in der Hand?
o süßes Lied.

II.
Großeltern-ABC

Angespannt lauschte er auf die kaum hörbaren Atemzüge des Enkels, und mit jedem Schritt wuchs in ihm die Erkenntnis, daß er mit seiner Umwelt eine unendliche Einheit bildete. Jetzt mußte er nicht mehr raten, er wußte bestimmt, daß die fast vollendete aufsteigende Kreisbahn seines Lebensweges vom nächsten fortgesetzt werden würde, von seinem Enkel. Der kleine Pjotr Wassiljewitsch würde seinen Anteil der Last auf sich nehmen und den vorausbestimmten heilbringenden Weg weiter hinansteigen.

Der Morgen erstrahlte vor Pjotr Wassiljewitsch und beleuchtete die Straße bis zum Horizont. Er schritt auf ihr mit dem Enkel in den Armen.

Er ging und wußte.

Wußte und glaubte.

WLADIMIR MAXIMOW

Einführung

In einigen südeuropäischen Ländern, so hat die statistische Wiener Untersuchung STUDIA über die „Familie in Europa“ festgestellt, bestehen für eine seelisch stabile Entfaltung der jungen Generation mehr Chancen als bei uns in der Bundesrepublik. Und das liegt u. a. zu einem Teil daran, daß die Kinder dort nicht in der Betreuung ihrer Eltern allein, sondern gleichzeitig in der Obhut der mit unter dem gleichen Dach lebenden Großeltern aufwachsen. Großeltern, so haben die STUDIA-Forscher Fuchs, Gaspari und Millendorfer festgestellt, scheinen positiv als Wurzelgrund für die junge Generation zu wirken.

Das leuchtet ein, denn man könnte im Hinblick auf die Lage in den Familien der Bundesrepublik wohl ausrufen: „Wo sind denn nur die Grannys hin, wo sind sie denn geblieben?“ In den selteneren Fällen sind sie tot; im Gegenteil: Die durch eine tüchtige Medizin so weit ins hohe Alter vorgeschobene Lebenserwartung beschenkt immer mehr Enkel mit Großeltern – häufig sogar bis ins eigene Erwachsenenalter mit allen vier Personen. Und dennoch wird ihre direkte Mitwirkung an dem Aufziehen der Enkel immer geringer. Warum?

Das liegt nicht allein daran, daß die Jungen vom Wohnort der Eltern fortziehen – oft distanzieren sich auch die Großeltern selbst. Vor allem aber sind immer mehr Großmütter heute auch berufstätig. Großvater hat zudem nach seiner Pensionierung eine schöne Rente zu verzehren und ist nicht im mindesten mehr auf das Altenteilbrot seiner erwachsenen Kinder angewiesen. Zeitunglesen und Fernsehen ist gewiß eine wesentlich beschaulichere Tätigkeit als Kleinkinderhüten, wozu auch die Großväter in der bäuerlichen Großfamilie nur allzu oft mit eingespannt waren.

Müssen wir das beklagen? Sicher bedeutet, so erfahren wir aus den wissenschaftlichen Untersuchungen, das Fehlen von Großeltern für die Enkel einen spürbaren Verlust. Es ist eine großartige Sache, wenn ein Kind Großeltern hat. Denn eins brauchen unsere Kinder im unnatürlichen Leben unserer Zeit dringlicher denn je, wenn sie angstlos aufwachsen sollen: daß sie beschützt und geborgen sind. Und doppelt genäht hält besser – das empfindet schon jedes Kleinkind, das den absichernden Hintergrund liebevoller Großeltern verspürt. Margaret Mead, die große Ethnologin, schreibt in der beglückenden Erfahrung eigenen Großmutterseins gewissermaßen als Quintessenz ihrer wissenschaftlichen Lebensarbeit:

„Heute ist mir noch viel klarer als damals, als ich von Mundugumor zurückkam, daß eine Gesellschaft, die aufgehört hat, Kinder zu lieben, eine Gesellschaft, die älteren Menschen jeden sinnvollen Kontakt mit Kindern entzieht, eine Gesellschaft, die irgendeine Gruppe von Männern oder Frauen so isoliert, daß sie weder Kinder haben noch sich um sie kümmern können – daß diese Gesellschaft gefährdet ist. Es ist ungeheuer schwer, Kinder abstrakt zu lieben, sich ausschließlich der nächsten Generation zu widmen. Nur durch die genaue, aufmerksame Kenntnis bestimmter Kinder können wir – und das müssen wir – zu informierten Anwälten der Bedürfnisse aller Kinder werden und zu leidenschaftlichen Verteidigern des Rechts noch nicht empfangener Kinder auf eine glückliche Geburt."*

Das Großeltern-ABC macht es sich zur Aufgabe, dazu zu ermuntern, den Auftrag in bezug auf die Enkel mit Freude über seinen guten Sinn gern zu erfüllen. Dann wird es in Zukunft gewiß weniger Chaoten und Terroristen geben, die ihr schutzloses Ausgeliefertsein in der eigenen Kindheit in blanken Haß verwandeln und auf alles und jedes in der Gesellschaft projizieren.

Wenn die Großeltern mit auf dem Posten stehen, haben wir mehr Aussicht, daß es so viele seelisch gesunde, lebenskräftige junge Menschen gibt, daß wir für die künftigen Geschlechter hoffen dürfen.

---

* Mead, M.: Brombeerblüten im Winter, Hamburg 1980, S. 229.

A

Abstand

Dieses Großelternalphabet brauchte nicht geschrieben zu werden, wenn sich in der Praxis nicht immer wieder zeigte, daß es in der Beziehung der Großeltern zu ihren erwachsenen Kindern und Enkeln so häufig tragische Irrtümer, Fehlvorstellungen und Fehleinstellungen gibt, die das Glück der Großelternschaft trüben, ja, es nicht selten in Unglück, Hader, Zerwürfnis und Altersisolation zu verwandeln vermöchten. Großelternschaft gleicht urtümlich herbstlicher Ernte: Die Früchte einer langen, oft harten und entbehrungsreichen Lebenszeit sind herangereift, sind oft beglükkende Augenweide, dürfen geschmeckt und eingebracht werden. Am Beginn der Großelternschaft, anhand der Geburt und der frühen Kinderjahre des ersten Enkels wird das ganz besonders intensiv erlebt – und ist so berechtigt: Denn die Mühsal des Kinderaufziehens weist in die Zukunft, es findet seine Rechtfertigung besonders dadurch, daß der alternde Mensch an den Enkeln erfahren darf: Ja, es geht weiter! Ja, die Bemühung trägt Frucht, sie setzt sich fort, sie führt zu neuem gesteigerten Versuch, das Gute, das Rechte, das Bessere zu stärken.

Der Enkel vermittelt den Großeltern neue Daseinsberechtigung, Sinnerfüllung ihres Lebens und steigert damit ihre Lebensfreude. Wo Freude und Dankbarkeit sind, entsteht Eifer, ja u. U. sogar Übereifer. Weil das so ist, muß am Anfang eines Alphabets für Großeltern, das ihnen helfen möchte, in den Genuß ihrer Lebensernte zu kommen, das mahnende Wort stehen: *Abstand* – um Himmelswillen Abstand! Auch Großelternschaft will gelernt sein, auch als Großeltern dürfen wir nicht einfach mit hoher Bugwelle unseren Impulsen nachgeben, sondern uns steht, mehr als anderen Lebensaltern, Bedachtsamkeit an. Ein erster Enkel ist immer auch das erste Kind eines jungen, in Elternschaft unerfahrenen Paares. Dieses Paar ist meist gerade erst selbst herausgewachsen aus der elterlichen Obhut. Es ist gerade erst dabei, seine Eigenständigkeit zu erproben. Der Mensch ist daraufhin angelegt, eine selbständige Personalität zu entwickeln, und das kann er nur, wenn er sich ein wenig abriegelt gegen die, die ihn behüteten und beschützten, solange er unselbständig war. In diesen Prozeß hinein gehört ganz entschieden der Aufbau einer eigenen Familie. Deshalb ist es weder Lieblosigkeit noch undankbare Ablehnung, wenn die junge Familie – bei gleichzeitiger Hilfsbedürftigkeit – so etwas wie Reserviertheit gegen den großelterlichen Eifer an den Tag legt. Hier schon ergeben sich oft Mißverständnisse, die ganz unnötig zu Kränkungen und langanhaltenden Mißstimmungen führen können. Das wäre vermeidbar, wenn die Großeltern es sich bewußt zur Aufgabe machen würden, ihren hilfsbereiten Eifer zu zügeln und wenn sie willens wären, auch das Großelternsein als eine neue und recht angenehme Lernaufgabe zu verstehen.

Ungekonnt sieht die Situation um die Geburt des ersten Enkels oft folgendermaßen aus: Schon als das junge Paar bekanntgab, daß Nachwuchs zu erwarten sei, entwickelten die Großeltern – meist die Großmutter – ihre Pläne um die Gestaltung der Wochenbettzeit: Während die Tochter oder Schwiegertochter in der Klinik ist, wird Großmutter selbstredend den Haushalt und die Versorgung von Sohn oder Schwiegersohn übernehmen. Kommen Mutter und Kind heim, wird Großmutter die schwache junge Frau noch einige Wochen stützen und die Pflege des Säuglings übernehmen ...

Ich möchte vor solchen liebevollen, eifrigen Angeboten nachdrücklich warnen! Bei aller Notwendigkeit der Hilfe erzeugt die Rasanz einer solchen Bemühung besonders bei den Schwiegerkindern – häufig aber auch bei den eigenen erwachsenen Kindern – Ängste, die diese freilich meist nur als massives Unbehagen erleben, ohne ins Bewußtsein zu bekommen, worum es sich handelt: nämlich um die berechtigte Angst, daß Mutter die Hilfsbedürftigkeit der jungen Familie ausnutzt, sich ihrer aller bemächtigt und sie um ihre Eigenständigkeit bringt. Nicht selten verwandelt sich die unbewußte Angst der Jungen spontan in Aggression, die sich mehr oder minder ungeschickt und die Großeltern vor den Kopf stoßend Luft macht. „Wenn du meinst, du kannst dich bei uns über Wochen einnisten, irrst du aber", sagt pampig etwa die Tochter. „Ich will mein Kind nach *meinen* Vorstellungen erziehen, nicht nach deinen, Mutter", kontert abweisend die Schwiegertochter.

Das Herz der wohlmeinenden Großmutter krampft sich zusammen. Je nach Temperament steht sie entweder verärgert auf und verläßt mit den Worten: „Dann eben nicht!" den Raum, oder sie schweigt schmollend. Vielleicht setzt sie sogar zu einer Gegenrede an, in der alle Undankbarkeiten der Vergangenheit mit aufgerechnet werden. Der Großvater – falls vorhanden und bei dem Gespräch anwesend – sieht sich genötigt, sich schützend vor seine Frau zu stellen und sich gegen die undankbare Unangemessenheit besonders von Sohn oder Schwiegersohn zu wenden. Diese, nicht faul, kontern mit Beleidigungen. Der Krach, das Zerwürfnis ist da, bevor der Enkel überhaupt das Licht der Welt erblickt hat. Und dabei beruht der Streit doch nur auf einem allen Beteiligten schadenden Irrtum, einem Fehler des Durchschauens der Zusammenhänge. „Blinder Eifer schadet nur", sagt das Sprichwort zu Recht.

Zum Abstandhalten, zum Erfahrungen sammeln in Großelternschaft gehört eine hellhörige Mitfreude vornehmlich *abwartender* Art. Die werdenden Großeltern haben viel mehr Aussicht, in den vollen Genuß ihres neuen Standes zu kommen, wenn sie sich zunächst zurückhalten und sich anhören, wie sich die Kinder das Leben mit ihrem Sprößling vorstellen. Nachkommen, die aus dem beglückten Ja-Sagen ihrer Eltern zu der Nachricht, daß sich ein Baby ankündigt, taktvolle, liebende Zuwendung ablesen, werden sich gewiß auch zu Bitten um eine Form der Hilfe entschließen, wie es ihren Vorstellungen entspricht. Vielleicht sind diese ganz anders als die der Großeltern, vielleicht enthalten sie sogar Riesenerwartungen und überfordern die Hilfsmöglichkeiten der Großeltern. Dann müssen sie neu überdacht und besprochen werden. Auf jeden Fall aber sollten die Großeltern nicht von sich aus die Initiative ergreifen, sondern viel eher durch ihre Haltung eine allgemeine fröhliche Bereitschaft, den neuen Zustand anzunehmen, an den Tag legen. Eingriff wird in der Tat allzu leicht zum entmündigenden Übergriff, und das ist eine Gefahr, der sich die jungen Erwachsenen nun einmal nicht ausliefern dürfen und die, wenn sie auftaucht, automatisch mit Distanzierung, Abwehr, ja oft mit zu heftiger Aggression beantwortet wird.

Liebevoller Abstand ist deshalb die erste und grundlegende Voraussetzung zur Verwirklichung von glücklicher Großelternschaft.

Das bezieht sich natürlich nicht nur auf die Einstellung am Anfang. Es sollte eine langfristig gepflegte Grundeigenschaft den jungen Familien gegenüber bleiben. Sich in dieser Hinsicht immer wieder an die Kandare zu nehmen, ist um so nötiger, je enger Jung und Alt zusammenwohnen, je mehr Zeit die Alten haben und je lebenskräftiger sie sind.

Großeltern sollten sich darüber im klaren sein, daß ihr Glück mit den Enkeln davon abhängt, ob sie der Versuchung abschwören, das Sagen haben zu wollen. Großelternsein ist eine schöne Aufgabe, aber sie ist grundsätzlich von der der Elternschaft unterschieden. Sie muß in der Regel (von Ausnahmen soll später die Rede sein) ein Stehen im zweiten Glied bedeuten. Der Übernahme dieses Lebensauftrags sollte ein bewußtes Zurücktreten, ein Überwinden des Impulses, die Sache allein in der eigenen Hand zu haben und zu behalten, vorausgehen. Es steht den älteren Menschen ohnehin an, sich vom Schauplatz der Aktivitäten mehr und mehr zurückzuziehen. Die abwartende Bereitschaft ist deshalb ein Zeichen gereifter Menschlichkeit, mehr als das bedenkenlose Sich-einspannen-Lassen in den Alltag von Kindern und Enkeln.

Das gilt in allen Einzelheiten: Haben die Kinder um Hilfe in oder nach der Wochenbettzeit gebeten, sollte man nicht nur bei der Versorgung von Sohn oder Schwiegersohn zurückhaltend sein; man sollte zum Beispiel nicht so unreif sein, die Küche auf jeden Fall, mit Tochter oder Schwiegertochter konkurrierend, *besser* machen zu wollen. Man sollte den Enkel nicht mit aufreizendem Dei-Dei-Dei-Geschrei an sich reißen; man sollte auch hier abwartend, dienend im Hintergrund bleiben. Großmutter kann und darf auf Befragung ihre Erfahrung mit den eigenen Kindern einbringen, aber nicht mit dem Anspruch, daß die Kinder es so machen, wie Mutter es befiehlt oder apodiktisch für richtig hält. Selbst wenn die Großmutter das Gefühl hat, daß es schrecklicher und vielleicht sogar gefährlicher Unsinn ist, was die unerfahrenen Eltern da mit *ihrem* Enkel machen, sollte sie sich nur behutsam, mit viel Takt und Geschicklichkeit äußern. Sie sollte nicht kopfschüttelnd Vorwürfe über so viel Unverstand der Jungen machen, sondern in einer Situation, in der Zeit für Nachdenklichkeit vorhanden ist, eine Anregung zu bedenken geben, statt heftig zu kritisieren, zu verurteilen oder besser zu wissen. Die Möglichkeit, eine gute Beziehung zu den erwachsenen Kindern zu behalten und eine beglückende Großelternschaft zu erleben, ist viel größer, wenn wir im Hinblick auf unsere Fürsorge beherzigen: die Vorstellungen der Jungen respektieren, statt eingreifen und in die Hand nehmen. *Karl Barth* (1966) hat diese Haltung folgendermaßen treffend formuliert:

1. Du sollst dir klarmachen, daß die jüngeren, dir verwandten Menschen beiderlei Geschlechts ihre Wege nach ihren eigenen Grundsätzen, nicht deinen Grundsätzen, Ideen und Gelüsten zu gehen, ihre eigenen Erfahrungen zu machen und nach ihrer eigenen – nicht deiner – Façon selig zu sein und zu werden das Recht haben.
2. Du sollst ihnen weder mit deinem Vorbild noch mit deiner Altersweisheit noch mit deiner Zuneigung noch mit Wohltaten nach deinem Geschmack zu nahe treten.
3. Du sollst sie in keiner Weise an deine Person binden und dir verpflichten wollen.
4. Du sollst dich weder wundern noch gar ärgern und betrüben, wenn du merken mußt, daß sie öfters keine oder nur wenig Zeit für dich haben, daß du sie, so gut du es mit ihnen meinen magst und so sicher du dir deiner Sache ihnen gegenüber zu sein denkst, gelegentlich störst und langweilst und daß sie unbekümmert an dir und deinen Ratschlägen und Wünschen vorbeibrausen.

B

Beistand

Freilich kann das gewiß nicht heißen, daß sich die Großeltern ganz zurückziehen und sich um das Leben und die Nöte ihrer erwachsenen Kinder und Kindeskinder überhaupt nicht mehr kümmern. Das wäre für alle, besonders aber für die Enkel und die Großeltern eine Verhaltensweise, die seelischen Verlust bedeuten würde. Es ist ein großer Gewinn für Enkel, Großeltern zu haben, die ihre Aufgabe in pfleglicher und angemessener Verantwortung ernst nehmen; es ist für die Kinder eine gute Entlastung, um liebevolle, mitdenkende und bereitstehende Großeltern zu wissen. Kinder und Enkel brauchen den Beistand der Älteren ganz nötig! Aber dieser Beistand kann erst zu einer befreienden Wirkung kommen, wenn der Abstand als das erste Gebot für Großeltern in deren Bewußtsein ist. Dann freilich können die Großeltern als *die*

Rückversicherung für Notzeiten aller Art so recht zu einer Erfüllung ihrer Aufgabe kommen.

Der Beistand liebevoller Großeltern wird besonders fruchtbar, wenn er in einem hellhörigen, fragenden Mitdenken besteht. Wäre es vielleicht angebracht, daß die beiden älteren Enkel in die großelterliche Obhut gebracht werden, wenn das dritte Wochenbett bevorsteht? Wäre es vielleicht eine hilfreiche Maßnahme, daß die Großeltern den Enkel, der an einer chronischen Bronchitis leidet, mitnehmen zu ihrem ohnehin geplanten Kuraufenthalt an der Nordsee? Ist es vielleicht eine Hilfe, wenn die Großeltern die schon älteren Kinder hüten, damit das junge Ehepaar gelegentlich auch einmal wegfahren und mit sich selbst allein sein kann? Würde nicht *jetzt* eine finanzielle Unterstützung helfen, eine Wohnung zu finden, die groß genug ist, damit die heranwachsenden Enkel ein eigenes Zimmer haben? Und auch das viele Mitdenken in Kleinigkeiten kann den jungen Familien verdeutlichen: Wir haben einen Rückhalt, für uns gibt es nicht nur das unpersönliche „soziale Netz" unseres Wohlstandsstaates, sondern wir werden liebevoll gehalten. Eltern bieten den Kindern und Enkeln eine Rückversicherung, eine Auffangmöglichkeit. Diese Basis, die sich in hellhöriger Bereitschaft artikuliert und die ihr Da-Sein signalisiert, ist die beglückende Aufgabe recht vollzogener Großelternschaft. Dieser Beistand in der Form des Rückhaltes ist geradezu existentiell notwendig. Es gehört zu einem der beunruhigendsten Gedanken junger Mütter, daß sie sterben könnten, bevor die Kinder erwachsen sind. Diese Befürchtung läßt sich ganz zentral durch das Wissen entschärfen: Da sind ja noch die Großeltern, die sich notfalls einsetzen, die Enkel aufnehmen und ins Leben führen würden. Ungezählte Male hat sich diese Vorstellung in der Tat bewahrheitet und ist in schrecklichem Schicksal zur guten, tröstlichen Notlösung geworden: Kürzlich verunglückte auf der Autobahn ohne Schuld eine Familie mit zwei halbwüchsigen Kindern. Nur die beiden Jüngsten hatte man daheim gelassen. Sie waren die einzigen Überlebenden. Aber sie hatten Großeltern, die die Enkel noch vor Einbruch der Nacht nach dem Schicksalsschlag für dauernd bei sich aufnahmen.

Der Rückhalt durch liebevolle Großeltern ist also von großer beruhigender Wichtigkeit. Junge Ehepaare neigen heute gelegentlich dazu, unter dem Einfluß von Ideologien, die nach der Abschaffung der Familie trachten, den Wert rückhaltgebender

Großeltern zu unterschätzen. Neulich berichtete mir eine großmütterliche Witwe weinend, daß ihre verheirateten Kinder ihr bedeutet hätten, daß sie keinen Wert darauf legten, sie als Großmutter für den gerade geborenen Enkel in Anspruch zu nehmen. Eine solche Brüskierung der Großmutter ist im Grunde töricht. Sie unterschätzt den Wert der Dienstbereitschaft und Mitverantwortung aus Liebe. Eine Bemühung um Entlastung der Menschen, ein soziales Motiv ist in solchen Parolen in Wirklichkeit nicht enthalten. Junge Eltern sollten sich klarmachen, wie sehr sie sich mit solchen Widerständen gegen die Großeltern in das eigene Fleisch schneiden. Wenn wirklich zusätzliche Hilfe nötig ist, sind die Enkel oft wesentlich besser bei liebevollen Großeltern untergebracht als in einer unpersönlichen Kindertagesstätte oder in einem Heim, in dem das Kind vor Heimweh krank wird.

Abwehr gegen einen Beistand durch die Großeltern zeigen häufig übrigens nicht nur ideologisierte Jungeltern, sondern manchmal auch Großeltern selbst. Besonders unter den Menschen, die in relativ jungen Jahren zu Großeltern werden, gibt es in jüngster Zeit immer mehr Menschen, die es hart ablehnen, Großelternaufgaben zu übernehmen – einfach aus Egoismus. Sie sind froh, daß sie ihre Kinder groß haben, und sie denken gar nicht daran, sich einspannen zu lassen. Sie wollen nun, nachdem die eigenen Kinder das Elternhaus verlassen haben, frei bleiben, sie wollen ihren Lebensabend genießen. Es gibt Eltern, die in der Flucht vor großelterlichen Aufgaben in einen weitentfernten Ort ziehen, es gibt andere, die hartherzig jede Bitte um Beistand mit einer Ausflucht ablehnen, obgleich die Zeit und die Möglichkeit dazu vorhanden wären.

Aber großelterlicher Egoismus dieser Art bewährt sich im Grunde nicht auf die Dauer. Die Devise „Selber essen macht satt" hat grundsätzlich eine bedenkliche Teufelsklaue: Der Genuß bleibt flach, ist ein Strohfeuer. Jener Genuß, der auf dem Boden der Überwindung selbstischer Bequemlichkeit entsteht, ist größer: Er enthält sinnträchtige Lebensfreude, er setzt positive Auswirkungen mit Langzeitfolge in Gang. Egoismus im Alter ist darüber hinaus eine Verhaltensweise, die der Reife echter Lebenserfahrung nicht mehr entspricht. Egoismus hat einen infantilen Zug, weil er am Lebensanfang vitale Berechtigung hat. Der alte Egoist behindert seinen eigenen Fortschritt zur Reife. Diese negativen Folgen sollten Großeltern bedenken, die den Enkeln ihren Beistand verweigern.

Diese Gefahr besteht besonders in den zahllosen Familien, die durch Scheidung zerbrochen sind. Es besteht dann eine Neigung, die Vergangenheit auszulöschen, der einstigen Familie dadurch den Rücken zu kehren, daß man sich auch für die Enkel nicht mehr verantwortlich fühlt und die Verbindung zu den selbständig gewordenen Kindern möglichst löst. Das ist beklagenswert. Es bedeutet, wie gesagt, eine Minderung an Kraft und Sicherheit in den jungen Familien, wenn der Rückhalt durch die Großeltern fehlt. Viele geschiedene Ehepaare sehen einige Jahre nach der Scheidung auch ein, daß sie, dem Zeittrend folgend, zu rasch das Handtuch geworfen haben und daß der Verlust der einst heilen Familie eine bedauerliche Glücksminderung darstellt. Besonders ältere geschiedene Eltern, die das erkennen, sollten nicht darin verharren, diesen Zustand auf dem Boden verleugneter Schuldgefühle festzuschreiben. Sie sollten die Verbindung zu den erwachsenen Kindern suchen, um wenigstens den Enkeln den Rückhalt zu geben, den sie aus tragischen Umständen oder aus Unverstand ihren eigenen Kindern nicht haben geben können. Junge Eltern, die aus Scheidungsehen hervorgingen, sollten sich mühen, die Kränkungen, den Haß, die Parteinahme für den einen oder den anderen nicht lebenslänglich aufrecht zu erhalten, sondern Herz und Haus zu öffnen, und ihren geschiedenen Eltern die Gelegenheit zu geben, an den Enkeln das an Bindung, Verläßlichkeit und Treue nachzuholen, was an den eigenen Kindern versäumt wurde.

Das Verwirklichen großelterlichen Beistandes scheitert bei jungen Großeltern oft auch daran, daß sie noch beide fest in einen Berufsalltag eingespannt sind. Die emanzipierte Großmutter ist ein neuer Großmuttertyp, der überhaupt erst in der ersten Lernphase steht. Die Witwengroßmutter, die bis ans Ende ihrer Tage die perfekte, unbezahlte Hauswirtschafterin im Joch ihrer erwachsenen Kinder bleibt, stirbt allmählich aus. Die Großmütter heute haben mehr und mehr einen eigenen, sie ausfüllenden Lebensbereich. Als Dauerhilfe kommen sie in immer geringer werdender Zahl in Frage. Das muß nicht unbedingt negative Auswirkungen haben. Eine Großmutter, die den gesamten Hausstand für Kinder und Eltern übernimmt, kann die bereits beschriebene Gefahr heraufbeschwören: Durch die Bevormundung wird die Ausreifung der Kinder zu verantwortungsbewußten Eltern behindert, während andererseits für die Großmutter die Last mit den Jahren zu groß wird. Sie ist schließlich keine Mutter mehr! Sie gehörte ins zweite Glied! Die Überforderung macht sie kränklich und unzufrieden. Das Heischen nach Dankbarkeit aber belastet Kinder und Enkel mit Schuldgefühlen – ein Zustand, der auf die Familien lähmende Schatten durch schwelende Disharmonie zu werfen vermag.

Der Typ der emanzipierten Großmutter ist weniger in der Gefahr, sich in negative Entwicklungen dieser Art zu verstricken. Die Grenzen werden durch die eigene Berufstätigkeit gesetzt, die nur im äußersten Notfall preisgegeben werden kann. Aber Beistand kann auch die berufstätige Großmutter leisten: durch Wochenendbesuche, durch abendliche ratgebende Telefonate, vor allem aber durch finanzielle Unterstützung, über die in einem gesonderten Kapitel ausführlich gesprochen werden soll. Immer wird es für die berufstätigen Großeltern Möglichkeiten geben, mit den Enkeln zusammenzusein – nach Feierabend, zu Ferienbesuchen, im Urlaub, an den Festtagen, bei Familienfeiern. Freilich muß den berufstätigen Großeltern klar sein, daß ihre Pflichten den Enkeln gegenüber bewußt geplant und gepflegt werden müssen, wenn sie nicht im Getriebe der eigenen Beanspruchungen untergehen sollen. Und das wäre ein beklagenswerter Substanzverlust.

Es lohnt, sich den objektiven Wert des aktiven großelterlichen Beistandes bewußt zu machen, ihn als eine Bereicherung aller beteiligten Personen zu verstehen und sich zu mühen, ihn zu verwirklichen.

Aber der Beistand der Großeltern für die Familien ihrer Kinder erschöpft sich nicht nur in Aktivitäten nach außen. Der wichtigste Schutz, mit dem sie bis in ihre letzten Lebenstage hinein die erwachsenen Söhne und Töchter, die Enkel und Urenkel beschenken können, ist die tägliche Fürbitte. Sie ist der wichtigste Beistand, der zentrale Beitrag von Großeltern für ihre Familien, der ihrem Stand ganz besonders gemäß ist. Die Jungen sind eingespannt in die tägliche Arbeit, die mit den Pflichten um die Kinder verbunden ist; die Alten haben im allgemeinen doch mehr abendliche und morgendliche Muße, in der das meditative Element umfänglicher Raum findet. Sie können aus einer sich mehr nach innen wendenden Lebensform auch inniger beten. Die Notwendigkeit eines solchen geistlichen Beistandes der älteren Generation für die jüngere ist in unserem Jahrhundert wenig gesehen worden – sicher sehr zum Schaden der Enkel! Der Mensch ist nun einmal das freigelassene Wesen in Gottes Schöpfung. Er ist vom Bösen anfechtbar, er bedarf deshalb der Bitte um Schutz vor den dunklen Mächten durch die Himmlischen. Dieser Schutz aber kann nur durch Gläubige geleistet werden. Lebenserfahrene, reife Großeltern sind dafür ganz besonders disponiert. Sie können durch das Gebet für ihre Nachkommen häufig mehr tun als durch noch so eifrigen Dienst.

C

Charakteristisches über den Großvater und die Großmutter

Das in den beiden ersten Kapiteln Gesagte könnte u. U. den Eindruck vermitteln, es wäre zulässig, von *den* Großeltern zu sprechen. Davon kann in der bunten Vielfalt unseres Lebens natürlich nicht im mindesten die Rede sein. Jedes Großelternpaar, jeder einzelne Großvater und jede einzelne Großmutter sind sowohl in ihren Verhaltensweisen als auch in ihren Situationen unterschiedlich, unwiederholbar und infolgedessen nur schwer beschreibbar. Aber es gibt dennoch typische Großelterneigenschaften, ja sogar typische beachtenswerte Unterschiede zwischen Großvater und Großmutter. Um das Familienleben harmonisch zu gestalten, ist es von großem Wert, diese Unterschiede zu sehen und anzuerkennen. Das gilt sowohl für die erwachsenen Kinder wie für die Großeltern selbst. Die Trends unserer Zeit tun uns Ungutes an, wenn sie uns veranlassen, Unterschiede zu verleugnen.

Großvater und Großmutter sind ältere Menschen. Im Durchschnitt beginnt die Großelternschaft nicht vor dem 40. Lebensjahr und erstreckt sich über die zweite Lebenshälfte. Die modische Gleichheitsideologie möchte diese Gegebenheit herunterspielen, indem sie die Großeltern zum Beispiel anregt, sich von ihren Kindern, Schwiegerkindern und Enkeln mit Vornamen anreden zu lassen. Den wenigsten Menschen ist klar, daß diese Gepflogenheit eine Wahrheit unterlaufen möchte: nämlich den Unterschied zwischen den Personen verschiedener Generationen. Aber die Großeltern sind ja weder den erwachsenen Kindern noch ihren Enkeln altersgleich, sie sind nicht so jung wie diese! Großeltern, die sich von ihren Enkeln mit „Hermann" und „Inge" anreden lassen, meinen zwar etwas Positives: Sie möchten näher zusammenrücken, sie möchten keinen starren, Abstand gebietenden Wall zwischen sich und den Jüngeren haben. Und dennoch enthält diese Regelung eine Lebenslüge, die Verleugnung einer Vorgegebenheit, und das hat grundsätzlich nicht nur gute Auswirkungen. Es ist Aufgabe der Älteren, den Jüngeren voranzugehen. Denn der Mensch ist so weitgehend frei, daß er der Nachahmung, des Lernens von den Erfahrenen bedürftig ist. Der Jüngere kann vom Älteren nur lernen, wenn er sich ihm 1. liebevoll zuwendet, so daß er Vertrauen faßt, und wenn er ihn 2. als den Vormacher erkennt und anerkennt. Gleichaltrige sind für Kinder und junge Erwachsene Kumpel und Konkurrenten. Beide Funktionen sind für Großeltern unangemessen. Ziehen sie sich diese Rollenkleider an, so wirkt das im Grunde auf die Enkel befremdlich, ja oft geradezu abstoßend. Die Jungen spüren – meist nicht bewußt, sondern nur mit dumpfem Unbehagen –, daß da irgendetwas Gewolltes, Unechtes im Spiele ist und wenden sich eher ab als zu. Ehrlich tapfer bekennt Margaret Mead, die bekannte amerikanische Ethnologin, als Großmutter: „Nein, ich gehöre zu meiner eigenen Generation. Nur, weil wir jetzt vielfach dieselben Dinge suchen, gehören wir noch nicht zur selben Generation. Ich kann niemals zu eurer Generation gehören, genauso wenig, wie ihr zu meiner."*

Manche Großeltern kommen der ihr Lebensalter verleugnenden Gleichmacherei aber auch deshalb gern entgegen, weil sich etwas in ihnen sträubt, überhaupt ein Großvater oder eine Großmutter zu sein. Der erstgeborene Enkel macht ihnen mit einem Schreck bewußt, daß sie die Lebensmitte überschritten haben, daß sich ihr Dasein einer Wende zuneigt. Sie fürchten, alt zu werden, sie wollen das nicht anerkennen. Aber wie es sich auch verhält: Die Verleugnung von Gegebenheiten, die unabänderlich sind, hat erhebliche Nachteile: Die Ablehnung behindert eine realistische Einstellung auf die Situation, ja, bei so positiven Schicksalszuweisungen wie einer Großelternschaft behindert sie die Möglichkeit, der Aufgabe wahrhaft gerecht zu werden und

* Mead, M.: Brombeerblüten im Winter. Hamburg 1980, S. 13.

die ganze Fülle und den Segen zu ernten, der gerade in ihr enthalten ist.

Das Eingeständnis, älter zu sein, enthält die Reife zum freiwilligen Zurücktreten. Das bedeutet zwar, auf Macht zu verzichten, aber wer diesen Akt bewußt bejaht, bekommt sofort ein Geschenk mitgeliefert: Die Befreiung von Last, das aufatmende Gefühl, als Großeltern die minutiöse Verantwortung für die Enkel nicht tragen zu müssen, weil dafür die elterliche Instanz vorhanden ist. Das Annehmen von Großelternschaft enthält deshalb auch den Status des Entlastetseins. Großeltern haben es besser als Eltern: Sie dürfen die Freude an den Enkeln genießen, sie brauchen nicht – jedenfalls nicht im Normalfall, wenn Eltern vorhanden sind – all die kleinen Mühseligkeiten des Alltags zu leisten. Sie haben die Chance, sich von ihren Enkeln zu entfernen, wenn die Situation sie überfordert. Sie müssen nicht eingreifen, entscheiden, wachen, durchhalten. Sie dürfen sich zurückziehen. Wenn die Eltern anwesend sind, können die Großeltern wiederkommen, nachdem die schwierige Situation – sei es, daß das Baby unablässig schreit, der Siebenjährige eine Fensterscheibe zertrümmert oder der Zweijährige sich die Finger in der Tür geklemmt hat oder die Neunjährige von einer Wespe gestochen worden ist – sich wieder beruhigt oder bereinigt hat. Großelternschaft ist eben eigentlich mehr eine sonntägliche, eine feierabendliche Aufgabe. Es ist sicher sehr sinnvoll, wenn Großeltern das im Bewußtsein haben und diese Butterseite ihrer Funktion bewußt erleben, statt die Butter abzukratzen und etwas Alltägliches, Graubrotartiges daraus zu machen. Erleben sich Großeltern nicht nur als die Gesonderten, sondern auch als die Besonderen für ihre Enkel, so wird es diesen als erstrebenswert schön erscheinen, mit den Großeltern zusammenzusein. Wir können nicht nur vom grauen Einerlei unseres Alltags leben, wir brauchen es, uns aus ihm herauszuheben. Enkel, die Großeltern haben, die diesen ihren Auftrag leben, empfinden meist intensiv das Feiertägliche in der Beziehung zu ihnen.

Charakteristisch ist aber nicht nur diese Wesenheit. Charakteristisch ist auch der große Unterschied in der Mentalität eines Großvaters und einer Großmutter. Viele Schwierigkeiten, von denen bisher gesprochen worden ist, betreffen sehr viel häufiger die Großmutter als den Großvater. Die Gefahr, zu eifrig und zu sehr mitmischend einzugreifen, kommt seltener bei ihm vor. Sie ist ein typisches Problem von Großmüttern. Bei Großvätern ist viel eher einmal zu beobachten, daß sie sich nicht zu viel, sondern zu wenig um ihre Enkel kümmern. Woran liegt das? Es hat seine Ursache in einem – wie die neuere Forschung weiß – angeborenen Geschlechtsunterschied: Die Mütterlichkeit der Frau hat einen sehr viel triebhaft-drängenderen Charakter. Viele Eigenschaften – größere Hellhörigkeit, größere Geduld, größere Gesprächigkeit, größere Freude am Pflegen – sind bei den Mädchen angelegt und treten schon früh im Kindesalter auf, weil die Mutteraufgabe eine biologisch so enorm wichtige Lebensaufgabe der Frauen in der Art Mensch mit der so langen Kindheit und einem primären Zustand so großer Hilflosigkeit ist. Dieser Muttertrieb stirbt aber mit dem Erwachsenwerden der Kinder keineswegs ab; im Gegenteil: Dieser Trieb hat durch die Mutterschaft eine meist auch tief befriedigende Verwirklichung erfahren. „Und alle Lust will Ewigkeit", so hat uns Nietzsche gelehrt. Daß der Muttertrieb in der *Groß*mutterschaft zum „Großtrieb", zur Übertreibung entarten kann, ist von daher eigentlich sehr verständlich. Es ist für eine mütterliche Frau nicht selbstverständlich, ein demütiges Ja zu der Tatsache zu sprechen, daß ihr mit dem Klimakterium unaufhebbar bedeutet wird: So, jetzt ist Schluß! „Guter Hoffnung" kannst Du nun nie wieder werden. Das unbeschreibliche Glück, dein hilfloses Kind pflegen und begleiten zu dürfen, bis es dir davonläuft – das wirst du nie wieder haben dürfen, das ist nun endgültig vorbei. – Der mütterlichen Frau ist es nicht selbstverständlich klar, daß hier ein bewußter Verzicht geleistet werden muß. Versäumt sie das aber, so verkehrt sich die ursprünglich so positive Mütterlichkeit ins Negative. Dann tappt sie in die Falle der krallenhaften Großmutterübertreibung. Sie wird zur Hexe, wie sie in den Märchen, besonders in dem von Hänsel und Gretel, dargestellt ist; denn ihre gierige Muttersucht bekommt ein menschenfresserisches Timbre: Sie wird durch Verwöhnung zur „verschlingenden Mutter", die den Enkel gefährdet in der Unselbständigkeit, in der Bequemlichkeit, in der Verkümmerung festgebannt zu werden.

Ihre eigentliche Wesenheit kann die Großmutter erst entwikkeln, wenn sie einen echten Lebensgehorsam lebt – und der hat es auf die Überwindung des Nur-Triebhaften abgesehen. Das Ja zum Aufgeben von Mutterschaft bedeutet für die mütterliche Frau Überwindung, und das heißt bewußter geistiger Verzicht in Übereinstimmung mit der physiologischen Veränderung. Erst aus dieser bewußt vollzogenen und bewußt gelebten Überwindung entsteht der Charakterzug ausgleichender Gelassenheit, die die Großeltern zum ruhenden Pol und Mittelpunkt einer Familie machen, den sie so nötig braucht.

Der Großvater hat es meist leichter, eine solche Position zu erreichen, denn er hat von seiner anders gearteten Mann-Natur her viel eher die Möglichkeit, sich in die unabdingbare Distanz zu stellen. Von seiner Grundposition her ist sie viel eher gegeben; denn mit und ohne Gleichheitsideologie: Das brennende Interesse am Windeln und Putzen, am Tränken, Füttern und Schönmachen geht ihm im Großvaterstatus eher noch mehr ab als im Vatersein. Die Verzückung, die die Großmutter befällt, wenn sie ihren Enkel umsorgen kann, ist vielen Großvätern mehr oder weniger fremd. Im Gegenteil: Oft sind die Männer als Großväter sogar wesentlich lärmempfindlicher, als sie früher waren; sie haben bei aller Freude an den Enkeln doch eher das Bedürfnis, sich aus dem unmittelbaren Kreis von deren Aktivitäten abzusondern. Auch die Großväter, die ihre Enkel nachdrücklich und stolz bejahen, können es keineswegs immer in ihrer Nähe aushalten. Und wenn keine Räumlichkeiten vorhanden sind, die nach einer gewissen Zeit der Gemeinsamkeit und Duldung Rückzugsmöglichkeiten bieten, sucht Großvater meist bei fortgesetzter Enkelkonfrontation das Weite. Es ist nötig, daß Mütter und Großmütter diese Haltung nicht als Desinteresse oder gar beleidigt als Affront auffassen. Es ist in den seltensten Fällen so gemeint. Kinderlärm kann grundsätzlich sehr verschieden erlebt werden; der, den die Enkel machen, ist für Mütter und Großmütter in viel höheren Phonstärken noch angenehme Musik, während Großvaters Ohren schon lange schaudernd leiden. Der Großvater kann deshalb angesichts von vielen gleichzeitig anwesenden Enkeln selten das Eigentliche, das positiv Charakteristische seiner Eigenschaften entwickeln. Das ist viel eher möglich, wenn man einen einzigen Enkel seiner Obhut überläßt. Mit einzelnen Enkeln fühlen sich die Großväter nicht so leicht überfordert, und der Enkel hat die Chance, das Juwel Großvater zu entdecken. Großväter sprechen nämlich meist weniger als Großmütter. Sie haben auch weniger Lust am Machen, am Organisieren der täglichen Verrichtungen. Aber sie haben Freude daran, mit dem einen Enkel an der Hand nach draußen zu gehen, ihm die Natur zu zeigen, mit ihm Bilderbücher zu besehen, ihm vom großen Krieg zu erzählen oder von der alten Zeit. Der moderne Großvater fährt gern mit einem Enkel Auto, wandert, rudert, segelt, angelt mit ihm oder sieht mit ihm einen Tierfilm an. Der besinnliche Großvater hat Freude am fragenden Enkelkind. Er ist besonders geeignet für das kluge, das erfahrene Einweisen. Aber er ist dem Enkeltrubel meist abhold.

Es ist wichtig, sich diese Gegebenheit bewußt zu machen, denn erst dann lassen sich die Gelegenheiten für die Zweisamkeit von Großvater und Enkelkind schaffen. In meiner Praxis habe ich die Erfahrung gemacht, daß für viele Menschen die stillen Stunden mit einem Großvater, der für sie Zeit hatte, zu den nachhaltigsten und bedeutsamsten Kindheitserlebnissen gehören. Ein solcher Großvater blieb in ihrer Erinnerung der Repräsentant von Gelassenheit, von selbstverständlicher Schutzbereitschaft, von weiterwirkender Offenheit. Für viele blieb er der Still-Wissende, der ihnen ein Gespür dafür vermittelte, aus einer alten Zeit zu kommen und in eine neue hineinzugehen. Großvater ist auch der Mahnende, der die höheren Mächte kennt, der die Hand des Enkels in der seinen festhält, weil er sich der Gefahren bewußt ist. Es ist wie bei Prokofieff's „Peter und der Wolf": Der Großvater weiß, daß das Böse lauert und jederzeit einbrechen kann. Er hat die Mächte erfahren. Er vermittelt dem Enkel mit großem Ernst sein Wissen darüber: über die Größe der Mächte und die eigene Schwäche. Es ist dumm, ohne dieses Wissen ins Leben hineinzustürzen. „Das ist gefährlich", sagt schlicht und bedeutungsvoll der Großvater im Prokofieff-Märchen zu Peter, der sich aus dem schützenden Haus einfach so auf die Spielwiese des Lebens begibt. Großvater ist ein den Klauen von Tod und Teufel Entkommener. Er sollte sich dessen bewußt sein; denn er hat die Aufgabe, die Mahnung weiterzugeben. In dieser Weise ist der Großvater der Repräsentant von tradierter Erfahrung, der seine Weisheit an den Enkel vermittelt, der hören will. Aber er drängt sich nicht auf und überschätzt seinen Einfluß und seine Einwirkmöglichkeit nicht. Und dennoch spürt der Enkel, wenn er seine Hand in die knorrige Altershand des großen Vaters schiebt, gerade durch diese Haltung den Vorgeschmack seines Lebensauftrags in der Mischung von Anforderung und Bergung, die für jeden Enkel einen unschätzbaren Wert darstellt.

Freilich heißt das nicht, daß es wünschenswert ist, die Aufgabenteilung von Großvater und Großmutter starr einzuhalten. Natürlich sind die Grenzen der Betätigungsfelder fließend. Natürlich können sich die Großeltern gegenseitig vertreten oder, wo einer der beiden nicht mehr existiert, den Part des anderen mit übernehmen.

Es ist auch wichtig, sich bewußt zu machen: Grundsätzlich steht die Großmutter dem Alltag der Enkel näher, bietet deswegen zwar sehr viel mehr Angriffsflächen für Kritik, weil durch die Aufgabenfülle bedingt grundsätzlich mehr Fehler gemacht werden können – wer sich einsetzt, setzt sich eben auch aus – das heißt aber nicht im mindesten, daß Großmütterlichkeit in irgendeiner Weise geringer zu schätzen sei als Großväterlichkeit. Das Gegenteil kommt der Wahrheit näher: Der Dienst der Großmutter an den Enkeln ist meist wesentlich umfangreicher und hat dementsprechend tiefen Respekt, ja die größte Hochachtung verdient.

Dieses Kapitel darf nicht abgeschlossen werden, ohne darauf hinzuweisen, daß die Kinder unserer Zeit häufig nicht nur Großeltern haben, sondern auch Urgroßeltern. Die Tüchtigkeit der Medizin macht es möglich, daß immer mehr Menschen ein hohes Alter erreichen. Eine erhebliche Zahl der Uralten lebt heute auch noch in den Familien. Die Enkel heute erleben in der mit im Haus lebenden Urgroßmutter viel eher jene Charakteristika, die für die Großmutter früher typisch waren: die alte, schon ein wenig behinderte Frau mit dem Strickstrumpf im Sessel, im besten Fall mit erzählfreudiger Wachheit. In solchen Fällen kann sie der sehr geliebte, stille Mittelpunkt der Familie sein.

Freilich gibt es auch dieses Erleben: daß die Uralten ihre wachsende Altersschwäche nicht heroisch tragen, sondern sie als fortgesetzte Unzufriedenheit auf die Familienmitglieder projizieren. In solchen Fällen erleben die Enkel ihre Urgroßeltern (manchmal auch die Großeltern) als Belastung, unter der die Familie oft über Jahre und Jahrzehnte seufzt.

Es ist dann wichtig, daß Großeltern und Eltern den Kindern deutlich machen, wie schwer es ist, ein hohes Alter zu ertragen, wie leicht und allgemein sich Schwäche in Aggressivität verwandelt, wie sehr wir an einer solchen harten Pflege lernen können, auch dann noch Liebe und Respekt zu schenken, wenn das Gegenüber nicht mehr in der Lage ist, mit Gegenliebe zu antworten.

Kinder haben eine solche Erziehung zum Respekt vor der Altersschwäche dringend nötig, um Menschenachtung durch das Beispiel ihrer Eltern und Großeltern zu lernen.

D

Dankbarkeit

In den echten Genuß von Großelternschaft kann man eigentlich nur kommen, wenn man sie nicht als eine Selbstverständlichkeit nimmt, sondern sie dankbereit als Schicksalsglück versteht. Die unmittelbare Frucht der jahrzehntelangen Bemühung um das Aufziehen von Kindern ist das Erleben eines Fortgangs der Familie in eine neue Generation hinein. Die Gründung einer Familie ist in der jungen Generation schließlich nicht mehr selbstverständlich. Viele der Jüngeren entschließen sich, ein „Single" zu bleiben; manche akzeptieren und verwirklichen zwar eine lockere Paargemeinschaft, aber sie lehnen sowohl die Legalisierung der Beziehung wie eigene Kinder ab. Und eine erhebliche Zahl von Frauen wünscht sich Kinder, aber die Wiege bleibt dennoch leer. Andere geraten als junge Erwachsene ins Schleudern, irren ab oder kommen gar um. Großelternglück beginnt seltenes Glück zu werden, denn die Zahl der Geburten ist in Deutschland im vergangenen Jahrzehnt um die Hälfte zurückgegangen. Doppelt intensiv darf die Freude derjenigen sein, die das Schicksal mit Enkeln beschenkt, umsomehr, wenn sie gesund zur Welt kommen und von verantwortungsbewußten Eltern in die Obhut genommen werden. Das tägliche Dankgebet ist der angemessene Ausdruck dieser Freude, das tägliche Leben einer Haltung, wie Matthias Claudius es uns in seinem Abendlied eines armen Bauersmannes zum Ausdruck bringt: „Nun Kinder esset, eßt mit Freuden, und Gott gesegn' es euch! Sieh, Mond!, ich bin wohl zu beneiden, bin glücklich und bin reich!"*

Zu der Dankbarkeit gegen Gott gehört der Dank an die Kinder. Gerade weil es heute soviel bewußte Verweigerung von Elternschaft gibt, gerade weil viele Menschen sich scheuen, noch die Verantwortung für Kinder auf sich zu nehmen, gerade weil ein junges Elternpaar voraussehen kann, daß es diese Kinder in eine unheimlich gewordene Welt hineinsetzt – besonders deswegen sollten die Kinder spüren, wie sehr die Großeltern bejahend hinter

---

* Matthias Claudius: Gedichte und Prosa. Hrg. H. L. Geiger, Berlin 1949, S. 54.

dieser Tapferkeit stehen. Die jungen Eltern bekommen Kraft, wenn sie spüren, daß ihre eigenen Eltern über die Entwicklung glücklich sind. Sie sind der bejahenden Zustimmung heute dringend bedürftig. Sie müssen erfahren, daß hinter ihnen Menschen stehen, die ihr geduldiges Mühen um die Familie als eine äußerst wertvolle Leistung einschätzen. Besonders die jungen emanzipierten Mütter, für die es nicht selbstverständlich ist, diesen Dienst für die kommende Generation zu tun, sollten von ihren Müttern und Schwiegermüttern seelisch abgestützt werden. Die Decke fällt den Betreuerinnen kleiner Kinder lange nicht so leicht auf den Kopf, wenn sie sich von den Großeltern getragen fühlen, die stolz und froh darüber sind, daß dieser Dienst geschieht. Informierte Großeltern wissen auch, daß es ein Riesenunterschied ist, ob eine junge Familie ihre Kinder Institutionen mit Fremdbetreuern übergibt oder ob sie das Opfer aufbringt, ihre Kinder selbst zu betreuen. Sie wissen, daß sie wesentlich mehr Aussicht haben, an gedeihenden, seelisch gesunden Enkeln auch noch im Jugendalter Freude zu haben, wenn ihre Kinder als Eltern sich so verhalten haben. Dankbarkeit darüber sollte immer einmal ausgesprochen werden: bei einem Besuch, per Brief oder Telefon. Es ist viel erfreulicher und erfolgversprechender, Kinder und Schwiegerkinder lobend zu bestätigen, als nur dann Stellung zu nehmen, wenn etwas als tadelnswert erscheint.

Dankbare Großeltern haben auch sehr viel mehr berechtigte Aussicht auf dankbare Kinder und Enkel, obgleich sie sich mit leidenschaftlicher Abwehr gegen die Versuchung wehren sollten, von Kindern und Enkeln Dank zu erwarten. Deren zentraler Dank an die Großeltern ist das eigene konstruktive Leben. Die Gaben, die man als Eltern und Großeltern geschenkt hat, den Einsatz, den man geleistet hat, in irgendeiner Weise zurückzuerwarten, verrät eigentlich eine ziemlich selbstische Einstellung. Christen haben nicht den Auftrag, sich gegenseitig zu vereinnahmen, sondern sie verstehen sich als Beauftragte im Dienst für Gott. Erfüllen die Jungen diesen Dienst, indem sie Leben weitertragen und dafür verantwortlich zeichnen, so ist das Dank genug. Wer sich eine Auffassung dieser Art zu eigen macht, kauert als Großmutter bzw. -vater nicht im Schmollwinkel und zählt nicht versäumte Besuche, fehlende Muttertagsgeschenke und unbeachtete Gedenktage. Er pocht auch nicht auf ein vermeintliches Recht auf Zuwendung, Dankbarkeitsbekundungen oder gar unterwürfigen Anbetungstribut, sondern er legt das ganze Gewicht seiner Beziehung auf die Mitfreude an gelingenden Schritten der jungen Generation in die Zukunft hinein. Haben Großeltern eine solche Haltung, so trägt das zur Zufriedenheit und Erfüllung ihres Alterslebens in einer entscheidenden Weise bei. Sie können dann die Aufmerksamkeit, das Vertrauen, die Zuwendung von Kindern und Enkeln ganz anders genießen. Sie haben nichts erwartet und sind beglückt und überrascht über das, was dann geschieht. Viele Kinder und Enkel meiden die Großeltern, weil diese die ihnen zu selten scheinenden Besuche oder Anrufe dazu nutzen, den sich Zuwendenden Vorwürfe zu machen, weil sie aufgestaute Enttäuschungen loswerden müssen. Das verprellt die Jungen. Der Gedanke an die Großeltern wird umdüstert und unlustbesetzt. Aus Furcht vor immer neuer Schelte ziehen sie sich mehr und mehr zurück.

Das sind Schwierigkeiten, die ganz unnötig wären, wenn die Alten davon abließen, auf ihre Ansprüche zu pochen. Das ist lediglich dazu angetan, die Beziehung zu verderben.

Karl Barth rät Großeltern mit Recht: „Du sollst für jeden Beweis von echter Aufmerksamkeit und ernstlichem Vertrauen, der Dir von ihrer (der erwachsenen Kinder, Verf.) Seite widerfahren mag, dankbar sein. Du sollst solche Beweise von ihnen weder erwarten noch gar verlangen."

E

Einigkeit in der Familie stärken

Daß es nirgendwo so viel Zerstrittenheit gäbe wie in den Familien, ist eine verengte Auslegung der Tatsache, daß der Mensch im Verbund grundsätzlich streitanfällig ist. Dennoch kann er ohne Verbund nur sehr schwer existieren. Er ist auf Zusammenschlüsse geradezu angewiesen. Er kann ohne sie physische und psychische Lebensnöte nur schwer, oftmals gar nicht bewältigen. Deshalb ist die Familie zwar ein Ort von Auseinandersetzungen, aber auch des Schutzes. Die Aufgabe, den Zusammenhalt der Familie zu stärken, so daß ihre bergende Funktion zum Tragen kommt, sinnlosen

Streit zu vermeiden, ihn zu glätten und zu schlichten, wenn einer entbrannt ist – das ist so recht eine weitere wesentliche Großelternaufgabe.

Selbstverständlich ist das beileibe nicht! Besonders Großmütter können durch Klatsch, durch Weitertragen von beleidigenden Äußerungen tiefe Risse im Familiengefüge hervorrufen, die niemandem dienlich sind. Es ist deshalb sehr wichtig, daß Großeltern ihren Auftrag, die Familie zusammenzuhalten und immer wieder neu einzubinden, statt giftstreuend zu zersetzen, ganz ernst nehmen. Wir dürfen nicht vergessen, daß in jedem Menschen der infantile, archaische Wunsch lebt, am meisten geliebt zu sein und die Mitbewerber um diesen Platz auszustechen. Meist ist dieser Wunsch bei erwachsenen Geschwistern nur verdeckt, aber dennoch mitnichten überwunden. Oft schwelen die alten Konflikte aus dem Kinderzimmer im Gerangel um das größte Stück der großelterlichen Liebe, auf die Enkel projiziert, weiter.

Welche Enkelkinder werden von den Großeltern bevorzugt? Wo ist ihre größte Sympathie? Der älteste Enkel hat oft einen Bonus, der nur schwer von den Nachgeborenen wieder einzuholen ist. Nicht selten ist das aber das Kind einer Tochter, während in der Rangliste der Eltern einst ein Sohn den ersten Platz einnahm. Töchterkinder rangieren in der Liebe der Großeltern häufig vor den Schwiegertöchterkindern. So haben oft gerade die Angetrauten der heiß geliebten Söhne einen schweren Stand. Ihre den Enkeln angediehenen Erziehungsweisen scheinen den Großeltern oft weniger gekonnt als die der Töchter; jedenfalls geht es besonders im großmütterlichen Gefühlsleben hier oft recht archaisch zu. An die eine Familie und deren Nachkommen werden strengere Maßstäbe angelegt als an die andere. An der im Grunde nicht gerechten Beurteilung der Großmutter entbrennen dann manchmal Kämpfe, Antipathien und Animositäten der Schwägerinnen. Die Benachteiligten versuchen, sich an den Bevorzugten zu rächen, unbedachte Worte werden hochgespielt und überbewertet, und dennoch geht es immer wieder nur um eines: vom Großelternpaar angenommen und geliebt zu sein und nicht gegenüber den anderen zurückgesetzt zu werden. Rangeleien um solche Vorlieben lassen sich im Keim ersticken, wenn die Großeltern diese Gefahr durchschauen und es sich zur Aufgabe machen, Gerechtigkeit walten zu lassen, indem sie sich zum Beispiel gerade besonders um die Kinder derjenigen Schwiegertochter bemühen, die ihnen spontan nicht so sympathisch ist, indem sie also den schwierigen Versuch machen, ihre Liebe gleichmäßig zu verteilen. Zu dieser ausgleichenden Funktion der Großeltern gehört es auch, Zerwürfnisse zwischen den Kindern auszugleichen. Hier hat auch der Großvater eine Aufgabe, bei der er auch ein wenig patriarchalische Festigkeit an den Tag legen darf: „Ihr habt die Pflicht, einander zu lieben." – „Ich wünsche, daß wir uns zusammenfinden." – „Ich erwarte von Dir einen versöhnlichen Brief an Deinen Bruder (Deine Schwester, Deinen Schwager, Deine Schwägerin)."

Ohne sich groß einzumischen, sollten die Großeltern nicht gerade eine richterliche, aber eine vermittelnde, eine zusammenführende Rolle spielen und nachdrücklich den Wunsch bekunden, daß von den Streithähnen Vergebungsbereitschaft erhofft wird. Es ist aufbauend, wenn der Großvater (oder auch die Großmutter) in einem solchen vermittelnden Gespräch ihre (seltene) Einmischung bewußt begründen dergestalt: „Es ist von so großem Wert, daß wir als Familie zusammenhalten, und es ist die besondere Aufgabe der Großeltern, dafür zu sorgen, daß sich unheilbare Risse gar nicht erst ausbilden, sondern so rasch wie möglich ausgebessert werden. Bitte versucht, diesen Gesichtspunkt ganz ernst zu nehmen und kleine Kränkungen, Eifersüchteleien und Antipathien hinter diesem Vorrang zurückzustellen!"

Von großer Wichtigkeit ist es in diesem Zusammenhang, daß die Großeltern sich fortgesetzt einseitiger Parteinahme für eine der Kinderfamilien enthalten, selbst wenn es eindeutig ist, daß ein einzelner die alleinige Schuld am Zerwürfnis trägt.

Großeltern sollten es sich zur Aufgabe machen, zukunftweisend zum Guten zu reden. Es ist wichtig, daß sie selbst verwerfliches Verhalten ihrer Nachkommen nicht dauerhaft kritisieren und deshalb mit diesen Familien brechen. Die Notwendigkeit, die Gemeinschaft als Familie aufrechtzuerhalten, hat Vorrang, und deshalb steht die Vermittlerrolle den Großeltern besonders gut an. Oft ist das durch freundlich mahnende, verstehende und zusammenführende Briefe besser zu erreichen als im mündlichen Gespräch oder am Telefon. Großväter können das besonders gut. Sie sollten sich bei solchen Vermittlerdiensten um Frieden auch nicht allzu sehr von ihren Frauen bestimmen und sie beim Briefeschreiben über die Schulter gucken lassen. Streitpunkte müssen auch einmal ad acta gelegt und nicht immer neu aufgewärmt werden, wozu Großmütter viel eher eine Neigung haben. Sie können auch, ohne das eigentlich zu beabsichtigen, durch übertriebene und wiederholte Wiedergabe des Geschehenen die Gräben vertiefen, Ablehnung und Streit schüren. Großmütter können unversehens die einen gegen die anderen aufhetzen – und auch in dieser Weise ihren Ehemann stimulieren. Das ist eine gefährliche Eigenschaft! Im allgemeinen hat das männliche Geschlecht – so hat eine neuere internationale psychologische Forschung herausgefunden – eine niedrigere Schwelle für Aggressionen als das weibliche*. Lediglich im Alter verkehren sich die Verhältnisse gelegentlich: Die Männer werden konzilianter, die Frauen entwickeln eine vermehrte Neigung zu Aggressionen. Sind wir uns dieser Tatsachen bewußt, so können wir sie nutzen: die Großväter, indem sie ihre zunehmende Ausgeglichenheit einsetzen, um die Einigkeit in ihren Familien nachhaltig zu stärken.

F

Feiern von Familienfesten

Eine Gelegenheit, die Einigkeit der Familie zu stärken und den Verband zu festigen, besteht ganz besonders in den Familienfesten. Sie zu arrangieren, vorzubereiten und evtl. auch zu finanzieren, ist eine zentrale Großelternaufgabe. Das Fest ist gewissermaßen der Parteitag der Familie. Es bedeutet viel mehr als das Zusammenkommen zu einem steifen Festmahl mit endlosen Gängen. Im Zeitalter der Emanzipationen ist es so wichtig, den Wert familiärer Gemeinsamkeit zu erkennen und zu pflegen. Der runde Geburtstag einer Großmutter, eines Großvaters, 25-, 40-, 50- und 60jährige Hochzeitsjubiläen, Verlobungen, Hochzeiten von Kindern und Enkeln, Taufen, Konfirmationen, evtl. auch Weihnachten, Ostern oder Pfingsten können zum Familienfest ausgebaut werden.

Machen es sich die Großeltern zur Aufgabe, ihre Kinder an ei-

* Merz, F.: Geschlechterunterschiede und ihre Entwicklung, Göttingen 1979, S. 161 ff.

nem solchen Tag zusammenzuführen und um sich zu versammeln, so kann davon eine beträchtliche positive Wirkung ausgehen. Freilich ist es nötig, den Sinn dieser Aktion allen ins Bewußtsein zu rufen, am besten im Einladungsbrief oder im Gespräch einige Monate vor dem Ereignis. Den Kindern und Enkeln muß deutlich werden, daß dieses Fest vornehmlich nicht veranstaltet wird, weil die Alten den Anspruch erheben, daß die Jungen ihnen ihre Ehrerbietung erweisen, sondern eben um des Zusammenhalts willen. Sie müssen erfahren, daß die Eltern Unruhe, Opfer, Ausgaben auf sich nehmen, damit die Familie sich erlebt.

Freilich bedarf eine solche Zielsetzung, wenn der Sinn erfüllt werden soll, einer umfänglichen Planung. Es ist nicht damit getan, daß die einzelnen Familien womöglich von weither anreisen und die Möglichkeit, Gedanken auszutauschen und Gespräche zu führen, durch eine strenge Sitzordnung, durch ein allgemeines Gewoge um die Kleinkinder untergeht. Ein Familienfest mit einer Zielsetzung der eben beschriebenen Art bedarf der Großräumigkeit und einer guten Zeiteinteilung, es muß sehr gut durchgestaltet sein. Dabei ist es empfehlenswert, bei den Festen um die Großeltern zusätzlich zu den Feiern mit Bekannten und Freunden eine Feier allein im Familienkreis anzuschließen. Zum Beispiel bewährt es sich, am Geburtstag, bei der goldenen Hochzeit oder an einem anderen großelterlichen Ehrentag zunächst den sogenannten gesellschaftlichen Verpflichtungen nachzukommen und den Familientag davon abgetrennt, etwa am folgenden Wochenende, zu gestalten. Den schwächer werdenden Kräften der Großeltern ist das gemäß: Sie können sich von dem sie anstrengenden Ehrentag erholen und mit uneingeschränkter Freude und Zuwendung den Familientag genießen. Oft ist es auch für erwachsene Kinder, die im Arbeitsprozeß stehen, gar nicht möglich und für Mütter mit Säuglingen und Kleinkindern zu strapaziös, am Ehrentag anwesend zu sein. Doppelt wichtig ist es in solchen Fällen, daß eine Nachfeier ausschließlich im Familienkreis stattfindet.

Der Familientag sollte auch nicht starr in den Räumlichkeiten des zu Ehrenden stattfinden; er muß auch nicht ein riesengroßer finanzieller Aufwand sein, der ausschließlich von einer einzelnen Familie getragen wird. Mit einiger Phantasie ist hier so vielerlei machbar: zum Beispiel, daß sich die Familie an einem landschaftlich schönen Ort trifft, der einigermaßen zentral liegt, so daß der Anfahrtweg für alle einigermaßen gleich lang ist. Es kann eine schöne Wanderung, die Erkundung eines Waldgebietes, einer Berg- oder Seenlandschaft damit verbunden werden; Wohnwagen, Zelte, Jugendherbergen, ein solides ländliches Gasthaus können in Anspruch genommen werden. Natürlich hat das nicht zu jeder Jahreszeit Sinn. Evtl. läßt sich der Familientag auch einige Monate verlegen in eine schöne Jahreszeit hinein. Die Pfingsttage oder ein Wochenende in den Oktoberferien sind bei einer größeren Familie immer noch am ehesten für ein solches Treffen so zu arrangieren, daß wirklich alle daran beteiligt sein können. Jedenfalls ist es eine Sache, die das Familienleben enorm bereichern kann, wenn sich die Großeltern zu Zugpferden einer solchen familiären Gemeinsamkeit machen.

Es lohnt sich dabei übrigens, vom traditionellen Festessen, das ja lediglich die Kosten und das Körpergewicht unsinnig hochtreibt, abzugehen. Auch ein Picknick, eine Grillmahlzeit, ein rustikales Tellergericht, ein Eintopf, ein Obstgericht, eine schöne Eismahlzeit können, festlich und ein wenig ungewöhnlich hergerichtet, den Magen befriedigen und die Festfreude mit steigern helfen. Wichtig wäre es auch, wenn bei allen der Schornstein nur mäßig raucht, für das Fest zusammenzulegen bzw. sich gegenseitig, der unterschiedlichen Finanzlage entsprechend, unter die Arme zu greifen. Auch hier ist es am besten, wenn der Großvater dergleichen in weiser Gerechtigkeit in seine Regie nimmt und die vorbereitenden Briefe an die Kinder schreibt. Falls es in der Familie nur noch die Großmutter gibt, hat es manchmal Sinn, wenn derlei Bemühungen von einem zum Familienoberhaupt ernannten Mann der jüngeren Generation bewerkstelligt werden. Großmütter sind für finanzielle Regelungen, etwa die Umverteilung der Kosten, oft nicht so gut geeignet wie ihr Ehemann. Um so mehr sind sie geeignet, sich Einzelheiten der Gestaltung und Ausschmückung einfallen zu lassen. Sinnvoll ist es zum Beispiel, bei den großen Familienfesten ein Vorbereitungsteam zu bilden; es ist ideal, wenn sich dieses Team vorher treffen und die Organisation beraten kann. U.U. geht das aber auch per Brief und Telefon.

Die großen runden Geburtstage der Großeltern sollten unbedingt dafür genutzt werden, Kindern und Enkeln Wissen über das Leben ihrer Vorfahren zu vermitteln. Es ist eine ebenso schöne, festliche wie wichtige Angelegenheit, wenn eines der erwachsenen Kinder es in die Hand nimmt, die Fotos aus der Kindheit von Großmutter oder Großvater zusammenzustellen und mit einem

Projektor an die Wand zu werfen. Dazu können dann vorbereitete Kommentare gegeben werden über das Leben der Familie damals. Die Urgroßeltern sollten auf diese Weise mit ins Bild gerückt werden. Die Großeltern sollten von ihren Eltern und Schwiegereltern erzählen. Wenn sie meinen, dazu ausführlich nicht spontan in der Lage zu sein, so ist es wünschenswert, daß ein des Wortes mächtiges Familienmitglied diesen Festbeitrag mit dem Jubilar vorher ausführlich vorbereitet. Der das Fest Gestaltende kann die zu Befeiernden befragen, oder sie können angeregt werden, ihre Erinnerungen aufzuschreiben oder vorbereitend auf ein Tonband zu sprechen. Der Chronist stellt seine Informationen dann zu einem Lebensbericht zusammen. Es ist von so großem Wert, daß unsere Kinder erfahren, wie ihre Eltern gelebt und gedacht und wie sie die schrecklichen Zeitläufte dieses Jahrhunderts durchgestanden haben.

Dabei lohnt es sich, nicht nur die sensationellen Berichte um Krieg, Flucht, Krankheit und Tod zu schildern, sondern auch die des täglichen Lebens. Unser Leben hat sich so enorm verändert, daß die Jungen heute keine reale Vorstellung mehr davon haben, wie das Leben in den Familien früher aussah, wie mühsam zum Beispiel ein Haushalt war – zwischen Wasch- und Einmachtagen. Es ist bei den großen Festen um die alten Jubilare auch von größter Wichtigkeit, durch die zusammenfassende Schilderung Achtung und Respekt vor der Mühewaltung, der Verantwortung, der Treue der familienbildenden Voreltern einzuflößen. Das kann auch dadurch geschehen, daß ein erhalten gebliebener Brief, etwa von der Großmutter als Braut an den Bräutigam, am Tag der goldenen Hochzeit verlesen wird, daß ein mahnender Spruch aus dem Poesiealbum vom Großvater an den Enkel, den jetzigen Großvater gerichtet, ausgegraben und der Festversammlung vorgetragen wird.

Unverzichtbar ist eine kleine Dankfestrede eines der Söhne oder einer Tochter für die zu ehrenden Alten. Darüber hinaus gibt ein langes Leben schließlich nicht nur Anlaß zum ehrfürchtigen Staunen, sondern auch zur Situationskomik, zum Spaß. Es ist angemessen, Berichte dieser Art mit einem Stück Humor zu würzen. Die Großeltern selbst können vielleicht kleine Anekdoten einflechten, können manchen Schwank aus ihrem Leben erzählen, und es macht gewiß nichts aus, wenn er manchen der Anwesenden bereits bekannt ist, wenn er nur nicht zu langatmig wiederholt wird und eine hübsche Pointe hat.

Nicht vergessen werden dürfen auf solchen Erinnerungsfesten Erlebnisberichte und Charakterschilderungen bereits verstorbener Voreltern. Außer von den Urgroßeltern kann auch von Großtanten und Großonkeln erzählt werden. Dabei ist es für die Enkel wichtig, daß dabei der Akzent mehr auf den Eigenschaften ruhen sollte, die ehrfurchtgebietend sind, als auf denen, die beschämende Schwächen kundtun. Es ist für die jungen Menschen unserer Zeit so bitter nötig, positive Vorbilder zu bekommen. Mit den negativen Zügen ihrer Umwelt sind sie durch unseren Zeitgeist mehr, als es ihnen gut tut, ohnehin bekannt gemacht worden.

Es ist bei der Organisation eines solchen Familienfestes sehr sinnvoll, daß die ein- bis dreijährigen Kinder während einer solchen Rückschau in einem Nebenraum von einer eigens dafür angeheuerten Betreuerin spielend beschäftigt werden. Es besteht sonst keine Möglichkeit, diesen so wichtigen Teil des Festes so zu gestalten, daß die bereits aufgeschlossenen Enkeljahrgänge den beabsichtigten Gewinn aus dieser Feierstunde ziehen können. Es ist auch nicht gut, die älteste Enkeltochter für die Beaufsichtigung der Kleinen abzustellen. Gerade für die Halbwüchsigen sind die Informationen aus dem Leben der Großeltern von allergrößter Wichtigkeit.

Die Lebensberichte brauchen natürlich nicht von einem einzelnen Chronisten erstellt zu werden. Die verschiedensten Beiträge, gereimt, gesungen, als Bildergeschichte gestaltet, können den Festvorgang auflockern und verschönen. Die Enkel können auf Flöte, Klavier, im Chorgesang auch eigene Leistungsanfänge zur Darstellung bringen. Große Freude für Großeltern sind selbstgemachte und vorgetragene Gedichte und Aufführungen von Enkeln. Im Mittelpunkt aber sollte es stehen, bei dieser Gelegenheit den Kindern ein Gefühl von dem großen Zeitenstrom zu vermitteln, in dem sie als Glied einer Kette in einem personalen, verantwortlichen Lebensauftrag stehen. Das, nicht die Ehrung der Alten allein, ist der eigentliche Sinn von Geburtstags- und Hochzeitsjubiläen der Großeltern.

Wichtig ist es dabei freilich auch, daß in den Kindern nicht etwa Stolz und Hochmut gezüchtet werden, daß sich womöglich so etwas einschleicht wie unberechtigte Überheblichkeit, einer so tüchtigen, hochwohlgeborenen Familie anzugehören. Aus der Tönung des Festes muß deutlich werden, daß Eltern und Großeltern ihr Sein und ihr langes Leben als ein Geschenk „ohn' all Verdienst und Würdigkeit" erleben. Wenn diese so wichtige Grundhaltung Ausdruck finden soll, so ist das am ehesten dadurch möglich, daß der Großvater – oder falls es ihn nicht mehr gibt, der älteste Sohn oder Schwiegersohn – eine kleine Begrüßungsansprache hält, in der der Dank an Gott für das Zustandekommen dieses Festtages zum Ausdruck gebracht wird – eine Rede, die mit einem Dankgebet schließt. Dann ist der Tenor, der Markstein im Leben der Familie, festgelegt, und es kann unter diesem Vorzeichen auch vielerlei Ungekonntes, Lustiges, Mißglückendes, Unzureichendes, peinlich Beschämendes bis Unangemessenes sich zeigen und artikulieren: Es wird ja maßvoll eingedämmt von der haltenden Hülle, daß wir alle, ob jung oder alt, unvollkommene, fehlbare Menschen sind, deren Denken und Trachten jetzt und für alle Zeit Stückwerk bleibt, die aber im Bemühen um einen guten, großzügigen Geist zusammenstehen.

Wenn eine Familie nicht am gleichen Ort, sondern weit voneinander entfernt wohnt, ist es auch eine gute Sache, unabhängig von den festlichen Gelegenheiten, am besten alljährlich einmal, einen Familientag zu veranstalten. Wenn man nur auf die großen Feste wartet, können manchmal Jahre vergehen, ehe es gelingt, daß der gesamte Familienverband sich einmal wieder trifft. Dergleichen anzuregen, zu planen und vorzubereiten, kann bis an die Schwelle zum hohen Alter eine besonders wertvolle Aufgabe für Großeltern sein. Geplant werden muß ohnehin langfristig, und die Gedankenarbeit um das Fest kann eine herzerfrischende Vorfreude besonders für die Großmutter sein. Es ist ratsam, diesen Familientag unbedingt in die warme Jahreszeit zu legen, ihn gleichzeitig zu einem Sommer-, Garten-, Terrassen- oder Waldfest werden zu lassen. Die Festlegung des Ortes, die Ausschmückung (Lampions, Kerzen, Blumen, Tischkarten), die Vorsorge für musikalische Unterhaltung, das Bekümmern um einige (neue oder auch alte) Gesellschaftsspiele für jung und alt, am besten auch das Bereitstellen von Liedern und Liedtexten machen ein solches Fest überhaupt erst zum Fest. Es ist Stumpfsinn, seiner Familie nichts weiter zu bieten als ein fünfgängiges Mahl und das elende Festklemmen an einem bestimmten Platz an einer nicht enden wollenden Festfresserei. Familienfeste müssen außer dem festlichen gemeinsamen Tafeln die Gelegenheit geben einerseits zu gemeinsamer Aktivität und gleichzeitig auch zum lockeren Gespräch zu zweit mit dem einen oder dem anderen Angehörigen. Familienfeste bedürfen der

Organisation und der disziplinierten Mitarbeit der Mitglieder, wenn sie gelingen sollen. Das ist erstens eine Sache der Planung und zweitens eine Sache der Bewußtheit über den Wert, den Sinn und die Notwendigkeit von Familienfesten.

Warnend muß an dieser Stelle noch gesagt werden, daß das Weihnachtsfest sich nur ausnahmsweise eignet, die eben geschilderten Aufgaben zu erfüllen. Im Grunde eignet sich dieses winterliche Fest mehr zum Feiern in der Kleinfamilie. Natürlich ist es sinnreich, eine alleinstehende Großmutter einzubeziehen; aber bereits wenn beide Großmütter oder Großelternpaare der jungen Familie vorhanden sind, kann es zu mancherlei unnötiger Konkurrenz zwischen den Großeltern kommen (s. Kap. K). Es ist grundsätzlich gefährlich, sich als Großeltern zu einem Anhängsel der jungen Familien zu machen. Die gedrängte Enge in meist kleinen Wohnungen kann eine überflüssige Nervenbelastung sein. Für das kleine Kind ist das große Schenkfest im Rahmen von Eltern und Geschwistern meist angemessener als durch Großelternzusätze. Liebevolle Großeltern erkennen das und überbürden die Mütter kleiner Kinder nicht durch aufwendigen weihnachtlichen Besuch. Natürlich ist es möglich, daß die Kinder und Enkel Weihnachten bei den Großeltern feiern; aber auch dieses ist meist nicht ohne Gerangel mit dem Tenor „Deine Familie, meine Familie" möglich. Es bewährt sich, die echten Großelternfeste dem weihnachtlichen Datum fernzuhalten.

Das Kapitel über die Wichtigkeit des Familienfestes als einer zentralen Aufgabe für Großeltern darf aber nicht abgeschlossen werden, ohne jenes Fest zu erwähnen, das (jedenfalls normalerweise) kein Anlaß zur Freude, sondern zur Trauer darstellt: die Beerdigung. Selten stirbt das Großelternpaar eines natürlichen Todes gemeinsam. In den häufigeren Fällen geht der Tod des Großvaters dem der Großmutter voraus. (Frauen haben eine längere Lebenserwartung, sie werden im Durchschnitt 72 Jahre alt, Männer nur 68; darüber hinaus sind die meisten Frauen einige Jahre jünger als ihre Ehemänner). Es trifft jedenfalls relativ häufig dieses Ereignis ein, daß der Tod eines Familienmitgliedes die Gemeinschaft mehr oder weniger unvorhergesehen aus traurigem Anlaß zu einem Treffen vereint. Und auch, ja gerade ein solches trauriges Ereignis bedarf der feierlichen Gestaltung. Eine wertbewußte Familie sollte es nicht bei der Trauerfeier in der Friedhofskapelle belassen, sie sollte sich, wenn der Gestorbene womöglich eine bekannte Persönlichkeit war, auch nicht nur auf die mehr offizielle Nachtrauerfeier beschränken – sie sollte am Abend noch intim als Familienverband zusammenbleiben.

Die Trauerfeier einer christlichen Familie unterscheidet sich dabei von einer ungläubigen. Die christliche Familie darf mitten im Schmerz des Verlustes eine feierliche Freude sichtbar werden lassen, denn sie wird von dem Wissen getragen, daß der Fortgegangene an einem erstrebten Ziel ist. Das sollte in der Familientrauerfeier von Christen ausgesprochen werden, es sollte den Vorrang haben vor aller im Grunde doch egozentrischen Trauer um den Verlust einer geliebten Person. Weise Großeltern können durch eine solche Einstellung ihren Kindern eine Haltung der Getrostheit vermitteln, die ihnen zur Hochachtung Anlaß gibt.

Wie sehr fürchten die erwachsenen Kinder zum Beispiel eine am Sarg ihres Ehemannes elend zusammenbrechende Mutter! Wie oft ist das der Fall, selbst dann, wenn die Ehe keineswegs harmonisch war; wie oft haben die Kinder den mit Recht unbehaglichen Eindruck, daß die Großmutter ihre Witwenschaft geradezu benutzt, um ihr Elend, ihre Hilfsbedürftigkeit nur zu betonen, um die Kinder erneut unter ihre Regie zu nehmen. Es gibt in der Tat alte Menschen, die den Schmerz um den Verlust des Partners geradezu kultivieren, die Wolken der Trauer zu sich herabraffen und sich damit lebenslänglich umhängen. In diesem Verhalten ist oft sehr unbewußt eine Absicht zur Bemächtigung verborgen. Sie bedarf einer Bemühung um ein gottvertrauendes Annehmen des schweren Geschicks.

Um unguten Entwicklungen und Versuchungen dieser Art vorzubeugen, ist es in der familiären Trauerfeier nach der Beerdigung von großem Wert, mitten in allem Schmerz auch von der Hochachtung für den Vorangegangenen zu sprechen. Besonders zu dem familiären Fest um einen Verstorbenen gehört die Würdigung seines Lebens und Wirkens: das Herumreichen der künstlerischen Handarbeiten einer verstorbenen Großmutter, der Bastelarbeit, der Liebhabereien, der künstlerischen Produktionen eines gestorbenen Großvaters.

Oft findet ein Fest aus traurigem Anlaß übrigens auch statt, weil ein entfernterer Verwandter, etwa ein Geschwister der Großeltern, gestorben ist. Auch ein solches Ereignis kann eine Familie festlich vereinen. Und auch hier sollte gestaltet werden! Man sollte es nicht dabei belassen, nur die letzten Monate, Wochen und Tage eines mehr oder weniger qualvollen Sterbens zum Gegenstand der Gespräche zu machen, sondern man sollte die Versammlung zusammenholen zu einer gemeinsamen Lebenserinnerung der oder des Toten. Auch die Fernerstehenden, Angeheirateten, vor allem die Enkel sollten nach dieser Trauerfeier ein Bild vom Leben und Wirken dieses Verwandten bekommen haben.

Auf einer Totenfeier muß der Tote unbedingt im Mittelpunkt stehen! Um derlei Anspruch zu genügen, ist die Vorstellung hilfreich, daß der Tote auf dem Weg ins Totenreich Einblick in seine Beerdigung und die Feiern um ihn hat – nicht nur Einblick in das oberflächliche Benehmen, sondern in die Tiefe des Herzens der Zurückbleibenden. Eine solche Vorstellung kann vor Unangemessenheiten, Egoismen und Heuchelei bewahren. Zu derlei Unangemessenheiten gehört das Verteilen, ja das Erraffen der Habe des Toten oder gar der Beginn von Erbstreitigkeiten am Tage der Beerdigung. Sie sind dazu angetan, nicht nur das Fest zu zerstören, sondern auch die Familie; und was noch schlimmer ist: Erbstreitigkeiten sind zwar menschlich, allzu menschlich, aber sie sind Gift für die Enkel, weil sie Verachtung gegen diejenigen Personen hervorrufen, die doch die Aufgabe haben, ihnen Vorbild zu sein.

G

Geschichten erzählen

Geschichten erzählende Großeltern – sind das nicht nostalgische Relikte aus einer romantischen Vergangenheit à la Ludwig Richter? Sind Idylle der dort dargestellten Art nicht endgültig passé? Sind erzählende Großeltern für die Kinder unserer modernen Welt nicht überhaupt unnötig? In unserer Zeit stellt man nicht nur solche Fragen, man beantwortet sie häufig auch kurz und bündig mit „ja". Es gibt eine Pädagogik – sie bezeichnet sich als fortschrittlich –, die es für überflüssig und als weltfremd erachtet, Kinder noch über irgend etwas zu informieren, was „alt" ist. Das Alte erscheint in dieser Lebensvorstellung grundsätzlich als ver-altet, als überholt, dem neuen, veränderten, dem ganz anderen

Menschen des Industriezeitalters nicht mehr angemessen. Ja, diese Geistesrichtung erachtet die Übermittlung tradierten Wissensgutes geradezu als eine schädliche Behinderung für die Entwicklung einer neuen Mentalität, die die Menschen zu mechanischen Rädchen in einer computerhaft funktionierenden Weltgesellschaft programmieren möchte. Um zu ergründen, welches Menschenbild den Kindern und ihrer Erziehung besser täte, sollte man, statt sich intellektualistisch die Köpfe heiß zu reden, lieber die Kinder selbst fragen: Dies ist bei den modernen Kindern nämlich noch genauso wie zu Ludwig Richters Zeiten: Sie hören mucksmäuschenstill zu, mit offenen Ohren und offenem Mund, wenn Großmutter oder Großvater spannend erzählen: eine Geschichte von damals, ein Märchen der Gebrüder Grimm, eine biblische Geschichte, ein spannendes Erlebnis aus dem Krieg. Sie sind intensiv dabei, wenn sie seelisch gesund und noch nicht durch Fernsehüberkonsum verdorben sind.

Selma Lagerlöf, die große schwedische Dichterin, beschreibt die Impulse, die sie von ihrer Großmutter bekommen hat und die gewiß eine der Voraussetzungen für ihre eigene Erzählkunst bildeten, folgendermaßen: „Ich weiß es nicht anders, als daß Großmutter dasaß und erzählte, vom Morgen bis zum Abend, und wir Kinder saßen still neben ihr und hörten zu. Das war ein herrliches Leben. Es gab keine Kinder, denen es so gut ging wie uns. – Ich erinnere mich an den Morgen, an dem das Ecksofa leer stand und es unmöglich war, zu begreifen, wie die Stunden des Tages zu Ende gehen sollten. Daran erinnere ich mich. Das vergesse ich nie. – Und ich erinnere mich, wie Märchen und Lieder vom Hause wegfuhren, in einen langen schwarzen Sarg gepackt und niemals wiederkamen. – Ich erinnere mich, daß etwas aus dem Leben verschwunden war. Es war, als hätte sich die Tür zu einer ganz schönen, verzauberten Welt geschlossen, in der wir früher frei aus und ein gehen durften. Und nun gab es niemanden mehr, der sich darauf verstand, diese Tür zu öffnen."*

Warum sind die Kinder von den alten Geschichten so fasziniert? Unbewußt hoffen sie, daß in den Erzählungen der Alten so etwas ist wie Lebensproviant für ihre Seele. Die kindliche Seele ahnt häufig mehr, als wir wissen. Sie hat noch ein Gespür für die Lebenshintergründe und -zusammenhänge. Sie empfindet dumpf,

---

* Selma Lagerlöf: Christuslegenden, München 1948, S. 5ff.

daß das Leben eine Suchwanderung ist, die undurchsichtig, beschwerlich, aber doch zielgerichtet ist. Sie möchte sich auf diese Wanderung vorbereiten wie jeder gute Bergsteiger.

In den Geschichten der Alten, so spüren sie, können verschlüsselt solche Vorbereitungen enthalten sein, die es ihnen später möglich machen, stark genug zu sein, den Stürmen des Lebens, dem Anhauch des Dämonischen, des Bösen standzuhalten und sich auf die Seite des Lichts, des Guten zu stellen. Jeder Mensch, dieser Freigelassene der Natur, wird in seinem Leben einem Kampf mit den Mächten ausgesetzt. Sein Lebensziel besteht darin, ihn zu bestehen. Aber es ist absolut nicht selbstverständlich, daß er dieses Ziel erreicht; dazu bedarf es der Leuchtmarken, der Wegweiser, der Richtschnüre, d. h. der Mensch ist, hält man an der Vorstellung fest, daß er als Individuum gemeint ist, auf sittliche Erziehung angewiesen. Es gehört geradezu zum Zentrum großelterlichen Auftrags, das Fundament dieser auf tradierter Menschenerfahrung beruhenden sittlichen Erziehung durch das Erzählen eindringlicher Bildergeschichten anzulegen. Ihr Wert kann gar nicht hoch genug eingeschätzt werden; denn mit dem Erzählen von Geschichten, aus denen erkennbar wird, daß das Gute, das Treue, das Tapfere, das Redliche, das Opferbereite, das Verschwiegene, das Demütige, das Liebevolle, Aufmerksame, Schlichte, Gottgehorsame siegt, während das Böse, das Gemeine, das Habgierige, Machtanmaßende, Räuberische, Hinterhältige, Niederträchtige, Gewalttätige, Verräterische besiegt wird, werden die Enkel mit einem Kompaß beschenkt, der unaufgebbar ist, damit sie später nicht verlorengehen.

Der besondere Wert des Erzählens solcher Geschichten besteht aber darin, daß das moralische Instrument nicht intellektuell, mit moralisierender Direktheit übermittelt wird, sondern in der Bildersprache des Unbewußten, zu der die Kinder einen unmittelbaren Zugang haben und die sich wesentlich tiefer einstanzt – keineswegs allein in die Sphäre flachen, intellektuellen Wissens, sondern in die Schicht gefühlsmäßig unterscheidenden Geistes. Durch das Erzählen von Geschichten aus der Truhe der Mythen, Sagen, Märchen und biblischen Darstellungen geschieht eine emotionale Prägung mit viel nachhaltenderer Wirkung als durch manchen Schulstoff.

Wenn Großeltern sich das klarmachen, werden sie nicht so leicht auf die Idee kommen, die Stunden, in denen die Enkel ihnen anvertraut sind, dadurch fehlzunutzen, daß sie stumpf und, ohne auszuwählen, das Fernsehprogramm konsumieren. Es wird sie vielmehr ein großer Eifer erfüllen, sich auf ein altersgerechtes Erzählen von Geschichten beim Besuch der Enkel vorzubereiten.

Manche der heutigen Großeltern kennen wohl noch wenigstens einige der bekanntesten Märchen; aber es ist so lohnend, die Weisheitsbücher immer einmal wieder aufzuschlagen, um sich genau an den Text halten zu können. Natürlich ist es auch möglich, die alten Geschichten vorzulesen, aber unmittelbarer wird die Aufmerksamkeit der Enkel geweckt, wenn die Großeltern ihren Text auswendig beherrschen und ihn frei erzählen können. Ist ihnen erst einmal klar, daß es sich dabei nicht einfach nur um ein Ablenkungs- und Unterhaltungsprogramm für die Kleinen handelt, sondern daß die Alten damit eine so fundamental lebenswichtige Aufgabe an den Jungen erfüllen, wird sich auch ihre Freude und ihre Lust an solchen Tätigkeiten erhöhen. Auf einmal ist es keine Last, sondern eine spannende Freizeitbeschäftigung für den Großvater, die griechische Mythologie hervorzuholen und sie auf sittliche Nahrung für die neun- bis vierzehnjährigen Enkel abzuklopfen. Auf einmal versteht er erst jetzt, wieviel Lebensweisheit in der Odyssee steckt, auf einmal reizt ihn selbst die tiefe Aussage, die in den griechischen, römischen und deutschen Sagen zu finden ist.

Es ist in der Tat wohl nichts wichtiger, als daß wir unseren Kindern wieder das Wissen der Alten vermitteln über die Gewalt der Mächte, in die wir wie ein Däumling, ein Lilliput oder ein Schneiderlein geraten, und wie die Geisteshaltung beschaffen sein muß, wenn wir Aussicht haben wollen, sie auch nur annähernd zu besiegen. Der selbstherrliche Mensch unserer Tage verhält sich haargenau so wie die eingebildeten, stolzen, scheinbar zunächst erfolgreichen älteren Brüder, die grundsätzlich versagen, wenn's hart auf hart kommt, während doch gerade der Stille, Bescheidene, tief Hellhörige, Schlaue, Tapfere, seiner Hilfsbedürftigkeit Bewußte allein die Chance hat, den Dämonen den Garaus zu machen und die Krone des Lebens (meist in Gestalt einer heiligen Hochzeit) davonzutragen.

In unendlichen Variationen schildern die Märchen und Sagen die Verstrickungen des Menschen in seiner Konfrontation mit der Hexe Natur in ihm und um ihn, mit Tod und Teufel draußen und drinnen. Sie wissen um das Ziel: die Königsherrschaft des Geistes und weisen dazu den Weg: die Überwindung des „natürlichen" Menschen durch sittliche Potenz. Und wieviel zentraler ist das gar erst in den biblischen Geschichten der Fall, durch die die Kinder oft mehr Erkenntnis über das Wesen des Menschen erfahren können, als in einem vielsemestrigen Studium der modernen Psychologie! Vor allem kranken die großen Geschichten der Überlieferung ja nicht daran, vor lauter Bäumen den Wald nicht mehr zu sehen, d.h. vor lauter Unwesentlichkeiten das Wesentliche zu vergessen. Immer geht es um unübersehbare Stoppschilder, immer ist der Kern der Botschaft unüberhörbar, zum Beispiel in den Geschichten der Genesis, in der Erschaffung der Welt, die Aussage: „Gott ist der Schöpfer aller Dinge"; beim Sündenfall: „Paß auf! Es gibt böse Verführung, und die Hauptverführung heißt: ‚Sagt Euch doch von Gott los, Ihr könnt sein wie ER!'"; in der Geschichte von Kain und Abel: „Vorsicht, Ihr neigt zum Neid, zum elenden Vergleichen und zum Mord aus Eifersucht. Denkt allein an Euern Auftrag vor Gott, vergleicht Euch nicht. Das macht Euch selbst nur unglücklich;" bei der Sintflut: „Setzt Euch ab, wenn alle Welt selbstherrlich und überheblich wird, bleibt gehorsam, bleibt im Aufbauenden, von Eurer persönlichen Haltung hängt der Fortbestand der Schöpfung ab", usw. Es ist zwar nicht im mindesten nötig, daß den drei- bis zehnjährigen Enkeln dergleichen Quintessenzen direkt mitgeteilt werden – das ist ihrer Erkenntnisstufe gar nicht angemessen –, aber das Bewußtsein der Erzählenden über den Sinn und den Wert der Geschichten bewirkt, daß sie mit mehr Intensität, mit Eifer und innerer Begeisterung vorgetragen werden. Und eine Übermittlung dieser Art prägt sich dann besonders tief ein. Das Kind wird von der Wahrheit, die die Geschichte enthält, erfaßt, ohne daß ihm das rational bewußt wird.

Erzählend kann von christlichen Großeltern auch das entscheidende Fundament in der Erziehung zum Glauben gelegt werden. Wer kindgemäß von der Geburt, den Gefährdungen des Jesuskindes erzählt, wer sich in ausführlicher Wiederholung damit aufhält, Kindern das Leben von Jesus Christus darzustellen, hat die Chance, daß sie zu ahnen beginnen, wie das Zentrum und das Wesen der Liebe beschaffen sind, auf deren Verwirklichung ihr Leben abzielt. Freilich ist beim Erzählen dieser biblischen Geschichten viel Behutsamkeit nötig. Die Wahrheit wird hier so unverhüllt ausgesprochen, daß sie für Kinder noch zu schwere Kost sein kann. Es ist unzulässig, Kleinkinder durch massive Beeinflussung in die direkte Nachfolge von Jesus Christus zu zwingen. Das Kind muß zunächst den „natürlichen" Menschen in sich entwikkeln, damit es lebensfähig wird. Der Berggipfel Gott kann nicht in einem Sprung erreicht werden, die Suchwanderung mit vielen Umläufen gehört zur Bestimmung des Menschen, und die Kindheit dient ihrer Vorbereitung. Die Wiedergeburt „aus Wasser und Geist" ist deshalb eine Angelegenheit des reifen Erwachsenenalters, nicht der frühen Kinderjahre. Alle große überlieferte Wahrheit ist ohnehin nicht Wiedergabe kindlichen Lebens, sondern spricht vom Lebenskampf erwachsener Menschen. Für Kinder können sie allenfalls in angemessener Form, in angemessener Verhüllung und behutsamem Abstand verdeckte Vorbereitung dafür sein.

Es kostet wenig Anstrengung, die großelterliche Aufgabe der Vermittlung von Lebensproviant durch Erzählen der großen Mythen zu verwirklichen: In fast jeder Kleinstadt gibt es vorzügliche städtische Büchereien mit einer Fülle kindgemäßer Ausgaben. Unsere Kinderbuchliteratur ist voller prächtiger Illustrationen, die sich als Untermalung der großelterlichen Erzählung ausgezeichnet eignen. Die Enkel auf diese Weise zur genauen und vertieften Bildbetrachtung anzuregen, ist für die junge Generation unserer Zeit geradezu notwendig: Denn sie verleitet sehr allgemein zur Flüchtigkeit und damit zur konzentrationsschwachen Oberflächlichkeit. Auch daß die Kinder durch das häufige Erzählen ihrer Großeltern das stille Zuhören lernen, ist ein wichtiger Ausgleich zu unserem Zeitgeist, der zu weitgehend in die hektische Aktivität lockt. Die besinnlichen Erzählstunden mit den Großeltern sind für die Enkel eine optimale Vorbereitung auf ein gedeihliches Wachstum ihrer geistigen Kräfte.

Das unmittelbare Erzählen und Vorlesen ist dabei für beide gewinnbringender als das Abhören der Texte von Sprechplatten oder Tonbändern. Denn ein Kind hört schließlich nicht absolut stumm zu. Es stellt dazwischen Fragen, es hat Einfälle zur Problemlösung der bedrängten Helden. Diese Einwürfe der Kinder sind meist außerordentlich bedeutsam. Oft sind sie originell, oft kommt in ihnen große naive Weisheit zum Ausdruck, oft zeigt sich darin das Vertrauen, die Großeltern als wissende Seelenführer anzunehmen. Gespräche zwischen Großvater oder Großmutter mit den Enkeln beim Kommentieren der erzählten Geschichten können eine unerhörte Kontakttiefe bekommen und dadurch für die Beteiligten ein großes Herzensvergnügen werden. Es winkt guter Lohn, wenn Großeltern es sich zur Aufgabe machen, mit einem bebilderten Buch auf dem Schoß den Enkeln die großen Weisheiten unserer Kultur erzählend zu übermitteln. Die Liebe ihrer Enkel, die sie sich ersehnen, wird ihnen mit größerer Gewißheit zufallen als durch Schleckergroschen oder aufreibende Mühewaltung um ihre Pflege.

Das Erzählen der Großeltern braucht sich natürlich nicht nur auf die Mythenüberlieferung zu beschränken. Ähnlich wie auf den Familienfesten ist es auch anhand von alten Fotografien, Tagebüchern und Briefen lohnend, den Jungen etwas von der vergangenen Zeit zu berichten, der historischen ebenso wie der eigenen. Freilich ist das mehr eine Möglichkeit beim Umgang mit den ein wenig älteren Enkeln jenseits der Zehnjährigkeit. Die Chance, das Interesse der Kinder für historische Vorgänge zu wecken, ist aber um so größer, je mehr die Enkel die Großeltern bereits durch ihre frühe Kindheit hindurch als die spannend Erzählenden erlebt haben. Dann besonders haben Großeltern Aussicht, daß die Enkel selbst noch im Jugendalter weiterhin den zweisamen Kontakt mit ihren Großeltern suchen. Wichtig ist es auch immer, den Versuch zu machen, sich bei solchen Gemeinsamkeiten ein wenig gegen Störungen abzuschirmen. Der Großvater sollte, wenn er hinzutretend erlebt, daß seine Frau den Enkeln erzählt, nicht egozentrisch unterbrechen, sondern leise die Tür wieder schließen – im Bewußtsein des Wertes der Märchenstunde. Die Großmutter sollte nicht das Essen und irgendwelche Alltäglichkeiten störend für wichtiger nehmen, wenn der Großvater gerade mit den Enkeln dabei ist, als heiliger Georg die Stadt vom Drachen zu befreien. Unsere Enkel brauchen dringend Orte der besinnlichen Zweisamkeit.

Moderne Großeltern sollten sich deshalb auch nicht schulterzuckend von dem so anderen Geist der Jugend und dem Anspruch der Zeit, sich von den Alten, den Voreltern zu emanzipieren, einschüchtern lassen. Wie wichtig ist das Gespräch der 13- bis 18jährigen noch mit Großeltern, die wach ihr Leben gelebt haben und ihren Enkeln von ihren Erfahrungen berichten können! Wie notwendig ist es, den Jungen von der Verführungsstrategie im Hitler-Reich zu erzählen, damit sie erkennen, daß dergleichen Machenschaften mit zeitgemäßen Mitteln auch heute noch vielfältig geschehen – mit dem gleichen bösen Ziel: unerfahrene Jugend zu Manipulationsobjekten eigener Bemächtigungsabsichten zu mißbrauchen. Es ist notwendig, daß die Enkel das durchschauen, bevor sie in den Zauberbann der ideologischen Rattenfänger geraten sind. Dann allein können sie gegen ihn gefeit bleiben. Großeltern, zu denen die Enkel durch ihre Kindheit hindurch Vertrauen gehabt haben, sind geradezu prädestiniert, diese so entscheidend wichtige Aufgabe an den Enkeln wahrzunehmen.

H

Heimat geben

Eine 30jährige Frau mit schweren Depressionen gab mir kürzlich folgenden erschütternden Bericht: Sie habe zehn Jahre lang in einer eheähnlichen Beziehung und Wohngemeinschaft mit einem Arbeitskameraden gelebt. Sie hätte den sehnlichen Wunsch gehabt, ihn zu heiraten und eine Familie zu gründen, aber er sei weder zu dem einen noch zu dem anderen zu bewegen gewesen. Da habe sie schließlich die Pille fortgelassen in der Hoffnung, daß der Eintritt einer Schwangerschaft eine Sinnesänderung erwirken würde. Darin hatte sie sich aber getäuscht. Die Mitteilung über die Schwangerschaft habe ihn bewogen, unter Hinterlassung eines Geldbetrages für die Abtreibung voller Wut seine Koffer zu packen und auszuziehen. In ihrer Verzweiflung habe sie sich an ihre Eltern gewandt, zu denen sie immer eine recht gute Beziehung gehabt hätte. Sie sei die einzige Tochter in einem großen bäuerlichen Betrieb, und sie habe, bevor sie in ihren akademischen Beruf eingestiegen sei, eine landwirtschaftliche Ausbildung gehabt. Sie hätte den Eltern den Vorschlag gemacht, ihren zweiten Beruf aufzugeben, sich allmählich in die Hofnachfolge einzugewöhnen und dabei gleichzeitig ihr Kind zu betreuen und aufzuziehen. Die Eltern lehnten aber diesen Vorschlag kategorisch ab, vor allem mit der Begründung, daß es sich ein angesehener Bauer nicht leisten könne, eine Tochter mit einem unehelichen Kind auf dem Hof zu haben; damit würde er in den Augen der Leute ein solches Verhalten und eine solche Einstellung, wie seine Tochter sie dokumentiere, tolerieren, und das könne er sich nicht leisten, das würde dem Ansehen von Hofbauer und Hofbäuerin zu sehr schaden. Die Nachfolge der Eltern könne die Tochter *so* nicht antreten. Auch die Eltern hätten ihr Geld für die Abtreibung angeboten. Sie habe, wie unter einem Schock, dem Druck der Umwelt zwar nachgegeben, sei aber bereits einen Tag vor dem Eingriff in eine schwere Depression gefallen, die sie geradezu versteinert habe, so daß sie seitdem gänzlich arbeitsunfähig sei.

Versagende Großeltern! Gewiß, es wäre sicher nicht ganz leicht gewesen, dem hämischen Klatsch der Dorfbewohner standzuhalten. Es muß dem Bauernpaar auch zugestanden werden, daß es für das Dorf eine gewisse Vorbildfunktion hat, die durch das uneheliche Enkelkind in Frage gestellt sein würde; und dennoch wird hier ein zweitrangiger Aspekt zum vorrangigen erhoben und die Tochter mit ihrer Not allein gelassen. Eine entscheidende, wichtige Großelternmöglichkeit wird verweigert: für Enkel in Not ein Heimathafen zu sein.

Gute Großeltern zeichnen sich dadurch aus, daß sie letzter Fluchtpunkt sind, bevor alle Stränge reißen. Sie sind dann der verläßliche Rückhalt. Kürzlich hörte ich eine Mutter zu ihrem fünfjährigen Sohn, der sie ein wenig unvorsichtig geschubst hatte, sagen: „Vorsicht, Du brauchst mich noch!" Und der Junge erwiderte verschmitzt-keck „Meinst Du? Schließlich habe ich ja auch noch Großmutter." Die Gewißheit einer zweiten Heimat unter der Obhut der Großeltern ist für die Kinder und Enkel deshalb so wertvoll, weil der sich sicher fühlende, der angstfreie Mensch sehr viel mehr Chancen hat, in seinem Leben Qualifiziertes zu leisten, als einer ohne diesen Angstschutz. Er steht eben auf festerem Grund und hat die Hände besser frei für lebenswichtige Aktivitäten. Außerdem müssen wir uns ganz besonders in unserer Zeit heute klarmachen, daß Heimat- und Nestlosigkeit den Menschen mehr und mehr bedrohen: Das Gefühl der Wurzellosigkeit schleudert viele junge Menschen unversehens aus der Bahn. Ohne Bindungen liefert sich der Mensch zunehmend Gefühlen der Verlorenheit aus, so daß er leichter der Versuchung verfällt, sein Gefühl der Vereinsamung durch Rauschmittel zu betäuben oder in zweifelhaften Gruppen Schutz zu suchen. Der Heimathafen Großeltern kann solchen Gefahren vorbeugen. Haustür und Herz sollten offenstehen für Kinder und Enkel, die es nötig haben, sich einmal wieder unter die großelterlichen Flügel einzukuscheln.

Das kann nun freilich nicht heißen, es den Kindern und deren Kindern verwöhnend leicht zu machen. Es ist sinnreich, daß die Kinder bereits, bevor sie die Enkel in die Welt setzen, von ihren Eltern gehört haben, daß sie erwarten, daß sie die Erziehung der jungen Generation an erster Stelle selbst in die Hand nehmen. Es ist eine bedenklich verführerische Einstellung, den Kindern zu bedeuten, daß die Großeltern grundsätzlich bereit wären, ohne Not die Enkel großzuziehen. Das verleitet zu Bequemlichkeit und Verantwortungslosigkeit. Zwar ist es tapfere Großelternschaft, eine unverheiratete Tochter aufzunehmen, die schwanger ist. Es entspricht dem Heimat-gebenden Liebesgebot, in einer solchen Situation das Austragen des Kindes nachhaltig zu unterstützen. Aber selbst dann sollte die Tochter nicht aus der Verantwortung für ihr Kind entlassen werden. Die Tatsache der Schwangerschaft ist ja oft bereits ein Merkmal gedankenloser Leichtfertigkeit. Ein Entwicklungsrückstand dieser Art darf auf gar keinen Fall festgeschrieben werden. Es wäre besser, wenn die junge Mutter eine Tätigkeit übernähme, die es ihr möglich machte, ihr Kind, soweit es irgend geht, selbst zu betreuen. Es fördert die Entfaltung selbstverantwortlicher Erwachsenheit nicht, wenn die junge Frau sich darauf verlassen kann, daß ihr Kind Abend für Abend in guter großmütterlicher Obhut ist, so daß die Tochter in einem lockeren Lebensstil verharren kann. Gute Großeltern bieten ihren Kindern und Enkeln zwar ein Dach über dem Kopf und heimatlichen Beistand an; sie lassen aber nicht zu, daß die junge Generation bei ihnen ein parasitäres Dasein führt. Es gehört zur heimatgebenden Liebe, die Kinder aus der Selbstverantwortung nicht zu entlassen und einer rückläufigen Entwicklung klare, und, wenn nötig, sogar ein wenig harte Grenzen zu setzen.

I

Interesse an den Enkeln haben

Das lateinische Wort Interesse enthält eine Ursprungsbedeutung, die für gekonnte Großelternschaft bedeutsam ist: das Dazwischensein. Es ist eine gute Sache, wenn Großeltern im Hinblick auf ihre Enkel hellhörig zugewandt seelisch anwesend sind. Dabei kommt es, wie gesagt, keineswegs darauf an, auch immer physisch anwesend zu sein. Das Interesse an den Enkeln ist eigentlich ein Dauerzustand horchbereiter Offenheit, die sich sogar praktizieren läßt, wenn Ozeane zwischen Großeltern und Enkeln liegen. Das Interesse ist mehr ein Zustand als eine Aktivität. Ja, die Betonung sollte mehr auf dem „Sein" als auf dem „Dazwischen" liegen. Es handelt sich dabei um den empfehlenswerten Status einer eher stillen, in sich ruhenden Beobachtung als einer eingreifenden Betriebsamkeit. Beobachtung der Enkel von einer Hintergrundposition her kann viele günstige Auswirkungen haben. Als erstes: Der nachdenkliche Beobachter sieht mehr, sieht genauer. Großeltern sind im Hinblick auf die Enkelbeobachtung darüber hinaus ja grundsätzlich Erfahrene. Wenn sie mehrere Kinder großgezogen haben, haben besonders die Großmütter meist noch eine recht gute Erinnerung an all die kleinen Einzelheiten der Entwicklungsstufen. Sie wissen noch um die ersten Reaktionen auf Geräusche und Gerüche; sie haben sich über das erste Lächeln, das erste Greifen, den ersten Zahn gefreut. Sie erinnern, wie verschieden ihre Kinder waren, wann das nächste Entwicklungsstadium erklommen wurde. Sie können meist schon erfühlen, ob ein Kind Fieber hat, oft sogar ziemlich genau schätzen, wieviel Grad. Sie wissen, wie kranke und gesunde Säuglingsstühle aussehen, sie kennen noch die Anzeichen von Masern und Mumps. Sie können durch ihr Interesse viel beitragen zur entlastenden Beruhigung der unsicher-besorgten jungen Mutter, und sie können zur rechten Zeit auch eine Beobachtung mitteilen, die es möglich macht, vorbeugend ärztliche Hilfe in Anspruch zu nehmen.

Unangemessen wird das Interesse freilich, wenn daraus eine die jungen Eltern zusätzlich ängstigende Sorge entwickelt wird, wenn die Großeltern fortgesetzt plump den Teufel an die Wand malen, d.h. die junge Familie mit allen möglichen Befürchtungen verunsichern. Das ist eine Form des Interesses, vor der nicht nachhaltig genug gewarnt werden kann. Selbst wenn sich eine besorgniserregende Entwicklung anbahnt, selbst wenn eine bedrohliche Krankheit oder ein Unfall eingetreten ist, dessen Folgen nicht überschaubar sind, sollten Großeltern alles zur Entlastung statt zur Belastung der sorgenschweren Eltern tun. Anhören, trösten, Hoffnung aussprechen, wenn auch nur einige besteht, Gottvertrauen bekunden ist unendlich viel positiver als jammerndes Lamentieren und Aussprechen von Befürchtungen. Das Interesse der Großeltern an den Enkeln ist am ehesten sinnvoll, wenn es neben dem still beobachtenden einen beruhigenden Aspekt hat. Es ist unvernünftig, junge bemühte, verantwortungsbewußte Eltern bei den geringsten Anfälligkeiten zu alarmieren und von Arzt zu Arzt zu hetzen. Unnötig verunsichernde Großeltern werden dann meist über die kleinen Sorgen mit den Enkeln nicht mehr informiert. Man vermeidet das, weil man mit Recht den negativen Einfluß übertriebener Besorgtheit fürchtet. Es gehört vielmehr zum Wahrnehmen guter Großelternschaft, ein fester Pol im Leben der Jüngeren zu sein und sie mit gefestigter Beruhigung und teilnehmender Tröstung zu beschenken.

Das Interesse für die Enkel ist ihnen besonders förderlich, wenn es im liebevollen Beobachten und stillen Teilnehmen bei ihren Spielen Ausdruck findet. Die Ideen beim Kasperletheaterspielen werden phantasiereicher und eindrucksvoller, wenn die Kinder aufmerksam lauschende Großeltern als Publikum haben. Ihre Rollenspiele, ihr Ausgestalten mit den Playmobilfiguren, mit den Puppen, den Stofftieren werden farbiger und variabler, wenn Großeltern nickend und lächelnd dem Spiel ihre Aufmerksamkeit schenken. Aber darin braucht sich ihr Interesse natürlich nicht zu erschöpfen: Sie kommen auch als Mitspieler in Frage – bei den Phantasiespielen ebenso wie bei Brett- und Gesellschaftsspielen. Aber selbst hier hat das großelterliche Interesse einen anderen Stellenwert und eine andere Nuance als das elterliche: Während die Eltern immer auch darauf bedacht sein müssen, das Kind aktiv zu leiten, können Großeltern gelassen die Gemeinsamkeit mit den Enkeln einfach genießen. Dazu gehört auch, daß die Großeltern es sich eher erlauben dürfen, den Bedürfnissen ihrer Enkel zu folgen als sie zu bestimmen. Großeltern brauchen nicht zu er-ziehen und infolgedessen die Enkel auch nicht zu einer Sache, die ihnen nicht behagt, hinzuziehen. Dadurch entsteht die Möglichkeit, daß die Enkel in der Obhut der Großeltern viel entspannter das Miteinander leben dürfen.

Entspanntheit dieser Art ist für die jungen Kinder von großem Wert. Jüngst sah ich meinen fünfjährigen Enkel mit gewichtiger Miene ein Band an einen Weidenstock binden und es mit einer Heftklammer beschweren. Danach stellte er zwei Hocker, einen für mich und einen für sich, am Fluß auf und spielte in meiner Begleitung „angeln", d. h. wir saßen eine lange Zeit in stiller Versunkenheit am Wasser in der (bewußt gespielten) Erwartung des großen Fisches. Aber das Eigentliche war das Erleben des gemeinsamen Seins, das spielerische Einüben in die Tugend Geduld.

In einer solchen Atmosphäre schließt sich das Unbewußte der Kinder leichter auf. Die Phantasiespiele bekommen dann, ähnlich wie in einer nicht verbalen Spieltherapie, viel eher den Charakter von Aussagen, die die zentralen Bedürfnisse, Probleme und Empfindungen wiedergeben. Die Kinder geben ihre Seele kund, und sie tun das desto mehr, je mehr sie das nachdenkliche Verstehen des großelterlichen Beobachters empfinden.

Beim Zeichnen und Modellieren gilt übrigens das gleiche Gesetz: Je mehr die Enkel die Freude der Großeltern über eine Bastelei, über eine Zeichnung erfahren, um so mehr werden sie verstärkt, weitere Produkte anzuliefern. Je mehr die Großeltern in den Darstellungen gar zu lesen vermögen, um so förderlicher wird sich das auf sie seelische Entfaltung der Enkel auswirken.

Noch direkter gilt das beim Interesse der Großeltern für die Jugendlichen, die bei ihren Großeltern als Kleinkinder das Zuhören gelernt haben, können als Jugendliche mit Recht erhoffen, daß ihre Großeltern bereit sind, ihnen zuzuhören, wenn irgendwo der Schuh drückt. Sie werden sich einer verständnisbereiten Großmutter, einem aufmerksamen Großvater um so offener anvertrauen, je mehr sie erlebt haben, daß die Großeltern in der Lage sind, sich einzufühlen, mitzudenken und auf sie einzugehen.

J

Jeden Enkel vorbehaltlos bejahen

„Eins meiner Enkelkinder", berichtete kürzlich eine Großmutter von zwölf Enkeln, „wird mir immer fremd bleiben. Das ist der sechsjährige Andreas, das einzige Kind meiner geschiedenen Tochter. Wissen Sie, der ist seinem Vater wie aus dem Gesicht geschnitten. Und das war ein widerlicher Kerl. Er verführte unsere 17jährige Tochter, brachte sie in einen aufsässigen Widerstand zu uns Eltern, und als wir unsere Einwilligung zur Eheschließung nicht gaben, produzierten sie dieses Kind, nur um unsere Abwehr lahmzulegen. Na ja, die Sache lief natürlich schief. Unsere Tochter sollte Gastwirtsfrau spielen, mit Dauernachtdienst, obgleich sie doch noch gar nicht trocken hinter den Ohren war. Das Kind kam dabei gröblich zu kurz; aber die beiden vernachlässigten es lieber, als sich einzugestehen, daß sie unserer Hilfe bedürftig seien. Als der Schwiegersohn gegen seine Frau gewalttätig wurde, floh sie dann auch aus Stolz nicht zu uns zurück, sondern ging mit dem Kind in ein Frauenhaus. Heute lebt sie allein, arbeitet als Wirtschafterin und hat das Kind in eine Ganztagsschule eingeschult. Mittlerweile ist sie reifer geworden; sie hat zugeben müssen, wie recht wir damals mit unseren Bedenken gegen die Verbindung mit diesem Mann hatten. Kürzlich war sie in ihrem Urlaub mit dem Kind bei uns zu Besuch. Ich war hinterher restlos bedient. Das Kind ist unerträglich, laut, frech, respektlos, ungeordnet, hektisch. Es verschlug uns geradezu den Atem. Man kann eben nicht alle seine Enkel lieben!"

Die Klage dieser Großmutter ist gewiß realistisch; und dennoch ist dieses Urteil über den Enkel gefährlich, denn es gibt ihm kaum die Chance, sich durch die Mithilfe der Großeltern zu bessern. Er wird zunächst einmal wegen einer äußeren Ähnlichkeit mit einem ungeliebten Schwiegersohn verworfen, obgleich diese Merkmale keineswegs den Beweis liefern, daß der Junge auch charakterlich dem Vater gleicht. Daß das Verhalten des Enkels diesen Anschein verstärkt, hat sicher erstens etwas damit zu tun, daß er die Ablehnung der Großeltern empfindet, und zweitens, daß er einen so schweren Lebensstart gehabt hat. Er ist das Enkelkind mit dem schwersten Schicksal. Muß diese Einsicht nicht gerade Mitleid und vermehrte Zuwendung der Großeltern hervorrufen? Gewiß, es gehört eine große Überwindung und Ausdauer dazu, ein verhaltensgestörtes Kind durchhaltend anzunehmen. Aber das ist auch der einzige Weg, um die Teufelskreise zu bannen und positive Entwicklungen einzuleiten. Manchmal kann gerade ein noch innerlich heimatloses Kind durch häufige Ferienbesuche bei verständigen und bemühten Großeltern dort sein Defizit nachholen und mehr seelische Sicherheit erwerben, die es ihm möglich macht, umgänglicher zu werden. Eine solche großelterliche „Therapie" ist freilich nur dann möglich, wenn wirklich viel Zeit für den gestörten Enkel vorhanden ist. Manchmal kann es besser sein, wenn Großmutter allein mit diesem Enkel in die Ferien fährt statt einen nervösen Großvater durch länger dauernde Besuche des verhaltensgestörten Enkels zu überfordern.

Es ist übrigens, selbst wenn es kein solch ausgesprochen schwarzes Schaf unter den Enkeln gibt, gar nicht so einfach, jeden Enkel vorbehaltlos zu bejahen und ihm gerecht zu werden. Meist haben die ersten Enkelkinder einen Vorschuß in Großelternsympathie, der von den Nachgeborenen nur schwer aufholbar ist. Es ist eben allein der älteste Enkel, der dieses Geschenk verursacht: das Glück der Großelternschaft, die entlastende Hoffnung, daß das eigene Geschlecht Zukunft bewirkt. Es wird auch der erste Enkel mehr den Großeltern anvertraut. Häufig ist das Nest des jungen Paares noch nicht fertig, oft wohnen die Jungen noch bei den Alten. Aber selbst wenn das nicht der Fall ist, nimmt eine Tochter, die eine gute Beziehung zu ihrer Mutter hat, diese beim ersten Enkel vermehrt in Anspruch, zieht sie bei Fragen um die Pflege öfter zu Rate, weil sie noch unerfahren ist und der Abstützung bedarf. Der älteste Enkel wird auch meist in die Obhut der Großeltern gegeben, wenn die junge Mutter ein zweites Kind geboren hat, und frischgebackene Großeltern haben oft mehr Bereitschaft zu Hilfs- und Babysitterdiensten. Dem ältesten Enkel kommt der gesamte Reiz des Neuen zugute und läßt die tiefere Verbindung zwischen den Großeltern und ihrem ersten Enkel entstehen. Werden es dann mehr und mehr Enkel, so ebnet sich auch das übereifrige Interesse allmählich wieder ein. Es ist ein allgemeines Gesetz, daß Qualität durch Quantität gemindert werden kann.

Großeltern, die sich dieser Gegebenheit bewußt sind, können aber versuchen, durch bewußte Maßnahmen einseitigen Bevorzugungen zu begegnen. Sie könnten sich willentlich um mehr Enkelgerechtigkeit bemühen. Das trägt gute Frucht; denn diese Entschlossenheit, ihren Sympathien und Antipathien nicht die Zügel schießen zu lassen, kann zur Folge haben, daß sie sich betont gerade den Enkeln zuwenden, die ihnen ferner stehen.

Um wirklich Zugang zu jeder einzelnen Kinderseele zu bekommen, ist es sehr empfehlenswert, die Enkel einzeln zu sich zu holen, ohne die Eltern, ohne ihre Geschwister, und sich dann – vielleicht immer einmal wieder an einem Wochenende oder bei weiter Entfernung ein paar Tage in den Ferien – ganz ausschließlich diesem einen Kind zu widmen. Das hat viele Vorteile: Große Besuchsmassen überfordern Großeltern rasch; den vielen modernen Kindern auf einmal fühlen sie sich nur allzu oft mit Recht nicht gewachsen. Denn die Kinder heute sind im allgemeinen undisziplinierter, lebhafter und unordentlicher als die Kinder früherer Generationen. Darüber hinaus: Die Länge trägt die Last. Wie gesagt: Oft stehen die modernen Großeltern heute noch voll im Berufsleben. Wenn sie dann im Urlaub mit Enkeln bepackt werden, so ist das oft mehr als sie leisten können. Aber selbst wenn das nicht der Fall ist: Der ältere Mensch hat ein stärkeres Ruhebedürfnis, er muß mit seiner ein wenig geringeren nervlichen Belastbarkeit rechnen. Aus all diesen Gründen ist es sehr angebracht, sowohl die Besuchslänge wie die Besuchsquantität vorsichtig und klug zu dosieren. Der Ferienbesuch jeweils eines Enkels für einige Tage ist deshalb geradezu ideal.

Bei Großeltern, die mit ihren Enkeln am gleichen Ort oder auch unter demselben Dach wohnen, kann man natürlich reihum öfter einmal solche Wochenendbesuche gestalten, wenn die Kinder aus dem Kleinkindalter heraus sind. Wohnen die Großeltern in größerer Entfernung und haben sie mehrere Enkel im Schulalter, so ist es höchst sinnvoll, einen kleinen Jahresplan umschichtiger Enkelbesuche aufzustellen. Die Osterferien, Pfingsten, einige Tage im Sommer, die Herbstferien, verlängerte Wochenenden eignen sich ganz besonders gut für solche Aktionen. Während es im Kleinkindalter besser ist, die Enkel mit ihren Müttern oder mit einem oder zwei Geschwistern in die fremde Umgebung zu verpflanzen, läßt sich die Beziehung eines einzelnen Enkels zu Großmutter oder Großvater im Schulalter besonders intensivieren, was man sich nicht entgehen lassen sollte. Das Besondere des jeweiligen Enkels lernt man in der Zweisamkeit sehr viel besser kennen. Das setzt natürlich voraus, daß die Großeltern sich an den Wochenenden, an denen sie den Enkel eingeladen haben, auch ziemlich ausschließlich mit ihm beschäftigen. Am besten ist es, ein richtiges kleines Programm zu machen. Großen Spaß macht es, mit den Fünf- bis Zwölfjährigen einen (nicht zu weit entfernten) Zoo aufzusuchen. Freude bereiten auch Besuche in Wildparks, im Zirkus, der Besuch einer Ausstellung, eines Kindertheaters. Aber dennoch sind die großen Sonderprogramme eigentlich nicht der Weisheit letzter Schluß. Bei einer Bastelei, einem Waldspaziergang, in der Märchenstunde, beim Mensch-ärgere-dich-nicht- und Schwarzer-Peter-Spielen ist wesentlich mehr zu gewinnen an Vertrautheit und Tiefe des Kontakts.

Dabei müssen die Großeltern sich immer wieder selbst vor unangemessenen Vorurteilen der am Anfang dieses Kapitels beschriebenen Art bewahren: Die Kinder der Tochter sind *nicht* grundsätzlich von höherer Qualität als die der Söhne; auch ein Enkelkind, das das Verhalten, die Stimme und die Gesichtszüge einer unsympathischen angeheirateten Verwandten trägt, ist nicht eine erneute Ausgabe dieser Person. Jeder Mensch ist absolut neu, absolut anders als die anderen. Großeltern haben keine Chance, ihren Enkeln gerecht zu werden, wenn sie Abneigungen gegen erwachsene Menschen auf sie übertragen, ja sie verstellen sich selbst das Glück, das aus der Bereitschaft fließt, jeden Menschen in seiner Eigenart zu bejahen und auch seine Schwächen miteinzubeziehen.

Dieser lohnende Entschluß gilt besonders in den Fällen, in denen ein Enkelkind ausgeprägte Vorbehalte geradezu automatisch hervorruft: Manche Großeltern, besonders die Großväter, tun sich schwer, behinderte Enkel zu akzeptieren. Die Hasenscharte, der Klumpfuß, das Schielen, ja erst recht eine spastische Behinderung oder eine andere hirnorganisch bedingte Schwierigkeit erzeugen noch heute bei manchen Großeltern Ablehnung statt Mittragen. Das liegt daran, daß der „Defekt" des Enkels in solchen Großeltern eine narzißtische Kränkung hervorruft. Sie fühlen sich durch den Enkel mit einem Defekt selbst beschädigt. Im Extremfall wird das Vorhandensein der Störung der Schwiegertochter als böswillige Tat an den Großeltern angelastet, ohne daß ihnen das ganz bewußt wird. Sie reagieren auf die Existenz des Enkels mit beleidigtem Rückzug oder suchen ihn zu übergehen. Daß dieses eine archaische Einstellung ist, die den Großeltern eines alten Kulturvolkes nicht gemäß ist, sollten diese sich so rasch wie möglich klarmachen, um in bewußter Überwindung ihrer Antipathie in doppelter Bereitschaft den jungen Familien mit behinderten Kindern zur Seite zu stehen.

Noch viel weniger sind großelterliche Vorbehalte im Hinblick auf das eine oder das andere Geschlecht der Enkelkinder angemessen. Kürzlich erzählte mir eine junge Frau, daß ihre Schwiegereltern bei der Geburt aller sechs Enkelkinder, statt Freude zu bekunden, jedesmal verstärkt ein riesiges Lamento inszeniert hätten, denn beide Söhne hätten zu ihrer Schande nur Töchter produziert. Hier entwickeln gerade Großväter häufig noch die reaktionäre Haltung eines bereits vergangenen Patriarchats: Ihnen geht es weniger um die Enkel als um die Fortsetzung ihres hochwohlgeborenen Namens! Der Stammhalter allein ist erwünscht.

Interessanterweise gibt es archaische Abneigung dieser Art auch gegen Adoptivenkel. Das hat freilich eine Ursache, die auf einem positiven Aspekt beruht: die Bereitschaft, für das eigene Fleisch und Blut Verantwortung zu tragen, ist dem Menschen leichter. Die Bereitschaft, Kinder durch ihre so lange Kindheit hindurch zu betreuen und über lange Zeit die eigenen Belange hinter denen der Kinder zurückzustellen, ist bei den Eltern biologisch unterlegt. Hormonelle Steuerung (besonders bei der Mutter) bewirkt die intensive Bereitschaft zur Pflege der eigenen Brut. Dieser Instinkt, der die Verantwortung für die Allernächsten, die leiblichen Nachkommen erleichtert, wirkt bis in die Großelterngeneration hinein nach. Sie empfinden – natürlich sogar genetisch zu Recht – ihre leiblichen Nachkommen als die eigentlichen, die richtigen Nachkommen. Die Annexion fremder Entenküken findet in der freien Wildbahn kaum einmal statt (im Forschungsinstitut nur mit raffinierten Tricks der Verhaltensforscher). Adoption ist eine ungewöhnliche Leistung bei Tier und bei Mensch, vor allem wenn man den Anspruch erhebt, den Fremdling genauso zu lieben wie die leiblichen Kinder. Großeltern müssen sich diese Vorgänge klarmachen und ihr archaisches Vorziehen der eigenen Brut willentlich einzudämmen suchen, um auch den adoptierten Enkeln gerecht zu werden.

Das bezieht sich übrigens auch auf die angeheirateten Enkel, die heute immer häufiger vorkommen, d.h. jene Kinder aus einer fremden Ehe, die Sohn oder Tochter dadurch einbringen, daß sie eine Frau bzw. einen Mann heiraten, der bereits Kinder mit in die Ehe bringt. Man sollte es sich eingestehen, daß es nicht leicht ist, diese Kinder wirklich in die Familie einzubinden, denn selten sind sie noch im Säuglings- und Kleinkindalter, sondern in den allermeisten Fällen vielmehr bereits kleine – und oft durch fremde Einflüsse vorgeprägte – Persönchen. Doppelt intensiv sollten hier Bemühungen der eben beschriebenen Art durch die Großeltern sein. Die meisten dieser Kinder haben einen schweren Lebensstart gehabt: Sie stammen aus disharmonischen, zerstrittenen Ehen, die mit einer Scheidung endeten, sie verloren Mutter oder Vater durch Tod, oder sie wurden unehelich geboren. Das sind Risikofaktoren, die unruhig machen. Großeltern können mithelfen, die fundamentale Unsicherheit zu mindern. Angeheiratete Kinder aus Scheidungsehen bekommen durch die Heirat ihrer Mutter bzw. ihres Vaters ein drittes Großelternpaar, was gelegentlich zu einem raffinierten Ausspielen der Kinder führen kann. Bei Oma Brake erklären sie, daß Oma Nenndorf viel besser sei, und bei Oma Nenndorf tönen sie von den Qualitäten der Oma Neukirchen. (Der schwierigen Aufgabe, derlei Konkurrenzen konstruktiv zu begegnen, ist ein eigenes Kapitel gewidmet.)

Oft geschieht Großeltern heute auch das Umgekehrte, und zwar meistens durch Scheidung des Sohnes: daß die Schwiegertochter mitsamt ihren Kindern gewissermaßen aus der Familie auswandert. In solchen Fällen ist viel Takt und langmütige Zurückhaltung nötig, um das Band zu den Enkeln nicht gänzlich zu zerstören. Ich habe in ungezählten Fällen als Gutachter in Scheidungsverfahren erlebt, daß sich die Komplikationen dadurch zu einem Dauerkrieg ausweiteten, daß die Großeltern nicht bereit waren, zu akzeptieren, daß die Enkel in der Obhut der „bösen" Schwiegertochter blieben und damit praktisch auch ihnen entrissen wurden. Oft sind diese Ehen überhaupt vornehmlich daran gescheitert, daß der Sohn sich nicht von seiner großmächtigen Mutter zu lösen vermochte, so daß die Schwiegertochter schließlich in die Revolte ging. Nach der Scheidung wird dem Sohn von seiner Mutter hartnäckig zugesetzt, das Sorgerecht für seine Kinder zu erstreiten, wobei das gewichtigste Hintergrundmotiv nicht selten darin besteht, daß die Großmutter die Enkel haben will. Oft steht hinter solchen harten Auseinandersetzungen mehr der hexenhafte Besitzanspruch von Großmüttern als Verantwortung für die Enkel. Jedenfalls habe ich manchmal erleben müssen, daß diese Großmütter die fürchterlichsten Anschuldigungen gegen ihre angeblich erziehungsunfähigen Schwiegertöchter vorbringen, die sich bei gründlicher Nachprüfung als nicht stichhaltig erweisen.

Freilich gibt es natürlich auch dieses: daß ein verantwortungsbewußtes Großelternpaar um die Enkel kämpft, weil voraussehbar ist, daß sie in einem sie schädigenden Milieu bei einer seelisch kranken oder die Kinder vernachlässigenden Mutter verkommen. Aber wie dem auch sei: Immer ist es auch wichtig, an den Enkeln nicht die Schwierigkeiten mit deren Eltern auszutragen. Selbst wenn die Enkel von ihren Großeltern planmäßig ferngehalten werden, sollte man das zunächst, wenn auch seufzend, akzeptieren und dennoch den Kontakt nicht ganz aufgeben. Ein Päckchen zu den Geburtstagen, ein Geschenk zu Weihnachten, gelegentliche Postkartengrüße aus besonderem Anlaß sollten die Erinnerung der Enkel an diese Großeltern wachhalten. Sie signalisieren, daß hier, selbst bei großer Ferne, eine Instanz vorhanden ist, die den Enkeln die Treue wahrt, sie nicht mitverdammt, sondern ihnen eine Tür zu ihren Herzen jederzeit weit offen läßt. Diese geduldige Treue – auch und besonders in Scheidungsfällen – hat oft späte, gute Früchte getragen: Die jugendlichen Enkel machen sich auf und besuchen eigenständig ihre Großeltern, erleben sie ganz anders, als sie ihnen in der negativen Färbung der „ausgewanderten" Mutter erschienen sind, und häufig können sie sogar ein neues Band knüpfen, nachdem die Wunden, die sich die Menschen der älteren Generation vor Jahren geschlagen haben, wieder zugeheilt sind.

Das vorbehaltlose Ja zu einem Enkel ist in einem Sonderfall – speziell für Großväter – eine mühselige Forderung: Wenn das Enkelkind einer Liaison mit einem Angehörigen einer sehr fremden Rasse entstammt. So z. B. wenn eine Tochter ein Kind von einem Farbigen bekommt, der nicht in der Lage ist, sie zu heiraten. Töchter, die sich und ihre Eltern in eine solche Situation bringen, haben oft wenig Wirklichkeitssinn und sind stattdessen geradezu gefühlsbesessen. Der dunkelhäutige Mann ist für sie ein Symbol der Natur; die Schwangerschaft wird häufig bewußt nicht verhindert, das Kind ist ein Garant ihrer gelungenen Rückkehr zur Natur. Es wird mit großer Selbstverständlichkeit von der jungen Mutter akzeptiert. Aber dann tritt eben doch die Realität auf den Plan und fragt fordernd: Aber wohin nun mit dem Kind? Und oft setzt dann nach langen Jahren der Entfremdung die Rückbesinnung auf die Eltern ein. Die werdende Großmutter ist häufig auch relativ rasch zu gewinnen, aber der Großvater bleibt manchmal heute noch unerbittlich in der Weigerung, den „Bastard" als Enkelkind zu akzeptieren, geschweige denn unter die großelterlichen Fittiche zu nehmen. Meistens geschieht das heute nicht. Und je mehr die Eltern verstoßen, um so mehr ist die Tochter genötigt, sich selbst durchzuschlagen, um so gefährdeter ist ihr Lebensweg, um so eher wartet auf den kleinen Mulatten ein Heimschicksal. Es ist verantwortungsbewußter, wenn Großeltern ihren archaischen Vorbehalt gegen das Mischlingskind aufgeben und auch diesem Enkelkind ihre Liebe und ihre Hilfe angedeihen lassen.

Ähnlich schwer, den Enkel vorbehaltlos zu bejahen und ihm durchhaltend die Treue zu bewahren, ist es, wenn sich erweist, daß der jugendliche Enkel entgleist, wenn er straffällig wird, in schlechte Gesellschaft gerät oder einer Sucht verfällt. Großeltern machen sich die Sache zu leicht, wenn sie dann die Tür zu ihrem Herzen einfach verschließen und den strauchelnden Enkel gewissermaßen verstoßen. Besser wäre es freilich, bei den sich bereits bei dem Kind zeigenden Mopsereien aus Großmutters Portemonnaie hellwach zu werden und sich zu sagen, daß dieser Enkel offenbar zu kurz gekommen ist und mehr Liebe braucht. Aber wenn das nicht geschehen ist, sollten Großeltern nicht zu fein sein für die regelmäßigen Päckchen in die Jugendstrafanstalt, ja für Besuche dort. Das sich krümmende Häkchen kann nur durch mehr Bindung und Treue wieder geradegebogen werden!

Auch wenn es so arg noch nicht ist und die jugendlichen Enkel lediglich durch ihr verdrecktes Äußeres und ihr rüpelhaftes Benehmen auf die Großeltern abstoßend wirken, sollten die sich einen Stoß geben und sie nicht verwerfen. Oft ist dieses Benehmen lediglich ein Mitlaufen im Modestrom, oft können gerade Gespräche mit Jugendlichen, die den Großeltern fremd erscheinen, ihnen Selbsterkenntnisse erbringen. Dabei ist es natürlich wichtig, daß die Großeltern ihre Abscheu, ihren Widerstand gegen die häßliche Verkleidung ihrer Enkel nicht bereits auf dem Gesicht tragen und damit der Provokation zum gewünschten Erfolg verhelfen. Viel wertvoller als kopfschüttelndes Beklagen über diesen ‚Aufzug' ist es, ihn zu übersehen, sich nicht daran zu erhitzen und zum Eigentlichen und Wesentlichen vorzustoßen: zum besinnlichen Gespräch miteinander. Gerade Jugendliche haben zahllose Probleme mit sich selbst, sie geben sich viel selbstbewußter als sie eigentlich sind. Haben großzügige Großeltern diese Barriere eines bizarren Schutzmantels erst einmal durchbrochen, so entdecken sie oft eine Seele, die des Rates, des Trostes, des Schutzes, der Bergung dringend bedürftig ist. Es soll späteren Kapiteln vorbehalten sein, konkret zu schildern, wie das geschehen kann.

K

Konkurrenz mit der „Gegenschwieger" vermeiden

Vater, Mutter und ihr fünfjähriger Sohn sitzen am Weihnachtsabend unter dem Tannenbaum. Sie haben die beiden verwitweten Großmütter ihres Kindes zum Fest eingeladen. Die Bescherung beginnt. Oma I schiebt Lukas einen Karton zu: Er enthält ein kuscheliges Steifftier, einen Stoffhasen. Oma II schleppt mit geheimnisvoller Miene ein wesentlich größeres Paket an: Als Lukas es geöffnet hat, bricht er in Jubel aus. Das Stoffhäschen hat ausgedient, denn der Karton enthält ein lebendes Kaninchen. In heimlichem Triumph hockt Großmutter II neben ihrem Enkel: *Sie* hat den Vogel abgeschossen, *ihr* ist das beste Geschenk gelungen. Da klingelt es an der Haustür. Oma I bedeutet der Familie, ihr das Türöffnen zu überlassen, sie habe den Weihnachtsmann bestellt. Sie erscheint mit einer ansehnlichen Kiste. Lukas darf sie öffnen, nachdem Oma I sorgfältig das Kaninchen von Oma II in den Käfig zurückgesetzt hat. Was entquillt der Kiste? Ein reizendes schwarzes Dackelbaby. Lukas ist wie von Sinnen vor Begeisterung. Das Kaninchen bleibt unbeachtet und wird von der Hausfrau vorsorglich und mit einer Mohrrübe versorgt in den Keller transportiert. Oma I lehnt, ihren Endsieg genießend, im Sessel, Oma II lächelt säuerlich und macht gute Miene zum zweifelhaften Spiel. Die Eltern sind leicht verwirrt. „Werden sich Hund und Kaninchen vertragen? Wäre es nicht besser gewesen, Schwiegermama hätte mich gefragt, ob ein Hund tragbar ist in unserem Haushalt? Und warum hat Mutter nicht verraten, daß sie Lukas ein Kaninchen schenken wollte?," denkt die junge Mutter. Der Vater des Kindes denkt lauter: „Wie seid ihr denn zu dieser Wahl eurer Geschenke gekommen?" „Nun", gibt seine Mutter zu, „ich hatte den süßen Stoffhasen und habe ihn Else einmal gezeigt, als sie bei mir vorbeikam. Nach ein paar Tagen rief sie mich an und sagte: ‚Du, ich habe in unserer Zoohandlung eins von diesen zauberhaften langhaarigen Kaninchen für Lukas bestellt.' Da hab' ich gedacht: Na warte, da schaff' ich noch ‚was Besseres!'"

Ein merkwürdiger Konkurrenzkampf, der in seiner Zielsetzung den meisten großmütterlichen Akteuren noch nicht einmal bewußt ist: das Übertrumpfen der „Gegenschwieger", um in der Gunst des Enkels an der ersten Stelle zu stehen!

Das ist eine belustigende Variante der menschlichen Sehnsucht, der Geliebteste des Geliebten zu sein. Freilich, und das muß besonders den Großmüttern deutlich werden, enthält dieser Konkurrenzkampf infantile und egozentrische Ziele und ist deshalb beim Verhalten von Alten gegenüber Jungen ganz gewiß nicht vorbildlich. Denn vordringlich handelt es sich eben *nicht* darum, die größte Freude zu *machen,* sondern einer Konkurrentin den Rang abzulaufen, um selbst am ersten Platz zu stehen. Erkennbar ist das daran, daß das Ziel in den Augen des Enkels (Oma I ist doch die Beste) erreicht wird, während die eigentliche Frage: „Ist dieses Geschenk in diesem Alter schon das richtige für das Kind, kann sich meine Schwiegertochter in ihrer jetzigen Situation eigentlich die Versorgung eines Hundes zumuten?" gar nicht ins großmütterliche Nachdenken gerät.

Konkurrenz mit der Großmutter aus der angeheirateten Familie ist zwar wohl menschlich, allzu menschlich; aber auch in diesem Feld ist es sicher sinnvoll, großmütterliche Triebhaftigkeit durch Bewußtmachen maßvoll zu zügeln. Es taugt zum Beispiel überhaupt nichts im Hinblick auf die positive Entwicklung des Enkels, wenn Oma II sich – nur aus Konkurrenz zur Schwiegertochter und deren Mutter, die keinen Fernsehapparat haben, um das Kind nicht seelisch zu beschädigen – einen besonders guten Farbfernseher zulegt, um zu erreichen, daß der Enkel, so oft er kann, bei ihr einschlüpft.

Der volkstümliche Ausdruck „Gegenschwieger" ist im Hinblick auf den Konkurrenzkampf der Großmütter um die höchste Gunst der Enkel ebenso treffend wie berechtigt. Es handelt sich eben letztlich um ein bedenkliches, ein mißtrauisches Gegeneinander, wo doch um des gemeinsamen Enkelkindes willen ein Miteinander angebracht wäre. Gegenschwiegerallüren bedürfen also dringend der bewußten Bändigung. Denn wenn derlei Gefahren nicht erkannt werden, bleibt die Tendenz zum Ausstechen keineswegs auf die Gunst um die Enkel beschränkt, sondern weitet sich darauf aus, grundsätzlich das bevorzugte, ja letztlich das alleinige Großelternpaar in der jungen Familie zu sein. Treffen hier zwei triebhafte, intrigante Großmütter aufeinander (womöglich beide mit einem längst zum Anhängsel degradierten Ehemann an ihrer Seite), so pflegt meist wenige Monate nach der Eheschließung des jungen Paares der Krieg voll entbrannt zu sein und die Familien nervenzermürbend zu beschäftigen. Das junge Paar ist dem Krieg der Großmütter meist wehrlos ausgeliefert und trägt oft auch viele eheliche Wunden davon, pflegt es doch familienbewußt voreinander daran festzuhalten: *Meine* Familie ist gut, *meine* Mutter meint das Beste …

Drohen Gefahren dieser Art, sind gegenschwiegerliche Kämpfe zu befürchten, so kann dem weitaus am besten dadurch vorgebeugt werden, daß die jungen Paare von vornherein versuchen, die beiden Familien so wenig wie möglich in einen Topf zu werfen. Man fordert das Schicksal nicht unnötig dadurch heraus, daß die Großeltern gleichzeitig eingeladen werden. Freilich, bei der Taufe, der Konfirmation oder Firmung, bei Verlobung und Hochzeit der Enkel ist das unumgänglich, und deshalb ist es wesentlich wichtiger, wenn vor allem die Großmütter das Unsinnige eines solchen Konkurrenzkampfes fest in ihr Bewußtsein nehmen und sich – gemeinsam lachend – aus seinem Bannkreis zu lösen, wenn er sich einmal wieder unversehens anzubahnen droht. Denn wenn das unreife Übertrumpfen und Vergleichen erst einmal gebändigt ist, können die Großeltern in arbeitsteiliger Einigkeit die gemeinsamen Kinder und Enkel wertvoll und variabel unterstützen.

L

Lieben

Ich hoffe, daß das bisher Gesagte dieses kleinen Großelternalphabets deutlich gemacht hat: Bei genauerem Hinsehen ist es gar nicht so einfach, Enkel in der richtigen Weise zu lieben. Großmütter neigen zum weich vergewaltigenden Übermaß, zum übertriebenen Eingriff, Großväter zum starren Prestigedenken. Ihnen geht es oft mehr um die Präsentation von Stammvaterschaft als um das einzelne Kind selbst. Wie können es Großeltern schaffen, ihre Enkel mit einer Liebe zu beschenken, die ihnen bekommt, die ihnen gerecht wird, die sie stärkt und ihnen zum Gedeihen verhilft?

Meine Praxiserfahrung hat mich gelehrt, daß selbst Großeltern diese Liebe nicht aus ihrem eigenen Herzen, ihrem eigenen Kopf allein entspringen lassen können. Soll es Liebe sein, die den Enkeln angemessen ist, die durchhaltend strömt, so muß sie zunächst einmal erbetet werden, bzw. ihre eigentliche Quelle muß in der Bezogenheit der Großeltern zu ihrem Schöpfer wurzeln. Der Christ empfindet sich schließlich als ein geliebtes Kind Gottes, als sein von ihm geschaffener Sohn, als seine von ihm ins Leben gerufene Tochter. Diese Vorstellung erfüllt ihn mit Liebe, Dankbarkeit und Ehrfurcht. Sie entzündet das Bestreben, diese Liebe nacheifernd an die Nächsten weiterzugeben. Im Einsatz als Vater und Großvater, als Mutter und Großmutter gibt der Christ vor allem auch dem *einen Vater*, Gott, die Ehre. Er erfüllt das Gebot: „Ihr Väter, liebet Eure Kinder." Nur aus der Erfüllung dieser Aufgabe, der verantwortungsbewußten treuen Erfüllung der Eltern und Großeltern kann nämlich die Hoffnung erwachsen, daß für die Kinder auf dem Boden freiwilliger Dankbarkeit das 4. Gebot „Ehre Vater und Mutter" verbindliche Gültigkeit bekommt. Das Ehren der Väter und Mütter (wie es noch bei Mose heißt und damit die Großeltern, ja die Voreltern einschließt) kann deshalb zu einem langen Leben der Enkel „in dem Lande, das Gott ihnen verheißen hat," führen, weil dieses Ehren der Älteren ein Beachten der tradierten Erfahrungen ist, weil es Klugheit der Enkel bedeutet, auf die Lehren liebevoller, verantwortungsbewußter Großeltern zu hören. Aber noch einmal: Daß die Enkel diese Klugheit aufweisen, hat zur Voraussetzung, daß die Väter und Mütter, die Großväter und Großmütter sie mit opferbereiter Liebe und durchhaltender Treue beschenkt haben. Dieses Gesetz Gottes ist sehr unerbittlich, so kann die moderne Psychologie bestätigen. Väter und Mütter, die den Kindern ihre persönliche Mühewaltung, ihr Dazwischen-sein verweigern, weil sie Gott nicht die Ehre geben, weil sie nicht die persönliche Verantwortung übernehmen wollen, handeln sich deren verabsolutierte Widersetzlichkeit im Jugendalter ein. Es gehört zur Aufgabe der Großeltern, diese Gefahren den Eltern ihrer Enkel zu verdeutlichen und sie, wenn nötig, zu warnen. Aus Liebe zu den Enkeln müssen die Eltern von den Großeltern hören, daß viel Abwesenheit der Mütter den Kleinkindern schadet, daß leichtfertiges Scheiden ein sehr großer Risikofaktor für die Enkel bedeutet. Warnungen dieser Art können aber nur fruchten, wenn sie aus der uneigennützigen Liebe im Dienst für Gott geschehen. Haben die Jüngeren den Eindruck, daß der Großvater sich selbst auf Gottes Thron gesetzt hat, aus eigenem Machtanspruch und mit paschahaften Weisungen selbstgesetzte Forderungen stellt, sind sie meist in den Wind gesprochen. Nur der selbst im ‚Gottesdienst' stehende Großvater hat ein Anrecht zu solchen Weisungen.

In der Liebe Gottes zu den Menschen ist schließlich auch ein sehr männlicher Aspekt enthalten, der besonders der triebhaften Verwöhnungsneigung der Großmütter Zügel anlegen kann – falls sie sich danach ausrichten –: Gott mutet sich (und den Menschen) Härte zu. Seine Liebe ist eine grenzensetzende Liebe. Wer von den Kindern Gottes nicht hören will, der muß fühlen, so weiß die Bibel. Gott kennt und setzt ethische Unumstößlichkeiten. Auch die Liebe der Großeltern zu den Enkeln sollte nicht endlos schenkend und endlos forderungslos sein. Zwar fordern echt liebende Großeltern nichts für sich und nichts zurück, aber sie erwarten vom Enkel als Dank ihrer Mühewaltung das Wahrnehmen ihres Lebensauftrags für Gott in der Welt.

Dies auch ist das entscheidende Gegengift gegen eine weitere großelterliche Gefahr: den einen oder den anderen Enkel zu vergöttern, aus ihm ein Idol zu machen, ihn voller Bewunderung über seine Intelligenz, seinen Charme, seine Begabungen, seine Schönheit auf den Hausthron zu setzen und in Daueranbetung zu verharren. Enkeln bekommt dergleichen Überhöhung nicht im geringsten. Sie werden zur Tyrannis oder zu lebensfremdem Größenwahn vorgeformt, der eine gefährliche Lebenslinie darstellt. Gläubige Großeltern beherzigen das 1. Gebot und zügeln ihre übermäßige Bewunderungslust für den göttlichen Enkel.

Es ist für Großeltern darüber hinaus wichtig, am Evangelium zu lernen, daß auch die Zuwendung zum Kleinen, zum Geringen, zum Schwachen in den Augen Gottes von allerhöchstem Wert ist, daß sich z.B. der Großvater von seiner hohen Würde nichts vergibt, wenn er sich selbst mit den jüngsten Enkeln beschäftigt, sie einwiegt, füttert oder einmal als Babysitter fungiert.

Großelterliche Liebe auf einem gläubigen Hintergrund kann auch Schicksalshärte besser aushalten und sie in demütiger Stärke durchtragen, so daß die Jungen daraus Schutz und Kraft schöpfen können. Menschen, die wissen, daß denen, die Gott lieben, *alle* Dinge zum besten geraten, können schwere familiäre Schicksalsschläge als notwendiges Leid anerkennen und bejahen. Das Gottvertrauen, von dem sie getragen sind, läßt sie nicht so leicht verzagen. Sie sind in der Lage, den Kindern und Enkeln in kritischen Situationen Mut zuzusprechen.

Sie verstehen es auch, gegen die Mißlichkeiten, die Streitereien, die Animositäten, die Beleidigungen, die das Leben in einer Familie mit sich bringt, anzulieben. Eine großelterliche Liebe dieser Art läßt es nicht zu, daß sich Zerstrittenheit in der Familie festschreibt. Solche Großeltern reichen die Hand zur Versöhnung sogar, wenn sie die Opfer eines Streites waren. Sie machen sich zu Vermittlern der Versöhnung zwischen zerstrittenen Familienmitgliedern. Prachtvoll kommt das Postulat christlicher Großelternliebe in einem Gedicht von Johannes Pfeiffer zum Ausdruck:

Gegenan, gegenan
Mußt du leben, lieben.
Was sie dir auch angetan
Und so bunt sie's trieben.

Gegenan, gegenan
Geben und vergeben.
Denn nur so sprengst du den Bann
Und gewinnst das Leben.

M

Mäkeln abstellen

Eine junge Frau sitzt mir gegenüber. Sie weint. „Ich kämpfe mit einem mich so sehr quälenden Bedürfnis, das mich immer mehr einnimmt, obgleich ich es doch nicht will. Etwas in mir will hier weg, nein, vielmehr: will mich umbringen, und zwar auf eine ganz makabre Art; den Strick habe ich nämlich schon parat: Ich will mich aufhängen, und zwar an einem Montagmorgen an einem Regentag, auf dem Boden, etwa eine Stunde, bevor meine Schwiegermutter mit dem Wäschekorb den Bodenraum betritt. Ich kann, ich kann, ich kann nicht mehr!" fährt es aus ihr heraus. „Soll sie doch den ganzen Laden alleine weitermachen, soll sie doch ihre drei heißgeliebten Enkel nach ihrer eigenen Mütze aufziehen. Ich habe schon seit vier Jahren ein chronisch gewordenes Magengeschwür. Meine Schwiegermutter ist für mich wie ein Dämon. Ich lebe in der Hölle. Mein Mann will keinen Streit mit seiner Mutter, er hält sich 'raus. Wenn es hart auf hart kommt, stellt er sich zu ihr und läßt mich im Wind stehen. Die Enkel verwöhnt sie nach Strich und Faden. Ich habe längst aufgehört, um die Kinder zu kämpfen, sie hat sie absolut unter ihrer Fuchtel. Ich bin allenfalls die Dienstmagd in diesem Haus, dazu eine, die Schlimmeres zu erdulden hat als Aschenputtel." „Wie sieht das im einzelnen aus?" fragte ich. „Nun, es gibt nichts, was ich richtig mache, ich bekomme tagaus, tagein nur Tadel zu hören. Wie ein KZ-Aufpasser ist sie hinter mir her und mäkelt, mäkelt, mäkelt. Die Treppe ist nicht gut genug gefegt, im Deckbett ist eine Falte, der Wasserhahn tropft, eine Lampe ist nicht ausgeschaltet, die Sahne ist sauer geworden, die Mohrrüben sind so klein, weil ich sie nicht genug gedüngt habe, die Hemden meines Mannes sind nicht ausreichend gebügelt usw. usw. Dabei müssen Sie wissen, daß ich von Haus aus selbst ziemlich ordentlich bin, daß ich mich um Gründlichkeit und Sauberkeit bemühe; ich habe selbst eigentlich Freude daran. Aber die Art, wie meine Schwiegermutter mich ermahnt, legt jede Lust dazu lahm. Ich habe mich schon mehrere Male dabei ertappt, daß ich ihr zusätzlich Grund zum Mäkeln gab, indem ich halb absichtlich Suppe verschüttete, einen Topf anbrennen, ein Fenster offen ließ. Das Gezeter, das bei größeren Vergehen ausbricht, sollten Sie einmal erleben! Nur weil es zu unerträglich ist, habe ich schließlich den Spieß umgedreht. Irgendetwas in mir lacht hämisch, weil ich es schaffen kann, sie auf Knopfdruck automatisch dahin zu bringen, sich aufzuplustern wie ein aggressiv kollernder Truthahn. Aber es ist *so* auf die Dauer einfach kein Leben. Ich habe einen Wahnsinnshaß auf meine Schwiegermutter, und je mehr sich der anstaut, um so mehr wächst die Angst, mich endgültig und unwiderruflich durch Selbstmord an ihr zu rächen."

Diese Schilderung ist kein Märchen. Sie ist zwar der ärgste Bericht dieser Art, den ich mir habe erzählen lassen – und dennoch gibt es ihn in zahllosen abgemilderten Varianten, besonders in den Fällen, in denen eine Frau in einen bäuerlichen Betrieb eingeheiratet hat, wo die Schwiegermutter ein unerbittliches Machtregiment ausübt. Aber auch in städtischen Haushalten kommt dergleichen vor, nicht nur bei Schwiegermutter und Schwiegertochter, sondern es gibt auch heute noch Mütter, die in dieser Weise ihre aggressionsgehemmten Töchter gängeln und ihnen durch kleinkariertes Mäkeln das Leben vergällen. Dabei ist es von großer Wichtigkeit, daß Großmütter, die zur Mäkelsucht neigen, erkennen, daß ihr eigentliches Gutmeinen eine gefährliche Übertreibung erfahren hat: Dahinter steht die unbewußte Vorstellung, daß der eigene Haushalt perfekt sein muß und daß Großmutter die einzige ist, die die Fähigkeit hat, das zu erwirken. Die bemüht mäkelnde Großmutter muß sich verdeutlichen: Sie mißt sich ein solches Maß an Verantwortung zu, das sie die Altbäuerin, als Mithelferin im töchterlichen Haushalt nicht hat. Die eigentlich positive Bemühung entartet durch ein Übermaß zum unerträglichen Machtanspruch. Großmütter, die hier gefährdet sind, müssen sich klarmachen, daß die Vorstellung vom perfekten Haushalt eigentlich ein Stück Größenwahn enthält. Kein Mensch ist in seinem Leben vollkommen. Es ist besser, die eigenen Fehler zu erkennen und aufgrund dieser Einsicht auch Töchtern und Schwiegertöchtern zuzubilligen, Fehler zu haben und Fehler zu machen. Das lebensvergällende Mäkeln von Großeltern kann sich freilich noch aus anderen Quellen speisen als aus einem großmütterlichen Vollkommenheitsanspruch. Oft ist es auch Ausfluß einer diffusen Unzufriedenheit mit sich selbst, deren Ursache unerkannt bleibt und nun auf die Angehörigen projiziert wird nach dem Motto: Wenn ich mich schlecht fühle, muß das doch einen Grund haben, und da ihr schließlich meine Nächsten seid, muß es wohl an Euch liegen.

Es gibt Großeltern, deren Unzufriedenheit sich im Klagen über die lächerlichsten Dinge ausdrückt: Der Scheitel der Enkeltochter ist nicht gerade, der Strumpf des Enkelsohnes verrutscht, Claudia hat schon wieder einen Fleck auf ihrer Bluse, Jan hat schmutzige Fingernägel. Hört man dieser Art des Mäkelns genau zu, auf den Tonfall, die Wortwahl, den Blick, so läßt sich bald herausfinden, daß hinter der Klage die Anklage, der Vorwurf steht. Mit Recht empfinden die erwachsenen Kinder diese Klage nicht nur als kleinkariert, sondern in der Tiefe auch unberechtigt; denn dahinter steht meistens eine verdeckte Verneinung der eigenen Lebensform, eine Verweigerung der Lebensstufe des Altseins. Mäkelnde Großeltern haben einen unaufschiebbaren Verzicht nicht geleistet, nämlich den, zurückzutreten. Ohne bewußten Verzicht aber gibt es kein Altersglück. Schließlich ist es nicht einfach sinnlos, daß die Augen und die Ohren der Alten allmählich schwächer werden: Diese Alterungsprozesse unseres Körpers enthalten auch die Weisung, sich um die aktiven Belange der Welt so vorrangig gar nicht mehr kümmern zu sollen. Mäkelnde Großeltern, die deswegen schließlich regelmäßig Konflikte mit den Jüngeren bekommen, so daß die Kinder und Enkel im besten Fall einen weiten Bogen um sie machen, müssen dringend mit sich zu Rate gehen. Sie sollten herauszufinden suchen, wie sich ihre innere und äußere Situation so ändern läßt, daß sie zufriedener werden können. Von großem Wert ist oft die Trennung des Haushaltes, selbst in den Fällen, in denen der Dienst der verwitweten Großmutter bei den Kindern eine gute Hilfe ist. Großeltern, die ihr Alter bejahen, können auch ja sagen zu einer geminderten Leistungsfähigkeit und überfordern sich nicht fortgesetzt selbst. Dann hört auch die Neigung zum Mäkeln auf, das die Beziehung zersetzt.

Es gibt übrigens auch Großmütter, die so vornehm sind, ihre Mäkelneigung lediglich an sich selbst abzumachen. Eine junge Frau erzählte mir, daß ihre Mutter sich fortgesetzt in ihrem Haushalt überanstrenge, ohne Rücksicht auf Bandscheibenschäden, Arthrose und Thrombose. Sie habe sich eine Redensart angewöhnt, die sie jedesmal wiederhole, wenn sie eine sie überanstrengende Arbeit geleistet habe. Sie sagt dann mit selbstanklägerischer Miene: „Man sollte mich ohrfeigen!" Aber deutlich stünde auf dem Gesicht der Großmutter gleichzeitig das Heischen nach Anerkennung, nach einer Dankbarkeit, die Kinder und Enkel mit Schuldgefühlen belastet.

Andere Großeltern sprechen ihre Kritik nicht aus, sondern zeigen ihre Unzufriedenheit durch eine Geste: durch das Krausen der Stirn, durch Kopfschütteln, durch ein Schnüffeln mit der Nase, durch Räuspern. Großeltern sollten sich Mäkeleien grundsätzlich verbieten. Falls sie als Paar ihr Alter verbringen dürfen, kann es hilfreich sein, sich beim Abgewöhnen zu helfen, z. B. eine Mäkelstrichliste anzulegen und am Abend zu schauen, wer besser war, wer bereits Fortschritte gemacht hat. Souveräne Großeltern können Kinder und Enkel bitten, ihnen beim Abgewöhnen des Mäkelns behilflich zu sein. Alt und Jung können den Entschluß fassen, sich das gegenseitige Loben, das Freuen über hilfreiche Taten nicht zu versagen und den Alltag dadurch so positiv zu gestalten, wie er ohne mäkelnde Fehlhaltungen sein kann.

Warnungen vor Mäkelsucht dürfen freilich nicht mißverstanden werden: Es kann sich nicht darum handeln, anzustreben, daß die Alten sich schmollend aus dem Leben der Jungen gänzlich zurückziehen. Es ist auch der falsche Weg, nun nur noch vorwurfsvoll verbissene Stummheit zu praktizieren; es muß sich vielmehr darum handeln, selbst die gelegentlich notwendigen erzieherischen Bemühungen in einer Weise und Dosis vorzutragen, daß sie von Kindern und Enkeln annehmbar sind. Denn es ist schließlich prinzipiell richtig und sinnvoll, daß die Jungen von den Alten lernen. Dabei sollen Grundregeln eingehalten werden.

1. Kritik wird besonders von Schwiegerkindern sehr schnell als Herabsetzung, als Wertminderung erlebt. Deshalb: Niemals mit kritischen Bemerkungen plump ins Haus fallen. Weniger ist hier meist mehr!
2. Vormachen ist wirkungsvoller als anweisen und tadeln.
3. Hellhörige Freude an konstruktiven Neuheiten, die die Jungen einbringen, erleichtert die Bereitschaft, auch etwas von den Alten anzunehmen.
4. Man prüfe sich täglich, ob die Mäkeleien nicht etwas mit der Versuchung zu tun hat, sich selbst göttliche Unfehlbarkeit anzumaßen. Man kämpfe gegen diese heidnische Machtanmaßung durch das Schuldbekenntnis vor Gott. Man suche der Schuld in Abendmahlfeier und Gebet mit dem Tenor „Herr, erbarme dich“ zu begegnen.

N

Nicht nachtragen

Ein überanstrengter Schwiegersohn kehrt nach einem sommerlich heißen Arbeitstag verspätet zum Abendessen heim, wo die Familie mit den zu Besuch weilenden Großeltern bereits um den Tisch sitzt. Es entsteht Durchzug, die Tür fällt ihm aus der Hand und mit einem Knall ins Schloß. „Nicht so laut!" sagt die Großmutter statt einer Begrüßung, „Klein-Daniel ist gerade eingeschlafen." Und sie fährt fort: „Siehste, da haben wir die Bescherung", als aus dem Nebenzimmer Babygebrüll tönt. Der Schwiegersohn stiert seine Schwiegermutter wütend an: „Alte Hexe", stößt er hervor und wiederholt schreiend in die konsternierten Gesichter hinein: „Alte Hexe, Hexe, Hexe!", verschwindet durch die Tür und knallt sie von außen zu. Der Großvater geht wortlos zum Telefon: „Ein Taxi zum Bahnhof bitte", sagt er. „Du mußt einsehen, Dorothee", fährt er gegen seine Tochter gewandt fort, „daß wir uns das von deinem Mann nicht bieten lassen können." Die Großmutter packt stumm-eilig die Koffer – kein Bitten von Enkeln und Tochter hilft. „Wir betreten Euer Haus nie wieder!" Das Taxi fährt vor. Großmutter, Großvater, ade!

Die zurückgebliebene Kleinfamilie weiß, daß mit Vater nicht gut Kirschen essen ist, wenn er überanstrengt ist. Am Wochenende aber versuchen sie einen Vorstoß: „Bitte, kannst du nicht etwas Versöhnliches tun – einen Blumenstrauß, einen Brief mit der Bitte um Vergebung?" Aber der junge Vater bleibt hart: „Ach was, warum muß sie mich auch gleich so anblaffen, deine Frau Mutter", erwidert er verbockt, „ich denke gar nicht daran!" „Aber wir können doch die gute Beziehung zu den Großeltern nicht aufs Spiel setzen", gibt der 12jährige Enkel zu bedenken. „Ach was", wehrt der Vater ab, „die sollen nicht so empfindlich sein!"

Die beiden Fronten sind aufgebaut – aus lächerlichem Anlaß – und beginnen sich zu verhärten: Der Schwiegersohn will sich nichts vergeben, die Großeltern sind gekränkt und ziehen daraus eisern Konsequenz: „Nie wieder!"

Großmutter berichtet per Telefon ihren anderen Kindern brühwarm über das verabscheuenswerte Familienmitglied, was alle anderen Kinder und Schwiegerkinder herzlich freut. Sinkt die Gunst der einen Schwester, des einen Schwagers, steigt diejenige der oder des anderen. Mit Lust wird die Kränkung der Großeltern verstärkt. Wer Schuld hat, ist eindeutig, die Beleidigung offensichtlich. „Richtig, da geht ihr nie wieder hin. Kommt lieber zu uns", wissen die anderen Geschwister.

Die nächsten Wochen vergehen damit, die empörende Geschichte im Kränzchen, beim nachbarlichen Schwatz, beim Cousinenbesuch zum besten zu geben. „Nein, dieser Kurt – unmöglich! Und heimlich im Grunde auch: Nein, diese Beckmanns alle. Was nützen uns die Kinder dieses Wüterichs!"

Es entsteht eine Neigung zum Ausstoßen aus Gekränktheit, ein mehr oder weniger bewußter Versuch, sie alle fühlen zu lassen, was der Großmutter angetan worden ist, per Sippenhatz.

Das Testament wird geändert. Die Tochter wird aufs Pflichtteil gesetzt, die Wertsachen der Großmutter werden auf die Enkel der anderen Kinder umgeschrieben.

„Dorothee hat sich auch unkorrekt benommen", weiß der Großvater, „sie hätte ihren Mann zur Ordnung rufen müssen, statt stumm dabeizusitzen."

„Und Jan, unser Jan", klagt die Großmutter schluchzend, „hat in diesem Jahr zum ersten Mal kein Osterbild gemalt."

Jan meldete sich aber dennoch. Er fragt an, ob er die Großeltern in den Pfingstferien besuchen dürfe.

Die Großeltern sagen zu.

Jan trifft ein. Er hat gerade einen ziemlich großen Krach mit seinem Vater gehabt. Er hat sich nämlich heimlich hinter Vaters Lenkrad gesetzt und auf dem Hof eine kleine Runde gedreht. Dabei hat er dann aber gleich das Garagentor gerammt. Zur Strafe hat Vater ihm zehn Autowäschen in den Ferien verordnet und die Reise mit der Gruppe an die See im Sommer gestrichen. Begründung: Die Autoreparatur muß wieder eingebracht werden.

Jan ist wütend auf Vater. Zwar fühlt er sich schuldig, will das aber nicht zugeben. (Der Apfel fällt nicht weit vom Stamm.) Er besinnt sich auf seine lieben Großeltern und findet bei ihnen weit offene Ohren mit seiner Schilderung des grausam tyrannischen Vaters. Die Großeltern wissen noch viele andere alte Geschichten, die dem Sohn den zweifelhaften Charakter seines Vaters so recht ins Bewußtsein bringen. Der weiß nun, was er von seinem Erzeuger zu halten hat. Er schlürft die Hetze der Großeltern wie Honig;

denn er steht vor der Pubertät, er braucht die Distanzierung vom Vater – aber sie ist für ihn in dieser übertriebenen Weise gefährlich schädlich. Denn sie wird dem Vater nicht gerecht.

Müssen Familienkräche eine solche zerstörerische Dauerhaftigkeit entwickeln? Gibt es nicht doch Verhaltensweisen, die weniger Staub aufwirbeln? Dient es dem Leben und der Zukunft, Racheimpulse in uns zu nähren, so lange, bis sie zu vielfältigen Beziehungsstörungen geführt haben? Diese Fragen sind leicht gestellt, lassen sich aber in der Praxis so schwer in einer konstruktiven Weise beantworten. Und dennoch ist es ganz gewiß besonders die Aufgabe von Großeltern, dem Geist der Vergebungsbereitschaft mehr Raum zu geben, als dem der Vergeltung nach dem Prinzip: Aug' um Auge, Zahn um Zahn.

Wollen die Großeltern hier positiv wirken, sind sie grundsätzlich bereit, den Versuch zu machen, Beleidigungen und Verletzungen in der Tiefe ihrer Seele zu verzeihen, so lohnt es sich, zunächst immer erst einmal nach der eigenen Mitschuld zu fragen. Um am Beispiel zu bleiben: Gewiß, es steht außer Frage: Der Schwiegersohn hat sich ausfallend und sehr beleidigend gegen seine Schwiegermutter benommen, und seine mangelnde Bußfertigkeit ist zusätzlich ein Zeichen von Schwäche und erhöht seine Schuld am Zerwürfnis. Aber hat nicht die Schwiegermutter gerade seine Empfindlichkeit unbedacht und ungebührlich eingreifend gereizt? Gewiß, der Ausbruch des jungen Mannes ist ein Zeichen von bedenklicherUnbeherrschtheit; aber ist er nicht auch das Zeichen einer maßlosen Angst vor der Machtanmaßung seitens der Schwiegermutter, und ist diese Angst vielleicht auch in der Tiefe ein wenig berechtigt? „Aus Angst macht der Tiger Angst", sagt ein chinesisches Sprichwort.

Können kluge Eltern nicht auch aus diesem „Gewitter" lernen, daß längst unerträgliche Spannungen in der Luft lagen? Wer nach solchen Familienkrächen in dieser Weise erst einmal das eigene Verhalten befragt, und zwar nicht nur das in der strittigen Situation, sondern im Gesamttenor, der hat viel mehr Chancen, einen versöhnlichen Weg einzuschlagen: Er erkennt dann nämlich auch seine eigenen Schwächen, seine eigenen Übertreibungen und Unverbesserlichkeiten; er kann sich eingestehen, daß er (natürlich meist nicht mit böser Absicht, sondern weil er eben so ist, wie er ist) Animositäten, Allergien bei seinen Nächsten hervorruft. Wenn man die Reife besitzt sich mit Gelassenheit einzugestehen, daß man selbst bei aller Bemühung und Liebe für die Familie dennoch auch manches Fehlerhafte, Beanstandenswerte an den Tag legt, so ist das eine Selbsterkennntnis, die viel positive Wirkung zeitigt. Haben kluge Großeltern dergleichen Einsichten, dann können sie einem ungehobelten und unbußfertigen Schwiegersohn innerlich viel leichter verzeihen. Sie erkennen, daß er noch Zeit braucht, um so stark zu werden, daß er sich entschuldigen kann. Aber hauptsächlich fließt die großzügige Vergebungsbereitschaft aus einer Souveränität, die durch die Bereitschaft entsteht, zuzugeben, daß wir allesamt Sünder sind. Im idealen Fall ist es den Großeltern einige Zeit nach der überstürzten Abreise sogar möglich, einen Brief an Tochter und Schwiegersohn zu schreiben, in dem die Großmutter sich für ihren Übergriff entschuldigt und der Großvater die Hoffnung ausspricht, daß sich Spannungen künftig mehr durch Einsicht und Aussprache als durch elementare Entladungen lösen ließen. Die Wahrscheinlichkeit ist groß, daß dann zumindest ein erlöster Brief der Tochter die Antwort ist, in dem sie von Kurts einsichtiger Reue berichtet – ein Brief, der vom Wüterich mit unterzeichnet ist... Wie befreiend sind solche Versöhnungen und wie gefährlich, ja unmoralisch ist es statt dessen, mit den Enkeln eine Gegenpartei innerhalb der Familie zu gründen.

O

Orientierung vermitteln

Kürzlich wurden gegen Schluß einer Tagung über Familienfragen einige Jugendliche aufs Podium gebeten. Der Moderator trat mit ehrerbietiger Miene vor sie hin und sagte, es hätte bei den Referaten der Experten ja darüber Uneinigkeit geherrscht, ob die Familie noch Zukunft habe. Im fortschrittlichen Lager vor allem habe man sie doch wohl mehr für eine veraltete, überholte Einrichtung gehalten. Nun möchten sie, die Vertreter der jungen Generation, doch bitte ihren Richtspruch fällen, denn sie seien es schließlich, die darüber befinden müßten, in welcher Form sie sich die Gestaltung ihres Lebens vorstellen.

Damit war gewissermaßen mit vielen Dienern an die Jungen die Einladung dazu ergangen, dem „Muff“ von tausend Jahren, der abgestandenen bürgerlichen Familie endlich den letzten Fußtritt zu versetzen. Aber wie erschraken die sich fortschrittlich dünkenden mittelalterlichen Moderatoren, als die jungen Leute auf dieses verführerische Angebot nicht eingingen und sich nicht scheuten, ein Loblied auf ihre Familie zu singen. Eine 17jährige Schülerin z. B. erklärte: „Meine Eltern, vor allem aber auch meine Großeltern sind mir große Vorbilder. Ich mache besonders in den beiden letzten Jahren Augen und Ohren auf, um mir abzugucken, wie sie das machen, weil ich mir wünsche, es mit meinen eigenen Kindern und Enkeln ähnlich zu machen wie sie. Es ist gar nicht so ganz einfach, herauszufinden, woran es liegt, daß sie uns so viel geben. Als erstes ist das wohl darin begründet, daß man mit Fragen, Problemen, Sorgen einfach immer kommen kann. Nicht daß sie dann immer sofort Zeit hätten und alles stehen und liegen ließen – sie vergessen die Fragen aber nicht, sie kommen darauf zurück. Aber irgendwie ist es auch noch mehr, besonders bei meinen Großeltern, die mit uns im Haus in einer abgetrennten Wohnung leben. Früher, als ich stricken lernte, im Grundschulalter, ging ich oft hinauf, weil mir die Wolle durcheinandergeraten war, und Großmutter bröselte mit mir zusammen die Fäden geduldig, so lange wieder auf, bis ein geordnetes Knäuel daraus wurde. Oft ist das heute im übertragenen Sinne noch genauso: Ich gehe vor allem zu meinen Großeltern, wenn in meinem Geist irgendetwas durcheinander ist, wenn ich mit vielen verschiedenen Meinungen konfrontiert werde – in der Schule, beim Konfirmandenunterricht, in meiner Volleyballgruppe, durch eine Fernsehdiskussion oder in einer Auseinandersetzung mit meinen Brüdern.

Meine Großeltern können ganz großartig zuhören, alle beide, und es macht ihnen selbst richtig Spaß, mit mir über moderne Probleme zu sprechen. Kürzlich z. B. hatten wir uns in der Schule die Köpfe darüber zerbrochen, ob man Gewalt anwenden dürfe bei Dingen, die man für richtig erkannt hätte, die aber von der Regierung nicht geändert würden. Ich wußte wirklich nicht, was Sache war. Sie haben mir an vielen anderen Beispielen deutlich gemacht, daß Gewalt immer neue Gewalt entstehen läßt, ja daß das wie bei einer Suche ist: Gibt man der Gewalt den kleinen Finger, so nimmt sie schnell mehr als beide Hände.

Aber sie blieben nicht bei dieser Ablehnung der Gewalt als Mittel zum Zweck: Sie haben mir gesagt, daß jeder mündige Bürger in einer liberalen Demokratie das Recht und die Pflicht hätte, gegen Mißstände mit geistigen Mitteln zu kämpfen, sich zu Wort zu melden, sich zusammenzuschließen und sich mit legalen Mitteln für Verbesserungen einzusetzen durch Verhandlungen und Proteste, nie durch Gewalt. Das wäre ein Rückschritt, und wir brauchten den Fortschritt. Ich habe allen Grund, mich an meine Großeltern zu halten. Nirgendwo kann ich so viel klare Orientierung bekommen."

Verblüfft und flexibel bekannten sich die Veranstalter nach diesem enthusiastischen Plädoyer der Jugendlichen für ihre Großeltern zu der Einsicht, daß die Familie einen unaufgebbaren Stellenwert in der Gesellschaft habe.

Wie wünschenswert ist es in der Tat, daß Großeltern ihren Enkeln zu klaren geistigen Orientierungen verhelfen! Freilich können sie die Aufgeschlossenheit ihrer Enkel dafür nur erhoffen, wenn sie auch bereits in deren Kindheit im wahrsten Sinne des Wortes schon immer dabei geholfen haben, die Lebensfäden gelegentlich mit zu entwirren, ihren Enkeln nahe gestanden und für sie Zeit gehabt haben! Sonst kommen die Großeltern als Gesprächspartner in der Pubertät der Enkel gewiß gar nicht erst zum Zuge.

Es ist von unermeßlichem Wert, wenn die Jugendlichen mit ihren Fragen nicht allein gelassen werden; denn das ist schließlich das Neue und für die Jugendlichen so oft Überfordernde an unserer Zeit: Man stellt die vielen verschiedenen Möglichkeiten der Meinungsbildung vor sie hin wie das Riesenangebot eines Selbstbedienungsladens, und fordert sie auf: Nun wähle! Wir gestehen Dir zu, ein Urteil zu haben; Du hast das Recht zu eigenen Entscheidungen. Aber die Voraussetzung zur Entscheidung heißt, die Gelegenheit zur Urteilsbildung gehabt zu haben. Und dies wiederum setzt Wissen und Erfahrung voraus. Aber sie sind im Jugendalter erst in Ansätzen vorhanden, die Spanne bewußten Lebens ist noch viel zu kurz gewesen. Die Meinung kommt deshalb bei vielen Problemen nicht auf dem Boden eines echten eigenen Urteilsvermögens zustande, sondern ist Mitlaufen mit der Mehrheit des Modischen oder gründet sich auf einer partiellen Einsicht in den größeren persönlichen Vorteil. In keiner Zeit ist es nötiger gewesen, daß Großeltern ihren Enkeln auf dem Boden ihrer Lebenserfahrung geistige Orientierung vermitteln, als heute.

Früher hielt sie die kollektive, oft ungeschriebene und unreflektierte Normvorschrift – heute, seit wir es den Jugendlichen bereits zubilligen, allein nach der eigenen Fasson selig zu werden, brauchen sie dringend liebevolle Seelenführer.

Moderne, flexible, großzügige und einfühlsame Großeltern sind für diese Aufgabe ganz besonders geeignet; denn die Liebe zu ihren Enkeln kann ihnen die Möglichkeit ebenso zu freundlichem Zuhören wie zu gütiger, aber auch zäher und hart am Ball bleibender Geduld geben. Die Liebe kann es dabei schaffen, von den Enkeln nicht knicksende Übereinstimmung zu erwarten; liebevolle Großeltern verzweifeln nicht an der Uneinsichtigkeit, sie lassen sich nicht zu angstvollen Drohungen hinreißen, sondern sie setzen immer wieder neu an, wenn sie gefragt werden, und argumentieren mit den guten oder schlechten Erfahrungen der eigenen Lebensgeschichte ebenso wie der Weltgeschichte. Freilich: Es gibt für die Enkel im Atomzeitalter keine andere Orientierung, die Hoffnung läßt, die kraftvoll bleibt, als die des christlichen Weltverständnisses. Nur die Großeltern, die ihren Enkeln durch Sein und Reden vermitteln, daß das Leben ein Auftrag von Gott ist und daß das Tun und Lassen des Menschen am Ewigkeitswert Liebe zu messen ist, können wirklich die Hoffnung haben, den verunsicherten Jugendlichen in den zentralen Fragen Orientierung zu geben.

Zu dieser Aufgabe gehört sehr dringlich auch die Aufklärung darüber, daß eine Sache nicht selbstverständlich dadurch gut wird, daß die Mehrheit der Gruppe, der man angehört, sie für richtig hält. Es ist zwar gelegentlich unumgänglich, seinen Widerspruch nicht allzu lautstark zu artikulieren, um nicht die Aggressionen aller auf sich zu ziehen und zu einem Objekt der Gruppenhatz zu werden; aber Großeltern können ihren Enkeln wertvolle Rückenstützung geben, indem sie ihnen die Einsicht vermitteln, daß es nicht sonderlich heldenhaft ist, einfach mit den Wölfen zu heulen und dann gar noch die Vorstellung zu haben, man sei besonders originell; daß es auch heute noch so etwas gibt wie Standfestigkeit, wie die Zivilcourage, für eine Wahrheit *gerade* zu stehen, auch gegen die Mehrheit der Gruppe und daß ein solches Verhalten ein hoher Wert ist, weil es die Tugend Tapferkeit sichtbar werden läßt.

Nicht nur in diesem speziellen Bereich, sondern sehr allgemein sollten es sich die Großeltern zur Aufgabe machen, ihren Enkeln zu verdeutlichen, wie sinnvoll es ist, wertbewußt zu leben. Und das heißt eben, nicht zuerst nach der eigenen Bequemlichkeit und dem eigenen Vorteil zu fragen, sondern verantwortungsbewußt vorrangig danach, ob es dem Guten, Aufbauenden dient. Es steht den Großeltern an, ihren Enkeln davon zu berichten, daß die Früchte des Egoismus zunächst angenehm süß schmecken, oft aber bald darauf schal und bitter werden, während jenes Verhalten, das aus der Überwindung des Egoismus entsteht, zunächst meist sehr mühselig und wenig zweckmäßig erscheint, aber auf die Dauer mehr Zufriedenheit, innere Harmonie und Kraftzuwachs zur Folge hat. Großeltern können diese Lebensweisheit anschaulich verdeutlichen, indem sie den Enkeln davon erzählen, mit wieviel höherem Glücksgefühl das mühselig Erarbeitete belohnt wird, z. B. das Mühen um eine schwere Ausbildung, das Sparen für eine geräumigere Wohnung, der Einsatz für Schwache und Hilfsbedürftige. Sie können über ihre eigenen Erfahrungen in dieser Hinsicht berichten, über die Sackgassen, die falschen Vorstellungen und Handlungen ihrer jungen Jahre wahrheitsgemäß ebenso wie über die guten Früchte auf dem Boden einer Einstellung, die sich zum Leben von übergreifenden Werten überwand.

Wenn auch der größte Teil der Großelternaufgabe, den Enkeln Orientierung zu geben, ins Jugendalter fällt, so ist sie doch nicht allein auf diese Altersstufe beschränkt. Bereits vom Kleinkindalter ab gehört es zur guten Großelternschaft, den Enkeln ihre Grenzen aufzuzeigen und ihnen eine klare Unterscheidung von Gut und Böse zu vermitteln. Großeltern sind dazu oft sehr viel besser geeignet als moderne Eltern, besonders solche, die dem Vermeiden jeglicher Einengung den Vorrang in ihrer Erziehung geben. Daß es notwendig ist, den Nächsten in seinem Umfeld zu respektieren, ihn nicht zu schädigen, ihm seinen Besitz nicht streitig zu machen, sondern ihm mit Respekt zu begegnen, Rücksicht zu nehmen und sich nicht drängelnd allein in den Mittelpunkt zu stellen – diese Orientierung, die Einübung in Achtung vor den Menschen darstellt, sollte zur großelterlichen Aufgabe durch die gesamte Kindheit der Enkel gehören. Dabei ist es am nötigsten, diese Orientierung vorzuleben und sie den Enkeln im Umgang mit den Erwachsenen der alltäglichen Umwelt vorzumachen.

Aber es gehört auch das grenzensetzende Nein, das mahnende und erläuternde Wort dazu – um so ausführlicher, je älter die Enkel werden: „Nein, du kannst nicht auf den Sesseln von Großvater herumturnen, denn erstens sind das keine Turngeräte und zweitens werden sie davon schmutzig. Der Großvater hat lange gespart, bis er sich zwei davon kaufen konnte. Sie sind sein schönster Besitz, an dem er Freude hat. Er ist traurig, wenn sie zerstört sind. Wir haben den Großvater lieb, wir dürfen ihn nicht traurig machen." Solche Worte verstehen schon Fünfjährige. Bei den Zehnjährigen dürfen wir annehmen, daß sie bereits einen Satz mit folgendem Inhalt aufnehmen: „Die Sessel gehören Großvater. Sie gehören euch nicht. Mit Dingen, die anderen Menschen gehören, muß man sehr sorgsam umgehen. Man kann nicht einfach so tun, als gehörten sie einem selbst. Du möchtest auch nicht, daß jeder mit deinen Sachen lieblos umgeht." Eine Erziehung dieser Art ist selbst dann sinnvoll, wenn souveräne Großeltern es im Grunde gut aushalten könnten, wenn die Enkel ihr Mobiliar ruinieren. Aber sie sind für eine Orientierung der Enkel mitverantwortlich, und es ist für die Kinder wesentlich schonender, sie werden von wohlmeinenden Großeltern ermahnt und zum Respekt erzogen, als daß das rauhe Leben ihnen später brutale Nasenstüber versetzt.

P

Pflegen

Wenn es auch nötig ist, daß weise Großeltern sich nicht voreilig ihrer Enkel bemächtigen – wie oft nötigt es ihnen das Schicksal dennoch auf, die Enkel ganz in ihre Pflege zu nehmen und sie bei sich aufzuziehen. Wieviele heute 37- bis 40jährige entkamen als Kleinkinder nur dadurch den Schrecken von Bombenkrieg und Flucht, daß Großeltern sie fest unter ihre Fittiche nahmen, nachdem die jungen Eltern in dem Inferno des Krieges umgekommen waren. Wieviele Menschen jenseits der Lebensmitte brachten hier noch einmal durch ihre große Leistung zäher Treue eine liebes- und leistungsfähige junge Generation hervor. Was für riesige Verdienste haben sich hier durch ihre unermüdliche Liebeskraft viele Frauen der Jahrgänge um die Jahrhundertwende als Großmütter der Nachkriegszeit erworben, die für ihre Enkel die Eltern zu ersetzen hatten! Oft auch waren die Mütter nicht umgekommen, aber sie blieben als Kriegerwitwen, als Alleinversorger der Familien zurück. Viele von ihnen begannen außerhäuslich zu arbeiten, übernahmen also eher den Part des Vaters, während die Großmutter in die pflegende Rolle, die eigentliche Aufgabe der Mutter einstieg – und unter welch kümmerlichen Verhältnissen oft! In diesen Notzeiten zwischen 1940 und 1955 haben viele Großeltern Unermeßliches für die junge Generation geleistet. Man sollte ihnen dafür ein Denkmal setzen!

Die Kinder, die in den harten Notzeiten in Deutschland in der Obhut ihrer Großeltern aufwuchsen, gerieten auch durchgängig relativ gut, und es läßt sich daraus wohl der Schluß ziehen, daß die kargen Verhältnisse eine großelterliche Hauptgefahr verringerte: die Gefahr der Verwöhnung. Abgesehen davon schränkten die beengten Verhältnisse die Flexibilität der Menschen im allgemeinen ein, so daß die Kinder in der Regel die durchgängige Gegenwart der betreuenden Großeltern genießen konnten. Das aber ist ein Faktor, der bei der Entfaltung seelischer Gesundheit besonders wichtig ist. Seelische Verletzungen gab es in dieser Zeit eher einmal, wenn die pflegende Großmutter plötzlich starb und die Kinder danach allein in die Obhut ihrer Mutter gestellt wurden, die oft keineswegs die gleiche innige Beziehung zu ihren Kindern hatte wie die pflegende Großmutter. Besonders Kinder, die gleichzeitig mit dem Tod der Großmutter einen Umgebungswechsel zu verkraften hatten, reagierten dann nicht selten mit einer reaktiven Depression.

Häufig sind in diesen Jahren bis ca. 1970 die Großmütter für ihre Enkel zu Hauptbezugspersonen geworden, wenn diese unehelich geboren wurden oder ungeplant früher zur Welt kamen, als das junge Ehepaar es sich leisten konnte, bevor also das Nest für den Nachwuchs vorhanden war und erst durch die aktive Mitarbeit der jungen Mutter zu schaffen war. In ungezählten Fällen haben Großeltern in diesen Jahren die Pflege der Enkel gewissermaßen hauptamtlich übernommen.

Auch heute kommt das gelegentlich vor, wenn auch lange nicht mehr so häufig: Die Antibabypille und die Legalisierung der Abtreibung haben in den letzten 15 Jahren nicht nur einen Geburtenschwund um die Hälfte zur Folge gehabt, sondern damit auch die Zahl der Enkel, die bei ihren Großeltern aufwachsen, drastisch absinken lassen. Fast die Hälfte aller berufstätigen Mütter in der Bundesrepublik (3,5 Millionen) geben ihre Kinder dennoch auch heute bei der Großmutter in Pflege. Wie sehen die Ergebnisse aus? Kinder, die von den Großeltern großgezogen wurden, sind im allgemeinen besonders gut und liebevoll gepflegte Kinder. Harthörige Großeltern nämlich übernehmen eine solche verantwortungsschwere Aufgabe meist gar nicht erst. Es ist also von vornherein eine Auswahl besonders bemühter älterer Menschen, die sich zu dem Opfer entschließt, dem Enkel durch seine Kindheit hindurch Heimat zu geben. Freilich ist die Großelternpflege zwei Gefahren ausgesetzt, die sich auch nicht per Knopfdruck abstellen lassen: Im allgemeinen sind die Großeltern als die hauptamtlich Pflegenden ängstlicher als die Eltern. Sie tragen schwerer an der Verantwortung, ganz besonders, wenn ihnen der Enkel nur vorübergehend oder auch nur tagsüber überlassen ist und die Großeltern sich verpflichtet fühlen, den Enkel auf jeden Fall unbeschadet an die Eltern wieder abzugeben. Diese Situation wird von den Großeltern häufig als eine zusätzlich drückende Last erlebt und mit einer übertriebenen Sorgfalt um den Enkel beantwortet.

Ängstlichkeit dieser Art aber macht Kinder ängstlich. Sie übernehmen die sorgenvolle Angestrengtheit der Großmutter und werden selbst angestrengt zersorgte Menschen. Oft entwickeln solche Kinder, die durchgängig die ersten Lebensjahre in der Pflege ihrer Großmutter zubrachten, einen zermürbenden Perfektionismus: So wie die Großmutter versuchte, den Enkeln eine perfekte, sie vor allem Unheil bewahrende Mutter zu sein, versuchen die Enkel vom Schulalter ab voller Angst, perfekte Schulleistungen zu erbringen. Oft wird freilich die Ängstlichkeit von Verwöhntheit überdeckt und führt dann eher in eine Bequemlichkeitshaltung der so übermäßig Umsorgten. Von den Folgen der Verwöhnung soll auf Seite 196 noch ausführlich die Rede sein.

Zur alltäglichen Pflege beruft das Schicksal die Großeltern auch, wenn die Eltern durch Unfälle oder Erkrankungen ausfallen. So merkwürdig das erscheinen mag: Oft ist die Übernahme dieser Aufgabe bei tödlichen Katastrophen für die Großeltern weniger komplikationsreich als bei einem vorübergehend notwendig werdenden Einspringen. Das ganz harte Schicksal mindert den Widerspruch. Es zwingt die Kinder, sich, vom Schlag geduckt, in das Unabänderliche zu schicken. Die nur vorübergehende Betreuung der Enkel bringt hingegen, wenn sie aus dem Säuglingsalter heraus sind, oft mehr Schwierigkeiten mit sich. In den beiden ersten Lebensjahren kann freilich die Trennung von der Mutter grundsätzlich komplikationsreich sein und sollte daher vermieden werden. Schon vom sechsten Lebensmonat an ist es keineswegs selbstverständlich, daß der Enkelsäugling den plötzlichen Wechsel einfach akzeptiert, die Großeltern mögen ihn noch so lieben. Wenn sie dem Enkel nicht bereits sehr vertraut sind, empfindet er sie – entwicklungspsychologisch mit gutem Recht – als Fremde, Falsche, als die nicht Richtigen. Kleinkinder wehren sich dann, indem sie zunächst die Nahrung verweigern, den Spinat in hohem Bogen durch die Gegend spucken und mit Aggressionen auf die Eindringlinge antworten. Großeltern sollte das nicht zu dem Fehlschluß leiten, ihr Enkelkind lehne speziell sie ab. Von Kleinkindern, bei denen die Bindung an die Mutter geglückt ist, wird die Betreuung durch ihnen fremde Personen ohne jedes Bewußtsein archaisch als eine Bedrohung ihrer Existenz empfunden und mit Angst, Abwehr und Aggression beantwortet. Diese Signale des Säuglings sollten ernst genommen und nicht einfach übergangen werden.

Wenn aber sehr kleine Enkelkinder aus Not plötzlich in die Obhut ihrer Großeltern gestellt werden müssen, sollte man sie sorgsam und mit taktvoller Distanz umwerben, so lange, bis sie Vertrauen gefaßt haben.

Weil gut gepflegte Kleinkinder eine so starke Bindung an ihre Eltern haben, ist es also besser, die Enkel nicht ohne Not plötzlich zu Großeltern zu verpflanzen, die sie bisher noch gar nicht kennengelernt haben. Es ist leichtfertig, in den ersten drei Lebensjahren die Kinder bei den bisher fremd gebliebenen Großeltern abzugeben, etwa mit dem Enkelkind aus einem fernen Ort anzureisen, ihn bei den Großeltern gewissermaßen abzuwerfen, um allein Urlaub zu machen. Besser – aber bei Säuglingen auch nicht ratsam – ist es dann schon, die Großeltern hüten bei ihren Kindern ein, damit die Säuglinge und Kleinkinder im gleichen Milieu verweilen. Sind langwöchige Pflegephasen durch die Großeltern unumgänglich, so sollten sie mehrere Tage vor der Abreise der Eltern eintreffen, damit die Kinder ihre Großeltern kennenlernen und sich zunächst im Beisein der Mutter daran gewöhnen, von der Großmutter gefüttert, gewindelt und gebettet zu werden.

Trennungserlebnisse von der Mutter in den ersten beiden Lebensjahren können schwere Beeinträchtigungen hervorrufen, die sich oft lebenslänglich darin zeigen, daß Ängste durchbrechen, wenn der heimatliche Standort gewechselt werden soll. Kleinkinder, die zu viel reisen mußten, können später manchmal nie wieder mit Lust verreisen.

Auch ältere Enkel lassen sich häufig nicht einfach so selbstverständlich in die großelterliche Pflege übernehmen. Es kann u. U. ein verhängnisvoller Irrtum von Großeltern sein, anzunehmen, daß ihre Enkel ihnen ohne weiteres die Vertrautheit entgegenbringen, die die Großeltern vom ersten Schrei der Enkel an ihnen gegenüber empfanden. Großeltern, die fern von den Familien ihrer Kinder angesiedelt sind, sind für die Enkel zunächst so fremd wie irgendwelche anderen Menschen auch. In das Vertrauen zu den Großeltern wachsen sie erst allmählich im Laufe ihrer Kleinkindzeit hinein – unter der Voraussetzung, daß sie die Großeltern häufiger einmal sehen und diese sich darum bemühen, den Enkeln zu der Erkenntnis zu verhelfen, daß sie ihnen näher stehen als andere Menschen, denen sie begegnen. Grundsätzlich gilt: Der Mensch liebt mehr das Bekannte als das ihm Fremde; er ist nun einmal ein Gewohnheitstier, und das sogar dann, wenn die Gewohnheit gar nicht so sonderlich bekömmlich für ihn war. Selbst in dem traurigen Fall, daß Großeltern ihre Enkel zur Pflege übernehmen müssen, weil die jungen Eltern – aus welchen Gründen auch immer – in der Erziehung versagten und sie unzureichend versorgt wurden, kommen die Enkel einer sorgfältigen Pflege durch die Großeltern zunächst oft nicht mit Dankbarkeit und Glücksgefühlen entgegen. Meist haben Kinder dennoch Heimweh – selbst nach schlechten Eltern! Sie müssen in dem großelterlichen Umfeld neu verwurzelt werden. Dazu gehört viel Takt, viel Geduld, viel ungekränkte Unermüdlichkeit. Widerborstiges, aggressives Verhalten der Enkel in den ersten Wochen sollte im Wissen um diese Zusammenhänge so weitgehend wie möglich still übergangen werden. Kein Gärtner käme auf die Idee, einen jungen Baum, den er verpflanzt hat, nachdem er schon ziemlich fest eingewurzelt war, zusätzlichen Belastungen auszusetzen. Er muß zunächst viel begossen und beobachtet, gut gedüngt werden. Erst wenn die neue Verwurzelung gelungen ist, wird man ihm eine selbstverständliche Einpassung in seine Umgebung ohne besondere Beobachtung und Mühewaltung zumuten. Mit den Enkelkindern, die unversehens von den Großeltern übernommen werden müssen, ist das genauso. Auch das aktive Erziehen sollte eine Weile pausieren, bis das Kind sich vertrauensvoll in der neuen Situation zurechtgefunden hat.

In den relativ häufigen Fällen, in denen die Großeltern lediglich die Tagespflege für ihre Enkel übernehmen (meist weil die Mutter der Kinder außerhäuslich berufstätig ist), kommt es übrigens oft zu einer interessanten Umkehr in der erzieherischen Haltung: Weil die Großmutter die Mutterrolle innehat, benimmt sie sich eher auch mutterähnlich: Der Alltag nötigt ihr ein mehr erzieherisches Verhalten mit mancherlei Versagungen ab, während die nur am Abend und am Wochenende anwesende Mutter sich eher erlauben kann, den Kindern zu gewähren, was sie wünschen.

Oft wird den Großmüttern, die die Hauptlast tragen, leider durch ihre mit ihrem Erziehen unzufriedenen Töchter oder Schwiegertöchter großes Unrecht angetan; denn kritisieren ist leicht, besser machen aber sehr viel schwerer!

Großeltern, die sich darauf eingelassen haben, am Tage für ihre Enkel die Eltern zu ersetzen, sollten sich zwar nicht bei jeder kritischen Bemerkung der Heimkehrer in den Schmollwinkel treiben lassen, aber sie sollten auch darauf bestehen, nicht allabendlich in verletzender Weise abgekanzelt zu werden. Es wäre viel aufbauender, in humorvollem Tenor, der mit gegenseitiger Achtung und Liebe durchsetzt ist, ein allabendliches Beratungsgremium um den optimalen Erziehungsstil oder um ein einzelnes Problem mit den Enkeln zu bilden.

Besonders Mütter und Töchter sollten sich vornehmen, in solchen Situationen nicht ruppig und verletzend miteinander umzugehen. Die Tagespflege der Enkel ist eine schwierige Aufgabe. Großeltern sollten sie nicht ohne Not übernehmen. Aber wenn die Situation gegeben ist, braucht es besonders viel Takt, besonders viel Behutsamkeit bei der Erörterung um konkrete Erziehungsfragen. Von großer Wichtigkeit ist es, daß die Tagerzieher und die Nachtbetreuer sich auf den ausgewogenen Erziehungsstil eines guten Mittelmaßes einigen. Sie sollten sich klar machen: Uneinigkeit, Boykott, Zerstrittenheit, das Wechselbad der Extreme im Erziehungsstil schaden denen, um die sie sich mit so viel Anstrengung kümmern: ihren geliebten Nachkommen.

Zu besonders großen Problemen kommt es nicht selten, wenn die Tagespflege der mit im Haus lebenden Großmutter vom Lebensanfang des Säuglings an ausgeführt wird. Wenn das kleine Kind liebevoll vornehmlich von seiner Großmutter betreut wird, bindet es sich auch mehr an sie. Sie ist eben die Beste. Manche junge Mutter kann das aber seelisch nicht verkraften. Und so beginnt ein zermürbender Kampf zwischen Mutter und Tochter bzw. Schwiegertochter.

Eine berufstätige Mutter schilderte mir das so: „Als unsere Isa geboren wurde, beschlossen wir zu dritt, daß ich weiter berufstätig bleibe und meine nebenan wohnende verwitwete Schwiegermutter die Pflege ihrer Enkeltochter übernehmen würde. Wir hatten uns mit der Wohnungseinrichtung hoch verschuldet, und so hielt ich meine weitere Berufstätigkeit auch für unumgänglich und vernünftig. Den halbjährigen Mutterschutz gab es damals noch nicht. Ich fing deswegen gar nicht erst an zu stillen, und meine Mutter fütterte, windelte und badete das Kind dann auch bald, nachdem ich mit Isa nach Hause zurückgekehrt war. Sie sollte sich schließlich an das Kind gewöhnen.

Zunächst hat mir das auch nichts ausgemacht. Ich war noch ein wenig geschwächt durch die nicht ganz leichte Geburt. Ich genoß es, eine so liebevolle und sorgsame Pflegerin zu haben, die mir auch zu störungsfreien Nächten verhalf; denn das Kind schlief im Schlafzimmer seiner Großmutter. Aber schon vier, fünf Monate nach Isas Geburt spürte ich, daß es mich oft geradezu mit einem Stich durchfuhr, wenn wir zu dritt zusammen waren: Isa fing auf *meinem* Arm an zu schreien, wenn Mutter einmal nach draußen ging! Isa lächelte Mutter viel mehr zu als mir; Isa streckte die Arme jauchzend nach ihrer Großmutter aus. Mich tolerierte sie nur. *So* hatte ich mir das nicht gedacht! Ich begann um die Liebe meiner Tochter zu kämpfen. Das Bett wurde in unser Schlafzimmer gestellt. Ich gab dem Kind morgens die erste und abends die letzte Mahlzeit. Aber merkwürdig: Das brachte nicht die entscheidende Wende.

Als Isa laufen und sprechen konnte, fragte sie selbst an den Wochenenden, wenn wir endlich einmal ein richtiges Familienleben führen wollten, schon gleich nach dem Frühstück: ‚Wo ist Oma?' Und die war dann meist auch nicht fern, sondern trat gewissermaßen per Knopfdruck auf den Plan. Seligkeit und Einigkeit zwischen Großmutter und Enkelin! Verbitterung, Wut stieg in mir hoch. Eines Samstagmorgens hielt ich es nicht mehr aus und schrie sie an: ‚Kannst du uns nicht wenigstens am Wochenende in Ruhe lassen?'

Meine Mutter setzte Isa, mit der sie gerade auf ihrem Arm schäkerte, sofort ab und verließ stumm den Raum. Isa wollte sofort hinterher, und ich brüllte ihr zu: ‚Du bleibst gefälligst hier!'

Isa konterte: ‚Ich geh' zu Oma!'

Mein Mann verschloß die Tür und steckte den Schlüssel in die Tasche. ‚Willst du wohl Mama gehorchen!' sagte er streng.

Isa warf sich statt dessen auf die Erde und brüllte eine halbe Stunde lang.

Das Telefon läutete. Meine Mutter fragte von nebenan telefonisch: ‚Warum schreit das Kind denn so?' Ich knallte den Hörer auf die Gabel.

Als wir mit den Nerven am Ende waren, holte mein Mann Isa unter dem Tisch hervor und versohlte sie auf ihren Windel-gepolsterten Hintern.

‚*So* doch nicht!' schrie ich nun auch noch meinen Mann an und entriß ihm das Kind. Aber das machte sich steif, entwand sich meinen Armen und brüllte weiter.

Das ganze Wochenende war verpatzt. Wir nahmen zwar unser Kind und fuhren weg; es schlief dann auch im Kindersitz mit einem verschmierten Schokoladenmund ein – aber gebracht hat es alles nichts. Ich spürte, daß hier etwas Furchtbares auf mich zukam: Ich war im Begriff, mein Kind an seine Großmutter zu verlieren.

Wie ändern? Die Schulden waren nun zwar weitgehend getilgt, aber sollte ich meinen Beruf nur des krötenhaften Benehmens meiner Tochter wegen aufgeben? Das wollte ich nicht. Und so blieb alles beim alten.

Ich merkte aber bald, daß ich meine Kraft überschätzt hatte: Immer häufiger benahm ich mich gegen meine Mutter ungerecht und gereizt. Sie tat von sich aus alles, um mich von dem Kind nicht zu entfremden. Sie verstand mich offenbar besser als ich mich selbst. Sie kam nicht mehr von sich aus, um Isa abzuholen; sie wartete, bis ihr Dienst notwendig wurde. Sie hatte sofort aufgehört, sich einzumischen, als sie merkte, daß mich das reizte. Und sie blieb trotzdem freundlich. Sie ist wirklich eine ideale Großmutter; aber gerade das hielt ich eben nicht aus. *Ich* war eben keine ideale *Mutter*; Isas Verhalten zeigte mir das ganz unmißverständlich.

Ich begann für meine Familie unerträglich zu werden. ‚Ich höre mit meinem Beruf auf', sagte ich zu meinem Mann.

‚Was soll das denn helfen?', erwiderte er, ‚glaubst du, Isa würde dann den ganzen Tag auf deinem Schoß sitzen? Sie liebt ihre Oma nun einmal mehr als dich. Das mußt du eben ertragen.'

Aber das halte ich nicht aus, wirklich nicht, ich habe es wieder und wieder versucht. Wir wollen auch gern noch ein zweites Kind haben; aber dies schaffe ich nicht noch einmal. Es macht mich ja schon bei Isa fix und fertig. Bitte helfen Sie mir!" bat die Mutter verzweifelt.

Die junge Mutter hatte nicht gewußt, daß sich Kinder an die Person binden, von der sie im ersten Lebensjahr gepflegt werden. Und sie hatte auch zu wenig bedacht, daß der eigene Besitztrieb, mit dem Pflegetrieb vermischt, oft größer ist als die selbstlose Liebe des Menschen. Die Stärke dieser Triebhaftigkeit bescherte ihr eine innere Zerreißprobe, die auch für das Kind zu einem es gefährdenden Kreidekreis wurde. Isa hatte nach dem Transport ins elterliche Schlafzimmer ein nächtliches Aufschreien entwikkelt. Sie träumte einen Angsttraum immer wieder: Eine riesige Katze mit glühenden Augen kommt geschlichen, hebt ihre Pranke und kratzt ihr mit ihren Krallen mitten ins Gesicht... Isas Unbewußtes fürchtete also bereits den Anspruch ihrer Mutter. Sie erlebte ihn als einen räuberischen Übergriff. Und es enthält eine tiefe Wahrheit, daß diese Angst in Tiergestalt erscheint: Dieses Greifverhalten kommt mehr aus dem tierhaften als aus dem menschlichen Sein einer Mutter.

Und dennoch läßt sich das Tier im Menschen nicht einfach verscheuchen. Es läßt sich auch nicht wegreden. Diese Mutter hat durchaus erkannt, daß es für alle besser wäre, nicht eifersüchtig auf die Großmutter ihrer Tochter zu sein. Sie war es aber gegen den eigenen Wunsch nach Besserung dennoch!

Das lag zu einem großen Teil daran, daß die junge Frau die seelische Kraft und Reife zur Abgabe des Kindes noch nicht besaß. Müttern von kleinen Kindern wird sie natürlicherweise auch noch nicht abgefordert. Die Größe dazu wächst den Müttern meist erst allmählich zu. Zunächst ist die enge Bindung an sie mit Vorrang vor allen anderen Personen biologisch notwendig, und deshalb existiert bei seelisch gesunden Müttern auch das Bedürfnis danach.

Nachdem ich der jungen Frau diese ihr nicht im Bewußtsein stehende Einsicht vermittelt hatte, kam sie selbst auf die Lösung: nach der Geburt eines zweiten Kindes ihren Beruf aufzugeben und ihre „Selbstverwirklichung" als Mutter zu leben. Ich unterstützte diesen Entschluß, zumal ich der Mutter tröstend verheißen konnte, daß die enge Mutter-Kind-Beziehung, die ihre Tochter Isa der Großmutter gegenüber entwickelt habe, sich gegen Ende der Kleinkindzeit allmählich verliere, so daß sie dann mehr Aussicht habe, das Kind mehr für sich zu gewinnen.

Zwei Jahre später berichtete die junge Frau von ihrer geheilten Situation: Eine zweite Tochter war geboren und voll von der Mutter gestillt worden. „Was habe ich mir bei Isa entgehen lassen!" sagt sie bedauernd-glücklich. Isa – nun bereits fünfjährig – hatte sich zunehmend mehr zur Mutter mit dem Baby hingezogen gefühlt und – nach einer Eifersuchtskrise, die mit Sachverstand durch gelegentlich ausschließliche Zuwendung zum älteren Kind bewältigt wurde – viel selbstverständlicher ihren Eltern angeschlossen.

Die Großmutter und ihre Tochter lebten seither in einer entspannten Beziehung. Die Großmutter war glücklich, nicht noch einmal für einen zweiten Enkel die strapaziöse Kleinkindzeit durchstehen zu müssen, sondern auch einmal wieder eigenen Interessen nachgehen zu können und weniger angestrengt das Glück im Nachbarhaus mit zu genießen.

Q

Quengeleien abweisen

„Omi", erschallt eine fordernde Kinderstimme mit Nachdruck und wiederholt noch einmal, nun schon ärgerlich, ja empört, „Omi, Omi!" Das fünfjährige Kind steht vor einem Stand mit Bonbons in einer Bahnhofshalle. Eine ältere Frau, offenbar die Angerufene, löst sich aus dem Strom der Vorübergehenden, wendet sich zurück und der Enkelin zu. Die zeigt nur befehlend auf eine der Bonbonbüchsen. Die Großmutter schüttelt den Kopf, nimmt das Kind an die Hand, sagt etwas Beschwichtigendes. Plötzlich reißt sich das Kind von der Hand los, wirft sich auf den Boden, brüllt, daß der Bahnhofstunnel widerhallt. Die Großmutter versucht es fortzuziehen. Das Kind strampelt; ein gut gezielter Tritt seines Fußes landet gegen ihr Schienbein. Gebrüll. Die Passanten werden aufmerksam, vorwurfsvolle Blicke treffen die ächzende Frau. Ein alter Mann schüttelt den Kopf. Die Großmutter kehrt um. Sie holt ihr Portemonnaie hervor. Das Gebrüll verstummt. Die Großmutter kauft Bonbons, und einen, den obersten in der Tüte, darf Beate gleich in den Mund stecken.

Arme Großmutter! Sie hat eine Beschämung in der Öffentlichkeit durch Nachgeben der Quengeleien der Enkelin abgekürzt, aber sie hat den Keim zu einer weiteren Kette quälerischer Quengeleien gelegt; denn die Enkeltochter hat – und vermutlich heute nicht zum ersten Mal – die Erfahrung gemacht: Mit Großmutters Standhaftigkeit ist es nicht weit her. Großmutters Widerstand läßt sich durch hartnäckiges Quengeln lahm legen, Omi ist besiegbar. Diese Erfahrung erzeugt Machtgewißheit; und diese läßt in der Enkelin eine hartnäckige Fähigkeit entstehen, in den Forderungen unnachgiebig zu bleiben – koste es auch an lautstarker Quengelei, was es wolle.

Großeltern, die dem Quengelgeist in ihren Enkeln erst einmal den kleinen Finger gegeben haben, müssen damit rechnen, daß er mehr will als die ganze Hand, so daß das Leben mit den ansprüchlerisch gewordenen Kindern in einem zunehmenden Maße unerfreulich wird; nicht nur für die geplagten Großeltern allein, sondern auch für die so Fehlerzogenen, die von einem jaulenden Maulen ins andere fallen und schließlich keinerlei Nein mehr hinnehmen können. Eine noch so seltene Verweigerung durch den Großvater wirkt auf sie ähnlich wie ein Weltuntergang.

Unnachgiebigkeit in den Dingen, die den Enkeln schädlich sind, die von den Großeltern als unnötig oder unsinnig angesehen werden, ist unbedingt nötig, um sich das Leben mit den Enkeln nicht zur Hölle zu machen. Das gelegentliche Nein gehört grundsätzlich unaufgebbar zum Erziehen von Kindern. Quengeleien als kindliche Taktik zur Überwindung der Verweigerung sind eine Folge des großelterlichen Fehlers, das Nein im Nachhinein und unter dem Druck des Enkels in ein seufzendes Ja zu verwandeln.

Die sachlich und erzieherisch notwendige Unnachgiebigkeit ist leichter zu bewahren, wenn man eine seinen Standpunkt unterstützende Erklärung abgibt. Schon Vierjährige können es verstehen, wenn Großmutter sagt: „Ach, Beate, Bonbons schaden den Zähnen so sehr. Aber Omi hat Dich lieb, sie will Dir nichts kaufen, was Dir schadet."

Besonders schwer ist es, den Quengeleien von Enkeln standzuhalten, wenn sie von den Großeltern etwas zu bekommen hoffen, was die Eltern ihnen abschlugen. So ist es zum Beispiel nicht selten, daß ein Kind bei Tisch schlecht gegessen hat oder aus Schlamperei zu spät kam oder sich bei Tisch absichtlich aufreizend unappetitlich benahm und die Eltern beschließen das Essen abzuräumen, bevor das Kind satt wurde, und ihm erklären, daß am Abendbrottisch Gelegenheit wäre, die Scharte wieder auszuwetzen. Nur allzu oft bleiben berechtigte Erziehungsversuche dieser Art auf der Strecke, wenn das Kind eine gegen Quengelei anfällige Großmutter in der Hinterhand hat. Der mangelnde Appetit von Kindern, ihr wählerisches Herumstochern in teuren und liebevoll angerichteten Speisen wird sich einschleifen, wenn sie wissen: Ich brauche nur hinterher bei Großmutter aufzukreuzen, und sie wird mir kredenzen oder bruzzeln, was mein Herz begehrt: schönes, appetitverderbendes Lakritz, Schokolade, Gummibärchen, Eis oder Pommes frites. Solche großelterlichen Handlungen haben nichts mit Liebe zu tun; sie sind Schlimmeres als ein wenig Boykott gegen die elterlichen Bemühungen. Sie vermitteln den Heranwachsenden erstens die unbekömmliche Erfahrung, daß man mit krummen Touren bequem zur Realisierung seiner Wünsche zu kommen vermag, und zweitens, daß es die Möglichkeit gibt, Menschen gegeneinander auszuspielen, ja, daß es drittens eine ganz normale Sache ist, Menschen in den Dienst der eigenen Zwecke zu stellen und dabei Bündnistreue zu mißachten und zu verraten. Um das Züchten von Unmoral dieser Art zu vermeiden, ist eine sehr gute Zusammenarbeit von Eltern und Großeltern Voraussetzung. Töchter und Schwiegertöchter sollten sich nicht schämen, die nebenan wohnende Großmutter (vielleicht per Telefon) rasch zu informieren, was sie erwartet, wenn das Enkelkind gleich zur Tür hineintritt. Manchmal genügt die Verabredung eines Codewortes, das der Großmutter signalisiert, daß der Michael wieder einmal beim Essen Theater gemacht hat und auf die großelterliche Futterkrippe auszuweichen gedenkt. Das ist besonders dann angebracht, wenn die Großeltern im gleichen Haus wohnen, bei der Auseinandersetzung aber nicht anwesend waren und für eine längere Information über den Vorgang in Abwesenheit des Kindes keine Gelegenheit vorhanden ist.

Etwa so: Mutter sieht ihrem Michael nach der Auseinandersetzung bei Tisch im Flur gerade noch in Großmutters Küche verschwinden. Es reicht, wenn sie nur den Kopf zur Tür hineinsteckt und freundlich verschmitzt ruft: „Hallo, Mutter, alles okay?" Okay ist aber das verabredete Codewort und bedeutet: Paß auf, jetzt wird Dein Herr Enkel dazu ansetzen, seine Großmutter zu manipulieren!

Liebende Großeltern stopfen ihre Enkel dann nicht mit Schokolade voll, sondern beschäftigen sich mit ihnen. Sie geben ihnen durch Zuwendung Trost, ohne die elterliche Maßnahme zu unterlaufen.

R

Rat geben

Mit dem Ratgeben von Mensch zu Mensch in persönlichen Dingen ist es grundsätzlich eine heikle Sache. Es kann nur allzu leicht eine vorschnelle Manipulation zur Fremdbestimmung sein. Jeder hat seinen eigenen Weg in diesem Leben. Der gleiche für den einen erfolgreiche Weg ist für den anderen noch lange nicht der richtige. Liebevolle Ratgeber versuchen eher in der Gemeinschaft mit dem Ratlosen zu ertasten, was wohl für ihn das Richtige sein möge, als ihm durch Ratschlag nach Ruck-Zuck-Manier seine Vorstellung über das Richtige aufzunötigen. Wieviel mehr dieser Grundsatz bei den Ratschlägen der Großeltern an die Kinder und Kindeskinder gilt, ist nicht nur zufällig im Eingangskapitel dieser Schrift behandelt worden. Vor der Bereitschaft zum Ratgeben muß der Wille zum Abstand, zum taktvollen Bemühen, den jungen Familien ihren eigenen Stil, ihren eigenen Luftraum zuzubilligen, stehen. Die Gefahr des unzulässigen Übergriffs muß auch im Hinblick auf das Ratgeben jederzeit fest im Bewußtsein mitdenkender Großeltern stehen.

Aber unter der Voraussetzung, daß dies als eine immer lauernde Gefahr in der großelterlichen Moral fest verankert ist, darf, nein *muß* auch bei lebenswichtigen Angelegenheiten der Mut zum nachdrücklichen Rat vorhanden sein.

In unserer Zeit neigt man im Praktizieren einer mißverstandenen Existenzphilosophie häufig in einer übertreibenden Weise dazu, sich einer Entscheidung für etwas zu entziehen. Gewißheit von Lebenszielen, Entschiedenheit der Orientierung, Klarheit von Standpunkten wurden dadurch als Gefährdung zu manipulatorischer Fremdbestimmung verdächtigt. Das hatte nun aber eine Verabsolutierung des Relativen zur Folge, die zu einer Philosophie der freien Wahl, des freien vielfältigen Angebots führte. In der Pädagogik wurde dadurch aber ein gefährliches Vakuum verursacht, nämlich Orientierungslosigkeit der unerfahrenen und zur Unzeit vor die Wahl gestellten jungen Menschen.

Verantwortungsbewußte Großeltern dürfen in diesem Trend nicht einfach unreflektiert mitlaufen; denn Ratgeben gehört zu ihrer Kernaufgabe. Sie haben ja auf den Wegen ihres Lebens im wahrsten Sinne des Wortes erfahren, wo die Fallgruben lauern, wo die Sümpfe liegen, aus denen es keine Rückkehr gibt, wo die Sackgassen sind, die den Menschen schließlich zwischen zwei Felswänden einklemmen, wie es im Bild des Märchens eindrucksvoll dargestellt ist. Es ist verantwortungslos und lieblos, grundsätzlich schulterzuckend zu sagen: Die Jungen müssen eben ihre Erfahrungen selbst machen. Großeltern sind schließlich immer Überlebende, mit knapper Not irgendwelchen kollektiven oder persönlichen Gefahren Entronnene – in diesem Jahrhundert ganz besonders –, sie haben die Pflicht, durch guten Rat zu verhindern, daß ihre Enkel zu den vielen in jeder Generation gehören, die auf der Strecke bleiben.

Auf einem anderen Blatt steht die Frage, wie der unumgänglich notwendig werdende Rat so zu übermitteln ist, daß die Chance besteht, daß er angenommen wird, besonders in den Fällen, in denen die Großeltern nicht angesprochen werden, weil Kind und Kindeskinder die Vorstellung hegen, eines Rates nicht bedürftig zu sein. Je wichtiger der Rat ist, um so notwendiger ist eine solche Überlegung. Es hat keinen Sinn, mit der Tür ins Haus zu fallen, drohend, moralisierend mit erhobenem Zeigefinger in Aktion zu treten. Es wäre zwar sicher für die Jungen gut, sie könnten die Ungeschicklichkeit des großelterlichen Vorgehens übersehen, sie als Zeichen der besorgten Liebe verstehen und sich allein an die Substanz der Aussage halten, statt durch die Form des Rates absoluten Widerstand zu entwickeln – aber diese Reife und diese Einsicht fehlen den Jungen eben häufig noch.

Über eine angemessene, sorgsame Taktik im Geist der Liebe nachzudenken, ist deshalb meist dringlich. Die Chance, daß der wichtige Rat angenommen werden kann, ist erstens um so größer, je mehr sich die Großeltern bei unwichtigen Kleinigkeiten zurückhalten. Die Angst vor der großelterlichen Machtergreifung ist dann nicht vorhanden und tritt nicht als Abwehr der Einmischung, als eingeschliffener Mechanismus auf den Plan.

Zweitens läßt sich der notwendig werdende wichtige Rat oft besser schriftlich vorbringen als mündlich. Er sollte ohnehin erst nach gründlicher Überlegung gegeben werden; er muß aber auch durch plausible Argumente unterstützt werden. Der Rat muß gut begründet sein, und es muß auch ausgesprochen werden, daß die Großeltern sich aus Liebe und Verantwortungsgefühl überwunden hätten, ihren Grundsatz der Zurückhaltung hier ausnahmsweise einmal zu durchbrechen.

Natürlich kann der schriftlich gegebene Rat für manche Problemlösungen nicht der angemessene Weg sein. In einigen Fällen kann im Gegenteil gerade eine beiläufige Bemerkung der richtige Einstieg sein, speziell bei horchbereiten Kindern und Enkeln. Oft kann die Form der En-passant-Bemerkung leichter bewirken, daß der Angesprochene nachfragt und mehr wissen will über die großelterliche Meinung.

Wichtig ist es, daß die Großeltern betonen: Wir halten uns gewiß nicht für allwissend; wir meinen auch nicht, daß ihr als unsere Nachkommen sklavisch tun solltet, was *wir* für richtig halten; aber wir haben auf dem Boden eigener Erfahrung oder auch eigener Informiertheit und fachlicher Kompetenz die Vorstellung, daß es euch zum Segen gereichen würde, dies oder das so oder so zu tun.

Zum Beispiel haben viele Großeltern die Erfahrung gemacht, wie wenig Kinder eine im Haus anwesende Mutter entbehren können. Sie haben dieses Urteil, oft ohne die vorhandene wissenschaftliche Untermauerung zu kennen, durch ihr eigenes Tun und Lassen, durch ihr Vergleichen und Beobachten gewonnen. Nun erleben sie, daß die jungen Töchter und Schwiegertöchter ihr eigenes Familienleben mit der linken Hand planen. Nach der 6-Monats-Frist beim Baby daheim wollen sie wieder in ihre außerhäusliche Berufstätigkeit einsteigen und das Baby zunächst bei Tagesmüttern, dann in Krabbelstuben, schließlich in Kindertagesstätten unterbringen – und das häufig nicht, weil der Beruf ihnen zu wichtig ist, sondern um zu einem ihnen erstrebenswerten Lebensstandard zu kommen. Großelterlicher Rat kann hier u. U. helfen, eine Weiche zu stellen, die spätere Not mit den Enkeln vorbeugt. Ein kompetenter Rat kann hier um so größere Wirkung haben, je mehr Phantasie die Großeltern entfalten, um der jungen Frau zu helfen, mit Freude eine glückliche, daheim bleibende Mutter zu werden. Materielle Unterstützung kann hier ebenso wirksam sein wie ein Vermitteln der Einsicht in den riesengroßen Wert, den die Treue der Mutter nicht nur für das Kind, sondern für alle hat.

Nicht nur Informationsmaterial über die Spätschäden bei nicht muttersatt gewordenen Kindern sollte bei dieser Problematik vermittelt werden, sondern die jungen Mütter sollten von den Großeltern vor allem die Zusicherung des Rückhalts in traurigen Zeiten erfahren; denn manche jungen Mütter kehren lediglich in den Beruf zurück, weil sie das Aufgeben ihrer finanziellen Unabhängigkeit (nur allzu oft mit Recht!) als eine Unsicherheit erfahren, vor der sie zurückscheuen. Großelterliche Zusicherungen (an die Töchter, ja mehr und wirkungsvoller noch an die Schwiegertöchter) können dem Rat, bei den Kindern daheim zu bleiben, zur Realisierung verhelfen.

Von großer Bedeutung kann auch der großmütterliche Rat an die Töchter sein, ihre Säuglinge zu stillen. Die meisten Großmütter haben ihre Kinder noch genährt und besitzen darin Erfahrung, die sie ratend vermitteln können. Sie haben auch durch Vergleich erlebt, daß voll gestillte Kinder im allgemeinen besser gedeihen – und diese Erfahrung entspricht den internationalen Forschungsergebnissen von Kinderärzten*. Großmütter sollten aber so wendig sein, ihre eigene Erfahrung durch die neuen und noch sehr verbesserten Bemühungen um eine hunderprozentige Stilltechnik anzureichern. Sie sollten ihren schwangeren Töchtern und Schwiegertöchtern diese vorzüglichen Anleitungen schenken** und ihnen verdeutlichen, wie sehr sie durch ein natürliches Verhalten die seelische Gesundheit der Enkel im Erwachsenenalter bereits in ihrer ersten Lebenszeit in einem außerordentlich hohen Maß vorbereiten können.

---

* Jeliffe, D. B. and Jeliffe, E. F. P.: Human milk in the modern world, Oxford 1978.

** Ehler M.: Ich will mein Kind stillen. Wuppertal 1976, Hanny Lothrop: Das Stillbuch, Stuttgart 1980.

Diese Beispiele sollen aber lediglich andeuten: Lebenswichtiger Rat darf nicht aus Taktgefühl unterdrückt werden. Es gibt grundsätzlich das Faktum der Schuld durch Unterlassung. Es bedeutet nicht Fortschritt und Weisheit, notwendige Warnungen vor umfänglichen Fehlern, die u. U. Unglück und Elend hervorrufen, ungesagt zu lassen. Es ist eine unzulässige Selbsttäuschung, die verabsolutierte Nichteinmischung der Großeltern für Souveränität und Fortschritt zu halten. Sie ist oft nichts weiter als Feigheit und Bequemlichkeit, eine bemäntelte Gleichgültigkeit, die letztlich auf einem Mangel an Liebe beruht. Notwendigen Rat nicht zu geben, notwendige Warnung nicht auszusprechen, ist unterlassene Hilfeleistung. Wenn die negativen Folgen dann eintreten, haben die Kinder und Enkel Berechtigung zu dem Vorwurf: „Aber warum habt ihr uns denn nicht gesagt, was dabei herauskommt! Euch war das damals doch bereits klar!" Und natürlich wäre auch umgekehrt der gleiche Vorwurf der Großeltern an die Adresse von Kindern und Enkeln berechtigt: „Wir haben euch auf dem Boden unserer Erfahrung doch so herzlich gebeten, unseren Rat anzunehmen. Es ist doch eine ebenso traurige wie konsequente Wahrheit, daß der, der nicht hören will, fühlen muß. Wir hätten euch das so gern erspart" – (aber diese Retourkutsche ist wenig konstruktiv, und deshalb ist es ratsam, sie zu unterlassen).

Freilich gehört es zur Weisheit der Großeltern, selbst die Harthörigen dann weiter anzunehmen und ihnen aufzuhelfen zu suchen.

Es gibt schlimmerweise übrigens auch Menschen in der älteren Generation, die das Ratgeben nicht aus Prinzip ablehnen, sondern aus der Unfähigkeit, überhaupt etwas Selbsterworbenes abgeben zu können. Das sind die im Grunde seelisch „armen" Menschen, die unbewußt fürchten, sich zu entleeren, wenn sie mit anderen teilen. Das Mit-teilen einer Erfahrung, einer Information fußt schließlich, wie das Wort mit Recht ausdrückt, auf einem Vorgang des Teilens. Das sind die verschlossenen, schmallippigen, verknöcherten Alten, die z. B. das Geheimnis ihrer Kochkunst lieber mit ins Grab nehmen, als sie einer lernfrohen Enkelin zu vermitteln. Das sind die Großväter, die mit einem kalten Glanz in den Augen ihren Enkeln jede Gletscherspalte an den Hals wünschen, statt ihnen beizubringen, wie man die unter dem Schnee verborgenen Fallgruben erkennt. Verschlossenheit, Ratverweigerung dieser Art müssen nicht immer absolut unverbesserlich sein. Oft sind sie unbewußte Haltung, verhärtete Neurose und lassen sich durch behutsame Bemühung der Kinder und Enkel verwandeln, vor allem dadurch, daß diese sich über den kleinsten Rat der verschlossenen Großeltern herzlich und dankbar freuen und daß sie immer wieder horchbereit und Anerkennung schenkend um Rat fragen.

Zum glückhaften Wahrnehmen der Ratgeberaufgabe kommen besonders diejenigen Großeltern, die von vornherein davon absehen, zu erwarten, daß ihr Rat befolgt wird. Durch eine solche Einstellung läßt sich viel Enttäuschung, viel Gefahr von sich einnistender Dauerverstimmung, aber auch viel Ausweitung zu starrer Rechthaberei vorbeugen. Es enthält wertvolle Bescheidenheit, wenn die Großeltern ihre Vorstellungen konjunktivisch vortragen, etwa in der Manier: „Wäre es nicht evtl. auch möglich…, könnte es nicht vielleicht gut sein…?"

Ratgebende Großeltern sollten immer im Bewußtsein haben, daß die junge Generation gegen autoritäre Machtanmaßung allergisch gemacht worden ist. Es ist deshalb nötig, eine Wortwahl zu vermeiden, die auch nur ein wenig nach Befehlsgewalt riecht. Die Älteren haben wenig Aussicht, mit ihren oft so guten und notwendigen Ratschlägen erfolgreich zu sein, wenn sie kommentarlos darauf pochen, daß es allein so richtig ist, wie sie es machen und gemacht haben.

Besser ist es, vorsichtig zu argumentieren, zum Beispiel: „Als junge Mutter habe ich alles mit dem Kopf angepackt, alles so gemacht, wie es die Vorschrift im Babybuch aussagte. Ach, wie war der Hans dann aber ängstlich, pedantisch und anfällig! Dann, beim Peter, habe ich meine Erziehungsmethode um 180 Grad gedreht und habe alles laufen lassen wie es lief. (Damals kam die Katastrophe mit dem Hausbrand und dem Neubau; ich hatte überhaupt keine Zeit.) Der ist nun wieder – und das merkte man bald – ziemlich wild und unordentlich. Danach, bei den drei Jüngsten (und die Zeiten wurden besser uund erlaubten mir das) habe ich versucht, ein gutes Mittelmaß einzuhalten. Ich habe die Erfahrung gemacht: Kinder brauchen einerseits eine feste tägliche Ordnung und abgesteckte Grenzen und andererseits einen Spielraum, in dem sie sich entfalten können." Ein Rat, der in dieser Weise in eine Lebenserfahrung verpackt ist, der deutlich macht, daß die Großeltern selbst erst durch Schaden klug geworden sind und hoffen, daß die Jungen daran mitlernen können, hat wesentlich mehr Chance, auf- und ernstgenommen zu werden als ein kopfschüttelndes Verwerfen der für falsch gehaltenen Erziehungsmethoden der Nachkommen.

Aber in welcher Art Großeltern beim Ratgeben auch vorgehen – eines an die nachfolgende Generation zu vermitteln, ist unermeßlich wichtig: daß es keineswegs ein neuer, sondern ein altertümlicher Irrtum ist, zu meinen, der Mensch sei grundsätzlich von Geburt an gut und müsse infolgedessen nur von jeglicher Beeinflussung durch seine Erzieher ferngehalten werden, damit er im Erwachsenenalter „von selbst" eine Art Engel würde. Diese Vorstellung, die sich heute unter der Devise „Antipädagogik" neu zu verkaufen sucht, obgleich die Theorie aus dem 18. Jahrhundert stammt und sich an der Praxis immer neu widerlegt hat, leistet der Verwilderung und der Orientierungslosigkeit der Enkel Vorschub. In der Praxis hat sich vielmehr gezeigt, daß das Kind ein kleiner Wilder ist, der immer auch in der Gefahr steht, in der Maßlosigkeit seiner Antriebe u. U. sogar böse zu werden und daran zugrunde zu gehen. Daß Erziehung nachdrücklich Anleiten zum Guten bedeutet und daß dies eine der Hauptaufgaben verantwortlicher Eltern ist, können Großeltern heute nicht nachdrücklich genug ihren erwachsenen Kindern vermitteln.

S

Schwiegerelternschaft bestehen

Eigentlich scheint es das Selbstverständlichste von der Welt zu sein: Die Kinder werden erwachsen, sie suchen und finden ihre eigenen Lebenspartner; diese werden in der Familie an- und aufgenommen, und das Schwiegerkind tritt über kurz oder lang durch eine noch vertiefte Bindung seinen Schwiegereltern gegenüber: als Mutter oder Vater der Enkel von Großeltern. Und dennoch zeigt die Praxis, daß die Sache nur in den selteneren Fällen komplikationslos ist, daß es offenbar eine kunstreiche Aufgabe ist, als älterer Mensch eine harmonische, freundschaftliche Beziehung zu seinen Schwiegersöhnen und Schwiegertöchtern zu entwickeln und in guter Gemeinsamkeit an einer konstruktiven Lebensgestaltung der folgenden Generation mitzuwirken. Das liegt daran, daß die Beziehung zwischen den Schwiegereltern und Schwiegerkindern durch unerkannte, oft archaische Ängste beeinträchtigt werden kann und dadurch eine besondere Störanfälligkeit besitzt. Es lohnt sich sehr, diese Ängste ins Bewußtsein zu nehmen, weil es dann sehr viel besser gelingen kann, sie souverän und auch mit einem Stück Humor zu bewältigen. Es soll deshalb in diesem Kapitel der Versuch gemacht werden, neuralgische Punkte in den Beziehungen zwischen Schwiegereltern und Schwiegerkindern zu beschreiben.

Am komplikationsreichsten sind erfahrungsgemäß die Beziehungen zwischen den Schwiegermüttern und ihren Schwiegersöhnen. Viele Tränen wurden von Schwiegermüttern wegen ihrer Schwiegersöhne geweint. Das Verhalten des Schwiegersohnes ist für ungezählte ältere Frauen Ursache für Harm und Hader, für Depression und Verzweiflung. Ungezählte Enkel haben Nähe, Zuwendung und Gemeinschaft mit Großeltern nicht erleben dürfen, weil die Schwiegermutter und der Schwiegersohn sich im Dauerhaß festfraßen, der eine beklagenswerte Barriere zwischen Jung und Alt wurde. Woran liegt das? Warum kommt es so häufig vor?

Die Naturvölker haben die archaische Angst, die hier existiert, wesentlich besser und vorsorglicher im Griff: Die Schwiegermutter gehört zu den großen Tabus für Schwiegersöhne. Bei manchen gehört es zu den streng geforderten Verboten für Schwiegersöhne, den Fuß über die Schwelle der schwiegerelterlichen Hütte zu setzen, ja, damit nicht genug, gilt es als eine verunreinigende Annäherung, selbst bei einer zufälligen Begegnung einen Blick auf die Schwiegermutter zu werfen. Der Schwiegersohn muß sich umständlicher Rituale unterziehen, um von diesem Makel wieder befreit zu werden.

Die Schwiegermutter stellt für den Schwiegersohn eine Gefahr dar, so weiß die Seele der Naturvölker. Unsere modernen Schwiegersöhne kennen zwar nur selten diese Sitte, aber sie benehmen sich ganz in diesem Sinne. Angst, wenn auch meist verdeckt und verdrängt, haben sie auch heute noch vor der Schwiegermutter, zunächst unabhängig davon, wie sie sich benimmt. „Allmählich habe ich herausgefunden, daß du wirklich ungefährlich bist", sagte mein eigener Schwiegersohn nach zehnjähriger Ehe mit meiner Tochter kürzlich mit einem befreiten Seufzer zu mir.

Das also muß die Schwiegermutter grundsätzlich wissen: Am

Anfang steht hier im Grunde realistische Furcht. Wenn man ein wenig nachdenkt, ist das nicht verwunderlich. Das männliche Kind ist durch seine Kindheit hindurch oft von einer als mächtig erlebten Frau abhängig gewesen. Es hat sich – oft unter Brüchen und Schmerzen – im Jugendalter und Jungmännerstadium von ihr losmachen müssen, gegen ihren und seinen Willen zur Bequemlichkeit. Das Entwicklungsgesetz in ihm fordert, daß es zum Mann wird, zu einer selbständig handelnden Person. Die Wunde, die dieser Prozeß hervorrief, ist oft erst mühsam vernarbt. In der eigenen Frau ist beglückt die gefunden, die nicht beherrscht, sondern die beschützt werden muß, besonders wenn das Kind sie schutzbedürftig macht. Dem jungen Mann wächst mit der Aufgabe die Kraft zu ihrer Bewältigung. Er beginnt stark zu werden. Er spürt, daß er als ein Starker zu seiner Bestimmung kommt. Die Schwiegermutter ist archaisch so etwas wie eine Gefahr, dieses elementare Ziel nicht zu erreichen. Sie ist so etwas wie der zweite Durchgang der Befreiung von der Mutter. Selten ist das alles im Bewußtsein. Die Abwehr der Schwiegermutter durch den Schwiegersohn ist oft brüsk und tritt automatisch auf, wenn sie sich annähert. Objektiv gleicht die Reaktion des Schwiegersohnes oft den Kanonenschüssen, die auf Spatzen abgefeuert werden und hat tiefe Zerwürfnisse zur Folge, weil sie von den Älteren mit Recht als unangemessen und beleidigend erlebt wird. Für die Großmutter aber ist es von allergrößter Wichtigkeit, die Abwehr, die Zurückhaltung, die Unhöflichkeit des Schwiegersohnes nicht als persönlich gemeinte Kränkung zu erleben, sondern sie als eine Form von archaischer Existenzangst zu verstehen und anzunehmen. Begreift die Schwiegermutter erst einmal, daß es für den jungen Mann nicht selbstverständlich ist, sich aus der mütterlichen Umschlingung zu lösen, daß es im Hinblick auf das Gelingen oder Mißlingen seiner Lebensbestimmung dabei um Sein oder Nichtsein geht, dann kann sie ihm sogar mit Takt und Geschick helfen, seine Institution Familie in eigener Regie aufzubauen. Erleichternd ist es zum Beispiel, wenn die Schwiegermutter dem Schwiegersohn bei anstehenden Maßnahmen und geplanten Aktionen mit den Enkeln fragt, statt sein Einverständnis einfach vorauszusetzen. Es kann gespannte Aggressionsbereitschaft entschärfen, wenn die Schwiegermutter sich kein Verfügungsrecht über die Tochter anmaßt, sondern auch in dieser Beziehung deutlich macht, daß sie Abstand hält, daß sie zurückgetreten ist und den

Willen und die Planungen des Schwiegersohnes respektiert. Eine kluge Schwiegermutter betont ihrem Schwiegersohn gegenüber eher ihre Schwäche als ihre Stärke, sie tut gut daran, Stolz, Überlegenheit und konkurrierende Eigenmacht beiseite zu legen und eher Freude über seine Übernahme des Kapitänspostens auf dem eigenen Familienschiff zu signalisieren. Dann besteht sehr viel mehr Aussicht, daß der Schwiegersohn Verantwortungsgefühl auch seiner Schwiegermutter gegenüber entwickelt und bereit ist, sie mit unter seine Flügel zu nehmen, wenn ihre abnehmenden Kräfte Hilfe nötig machen. Viele Kämpfe zwischen Schwiegersöhnen und Schwiegermüttern ließen sich einschränken, wenn letztere demütig ins Bewußtsein nähmen, daß sie auf das Gerangel um die Macht verzichten müssen, wenn sie Aussicht haben wollen, als ungefährliche Großmutter in der jungen Familie akzeptiert zu werden.

Die neuralgischen Punkte in der Beziehung zwischen Schwiegermutter und Schwiegertochter können ähnlicher Art sein, doch haben sie meist eine sehr andere Färbung als die Komplikationen zwischen Schwiegermutter und Schwiegersohn. In den meisten Fällen dreht es sich bei den Spannungen zwischen den Frauen nicht immer nur um die größere Macht, sondern um die Angst, nicht (mehr) die am meisten Geliebte zu sein. Besonders in den bäuerlichen Familien, in denen die Schwiegertochter einheiratet, macht es zwar vordergründig die Hauptschwierigkeit aus, daß die Schwiegermutter über die Schwiegertochter regieren will und es ihr nicht zubilligt, eine eigene Familienregie aufzubauen; aber die Ängste, die hinter dem Gerangel um die Macht im Kral stehen, kommen meistens sehr viel mehr aus der Furcht vor dem Verlust der geliebten Person: Mutter will in den Augen des Sohnes die beste bleiben, die junge Frau will ihrem Mann die beste sein und werden. Die Mutter hat Angst vor dem Verlust des Sohnes an die junge Frau, die junge Frau fürchtet, daß er seine Mutter lebenslänglich mehr lieben könnte als seine Ehefrau. Und das sind keine Hirngespinste! Die Probleme können sich sogar zu den schrecklichsten Zerreißproben ausweiten, wenn die Schwiegermutter sich nicht zurückstellt und die Schwiegertochter sich nicht auf den längeren Arm der geduldigen Liebe einer jungen Frau verläßt. Da können die Fetzen fliegen, bis der junge Mann zwischen den verhärteten Fronten aufgerieben ist und im Status asthmaticus in einem Klinikbett einen allzu frühen Tod erleidet. Für viele junge

Frauen ist dieser Kampf auch durch vorzeitiges Siechtum an einem chronischen psychosomatischen Leiden zu Ende gegangen. Selbstbewußte, emanzipierte Frauen entweichen dem unerträglichen Alltag mit der Schwiegermutter, indem sie sich scheiden lassen. So oder so bleiben die Älteren vereinsamend zurück, meist abgeschnitten vom Glück mit den Enkeln oder auch einmal – nach erfolgreicher Ausschaltung der Schwiegertochter – beladen mit einer verantwortungsschweren Elternrolle an den bei ihnen zurückbleibenden Enkeln, die dem Alter der Großeltern nicht gemäß ist.

Darum möchte man allen Schwiegermüttern von Schwiegertöchtern zurufen: Um Himmels willen freut euch an ihnen! Nehmt nicht Anstoß an ihren Unzulänglichkeiten; sie müssen Haushaltsführung und Kinderaufziehen erst lernen. Sie können euch dabei zweifellos nur allzu gut gebrauchen. Tröstet sie also, wenn ihnen die Eier zu hart gerieten und der Braten zu zäh. Erzählt lustige Geschichten über das eigene Versagen als junge Frau. Spielt nicht die kopfschüttelnde zickige Gouvernante. Ihr macht die Schwiegertöchter widerborstig und verzweifelt. Sie spüren, daß es unter der Kleinkariertheit im Grunde um viel mehr geht: um einen Anspruch auf Geliebtsein und Anerkennung, der sie ausschließen will. Verzichtet auf diesen Anspruch! Gebt den Schwiegertöchtern Raum und Freiheit zur eigenen Entfaltung! Entwürdigt euch nicht zum intriganten, ausschwatzenden Spion im Bereich der Schwiegertochter. Billigt ihr zu, Fehler zu machen. Haltet euch heraus. Laßt sie kommen und um Hilfe bitten, statt ihr eure Hilfe aufzudrängen, die in Wirklichkeit keine ist, sondern Spitzelei, Entfaltungsbehinderung und bedrückende Last.

Schwiegervater zu sein, birgt anscheinend nicht den gleichen spannungsgeladenen Konfliktstoff in sich. Im Gegenteil: Oft ist die Beziehung zwischen dem Schwiegervater und der Schwiegertochter eine besonders innige. Selten gibt es vergleichsweise harte Kämpfe um Macht- und Liebesbesitz zwischen ihnen. Der Schwiegervater kann viel häufiger die junge Frau des Sohnes als einen Zuwachs an familiärem Reichtum annehmen und sich an ihrer Jugend freuen. Ein Hauch von distanzierter Erotik kann der Beziehung geradezu einen besonderen Reiz verleihen. Die Schwiegertochter hat im allgemeinen, wenn sie unverbildet und seelisch gesund ist, ein Bedürfnis danach, sich an den erfahrenen Älteren anzulehnen. Diese Beziehung ist häufig von gegenseitiger Achtung und Anerkennung gekennzeichnet und deshalb dann erfreulich. Schwiegerväter verdüstern sich ihren Schwiegertöchtern gegenüber meist erst dann, wenn sie den Eindruck haben, daß diese ihren Familienpflichten nicht gut genug nachkommen. Selten ist die Toleranzbreite von Schwiegervätern so groß, daß sie es hinnehmen, wenn die Enkel vernachlässigt werden, weil die Schwiegertochter sich im Beruf außerhäuslich selbstverwirklicht oder gar einem unsittlichen Lebenswandel frönt. Selbst diejenigen älteren Männer, die im Hinblick auf ihr eigenes Leben nicht im mindesten prüde waren, billigen ähnliches ihren Schwiegertöchtern nicht zu. Ohne diese Haltung selbst begründen zu können, legen sie hier strenge Maßstäbe an: Ihr Großvatergefühl sagt ihnen kompromißlos, daß es die Pflicht der Schwiegertochter ist, den Enkeln eine gute Mutter zu sein. Ist sie das nicht, so hört sein Verständnis und seine Liebe für die Schwiegertochter auf. Innerhalb dieser Grenze aber sind die Schwiegerväter meist die toleranten Gönner der von ihnen geliebten Schwiegertöchter.

Auch mit dem Schwiegersohn tut sich der Schwiegervater meist wesentlich leichter als seine Frau. Er betrachtet ihn gern als Zuwachs an Männlichkeit in der Familie. Kameradschaftlichkeit zu entfalten, gelingt ihm oft mit dem Schwiegersohn leichter als mit dem eigenen Sohn. Konkurrenz um die junge Frau tritt hier viel seltener auf – es sei denn, die Tochter ist an ihren Vater abgöttisch gebunden. Aber da die Töchter mit zu starken Vaterbindungen selten heiraten, kommt es nicht allzu häufig vor, daß der Schwiegersohn erst einmal einen Kampf um die Loslösung seiner Frau vom Vater vollziehen muß. In solchen Fällen kommt es freilich immer einmal wieder zu Entfremdungen zwischen Schwiegervätern und -söhnen, die sich aber als auflösbar erweisen, wenn der Prozeß der Ablösung ausgestanden ist.

Das Verhältnis Schwiegervater-Schwiegersohn ist am ehesten dadurch störbar, daß der Jüngere die Tochter schlecht behandelt, unzureichend versorgt oder ihr untreu ist. Solche Verstöße werden von Schwiegervätern wenig toleriert und führen meistens rasch zum abrupten Abbruch der Beziehung.

Es gibt freilich eine große Zahl von älteren Männern, die es nicht geschafft haben, ihre personale Selbständigkeit neben ihrer Ehefrau zu bewahren. Sie mögen in der Welt noch so groß dastehen: Zu Hause sind sie, ohne das zu erkennen, längst zu den willenlosen Manipulationsobjekten ihrer starken Frauen geworden.

Sie haben den Kampf verloren: Sie sind von der Abhängigkeit von der Mutter in die Hörigkeit der Ehefrau geraten. Solche Schwiegerväter haben oft nur noch scheinbar einen eigenen Willen, und die Briefe, die von ihnen kommen, sind häufig nichts anderes als gut eingedeutschter Geist aus schwiegermütterlichem Kopf.

Es ist von großem Wert, sich all der Gefahren der Schwiegerelternschaft ganz bewußt zu sein, um sie abwenden zu können und den positiven Aspekten von Schwiegerelternschaft den Vorrang zu geben. Denn was für eine Bereicherung stellt es grundsätzlich dar, als älterer Mensch noch mit einem Zuwachs an Kindern beschenkt zu werden. Was für ein beglückender Aspekt der Ergänzung, besonders auch für Familien, in denen es ausschließlich Söhne oder Töchter gab, sind die angeheirateten jungen Erwachsenen! Freude und Dankbarkeit darüber sollte hinter allen einschränkenden Bedenken an erster Stelle stehen. Die Möglichkeit, unter dem Vorzeichen einer positiven Einstellung auch noch dort mitzuwirken, wo Mängel sichtbar werden, sind wesentlich größer, wenn die Großeltern es vermeiden, vorrangig mit Naserümpfen und Kopfschütteln zu agieren.

Schwiegerelternschaft zu bestehen, ist eine schöne, wenn auch gewiß keine leichte Aufgabe. Es setzt viel Großzügigkeit voraus, viel Bereitschaft, auch Krummheit, Frechheit und unreife Respektlosigkeit zu überstehen, die Geduldigen, Reifen, die immer wieder Vergebungsbereiten zu sein. Einbindung von Schwiegerkindern in die Familie wird nur ein Großelternpaar erreichen, das reif genug ist, den Neuhinzukommenden Eigensein und eigenen Stil zuzubilligen. Unter dieser Voraussetzung freilich kann es oft großes Glück bedeuten, Schwiegereltern zu sein.

T

Trösten

Die achtjährige Enkelin Britta ist zum ersten Mal mit dem Zug zu den Großeltern in die Ferien gefahren. Stolz und glücklich läuft sie auf dem Bahnsteig der Großmutter in die Arme. Sie haben zwischen Spielen, neuen Fotos, einem fröhlichen Abendessen, gemeinsamem Lesen und Beten gute erste Stunden miteinander. Um 21 Uhr sagen die Großeltern dem Kind gute Nacht. Die Tür zum Schlafraum bleibt noch ein wenig offen, die Flurlampe hell; denn die Großmutter hat in den Augen des Kindes eine noch unterdrückte Beunruhigung gespürt. Einige Zeit später steht eine unglückliche Gestalt im Türrahmen: „Omi, ich kann nicht einschlafen." Die Großmutter nimmt das Kind an die Hand, führt es zurück, setzt sich ans Bett. Plötzlich bricht Britta in Tränen aus: „Erst will ich weg von zu Haus, freu mich, freu mich, daß ich zu euch fahren darf – und dann will ich wieder heim!"

Die Großmutter nimmt Britta in die Arme, wiegt sie. Sie hat ein großes Taschentuch. Sie trocknet die Tränensuppe, und dann erst sagt sie leise: „Weißt du, Britta, das *ist* so, wenn man zum ersten Mal allein verreist. Man merkt auf einmal etwas, was man vorher noch gar nicht gewußt hat: daß man eine Heimat hat." „Aber ich will doch groß sein und kein Baby, wie Janne, die keine zwei Minuten ohne Mama sein kann", schluchzt Britta. „Bist du ja auch", antwortet die Großmutter, „hast du vergessen, wie gut du das heute schon allein gemacht hast? Weißt du, wenn die Nacht kommt und man in einem fremden Bett allein ist, dann bekommen ganz erwachsene Leute häufig noch Heimweh. Aber wenn man das durchsteht, dann ist es am nächsten Abend schon sehr viel besser. Paß auf, ich bringe dir jetzt ein neues, ganz spannendes Buch, das ich extra für dich besorgt habe, dazu noch ein paar frisch geerntete Mohrrüben, und du machst es dir damit gemütlich. Du brauchst nicht einzuschlafen. Ruhen und Lesen ist auch gut. Ich komme nach einer kleinen Zeit und schau noch einmal. Wir sind da, wir haben dich ganz lieb." Küßchen, Tür einen Spalt offen. Als die Großmutter nach zehn Minuten ins Zimmer schaut, schläft Britta friedlich mit dem Buch vor der Nase. Die

Großmutter löscht das Licht. Sie legt sacht noch einmal die Hand auf den Kopf der Enkelin. Die seufzt glücklich im Schlaf. Die Krise ist überwunden. Britta fühlt sich geborgen.

Großeltern sind als Tröster ganz besonders gut geeignet, denn ihre lange Lebenserfahrung hat schließlich zur Folge gehabt, daß ihnen nichts Menschliches fremd blieb. Erfolgreiches Trösten setzt voraus, daß es dem Tröster gelingt, dem Trostbedürftigen die Hoffnung zu vermitteln, daß sein elender Zustand vorübergehen wird. Und gerade diese Erfahrung haben ältere Menschen, die sich ihren unverdrossenen Lebensmut bewahrten, immer wieder gemacht. Sie wissen auch längst, daß es unsinnig ist, eine Schwierigkeit zu eilig, zu rasch wegreden und wegpusten zu wollen. Sie wissen, daß auch der Schmerz seine Zeit braucht, daß er zunächst einmal angenommen sein will, daß der gute Tröster also zunächst nichts weiter schenkt als dieses eine: Nähe, Mitsein Wärme, Zweisamkeit. Der erste Akt guten Trostes bei seelischem Schmerz sollte immer das schweigende, umfangende Miteinander sein, eine Zeitspanne der Einfühlung, des Mitleidens. Dennoch sollte in dieser Phase keine absolute Identifikation zwischen dem Trostspender und dem Leidenden stattfinden. Der Tröster kann nur hilfreich werden, wenn er nicht mit in der Trostlosigkeit versinkt. Schon im Geist des Mitseins muß die Möglichkeit, die Kraftspende zur Überwindung des Elends enthalten sein. Hinter dem Tröster muß eine feste Portion Zuversicht stehen und hindurchleuchten.

Bei kleineren Schmerzen, wie dem ersten Heimwehschub von Britta, ist das nun freilich mit Liebe auf dem Boden des Wissens um die Überwindung vom eigenen einstigen Heimweh gewiß zu schaffen. Mehr Kraft ist nötig, wenn es gilt, als Großeltern die Enkel zu trösten, wenn das Schicksal erbarmungslos zuschlägt. Am schwersten ist diese Aufgabe, wenn der Tod dem Enkel Vater oder Mutter entreißt. Und gelegentlich kommt heute schließlich auch dieses vor: daß alle beide, manchmal auch noch Geschwister, dem Kind genommen werden und die Großeltern mit verwaisten Enkeln zurückbleiben. Das ist eine fürchterlich schwere Situation für Großeltern: selbst geschlagen zu sein vom denkbar furchtbarsten Schlag, selbst tief trostbedürftig zu sein und dann dennoch Trost spenden, stark sein zu müssen, sich dem Schmerz gar nicht ausliefern zu dürfen. Das ist für das menschliche Herz eine ungeheuerliche Forderung, die nur allzu leicht zu einer Überforderung wird, unter der der Mensch hoffnungslos zusammenbricht, wenn er nur auf dieses Herz baut. Die hoffnungslose Trauer der Hinterbliebenen gebiert eine Trostlosigkeit der Enkel, die sie das Gefühl der Schutzlosigkeit, der Verlassenheit oft nie mehr ganz überwinden läßt und sie häufig später, im Erwachsenenalter generell depressionsanfällig macht. Es gehört deshalb zur Großelternaufgabe, sich gegen die Gefahr von Überflutungen durch die Trostlosigkeit von Schicksalseinbrüchen rechtzeitig Deiche zu errichten, um in solchen Fällen nicht mit den Enkeln gemeinsam seelisch zugrunde zu gehen.

Es gibt nur einen einzigen Deich, der der Sturmflut übermächtigen Schicksals gewachsen ist: Das ist der erbetete Glaube. Hilfreich ist dabei nicht nur das Leben in der Gewißheit der Existenz eines liebenden Gottes, sondern auch das Eingewöhnen in die Vorstellung, daß das Leid eine unaufgebbare positive Funktion in unserem Leben hat und deshalb ein unentbehrliches Mittel zu seelischer Reife darstellt. Wer die Unaufgebbarkeit von schwerem Leid als eine notwendige Liebeshärte Gottes akzeptiert hat, wer sich den uns von Jesus Christus zugesprochenen Trost „Selig sind die Trauernden, denn sie werden getröstet werden" zu eigen macht, dem wird die Kraft geschenkt, selbst mitten im Taifun stille sein zu können in dieser Geborgenheit und die im Windschatten stehenden Enkel großflügelig zu beschützen vor dem ätzenden, zerstörerischen Gift der Verlassenheit und der Trostlosigkeit. Gläubige Großeltern können ihren Enkeln in solchen Situationen durch ihr eigenes Vorbild Glauben überzeugend machen.

Kürzlich erlebte ich in einer befreundeten Familie, daß die Mutter durch einen häuslichen Unfall umkam, nachdem der Vater zwei Jahre zuvor an einem Hirntumor verstorben war. Vier Kinder zwischen 10 und 20 Jahren blieben zurück. Die Eltern der Mutter – weit entfernt wohnend – reisten noch in der Nacht der Katastrophe an. Sie umfingen die Kinder, sei weinten mit ihnen – und dann begann der Großvater mit ihnen gemeinsam zu beten. Er dankte Gott, daß er die Tochter mit Glauben beschenkt habe, so daß die Hinterbliebenen nun wissen könnten, daß es ihr jenseits des Todes wunderbar gehe, daß sie bereits auch von ihrem geliebten Mann erwartet würde, daß sie nun wieder vereint seien. Er bat Gott um Kraft und Tapferkeit für die Enkel. Er vermittelte ihnen die Vorstellung, daß die Eltern ihre Kinder jetzt sähen und daß sie

Freude hätten, wenn sie erkennten, daß der Tod der Eltern sie reif, erwachsen und füreinander hilfreich mache. Er bat um Kraft für eine schöne Beerdigung im Geist der Mutter, die eine fröhliche, tatkräftige Frau gewesen war, er versprach Gott, treu für die Enkel einzustehen und gemeinsam mit ihnen Gott Vater gehorsam zu sein. Großmutter servierte warme Getränke (denn mit dem Essen wollte es bei allen nicht recht gehen), und dann machten sie sich an die Arbeit, für Mutter ein großes, würdiges Fest zu bereiten. Alle halfen mit. Wenn eins zusammenbrach, weinte man gemeinsam.

Immer öfter fanden auch die Kinder den Weg zum laut gesprochenen gemeinsamen Gebet, zur Fürbitte füreinander, für die Eltern auch und für die Großeltern.

Die Trauerfeier überstanden alle ohne Zusammenbrüche; sie wußten: Die stille Frau, die dort im Sarg in die Erde gelassen wurde, war nur die Hülle ihrer Mutter. Im Grunde war sie bei ihnen, im Geist, im Herzen, zusammen mit ihrem Vater. Den schmerzgebeugten Großeltern aber wuchs mitten in dem sorgenvollen Elend eine herzsprengende Freude zu: Sie konnten erleben, wie die Glaubenstreue die Kinder zu reifen, disziplinierten, kraftvollen jungen Erwachsenen werden ließ, keine viel zu schweren Säcke an den Armen der doch schon recht alten Großeltern, sondern in einer Gemeinschaft mit ihnen, darauf bedacht, Rücksicht zu nehmen, auch deren eigene Trauer tröstend zu respektieren, ihrem Rat gegenüber aufgeschlossen und in großem liebendem Zusammenhalt einander nahe zu sein. Diese Großeltern, die den göttlichen Tröster in Anspruch nahmen, erwiesen sich der härtesten Schicksalsprobe gewachsen.

U

Unterstützen

Als es noch keine technisierten Großstädte mit Mietskasernen gab, hatten es die meisten Kinder, selbst die bei karg lebenden Eltern, besser: Sie konnten sich in Feldern, Wäldern und Auen tummeln. Sie hatten die Natur vor der Haustür. Für den Großteil der Kinder unseres Kulturkreises ist das nicht mehr im mindesten selbstverständlich. Wenn sie geboren werden, pflegt der Schornstein der neuen kleinen Familie erst mühsam zu rauchen. Ja, es reicht für Essen und Trinken, es reich allmählich und auf Raten für den Erwerb einer Wohnungseinrichtung. Es reicht dann auch allmählich für einigen Komfort von der Waschmaschine bis zum Auto. Aber selbst bei fleißigen und recht gut verdienenden jungen Paaren des Mittelstandes ist die Möglichkeit, ein wenn auch noch so bescheidenes Domizil im Grünen zu errichten, meist doch erst nach zehn bis fünfzehn Jahren Erwerbstätigkeit erreicht. Das ist so häufig und dennoch so grotesk: Wenn die Kinder gerade schon dabei sind, flügge zu werden und auszufliegen, ist das langerstrebte Eigenheim endlich fertig – mit einem Rasen für die Kinder, mit Bastelkeller, Einzelschlafzimmern und einer hinreichenden Zahl von Waschbecken. So oft ist das viel zu spät für die Kinder, um genug Auslauf, genug Spielraum zu haben.

Oft sind liebevolle Großeltern mit einem ansehnlich gefüllten Sparstrumpf vorhanden, aber sie vertreten den Standpunkt: Auch wir haben erst lange arbeiten müssen, ehe wir uns mehr als das Nötigste leisten konnten. Wir haben die Erfahrung gemacht, daß die Freude über das mühsam Erarbeitete viel größer und köstlicher ist als das, was leicht und ohne Anstrengung in den Schoß fiel. – Das ist zwar gut und richtig, gilt aber doch nur für die erwachsenen Kinder. Für die Enkel ist es ein Riesenunterschied, ob sie in einer Betonmietskaserne groß werden oder in der Nähe der Natur. Für die Enkel ist es kein Luxus, einen Auslauf zu haben und eine Beziehung zu Pflanzen und Tieren zu entwickeln. Das ist ein unermeßlich hoher Wert. Es ist deshalb weder Verschwendung noch Verwöhnung, wenn Großeltern, die noch aktiv im Erwerbsleben stehen, darauf bedacht sind, ihren Kindern materiell unter die

Arme zu greifen, um den Enkeln zu einem Stück Rasen vor der Tür zu verhelfen, solange sie noch klein sind. Freilich ist es meist sinnvoll, sich nicht in die Rolle einer jederzeit melkbaren Milchkuh zu begeben, sondern diese finanzielle Unterstützung als ein unbefristetes zinsloses Darlehen an die Kinder weiterzugeben. Das kann verhindern, daß Kinder oder Schwiegerkinder durch die Spendierfreudigkeit der Großeltern übermütig werden oder gar das gespendete Geld seinem Zweck entfremden. Das hat auch den Vorteil, daß nicht plötzlich ein ausscherender oder unzuverlässiger Schwiegersohn mit dem angeeigneten Obulus auf und davon schwimmen kann. Darüber hinaus kann eine solche Regelung zur Vermeidung von Erbstreitigkeiten beitragen: Das von den Großeltern beigesteuerte Geld wird in einem Testament als vorzeitig gezahltes Erbe, das im Todesfall auf die so Unterstützten übergeht, vermekt, so daß eine gerechte Verteilung des Erbes zwischen den Geschwistern möglich ist.

Für tatkräftige, mitverantwortlich denkende Großeltern – und die gibt es in der von 1910 bis 1930 geborenen Generation heute noch in großer Zahl – bedeutet es eine zusätzliche Sinnerfüllung ihres von Fleiß und Sparsamkeit getragenen Lebens, unterstützend daran mitzuwirken, daß die Enkel in einer möglichst gesunden Umwelt aufwachsen können. Es ist zum Beispiel lohnend, wenn Großeltern an dem Tag, an dem ihnen die Nachricht überbracht wird, daß das junge Paar, das noch in einer Großstadt-Einzimmerwohnung lebt, Nachwuchs erwartet, ein Sparbuch anlegen mit dem Ziel, an der nach spätestens drei Jahren notwendig werdenden größeren Wohnung mitzuwirken. Es ist vielleicht nicht immer richtig, das sofort dem jungen Paar mitzuteilen, gewiß nicht bei denen, die dazu neigen, die Verantwortung mehr den anderen zu überlassen, und auch nicht bei denen, die in der Gefahr sind, sich auf die faule Haut zu legen. Aber in dieser Weise gemeinsam gute und sinnvolle Vorsorge zu betreiben, ist für uneigennützige Großeltern eine genüßliche Freude, die u. U. sogar mehr innere Zufriedenheit auslösen kann als ein aufwendiges Leben und verschwenderische Urlaubsreisen.

Sehr oft tritt heute der Fall ein, daß die strebsamen jungen Paare erkennen: Wenn Mann und Frau im Beruf bleiben, auch nachdem das erste Kind geboren ist, besteht mehr Aussicht, sich ein Nest mit Spielraum für die Kinder erwerben zu können, wenigstens um die Zeit herum, in der sie noch im Schulalter sind. Aber der Preis, der für ein solches Ziel bezahlt werden muß, ist ungeheuer groß: Er bedeutet bei jungen Paaren, die abgetrennt von den Großmüttern in einem fernen Ort leben, daß die Enkel durch Fremdbetreuer großgezogen werden müssen. Das ist eine Regelung, die ein enorm hohes Risiko enthält: Die Gefahr, daß Kinder zu seelisch schwachen, suchtanfälligen Erwachsenen werden, ist wesentlich größer, wenn sie nicht in der ständigen Obhut ihrer Mutter sind, als wenn sie in engen, unzureichenden Wohnverhältnissen in einem Betonhochhaus ohne Auslauf aufwachsen. Die emotionale Geborgenheit rangiert grundsätzlich vor den Minderungen, die durch die äußere Umwelt hervorgerufen werden. Gut betreute Kinder bei liebevollen Eltern können oft gerade unter kargen Wohnverhältnissen und auch in Einzimmerwohnungen zu liebevollen, arbeitsfähigen und seelisch kraftvollen Menschen heranwachsen.

Dennoch ist die Sehnsucht der jungen Paare nach einem Vaterhaus für ihre Kinder, nach einer Umgebung in der Natur, die ihr Seelenleben vertiefen kann, nur allzu berechtigt. Um den Konflikt zu lösen, ist es aber weit besser, daß die agilen Großmütter durch erneute Berufstätigkeit dabei mithelfen, daß solche Wünsche in Erfüllung gehen, statt daß die jungen Mütter außerhäuslich arbeiten und ihre noch kleinen Kinder allein lassen. Das ist im Hinblick auf die Enkel die wesentlich bessere Lösung als die verführerische Möglichkeit, daß die noch rüstigen Großeltern die Enkel ganz übernehmen, während die jungen Mütter im Beruf bleiben. Diese Lösung – so häufig sie heute praktiziert wird – enthält viele Teufelsklauen; die gefährlichste besteht darin, daß die Bindung zwischen den Eltern und ihren Kindern zu flach bleibt, so daß sie ihnen – verführt durch Elternverhetzung – in der heute so gefährdeten Pubertät aus dem Ruder laufen. Es ist eine Fehlvorstellung zu meinen, man könne zwölf bis fünfzehn Jahre lang die Hauptenergien seines Lebens in den Beruf investieren, die Kinder dann von den nun zu alt werdenden Großeltern übernehmen und mit den Jugendlichen ein genußreiches Leben beginnen. Eltern, die sich das Leben mit ihren Kindern in dieser Weise zu leicht gemacht und die Verantwortung auf andere abgeschoben haben, müssen häufig dafür später ein trauriges Lehrgeld zahlen. Die Kinder denken gar nicht daran, ihnen nun mit Respekt und Achtung zu begegnen.

In einem besonders traurigen Fall erlebte ich, daß eine geschiedene Sängerin ihre Tochter in den ersten fünf Lebensjahren, bis zum Tod der Großmutter, bei ihren Eltern untergebracht und sie dann in Heimen hatte groß werden lassen. Als das Kind dreizehn Jahre alt war, hatten die Ersparnisse der Mutter gereicht, ein aufwendiges Eigenheim zu bauen. Die Tochter, so war es geplant, sollte sogar eine kleine eigene Wohnung im Obergeschoß beziehen – mit eigenem Bad, Teeküche, Eisschrank und einem eigenen Wohn- und Schlafraum.

Die Idylle zerbrach bereits nach wenigen Wochen. In der Freiheit ging die Tochter sehr schnell in die Verwahrlosung: Sie begann, maßlos zu rauchen, zu trinken, die Schule zu schwänzen, zu stehlen. Sie brachte den Glanz binnen kurzem in eine fürchterliche Unordnung. Sie holte sich bald in ihr Bett, was ihr an Männern in die Quere kam. Sie wurde von der Polizei aufgegriffen und mit sechzehn Jahren schließlich als unverbesserliche Rückfalltäterin rechtskräftig zu einer Gefängnisstrafe verurteilt. Die Sängerin nahm sich, nachdem sie der Tochter bei einer Abtreibung behilflich geworden war, das Leben: Sie erhängte sich in ihrem Eigenheim.

Wenn glücklicherweise auch nicht alle solche Verläufe so bitter traurig enden, so ist es für Großeltern doch wichtig zu wissen, daß sie sich nicht zu Handlangern von negativen Entwicklungen dieser Art machen lassen sollten. Es ist nun einmal eine biologische Zuweisung, die beachtet sein will, daß Mutterschaft von Frauen jenseits der Fünfzigjährigkeit in unserer Schöpfungsordnung unerwünscht ist. Die materielle Zuwendung der Großeltern, um den jungen Frauen eine unbelastete Mutterschaft zu ermöglichen, ist der richtigere Weg. Von großem Wert kann auch eine finanzielle Unterstützung der Großeltern sein, die der jungen Frau Überforderungen erspart. Es ist sehr sinnvoll, wenn fernlebende Großeltern ihrer Tochter oder Schwiegertochter einen monatlichen Obulus überweisen, der ihren Möglichkeiten entspricht. Auch kleine geldliche Zuwendungen können große Wirkung haben – schon als ein Zeichen der Einigkeit und des Mitdenkens. Manche Großeltern unterstützen sogar ihre Kinder, indem sie ihnen eine Stundenhilfe bezahlen, solange die junge Mutter etwa durch rasch aufeinander folgende Geburten extrem angespannt ist. Viel wertvoller als teure Luxusartikel zu Geburtstagen und Weihnachten zu kaufen, ist es, in angespannten Zeiten der jungen Familie derlei Geschenke zu machen: Das Jahresgehalt für Frau Meyer für zwei

Stunden am Morgen oder für eine Praktikantin aus der Kinderpflegerinnenschule. Mit Unterstützung dieser Art bekunden die Großeltern auch mehr als Freizügigkeit und Gemeinschaftsgeist – sie vermitteln der jungen Mutter, die durch die Arbeit an mehreren kleinen Kindern ja häufig einige Zeit ein sehr strapaziöses Leben hat, ihre Freude, ihre Anerkennung für diesen so wichtigen und wertvollen Dienst am Leben. Sie helfen der jungen Mutter nicht nur durch das Geld zu mehr Kraftpotential, sondern sie schenken ihr damit gleichzeitig das so notwendige Bewußtsein des großen Wertes ihres Einsatzes. Die großelterliche Hochachtung davor kann die junge Frau heben und stärken, so daß sie ihren Kindern trotz mancher Übermüdung eine fröhliche Mutter zu sein vermag.

Diese Haltung der Großeltern beschützt auch alle Familienmitglieder vor einer gefährlichen Teufelsklaue: der Nötigung, dem Zwang zur Dankbarkeit der Jungen an die Alten. Schenken und unterstützen die Großeltern bereits im Geist ihrer eigenen Dankbarkeit, ihrer eigenen Freude über die verantwortungsbewußte Haltung der jungen Eltern, fühlen sie sich mit ihnen vereint im Dienst an den Enkeln, so fällt der neurotische Mechanismus, zu geben, um zu fesseln, weg. Großeltern, die sich hier selbstlos einsetzen und nichts zurückerwarten, haben viel mehr Aussicht, daß Freude und Dankbarkeit der Jugend statt eines Widerstandes gegen sie entsteht.

V

Verwöhnung vermeiden

Daß das Unterstützen zum Verwöhnen zu werden vermag – wie deutlich ist das vielen Menschen in unserem Wohlstandsleben in den vergangenen beiden Jahrzehnten erkennbar geworden! Ein berühmter Pädiater pflegte seine Examenskandidaten in der Prüfung für Kinderheilkunde zu fragen: „Was ist für das Kind am meisten schädlich?“ Und sie hatten, wollten sie es zu einer ansehnlichen Note bringen, zu antworten: „Der Zucker und die Großmutter

Herr Professor." Gewiß, so notwendig und segensreich großelterliche Mühewaltung ist – sie kann auch schaden, und zwar besonders durch die Maßlosigkeit an Verwöhnung; denn mehr als Menschen in anderen Verwandtschaftsbeziehungen fällt es Großeltern schwer, Liebe nicht mit Verwöhnung zu verwechseln. Das liegt zunächst vermutlich an einer sehr allgemeinen Charakterveränderung, die das höhere Lebensalter mit sich bringt: Der gereifte ältere Mensch neigt im allgemeinen grundsätzlich zu mehr Milde. Ihm ist im Laufe seiner Lebenserfahrung der Glaube an einen einzigen, an seinen allein seligmachenden Standpunkt verlorengegangen. Er vermag Kleinigkeiten nicht mehr überwertend wichtig zu nehmen. Ihm fehlt die Freude am Sich-Durchsetzen, die bei den Jüngeren noch vorhanden ist, ja, ihm fehlt auch oft schon ein Stück Kraft dazu. Wir leben aber in einer Zeit, die ganz allgemein durch Tischfertigkeit und Kaufbarkeit einen Zug zur Verwöhnung in sich trägt. Es ist ein Widerstand gegen diese Zeiterscheinung nötig. Die Kraft dazu bringen Großeltern aber häufig nicht auf, wenn es gilt, sich den Wünschen der Enkel zu widersetzen. Das liegt zum zweiten daran, daß die Freude an den Enkeln sehr groß ist, die Verantwortung für ihre Charakterbildung aber schließlich nicht bei den Großeltern liegt. Ihre Liebe wird so des steuernden erzieherischen Aspektes entkleidet und fließt statt dessen wie der Strom aus einem unerschöpflichen Füllhorn auf die geliebten Enkel hernieder.

Bei den Großeltern die in der Kriegs- und Nachkriegszeit ihre eigenen Kinder großzogen, kommt noch als drittes die Lust hinzu, den Enkeln viele der schönen Herrlichkeiten kaufen und bieten zu können, die sie im Hinblick auf ihre eigenen Kinder oft seufzend entbehrt haben. Manche Großmütter agieren viertens auch einfach nur triebhaft mit einem im Alter suchthaft entarteten Muttertrieb, oder sie handeln versteckt egoistisch mit dem Ziel, die beste, die geliebteste aller Personen im Umkreis der Enkel zu sein.

Manche Großmutter wird jetzt vielleicht das Buch verwirrt aus der Hand legen und sich fragen: „Ja, was meint die Autorin denn eigentlich? Ich beschenke meine Enkel doch nur mit Liebe, und Liebe ist immer gut. Liebe ist doch unser höchster Wert."

Wie unterscheidet sich die Liebe von der Verwöhnung, und woran kann ich erkennen, daß ich meinen Enkeln durch Verwöhnung schade, statt sie durch Liebe zu kräftigen?

Wir haben es im Kapitel über das Lieben schon einmal betont: Liebe gehorcht nicht dem Ich des Enkels, sondern die Liebe gehorcht Gott und dient dem Wohl des Enkels nur so weit, als das mit seinem künftigen Dienst am Leben vereinbar ist. Verwöhnung ist Vergötzung des Enkel-Egoismus und gibt deshalb dem Kind im Dienst seiner Befriedigung zu leicht und zu viel und manchmal auch schlicht Falsches. Diese allgemeine Definition bedarf freilich der Differenzierung.

Im Säuglingsalter besteht die Gefahr einer solchen Verwöhnung für natürliche Mütter nicht, sondern lediglich für Großmütter oder Mütter, die sich großmütterlich benehmen. In den ersten 18 Monaten nach der Geburt gibt es für Brustkinder kein Zuviel und Zu-leicht an Nahrung, kein Zuviel an Anwesenheit ihrer Mutter. Das Ersaugen der Nahrung nach ihrem eigenen Bedarf ist das diesem Alter Gemäße, läßt die Säuglinge altersentsprechend „arbeiten“ und macht sie auf diese Weise zufrieden. Warten zu können, Versagungen und Verweigerungen ertragen zu lernen, ist noch nicht dieser Stufe, sondern erst der nächsten angemessen, in der das Kind das Nein der Erziehenden wohl als Verweigerung, aber nicht als Existenzbedrohung erleben kann. Mütter, die ihre Kinder natürlich ernähren, haben also in deren erstem Lebensjahr keine Möglichkeit zur Verwöhnung im oben beschriebenen Sinn, wohl aber die Großmutter, wenn man ihr den Säugling abgestillt zur Pflege übergibt. Es ist jedenfalls mit dem Flaschensystem sehr viel schwerer, ein natürliches Funktionieren zwischen Angebot und Nachfrage zu erreichen, wie es sich zwischen Säugling und Mutterbrust ohne weiteres vollzieht. Eine Voraussetzung zur sich generalisierenden Verwöhnung stellt es bereits dar, wenn der Sauger der Babyflasche eine zu weite Öffnung hat und die Nahrung mit zu geringem Arbeitsaufwand des Kindes zu schnell einfließt. Das Kind trinkt dann zu viel, da die Rückmeldung des vollen Magens erst verspätet eintrifft. Die ersten Ansätze zur gefährlichen Hauptwirkung der Verwöhnung werden so gelegt: Wer von allem zu viel und zu leicht bekommt, wird lahm, träge, bequem und meistens sogar fett. Der kleine Mensch gerät in die Gefahr, Freude an Aktivität nicht hinreichend genug zu entfalten, so daß sie sich nicht genug einübt. Es entsteht als Verwöhnungsfolge eine sogenannte Aktivitätsatrophie, die später nicht durch einige Appelle an den Verstand zu lösen ist, sondern zum schwer revidierbaren Charakterzug wird.

Zu leicht und zu viel kann aber nicht nur an Nahrung gegeben werden. Auch ein Kind, das zum Beispiel noch monate- und jahrelang getragen wird, obgleich es allein laufen könnte, fällt unter die Kategorie der Verwöhnten. Nicht anders ist es mit Pflegevollzügen: Es ist falsch, wenn Großmütter die Fünfjährigen noch an- und auskleiden und ihnen die Zähne putzen. Es ist unsinnig, den Schulkindern die Rechenaufgaben auszurechnen. Am größten sind die Gefahren der Verwöhnung für Großmütter freilich bei einem Übermaß an Geschenken sowohl in der Kleidung als auch bei kostspieligem Spielzeug oder elektronischen Luxusapparaturen. Schenkende Großmütter sollten sich immer fragen: Braucht mein Enkel diesen Gegenstand wirklich? Kann er seiner Weiterentwicklung, seiner Aktivität dienen? Spornt er ihn an oder züchtet er Riesenansprüche? Verzieht er zum bequemen Konsumieren und Genießen oder regt er dazu an, sich anzustrengen und phantasiereiche Impulse zu entwickeln? Auch Gaben, die voreilig zu früh überreicht werden, können mehr schaden als nützen. Es taugt nicht, daß einem Kind schon im Grundschulalter komplizierte Computerspiele, zusammenzubastelnde Modellflugzeuge und komplizierte Puzzle zur Verfügung gestellt werden. Das Kind kann nur die Erfahrung machen, daß es damit nicht zurecht kommt. Die kostbaren Spiele verliere darüber den Reiz des Neuen, so daß sie dem Kind auch später, wenn es dafür reif wäre, uninteressant bleiben. Eine ganze Bibliothek wird ein Kind nicht dazu bewegen können, ein Bücherwurm zu werden. Dies gelingt aber meist, wenn die Bücher altersentsprechend ausgesucht und einzeln angeboten werden.

Es ist müßig hinzuzufügen, daß man ein Kind durch Überwärmen, Überfüttern und Alles-erlauben verwöhnen kann. Es kann auch dadurch Schaden nehmen, daß man ihm in einer übertriebenen Weise Körpernähe zuteil werden läßt. Verwöhnung – gleich welcher Art – ist dem süßen Brei des Märchens ähnlich – eine Fülle , die erstickt und unter sich begräbt, so daß Bewegungslosigkeit und Entwicklungsstillstand entstehen. Weil das aber immer auch gleichzeitig eine Entfaltungsbehinderung darstellt, reagieren verwöhnte Kinder auf die Dauer mit großer Unzufriedenheit, ja mit angstvoller Aggression, je länger der behindernde Zustand andauert. Oberflächlich sieht das dann so aus, daß sich eine bemühte Großmutter für ihren Enkel überanstrengt und dieser – für die Gute gänzlich unverständlich – mit wütender Undankbarkeit, mit widerwärtiger Frechheit und aggressiver Respektlosigkeit antwortet. Es handel sich aber vielmehr um unbewußte Loslösungsversuche gegen die lebensbehindernde Verwöhnung. Die Zerwürfnisse und Familienszenen sind aber nicht nur für die Großeltern, die es doch eigentlich so gut meinen, schlimm, sondern auch für die Enkel; denn da sie ihre eigene Wut nicht als existenznotwendige Befreiungsversuche durchschauen, empfinden sie sich selbst mit schlechtem Gewissen als grausam.

Besonders eindrücklich erlebte ich diesen Sachverhalt bei einem Großelternpaar, das zwei verwaiste Enkel in selbstlosem Einsatz großzog, sie dabei aber auch maßlos verwöhnte. Die Idee, die Kinder den Verlust der Eltern nicht spüren zu lassen, hatte beim Umgurren der Kindern, denen jeder Wunsch von den Lippen abgelesen wurde, Pate gestanden. Aber schon von ihrem dreizehnten Lebensjahr ab begannen die Enkel ihre Großmutter zu provozieren: Sie taten alles, um sie in Angst und Schrecken zu versetzen. Sie bummelten und kamen verspätet heim, sie ärgerten sie durch Unordnung und Unsauberkeit, sie beachteten sie nicht, wenn sie um etwas bat. Aber das Weinen der alten Frau, die Vorhaltungen des Großvaters besserten das Benehmen der Enkel nicht, verstockt gerieten sie in eine trotzige Verhärtung eines „Nun erst recht", obgleich sie im Grunde mit sich selbst uneins waren, entsetzt über die eigene Undankbarkeit, denn die Lebensnotwendigkeit ihrer Aggressionen blieb ihnen verborgen.

Daß die Verwöhnung negative Folgen hat, ist um so eher der Fall, je länger und maßloser der verwöhnende Einfluß andauert. Großeltern, die nur gelegentlich Kontakt zu den Enkeln haben, die sie nur selten, einige Ferientage lang bei sich haben, können es sich eher erlauben, dem Drang zum Verwöhnen einmal die Zügel schießen zu lassen.

Alleinerziehende Großeltern hingegen sollten diese Hauptgefahr täglich im Bewußtsein haben. Ist ein Großvater vorhanden, so kann sie ihn bitten, ihr mitzuhelfen, nicht unversehens in einen verwöhnenden Erziehungsstil hineinzurutschen. Großväter haben oft sehr viel mehr Sinn dafür, wo die Verschwendung und das Übermaß beginnen, besonders wenn sie die Finanzminister der Familie sind. Großmütter sollten bei entsprechenden Hinweisen ihrer Angehörigen, ihres Ehemannes, ihrer Tochter oder ihres Schwiegersohnes nicht die Beleidigten spielen, sondern sich bemühen, das rechte Maß zu finden.

W

Weise sein

Menschen im Großelternalter färbt sich das Haar weiß. Weiß ist auch die Farbe des Schnees. Im Märchen schüttelt die Marie im Dienst der Frau Holle die Betten, und es schneit auf der Erde. Die Erde im abgeblühten, im abgeernteten Zustand, die unschön wird, die in der Winterpause einen neuen Frühling entgegenruht, wird mit einer aus den Wolken, also von oben kommenden Schönheit verziert: mit einer Schneedecke, die die Härten entlaubter Konturen überdeckt, einhüllt und dadurch hell und besonders macht. In diesem Bild ist der zentrale großelterliche Auftrag enthalten: eine Altersweisheit zu leben, die so weiß ist wie der Schnee. Weisheit glättet wie er, Weisheit ist sanft und einhüllend.

Den modernen Großeltern wird ein gerüttelt Maß an Weisheit abgefordert; denn die Gegensätze zwischen Jung und Alt, einer aufmüpfig gemachten, emanzipierten Enkelgeneration sowie auch die so unterschiedlich gewordenen Erziehungsstile der Großelterngeneration und der jetzigen Elterngeneration schaffen in der Tat harte Gegensätze mit täglich neuem Konfliktstoff, der die ausgleichende Schneedecke, sprich eine von oben geschenkte Souveränität der Großeltern, nur allzu nötig macht.

Einige Beispiele: Eine Witwe hat ihren einzigen Enkel großgezogen, während die Mutter des unehelich geborenen Jungen in einer fernen Stadt in einer Ehe ohne Trauschein lebt. Im Alter von 14 Jahren bringt er aus dem Gymnasium ein Flugblatt mit, das ihm die entscheidende Erleuchtung zu enthalten scheint. Dort läßt sich lesen: „Willst du etwa so dumm sein und zum ausgenutzten Esel dieser Leistungsgesellschaft werden? Willst du dich ausbeuten lassen im 8-Stundentag? Sag: nein, danke! Machst du noch Schularbeiten, paßt du dich deinen Ausbeutern noch an? Sag: nein, danke!" Der Enkel findet das begreiflicherweise imponierend. Wer macht schon gern Schularbeiten? Er legt die Beine auf den Tisch und sagt: „Nein, danke! Die Arbeitswelt des Westens ist ein Produkt des Kapitalismus", doziert er seiner Großmutter. „Das wahre Leben besteht aus Meditation." Er geht zu spät zur Schule, er kommt früher heim, als der Stundenplan vorschreibt. Eines Tages geht er gar nicht mehr hin. Als er mittags zum Frühstück in Großmutters Küche erscheint, präsentiert diese ihm einen Entschuldigungsbrief, den sie bereits an die Schule abgesandt hat. Er hat folgenden Wortlaut: „Mein Enkel ist seelisch indisponiert und muß deshalb in den nächsten beiden Wochen der Schule fernbleiben. Hochachtungsvoll – Aline Müller."

Der Enkel ist baß erstaunt. Großmutter schält ungerührt die Kartoffeln. „Ja", sagt sie, „ich habe mich mit Dr. Scholz beraten; er hält es für nötig, daß du dich einmal ganz auf dich selbst besinnst. Meditation ist in der Tat das moderne Konzept gegen Ausbeutung. Du sollst dich ganz in dein Zimmer zurückziehen. Stille ist das Ziel. Ich habe bereits alle Lärmmaschinen entfernen müssen. Er sagt: ‚Geschlossene Vorhänge, gedämpftes Licht, leichte Kost, Stille'." Der Enkel fügt sich verblüfft, hält drei Tage durch. Großmutter kredenzt schweigend Joghurt und Kressesalat. Der Knabe ruht. Am vierten Tag kommt er in die Küche. „Fühl' mich beschissen", sagt er. Großmutter rührt ungerührt in einem Suppentopf. „Die Wirkung tritt frühestens nach zehn Tagen ein", referiert sie ihr angeblich von Dr. Scholz vermitteltes Rezept. Der Knabe ruht weiter bei Joghurt und Kressesalat. Am siebten Tag: „Du, Großmutter, ich halte das nicht mehr aus. Ich gehe morgen doch besser zur Schule."

„Richtig", kontert die und setzt sich zu ihrem Enkel auf die Küchenbank, „ich habe dir auch bloß beweisen wollen, daß deine Flugblattverteiler nichts, aber auch gar nichts Gutes mit euch im Sinn haben. Sie wollen euch für ihre Zwecke mißbrauchen. Schau, ich bin weder Kapitalist noch je ein Nazi gewesen. Ich habe in meinem Leben, das hart war, immer nur einen Schritt vor den anderen gesetzt und arbeitend die Aufgaben angepackt, die vor meiner Tür lagen. Ich kann dir sagen: Das ist die einzige Gewähr dafür, daß du bei Laune bleibst. Die Arbeit hat nicht der Kapitalismus erfunden, sie ist eine sinnvolle Notwendigkeit. Ohne Arbeit ist der Mensch kaum glücklich zu machen. Das habe ich dir einfach 'mal mit diesem Experiment beweisen wollen. – So, und nun lauf, sonst kommst du zu spät!"

Diese Geschichte erzählte mir lachend ein heute Vierundzwanzigjähriger nach seinem erfolgreichen Examensabschluß. „Stellen Sie sich bloß vor", sagte er, „ich hätte damals vor neun Jahren nicht eine so weise Großmutter gehabt!"

Ein zweites Beispiel: Ein Großelternpaar hat sich entschlossen, drei Enkel im Schulalter in den Ferien zu sich zu holen. Sie treffen bei ihren Kindern ein. Sohn und Schwiegertochter sind leidenschaftliche Anhänger des antiautoritären Erziehungsstils. Es gibt keine festen Tageszeiten für die Mahlzeiten, auch nur auf Wunsch Gemeinsamkeiten dabei. Im allgemeinen futtert jeder nach Lust und Laune aus dem voluminösen Eisschrank in der Küche, der portiönchenweise Fertigkost enthält. Die Großeltern geben sich belustigt. Großvater kaut mühsam an einem Topf mit Frischkäse und Marmeladenzulage, Großmutter verzehrt genüßlich einige Bananen. Aufbruch. Die Taschen der Kinder werden verstaut. „Wo ist mein Rucksack?" fragt der sechsjährige Sven nach einigen Kilometern. „Im Kofferraum", antwortet der Großvater. „Aber dann kann ich ja gar nicht an meine Schokolade", mault der Enkel. „Nach dem Essen daheim", entgegnete der Großvater freundlich. Die Enkel sind baß erstaunt, als sie bei den Großeltern keinen ihnen frei verfügbaren Eisschrank vorfinden. „Wir brauchen ihn jetzt in den Osterferien nicht", entgegnet die Großmutter, „unser Keller ist sehr kühl. Ich mache euch nachher ein schönes Abendessen.

Abends gibt es einen Eierreisauflauf. Die Kinder haben dergleichen noch nie gesehen. „Davon müssen alle essen?" fragt Sven erstaunt, „ich esse abends z. Z. immer Würstchen."

„Die haben wir leider nicht", entgegnet der Großvater freundlich.

„Ich probier' erst mal", reagiert Jan, der ältere.

Sven bleibt im Boykott, und während sich seine Geschwister das Essen munden lassen und dabei lustige Gespräche führen, schlägt Sven den Löffel rhythmisch auf den Tisch. Niemand nimmt davon Notiz.

„Ich habe Hunger", sagt er, als Großmutter abräumt. „Das ist gut", antwortet der Großvater statt ihrer, „Hunger ist der beste Koch. Was meinst du, wie gut dir Großmutters Essen morgen schmecken wird. Heute kannst du noch etwas Mineralwasser trinken."

Nach 14 Tagen kehren die Enkel nach Hause zurück.

„Das Essen war bei Großmutter prima", berichtet Mareile. „Ja", sagt Sven, „Mama, bitte laß uns doch auch so zusammen essen wie bei Omi und Opa. Das macht Laune."

„Jaaa", brüllen alle drei Kinder. Der Vater schließt sich ihnen an. „Gelebte Demokratie", doziert er seiner Frau, „heißt, sich der

Mehrheit zu beugen." „Gut", seufzt sie, „ich will's versuchen; ab morgen gibt's drei feste Mahlzeiten."

Zwei weise Augenpaare lächeln sich unmerklich zu. Die erste Bresche zur Entideologisierung hinein in eine selbstverständliche, gemeinschaftsfördernde Ordnung ist geschlagen.

Gegensätze in den Erziehungsstilen und Verhaltensweisen sind nicht durch anklagende Vorwürfe zu verändern, sondern allenfalls mit Weisheit und Geschick. Dazu gehört immer auch ein wenig Bereitschaft zur Rückschau auf das eigene Mitlaufen in Modetrends, auf die eigene jugendliche Rechthaberei. Es gehört dazu die Erfahrung, daß Ideologien und Modetorheiten kurze Beine haben, wenn sie auf einer Lebenslüge gründen; denn eine solche Lebenserfahrung bildet die Voraussetzung zur Gelassenheit ohne Überheblichkeit.

Freilich: Weisheit ist nicht einfach gleichbedeutend mit großelterlicher Untätigkeit, wie die beiden Beispiele veranschaulichen. Das überzeugende Gegenbeispiel gegen eine sich einschleifende Verwilderung einzusetzen, ist deshalb gewiß auch der erste Akt eines klugen Vorbeugens zur rechten Zeit. Aber es gelingt wesentlich besser, wenn man dabei der ideologisierten Schwiegertochter, dem einseitig aufgeklärten Enkel nicht fortgesetzt in direktem Angriff auf die ohnehin allergisierten Hühneraugen tritt, sondern den Feind mit Phantasie und List zu schlagen sucht.

Zum Wesen weiser Großeltern gehört nicht nur das Verstehen jugendlicher Unbedachtheiten, es gehört auch die vorurteilslose Lebendigkeit dazu, Neuheiten nicht von vornherein abzulehnen, weil man sie nicht kennt, sondern sie zunächst horchend zu beobachten. Es gibt ungezählte Neuerungen, die gegenüber früheren Gepflogenheiten echter Fortschritt sind, so zum Beispiel die Gemeinsamkeit von Mutter und Kind im Wochenbett, das Aufgeben der Dressur zur Stubenreinheit im ersten Lebensjahr, die Erziehung der Kinder zum Basteln und Musizieren, die Gemeinschaft von Eltern und Kindern im Schulalter bei Veranstaltungen und Gottesdiensten. Weise Großeltern empfinden sich nicht immer nur als die, die belehren können, sondern die bereit sind, bis an ihr Lebensende zu lernen und die Neuheiten aufgeschlossen und geduldig auf ihren konstruktiven Wert hin abzuklopfen. Großeltern, die sich so verhalten, haben dann viele Chancen, in ihrem Umfeld ausgleichende Helligkeit zu verbreiten und gern gesehene Gäste im Haus von Kindern und Enkeln zu sein.

Z

Zart sein

Großelterliche Zartheit hat Weisheit zur Voraussetzung, sonst gelingt sie nicht. So wie der alte Mensch schließlich kein guter Futterverwerter mehr bleibt und die Dürrheit seiner Knochen, die Spitzigkeit seiner Ellenbogen das Abnehmen der Kraft verdeutlichen, so besteht die Gefahr, im Alter aus Schwäche starr und hart zu werden. Es gibt einen erschreckenden Altersegoismus, bei dem der Lebenskreis sich auf die Primitivität alltäglicher Vollzüge mindert. Sicher ist es unendlich schwer, ihm nicht zu verfallen und schließlich sogar mit Haß und Wut auf die Jüngeren zu blicken, die im Vollbesitz ihrer Kräfte stehen. Tiefe Gläubigkeit kann vor lebensvergiftendem Altersneid bewahren, eine Weisheit, die die Möglichkeit zum liebevollen Umgang mit den Nachkommen als ein Geschenk auffaßt und dankbar weitergibt. Diese Zartheit von Großeltern ist einer segnenden Berührung ähnlich. Sie ist eher distanzierte Nähe, leichtes Umlegen des Armes, warmes Bedecken der kleinen Hand durch die große Hand, ist Kußhauch auf die Stirn, Streicheln über den Kopf, ist Ruhen der großelterlichen Hände auf dem Scheitel des Enkels. In der Zartheit solcher Gebärden ist die Liebe vermischt mit gläubiger Spendekraft, mit übermittelter Hoffnung auf himmlischen Schutz. Echte Gesten dieser Art sind der Ausdruck einer erbeteten Haltung sinnerfüllter Zufriedenheit, ja sie können zur Vermittlung letztgültiger Wahrheit werden in dem Sinn, wie Selma Lagerlöf das von ihrer Christuslegenden erzählenden Großmutter berichtet hat:

„Und dann legte Großmutter ihre Hand auf meinen Kopf und sagte: ‚Dies sollst du dir merken, denn es ist so wahr, wie daß ich dich sehe und du mich siehst: Nicht auf Lichter und Lampen kommt es an, und es liegt nicht an Mond und Sonne, sondern was not tut, ist, daß wir Augen haben, die Herrlichkeit Gottes sehen zu können.‘"*

---

* Selma Lagerlöf: Christuslegenden, München 1948, S. 11.

III.

ABC der Verhaltensstörungen

Einführung

Kürzlich ging der Aufschrei des Lehrerkollegiums einer niedersächsischen Hauptschule durch die Tageszeitungen: „Es ist entwürdigend für uns Lehrer", so hatten die Pädagogen zu Protokoll gegeben, „denn an ein echtes Unterrichten ist gar nicht mehr zu denken. Eine Mehrheit der Schüler besteht aus Störern, die wenigsten sind zu einer Mitarbeit im Unterricht bereit; die Schüler reden, reden, reden. Sie beschimpfen die Lehrer mit beleidigenden Äußerungen. Einige fehlen immer wieder ohne Entschuldigung, zu deutsch: sie schwänzen. Manche kommen betrunken zur Schule. Am Tage vor der Schulentlassung leerten sie auf dem Schulhof zahllose Flaschen Bier und zerschmetterten sie dann an der Wand der Turnhalle. Niemand kümmerte sich um den Scherbenhaufen. Ein erheblicher Prozentsatz muß die Schule verlassen, ohne einen Abschluß erreicht zu haben. Viele dieser Schüler können weder in der deutschen Sprache einigermaßen korrekt schreiben, noch rechnen. Wir werden mit den Problemen nicht mehr fertig."

Und der kommentierende Redakteur fügt hinzu: „Es handelt sich nicht um ein regionales Einzelproblem. Ähnlich verzweifelt sind Hunderte von Lehrern und Eltern in der Bundesrepublik Deutschland."

Die Generation der Problemkinder wächst heran. Sie sind Legion. Woran liegt's? Zum Teil gewiß daran, daß man ihnen jede Freiheit, jede ihnen gerade passende Art von Benehmen zubilligt. Die Antipädagogik ist ganz folgerichtig ein Wucherboden für jede Form von Unart, von Disziplinlosigkeit. Aber vielleicht ist diese Unbekömmlichkeit eines extrem liberalistischen Zeitgeistes keineswegs gefährlicher, sondern lediglich sichtbarer als ihr Gegenteil: die überdisziplinierte Haltung, wie sie den Kindern vor 50 Jahren eindressiert und abverlangt wurde? Das ist nicht sicher, aber es wäre immerhin denkbar; denn die Überdisziplinierung führte manchmal unterschwellig zu unbekömmlichen Drosselungen, die ebenfalls schädlich waren, wenn ihre negativen Folgen oft auch erst als Spätzünder im arrivierten Erwachsenenalter sichtbar werden. Wenn wir es also bei der Jugend heute nur mit ein wenig überschäumender Ungebärdigkeit zu tun hätten, die das Leben dann wieder zurechtböge, so brauchten wir uns keine Sorgen zu machen. Oder läge die Ursache, wie manche nachdenkliche Zeitgenossen meinen, nur darin, daß die Problematisierung der Erziehung erst die Probleme hervorriefe, daß also die jungen Menschen durch das Übermaß der Beachtung, durch das Unsicherwerden ihrer Erzieher allein schwierig würden, so wäre auch dieses eine Erklärung, die uns zur Gelassenheit Anlaß gäbe; denn auch dergleichen künstliche Schaumberge pflegen an der Realität wieder in sich selbst zusammenzufallen.

Wären unsere modernen Probleme mit den Kindern lediglich von dieser Art – und es soll hier nicht ausgeschlossen werden, daß sie durch Beimischungen der eben genannten Verhaltensweisen der erziehenden Erwachsenen verstärkt werden können –, so brauchte dieses ABC der Verhaltensstörungen nicht geschrieben zu werden. Es lohnt sich nicht, etwas einer eingehenden Beschreibung zu unterziehen, was sich von selbst wieder zurechtrückt.

Die kinderpsychotherapeutische Praxis der vergangenen 20 Jahre hat aber gelehrt, daß viele der kleinen Auffälligkeiten und Schwierigkeiten der Kinder sich zu unbezwingbaren großen Problemen ausweiten können, wenn die jungen Menschen erwachsen werden. Denn manche Schwierigkeiten erweisen sich als die ersten Kennzeichen gehemmter Antriebe, die später als sogenannte Neurosen das Leben voller Beschwernisse machen. Die Anfangssymptome beachten, erkennen und auf sie reagieren, kann hingegen ermöglichen, späterem Lebensunglück entgegenzuwirken. Diesem Zweck möchte das „Kleine ABC der Verhaltensstörungen" dienen; denn häufig sind die Schwierigkeiten am Anfang durchaus noch von bemühten Eltern allein zu bewältigen. Keineswegs sind sie auch immer ein Zeichen dafür, daß die Eltern ihre Erziehungspflicht vernachlässigen oder erziehungsunfähig sind. Unsere Zeit hat unser Leben in einer neuen, unbewältigten Weise künstlich werden lassen, was unseren Kindern nicht bekommen kann. Es ist deshalb oft unangemessen, der einzelnen Mutter, dem einzelnen Vater dafür den schwarzen Peter der Schuld in die

Schuhe zu schieben. Aber abgesehen davon, daß ein solches kopfschüttelndes Beschuldigen den Eltern häufig Unrecht tut, ist damit schließlich niemandem geholfen. Das gehört zwar zu unseren Verhaltensweisen: Wenn etwas ungeklärt Bedrohliches in Erscheinung tritt, gehen wir der Verursachung nach. Haben wir einen Schuldigen entdeckt, so tschilpen wir ihn aus, wie die Vögel die räuberische Katze und setzen uns zur Ruhe, ohne daß damit die Gefahr gebannt ist. Die Sündenbockhatz gehört in unser biologisches Repertoire, ist aber in den seltensten Fällen ein angemessenes Mittel zur konstruktiven Veränderung einer bedenklichen Situation. Besser ist es, die Gefahr nicht abzuschieben, sondern ihr rechtzeitig und wirksam zu begegnen. In einer solchen Situation befinden wir uns mit unseren Problemkindern. Das kleine ABC der Verhaltensstörungen möchte deshalb ein Wegweiser zum *rechtzeitigen* Erkennen und einem bewußten Begegnen von Erstsymptomen sein, um später nur schwer revidierbaren Schwierigkeiten vorzubeugen. Es geht in dieser Schrift also weniger um eine Beschreibung der vielfältigen Ursachen von Auffälligkeiten – dieser Aufgabe habe ich viele andere Arbeiten gewidmet* – sondern mehr um eine rechtzeitige Laientherapie. Beim Informieren über typische Schwierigkeiten und ihre Bewältigung sind mit Absicht diejenigen nicht berücksichtigt, die sich auf einem sehr individuellen Hintergrund aufbauen. Spezielle Probleme bedürfen einer speziellen Lösung, wie sie nur in einer Einzelberatung gefunden werden kann. Dazu ist oft mehr als elterliche Bemühung nötig, weil es nicht selbstverständlich ist, die tieferen Gründe der Nöte im Bewußtsein zu haben. In solchen Fällen bedarf es eher der speziell ausgebildeten Fachkraft oder eines Vorgehens, wie ich es im „ABC für Seelenhelfer" (Herderbücherei 1979) dargestellt habe.

Darüber hinaus haben viele Schwierigkeiten von Kindern ihren Grund in den Eheschwierigkeiten ihrer Eltern oder in der Eheunfähigkeit eines oder beider Partner. Auch dieses weite Feld bleibt in dieser Schrift ausdrücklich unberücksichtigt. Wer hier Hilfe sucht und mit Nachdenklichkeit Schwierigkeiten begegnen möchte, möge das „Ehealphabet" oft zu Rate ziehen oder den klei-

---

* Verhaltensstörungen bei Kindern, Piper Verlag, 6. Aufl. 1980; Die Schulnöte unserer Kinder, Gütersloher Verlagshaus, 7. Aufl. 1981; Erziehen lernen, bayerischer Schulbuchverlag, 6. Aufl. 1981, Kurzfassung in der Herderbücherei 1983.

nen Eheroman „Ich will mich ändern“ (Herderbücherei 1981) zur Hand nehmen.

Unerwähnt bleiben auch jene körperlichen Störungen, die vornehmlich in die Hand des Mediziners bzw. des ärztliche ausgebildeten Psychotherapeuten gehören, wie zum Beispiel das Asthma bronchiale, Hautaffektionen, Ohnmachten, Lähmungen, die Colitis ulcerosa, Magengeschwüre, Zöliakie, die im Wachzustand auftretende Blasenschwäche und alle jene Verhaltensstörungen, die im Gefolge einer geistigen Behinderung auftreten.

Das ABC der Verhaltensstörungen wendet sich vor allem an die vielen bemühten, verantwortungsbewußten Eltern und Erzieher, die die Kraft, die Fähigkeit und die Bereitschaft haben, sich, wenn Schwierigkeiten und Auffälligkeiten im Verhalten ihrer Kinder in Erscheinung treten, in kluger Wachsamkeit rechtzeitig selbst hülfen, wüßten sie nur – wie. Es will Anstöße zu einer Laientherapie geben, die die Anfänge von später gravierenden Störungen angemessen abwehrt. Es will zur Anwendung von ‚Hausmitteln‘ anregen, die die psychische Weh-Wehchen vielleicht ohne fremde Hilfe beheben können; denn die Beratungsstelle mit den Fachleuten ist oft weit entfernt und hat jahrelange Wartezeiten. Man sollte sich dennoch dort anmelden, aber die Wartezeit nutzen und fleißig die ‚psychischen Halswickel‘ anlegen. Oft, so hat sich gezeigt, ist das Kind dann bereits gesund, wenn der Termin naht. Mein kleines ABC ist also Hilfe zur Selbsthilfe in der Not, ohne eine Laienkonkurrenz zu den fachkompetenten Institutionen aufbauen zu wollen. Man sollte sie in Anspruch nehmen, wenn die eigenen Kräfte und Einsichten nicht ausreichen. Aber der Versuch, sich mit Geduld, Eifer und Einsatzbereitschaft selbst zu helfen, kann oft sogar mehr leisten, als es einer noch so guten Anlaufstelle möglich sein kann; denn das allerwichtigste Heilmittel für die Seele ist kluge, selbstlose Liebe für den kleinen, doch so nahen Menschen.

A

Angst

Ein fünfjähriger Lockenkopf schaut mich mit schreckgeweiteten Augen vom Schoß seiner Mutter her an, als ich ins Zimmer trete. Dann wendet er unvermittelt den Kopf gegen ihre Brust, krallt sich mit beiden Händen an ihren Oberarmen fest und beginnt hemmungslos zu schluchzen. „Es ist nichts zu machen“, sagt die Helferin, „er hat Angst, er kommt nicht mit ins Spielzimmer.“ „Ist das immer so?“ frage ich die Mutter. „Ja“, antwortet sie, „deswegen sind wir gekommen. Er hat schreckliche Angst vor allen ihm unbekannten erwachsenen Menschen. Wir können ihn nirgendwohin mitnehmen. Immer veranstaltet er das gleiche Drama. Bitte, helfen Sie uns! Wie soll das erst werden, wenn er zur Schule kommt? Nicht einmal mit dem Kindergarten war es zu schaffen. Peter verhält sich so, als sei jeder Erwachsene ein Riese, der ihn packen und verschlingen will. Und kein Kraut ist gegen diese Angst gewachsen.“ Peter leidet an freiflottierender Angst.

Mehr oder weniger erkennbar ist Angst das zentrale Phänomen, das am Anfang der meisten Kinderschwierigkeiten steht, die in diesem ABC beschrieben werden sollen. Angst ist die allgemeine Reaktionsform des Menschen auf Lebensbedrohung. Angst setzt reflektorisch ein und macht den Körper schlagartig bereit, sich, die Gefahr abwehrend, in Bewegung zu setzen, entweder durch Flucht oder durch Gegenangriff. Deswegen ist der akute Angstanfall an physiologischen Veränderungen ablesbar: am beschleunigsten Herzschlag, am gesteigerten Blutdruck, am Erweitern der Blutgefäße, am Sich-weiten der Pupillen, am Zittern der (sprungbereiten) Muskulatur, manchmal auch an unwillkürlichen Ausscheidungen wie Schwitzen, Harnen oder Kotabsetzen. Angst und Aggression gehören ebenso zusammen wie Angst und Depression. Der vitale Mensch beantwortet Angst mit einer Bereitschaft zur Aggression, der seelisch oder körperlich schwache eher mit Flucht oder gar mit Totstellreflex in aussichtslos gelähmter Depression.

Angst hat der Mensch, solange er lebt. Es ist ihm nicht gegeben, sie abzuschaffen. Die sogenannte Schrecksekunde ist bei unvorbereitet eintretender Lebensbedrohung unabwendbar, wenn der

Mensch auch eine Fülle von materiellen Maßnahmen, Techniken, von Übungsprogrammen, Ritualen und geistigen Hilfskonstruktionen erfunden hat und erfindet, um der Angst vor lebensbedrohlichen Gefahren zu begegnen. Da die Unruhe der Angst aber eine Gestimmtheit ist, die im Dienst der Lebenserhaltung durch Abwehr von Gefahr steht, hat sie eine viel zu konstruktive Funktion, als daß es auch nur wünschenswert wäre, sie total abzuschaffen. „In der Welt habt ihr Angst", sagt deshalb apodiktisch die Bibel.

Selten machen wir uns klar, daß bereits jedes Herz Angst kennt, das zu schlagen begonnen hat. Die pränatale Medizin hat es aber bewiesen. Bereits das ungeborene Kind beantwortet Lebensbedrohung mit Angst. Die Angst der Mutter wird berechtigterweise vom ungeborenen Kind als Lebensbedrohung erlebt und mit Angstreaktion beantwortet. Gewiß löst die Geburt Angst aus – lange, schwere, mit Sauerstoffmangel für das Kind verbundene Geburten sicher mehr als unkomplizierte Geburten und mit einer wenig geängstigten Mutter.

Das Ungünstige für den Menschen ist, daß schwere lebensbedrohliche Angst sich nicht unversehens löscht, sondern stattdessen fatalerweise reaktivierbar ist und nicht nur allein leichter auslösbar wird in einer ähnlichen lebensbedrohlichen Situation, sondern später bereits bei einer ähnlichen Empfindung, einem ähnlichen Geräusch, einem ähnlichen visuellen Eindruck „losgehen" kann, ohne daß ein neuer bedrohlicher Anlaß gegeben ist.

Diese Empfänglichkeit unseres Stammhirns für sogenannte bedingte Reflexe bewirkt die freiflottierende Angst, d. h. eine bei vielen Menschen zu niedrige Angstschwelle, die über das reale Maß der Antwort auf eine lebensbedrohliche Situation oft weit hinaus geht.

Aber unabhängig von diesem durch die hohe Lernfähigkeit des Menschen bewirkten Schicksal sind der Säugling und das Kleinkind, bedingt durch ihre Hilflosigkeit, potentiell besonders angstbereite Wesen, zumal das Gehirn des Menschen anfangs so wenig entfaltet ist, daß Beschwichtigungs- und Verarbeitungsmöglichkeiten seiner Angst ihm genauso wenig zur Verfügung stehen wie den Tieren. Er ist der Angst ohne rationale Abwehrmöglichkeit ausgeliefert. Diese Gegebenheit macht es aus, daß der Mensch in seiner ersten Lebenszeit am meisten störanfällig und verstörbar ist.

Die Ursache der Angst von Kindern, die aus diesem oder jenem Anlaß panisch reagieren und die wegen dieser Angstanfälle in die Praxis gebracht werden, ist nicht immer, selbst durch die sorgfältigste Anamnesenerhebung nicht, zweifelsfrei zu ergründen. Nur gelegentlich erweist sich bei den Kindern heute nach gründlicher Untersuchung, daß das Kind allein der Spiegel mütterlicher Ängstlichkeit ist. Es gibt auch das heute noch: Eine Mutter, die selbst so unsicher, so überbesorgt, so supergluckenhaft ist, daß das Kind dadurch gewissermaßen in Angst trainiert wurde, weil es einem Dauereinfluß mütterlicher Überbesorgtheit ausgesetzt war. Kinder dieser Art zeigen eine breitgefächerte Ängstlichkeit. Sie fürchten sich vor Gewitter ebenso wie vor nassen Füßen, vor Aufzügen und Rolltreppen ebenso wie vor Wasser und Kälte, vor „schwarzen Männern" und der Dunkelheit.

Aber im allgemeinen sind die Mütter heute sehr viel weniger überängstlich, als das noch vor 25 Jahren der Fall war. Die Angst, die Kindern heute Schwierigkeiten bereitet, ist meist sehr viel umschriebener und weist auf eine im Grunde berechtigte Furcht hin, die auf einem oft schon Jahre zurückliegenden ängstigenden Erlebnis beruht, das durch eine Wiederholung erneuert oder durch einen bedingten Reflex belebt worden ist.

Bei dem fünfjährigen Peter war das zum Beispiel so: Er hatte im Alter von neun Monaten mit einer akuten Virusinfektion ins Krankenhaus eingeliefert werden müssen und hatte dort nach komplizierten Untersuchungen zum Ausschluß einer Encephalitis drei Wochen verbringen müssen. Die Trennung von der Mutter löste eine langdauernde Unruhe, zunächst stundenlanges Schreien, dann apathisches Stillwerden aus, berichtet die Mutter. Peter habe nach der Rückkehr ins Elternhaus Mutter, Vater und die Geschwister nicht recht wiedererkannt, habe nicht mehr gekrabbelt und sich überhaupt erst allmählich aus seiner Starre gelöst. Danach sei er wieder das alte muntere Bürschchen geworden. Aber dann sei vor etwa einem Jahr eine Mandeloperation fällig geworden, deretwegen Peter erneut eine Woche lang in einer Klinik liegen mußte. Kurze Zeit danach sei die so übertriebene Ängstlichkeit aufgetreten. Das Kind habe eine panische Furcht, sich von der Mutter zu trennen – in einem Ausmaß, wie sie es bei keinem ihrer älteren Kinder je erlebt habe.

Wenn man Peters Vorgeschichte kennt und sich ein wenig mit den Ausdrucksweisen der Angst beschäftigt hat, nimmt das freilich nicht wunder. Verwunderlich ist es eher, daß es offenbar auch Kinder gibt, die bei ähnlichem Schicksal keine derart massiven Angstreaktionen zeigen. Bei vielen ist das sicher ein Zeichen dafür, daß ihre angeborene Angstbereitschaft nicht im gleichen Maße stark war, bei anderen, daß schon die Erlebnisse vor und bei der Geburt weniger ängstigend waren. Es kann aber auch sein – so haben die langfristigen Behandlungen angstverstörter Erwachsener immer wieder sichtbar gemacht –, daß die Verdrängungsdecke die erneuten Belastungen noch aushielt und erst bei einer späteren zusätzlichen ängstigenden Belastung einbrach. Denn das macht es aus, daß der Mensch nicht an einem Übermaß an Ängstigung, quasi an der Überbeanspruchung seiner fortgesetzt auf höchste Alarmstufe versetzten Physiologie zugrunde geht: Gegen überstrapazierende Ängstigung wächst dem Menschen ein Selbstschutz zu: der Mechanismus der Verdrängung. Nach dem Motto: „Nichts mehr sehen, nichts mehr hören, nichts mehr spüren" setzt nach praktisch nicht mehr aushaltbarer, nicht aufhörender Ängstigung ein Mechanismus der Empfindungslosigkeit, der Gleichgültigkeit, der apathischen Dickfelligkeit ein, der vor überlastender Sensibilisierung des Nerven- und Kreislaufsystems schützt.

Es ist das Verdienst von Sigmund Freud und seines Schülers Harald Schultz-Hencke, herausgefunden zu haben, daß durch ein Übermaß an Verdrängung nicht nur bedenkliche Gehemmtheiten, sondern auch ein unausgeglichenes Weiterwachstum der Seele entstehen kann, so daß als negative Spätfolge Neurosen zum Ausbruch kommen können.

Das Bedenkliche ist nun, daß nicht nur Trennung von der Mutter und ärztliche Eingriffe von einem noch jungen Kind als Lebensbedrohung erlebt werden können, sondern daß Angst als ein Signal der Lebensgefährdung bei Säuglingen und Kleinkindern auch dann eintritt, wenn ihre berechtigten vitalen Erwartungen über längere Zeit unerfüllt bleiben. Der Säugling erwartet, gesättigt und gewärmt zu werden, er erwartet, bei der Pflege das immer gleiche Gesicht zu sehen –, er muß sich bald schon genug bewegen und selbstbehaupten können! Behinderung der vitalen Bedürfnisse jedenfalls löst Angst aus, die sich als Schreien und Bewegungsunruhe äußert. Führt das nicht zur Erfüllung des lebensnotwendigen Dranges, wird das Kind *nicht* „gestillt", wie unsere Sprache so schön sagt, so beginnt die Verdrängung ihr Werk. Deshalb ist die pomadige Artigkeit eines Kindes nicht einfach nur ein

Zeichen von seelischer Gesundheit, deshalb gibt es eine so große Fülle von Verhaltensstörungen, die gewissermaßen Relikte der Angst oder Durchbrüche durch die Verdrängungsdecke darstellen, ohne daß die Umwelt – selbst die ärztliche meist nicht – den Zusammenhang der frischen Symptome mit der alten Angst erahnt. Wie vielfältig diese Symptome sind, wie wenig sie noch als Angst in Erscheinung treten, das soll in den folgenden Abschnitten dieses kleinen ABC's verdeutlicht werden.

Zunächst ist es wichtig, zu erkennen, daß es für die Eltern zwar lästig ist, wenn eine unrealistische Ängstlichkeit bei ihrem Kind hochschießt wie eine Stichflamme; aber der frühe offene Ausbruch vergangener existentieller Ängstigung bietet auch die Möglichkeit, die Angst zu verarbeiten, statt sie als ein latentes, entwicklungshinderndes Seelengeschwür weiter mit ins Leben hineinzuschleppen. Angst, so hat Freud gelehrt, sollte verarbeitet statt verdrängt werden. Verarbeitetete Angst kann ad acta gelegt werden, statt weiterzuschwelen.

Wie kann das geschehen? Als erstes: Erfassen der Zusammenhänge ist dazu die Voraussetzung. Es ist nicht nur im Sinne einer echten Sanierung unwirksam, nein, es ist schädlich, ein Kind, das schwere Angstsymptome zeigt, zu beschimpfen, als „feige Memme", als „Heulsuse", als „Angsthase" zu diffamieren und auszulachen. Brutales Eingreifen gar durch Prügel, Schläge oder Isolierungen bringen die Angst zum Sieden und lassen lediglich eine massive Verstärkung der Verdrängungsdecke entstehen. Hätte es in der Generation der Erwachsenen weniger Personen gegeben, die als Kinder „brav" geprügelt wurden – es gäbe gewiß weniger Depressionen, weniger psychosomatische Leiden; und vielleicht hätte es dann auch keine Menschen gegeben, die bereit gewesen wären, KZ-Häscher zu werden. Jedenfalls sind die Folgen unübersehbar schädlich, nicht nur in der eben angedeuteten Form.

Ebenso wenig ist die entgegengesetzte Reaktionsweise der Erziehenden angebracht: Eine übertriebene Beachtung und eine übertriebene beschützende Reaktion. Es gehört zu den mißlichen Folgen unserer flexiblen Lernfähigkeit, daß wir die übergroß ausgebreiteten mütterlichen Flügel als so süß erleben, daß wir dann nicht wieder darunter hervor wollen, schon ganz und gar nicht, wenn wir von einer uns selbst nicht verstehbaren Angst immer wieder neu geradezu überflutet werden. Deshalb führt es nicht zum Erfolg, wenn man zum Beispiel Peter vor fremden Personen abschirmt, mit ihm nicht mehr das Haus verläßt, abends mit ihm zur gleichen Zeit und im gleichen Bett zur Ruhe geht und dem angstverstörten Kind gewissermaßen einen Dauerplatz an Mutters Brust einräumt. Dann geben wir der Angst einen positiven Sinn, sie wird für das Kind laut Fachsprache zu einem Gewinn, zu einem „sekundären Krankheitsgewinn" und damit zu einem Gast, den es schließlich gar nicht mehr los zu werden wünscht. Auch auf diese Weise kann die entfaltungsmindernde Angst chronisch werden, ohne daß die Mutter primär die Angst verursacht hat. Sie hat lediglich für das Kind unangemessen darauf reagiert.

Angst verarbeiten hingegen und sie damit wirkungsvoll beseitigen bedeutet anderes: Zunächst müssen Eltern und Kind die Angst als eine verständliche Reaktion des Kindes auf ein altes, vergessenes, mit Recht schwer ängstigendes Erlebnis begreifen lernen. Was wir einordnen, was wir durchschauen können, verliert seine Unheimlichkeit. Das nicht verstehbare Unheimliche erneuert und schürt die Angst. Es ist deshalb nötig, daß die Eltern nach Erklärungen auf die Suche gehen, wie sie in diesem Buch noch in vielfältiger Weise beschrieben werden sollen. Wie gesagt: Nicht nur ein Krankenhausaufenthalt, ein Unfall, eine Trennung von der Mutter, ein erschreckendes Ereignis sind geeignet, um Angst auszulösen. Schon das Durchschreien der Nächte im Babyzimmer der Wöchnerinnenstation, schon eine schwere Geburt oder eine lebensbedrohliche fetale Situation, etwa durch einen drohenden Abort oder eine mißglückte Abtreibung können das Ersttrauma der massiven Ängste sein.

So hat sich in der Praxis immer wieder ein Zusammenhang feststellen lassen zwischen einer schweren Geburt und der späteren Neigung, sich in geschlossenen Räumen tödlich zu fürchten. Zu früh geborene Kinder – besonders die nach künstlich eingeleiteter Geburt – neigen zu Angst vor weiten Plätzen, zu Treppenangst und Höhenschwindel. Und auch die Ängste vor Fahren im Fahrstuhl, im Flugzeug, im Tunnel gehen wohl zum großen Teil auf Ängste zurück, die sich während der Geburt eingestanzt haben. Sogar der Widerwille, enge Kleidung zu tragen und sich Pullover über den Kopf streifen zu lassen, haben in erlebter Angst während des Geburtsvorgangs ihre Ursache*. Haben die Eltern herausgefun-

* Siehe auch Kruse, F.: Raumangst und Platzangst als geburtstraumatische Neurosen Z. Kinderpsych. 7, 240–250 (1979).

den, wo die Quelle der Angst zu finden ist, so muß das Kind zu hören bekommen, daß es einst, als es noch sehr klein und sehr dumm war, einen großen, großen Schreck bekommen hat und nun fürchtet, daß ihm noch einmal so etwas Unangenehmes geschehen könne. Aber so etwas ganz Banges könne gar nicht noch einmal kommen, denn jetzt sei das Kind bereits groß, *jetzt* könne es laufen, also auch weglaufen, jetzt sei es stark: es habe Hände, Arme, es habe Zähne, es könne sprechen. Jetzt könne sich das Kind wehren. Und es sei auch schon klug: es könne viele Dinge bereits verstehen, die in Wirklichkeit gar nicht so schlimm seien, die nur für das kleine Kind so ausgeschaut hätten.

Peter zum Beispiel sollten die Mutter oder der Vater erklären: „Schau, damals mußtest du ins Krankenhaus, du hattest hohes Fieber und konntest gar nichts essen. Die Ärzte im Krankenhaus haben dich gesund gemacht. Aber du verstandest das damals noch nicht. Du erlebtest: ‚Nun geht es mir schon so schlecht, und nun ist Mama plötzlich weg, und nicht nur das: Alles ist weg, mein Bett, die anderen Kinder, alles, alles. Stattdessen kommen Riesen in weißen Anzügen und tun weh, schrecklich weh.' Du hast den lieben Doktor also nicht richtig verstehen können. Du hast ihn für einen ganz Schlimmen, Gefährlichen, Bösen gehalten. Und dabei waren er und seine Krankenschwestern eigentlich gut, eher etwas Ähnliches wie Engel statt wie Menschenfresser. Siehst du, und beim zweiten Mal mußtest du im Krankenhaus eine sehr unangenehme Operation erleben – und da kam plötzlich in dir das Gefühl auf, daß fremde Menschen einen vielleicht auch totmachen könnten. Ist es da nicht ganz verständlich, daß du jeden Doktor und nun bald auch schon jeden Fremden für böse hältst? Ich jedenfalls hätte bestimmt genauso solche Angst wie du, wenn ich als Baby so etwas erlebt hätte, Vater gewiß erst recht. Aber weil wir das nun wissen, daß es alte Angst ist, die da wieder aus dir herausgeschossen kommt, und weil du nun schon groß und verständig bist, werden wir damit bestimmt auch fertig. Wir machen uns jetzt ein Programm: Jeden Tag wollen wir uns ein bißchen mehr an fremde Menschen gewöhnen, wir zusammen. Zuerst nehme ich dich nur mit an die Haustür, wenn es draußen geklingelt hat. Du brauchst aber nicht hervorzukommen. Du stehst unsichtbar hinter mir. Ich ziehe mir dazu extra meinen weiten, langen Rock an. Du wirst sehen: Schon übermorgen wirst du keine Angst mehr haben, wenn ich mit dem Briefträger, einem Zeitungsverkäufer oder einem Kassierer spreche. Und dann sehen wir weiter. Das ist ein fabelhaftes Spiel, es macht großen Spaß, und es gibt dabei auch richtige kleine Belohnungen."

Das Konzept, das ich hier in seiner Konkretion beschreibe, beruht auf der Praxis der Verhaltenstherapie. Sie fußt auf der Erkenntnis, daß sich negativ besetzte, falsch gelernte Eindrücke in kleinen Schritten abgewöhnen, „umkonditionieren" lassen. Das ist eine gute, wirksame therapeutische Erfahrung, die sich freilich um so besser bewährt, je mehr sich der Helfer am Anfang darum bemüht, dem Kind ein verstehendes Einordnen seiner Angst zu ermöglichen. Kinder pflegen bei solchen „Spielen" begeistert mitzumachen, besonders wenn die Belohnung durch ein Gummibärchen oder dergleichen regelmäßig als positive Verstärkung eingesetzt wird. Dabei ist es natürlich sinnvoll, sich, so weit es irgend geht, an die eigentliche Verursachung der Angst heranzutasten und daraus möglichst gezielte Konsequenzen abzuleiten.

So beruht zum Beispiel die sogenannte „Wasserscheu" auf der Angst, mit dem Kopf unter Wasser zu geraten, weil vor oder während der Geburt eine Zeitlang die Gefahr bestand, im Wasser zugrunde zu gehen. Es ist außerordentlich hilfreich, vor dem Schwimmenlernen mit Hilfe eines Erwachsenen ein lustvolles Eintauchen des Kopfes in der Badewanne schrittweise einzuüben. Wenn dem Kind, ähnlich wie Peter, erklärt worden ist, worum es sich hier handelt, stellt sich der Erfolg meist rasch ein.

Im übrigen praktizieren viele Kinder in Eigenregie Verhaltenstherapie zur Verarbeitung ihrer Geburtsängste, indem sie sich Höhlen und Tunnel bauen, in Zelten und Baumhöhlen verschwinden, sich vermummen und einigeln. Generell neigen Kinder zu spielerischen Selbstheilungsversuchen. Sie gelingen um so wirkungsvoller, je mehr die Erwachsenen verstehen, was geschieht und den älteren Kindern durch ein ermunterndes Interpretieren im eben beschriebenen Sinne behilflich sind. Ist die gemutmaßte Ursachentheorie von der Wahrheit der Verursachung zu weit entfernt, so ist die Erfolgschance geringer. In den folgenden Kapiteln wird noch von mancher in der Praxis häufiger auftretenden Angst die Rede sein. Oft kann auch ein differentialdiagnostisches Gespräch und eine testpsychologische Untersuchung durch einen Fachmann schlagartig Erhellung aller Mutmaßungen bringen und wirksame Reaktionsmöglichkeiten der Umwelt einleiten.

B

Besitzstörungen

(Einkoten, Geiz, Sammelleidenschaft)

Der heute sechsjährige Markus war zweieinhalb Jahre alt, als er auf einen Schlag zwei Geschwister bekam: die Zwillinge Victor und Valerie. Wie sollte er mit soviel Konkurrenz mithalten? Die trat einfach zu massiv auf. Er hatte in den folgenden drei Jahren sehr viel weniger zu melden. Mutter beanspruchten sie voll, Großmutter und die Tanten überschlugen sich vor Begeisterung. Markus fühlte sich nicht nur in die Ecke gedrängt, er war es auch. Aber dann blieb der Familie nichts anderes übrig, als sich doch wieder mehr dem Ältesten zuzuwenden. Er, der gerade schon im Begriff gewesen war, das große Geschäft auf der Toilette zu erledigen, machte nun regelmäßig wieder die Höschen schmutzig. Mit Recht war die Mutter darüber verärgert. Hatte sie mit der Windelei der Zwillinge nicht schon Arbeit genug? Sie erkannte aber bald, daß weder ihr Schimpfen noch ihr kräftiges Klapsen auf den frisch gesäuberten Po irgendwelche Erfolge zeitigten. Sie mußte sich mit dem mittlerweile bald Vierjährigen wohl direkt erneut um die Sauberkeitserziehung bemühen. Aber auch dieses Bemühen endete im Desaster. Je öfter sie Markus zur Toilette schickte, je länger sie ihn zwang, dort zu verharren, um so weniger stellte sich der gewünschte Erfolg ein. Manchmal blieb der Junge über zwei, drei, ja schließlich sogar über vier Tage ohne Stuhlgang und inszenierte dann unversehens eine fürchterliche stinkende Ferkelei, die die Geruchsorgane der ästhetischen Familie jeweils dramatisch peinigte. Auch Vater schritt zur Aktion und versohlte seinem unmännlichen Stammhalter den Hintern. Ein vorübergehender Erfolg zwei, drei Tage lang stellte sich ein; danach das gleiche Lied. Der bereits immer wieder konsultierte Hausarzt, der leichte Abführmittel gegen die „Verstopfung" verordnet hatte, riet zu klinischer Beobachtung. Im Krankenhaus stellte man fest, daß das Kind ohne krankhafte Befunde sei; er blieb dort auch manierlich. Aber kaum war er daheim, so setzte das alte Leiden wieder ein.

Was fehlt Markus? Bei der Erhebung der Vorgeschichte zeigt

sich eine weitere Eigenart, die scheinbar mit Markus' Schwierigkeit nichts zu tun hat. Markus ist ein notorischer Sammler. Er sammelt gewissermaßen alles, was ihm unterkommt. Er besitzt einen Karton mit Steinen, einen mit Muscheln, einen mit kleinen Rennautos, einen mit Playmobilmännchen. Jüngst hat er bereits den Wert des Geldes entdeckt – aber nicht, um etwas auszugeben: Er hat sich eine Spardose zugelegt, in der jeder geschenkte Groschen unwiderruflich verschwindet. Ja, Markus reagiert mit panischem Wutgeschrei, wenn man auch nur ein winziges Stücklein seines wertlosen Plunders an sich nimmt.

Aber für Markus ist der „Plunder" eben nicht wertlos. Er ist für ihn so etwas wie ein unbewußter Selbstheilungsversuch gegen die Angst, auf deren Boden auch Verstopfung und Einkoten entstanden: auf der Angst vor weiterem, nicht mehr ertragbarem, existenzgefährdendem Besitzverlust. Der eigentliche Besitzverlust, der Markus traf, als er zum Abgeben noch nicht stark genug war, ist vor drei Jahren seine Mutter gewesen. Er mußte sie abgeben an die Zwillinge – zu einem Zeitpunkt, als er gerade lernen sollte, selbständig seinen Stuhlgang in die Toilette abzugeben. Und das wurde nun in seiner bedrängten Situation von ihm als Besitzverlust erlebt.

Etwas abzugeben, ist für den Menschen nicht selbstverständlich. Im Rohzustand ist er vielmehr vom „Stamme Nimm". Er muß erst einnehmen, er muß erst behalten, ehe seine Lebenskraft so viel Überschuß enthält, daß von ihr an andere verteilt werden kann. Jeder schwache Mensch strebt danach, einzunehmen und zu behalten, weil daraus das Gefühl lebensnotwendiger existentieller Sicherheit erwächst. Deshalb ist das Streben nach Besitz einer der Haupttriebe des Menschen – die keineswegs durch irgendwelche Gesellschaftsformen zu Unterdrückungszwecken ausgedacht worden sind, sondern die sich mit Macht Gehör verschaffen, meist noch ehe der Mensch aus den Windeln heraus ist. Kinder, in denen durch die Umgangsweise mit ihnen der Eindruck entsteht: „Ich habe kein Recht, etwas zu haben und zu behalten, ich müßte es eigentlich haben, aber mir gesteht man das nicht zu" entwickeln deshalb unwillkürlich Abwehrmechanismen gegen ihre Habe-nichts-Gefühle; sie halten zurück, was sich zurückhalten läßt, sie machen sammelnd Haufen, um das Gefühl, Besitz zu haben, zu stärken. Die Angst, mehr abgeben zu müssen, als man vor seiner besitzarmen Seele verantworten kann, ist deshalb die

Ursache übersteigerter Zurückhaltungstendenzen im Verhalten von Kindern.

Das Einkoten ist deshalb nicht einfach ein Zeichen von Nachlässigkeit und Lernabwehr. Es ist lediglich das Ergebnis eines verlorenen Kampfes. Eigentlich will das Kind den Darminhalt total be-halten. Die Angst vor der Abgabe steht hinter der Bemühung des Kindes, den Stuhl zurückzuhalten. Aber irgendwann – und schon ganz und gar unter dem Gegendruck abführender Medikamente gegen eine Verstopfung, die im Grunde gar nicht besteht – zieht der unbewußte Wunsch, die Lebenssubstanz bei sich behalten zu müssen, den kürzeren, und der Stuhldrang schafft sich gebieterisch Geltung. Der Hintergrund der sogenannten *Enkopresis,* des Einkotens, besteht also in einer Besitzverlustangst*. Erkennt man diesen Hintergrund, so ist es im Kleinkindalter relativ einfach, das anstößige Symptom zu beseitigen – aber mehr als das: durch ein Verstehen des Kindes zu verhindern, daß sich die Charakterneurose eines habgierigen Geizhalses entwickelt.

Ich pflege bei Kindern, die Nöte dieser Art zeigen, die Mütter zu veranlassen, mit ihnen gemeinsam einen Geheimschatz anzulegen, eine Schachtel mit Deckel, am besten aus goldfarbenem Blech, Messing oder anderem kostbar-festlich wirkenden Material, das unter der Bettmatratze aufbewahrt wird. Mutter und Kind allein wissen um das Vorhandensein des Schatzkästleins und dürfen hineinschauen. Ist die Frucht, die Näscherei, das Spielzeugauto oder sonst eine winzige Gabe von dem Kind entnommen, so füllt die Mutter es wieder auf, damit der Reichtum des Kindes gesichert bleibt. Natürlich darf das Kind niemandem etwas von diesem Geheimnis verraten. Das ist bei zurückhaltenden Kindern keine Überforderung: Sie sind geradezu geheimnissüchtig und haben eben deshalb gar kein ausgeprägtes Mitteilungsbedürfnis. Ihre auch verbale Zurückhaltung schützt sie vor schwatzhaftem Ausplaudern. Wenn man zudem für diese Aktion eine Erklärung abgegeben und dem Kind verdeutlicht hat, daß Mutter jetzt versteht, warum Markus sich so schwer tut mit dem Gang zur Toilette, daß er nämlich auch etwas Schönes haben und behalten wolle, entwikkeln die Kinder, wenn das Programm einige Tage gelaufen ist, häufig von selbst den Wunsch, auf die Toilette zu gehen. Dieser

* Siehe auch: Keilbach, H.: Untersuchungen an acht Kindern mit der Hauptsymptomatik Einkoten. 4 (117–127), 1977.

Wunsch sollte von der Mutter mit Freude Beachtung finden, und sie sollte dem Kind auf seinem Gang zur Toilette etwas Lohnendes mitgeben – ein Zweipfennigstück in die linke und ein Toffee von Katje in die rechte Hand. BEVOR die dem Kind so schwer fallende Abgabe erfolgt, sollte es den Lohn greifbar in den Händen halten. Schwierigkeiten gibt es dann erfahrungsgemäß bald nicht mehr.

Bemüht sich das Kind vergeblich, so sollte dies bereits mit dem Toffee belohnt werden und das Zweipfennigstück an einen Extraort hoch oben im Schrank zurückgelegt werden, von wo es sofort bei erneutem Versuch, angereichert durch eine eßbare Gabe, hervorgeholt wird. Das heißt: Bereits die *freiwillige Bemühung* des Kindes wird belohnt. Es ist hingegen falsch, dem Kind die Gabe nur zu versprechen. Es muß vorerst besitzsatt sein, ehe es abgabefähig werden kann. Deshalb ist der Vorschuß so wichtig, um ein Kind von seiner Besitzstörung zu heilen. Dabei ist es natürlich notwendig, daß die kleine Gabe eine Besonderheit ist, eine Sache, die nicht täglich ohnehin auf dem Tisch des Hauses herumliegt. Es ist auch nicht im mindesten nötig, daß es sich bei den Gaben fürs Geheimfach um Näschereien handelt. Winzige Ausgefallenheiten aus der Spielwelt, vom reitenden Ritter bis zum Kuhglöckchen, vom Kreisel bis zum Wurfpfeil sind denkbar, selbstgebastelte Dinge eingeschlossen. Je einfallsreicher die Nachlieferungen für den Geheimschatz gestaltet werden, um so erfolgreicher ist die für Mutter und Kind gleichermaßen erlösende Wirkung der kleinen Therapie. Dabei muß den Erziehenden im Bewußtsein bleiben: Es kann nicht allein darauf ankommen, ein wirksames Rezeptchen einzusetzen. Wenn es helfen soll, so muß eine einfühlsame, nun tiefer verstehende Zuwendung zu dem gestörten Kind erfolgen. Nicht zuletzt die Tatsache, daß das Kind noch zu schwach war, die Konkurrenz nachgeborener Geschwister auszuhalten, darf als primäre Ursache der Besitzverlustnöte nicht aus dem Auge verloren werden. In einem späteren Kapitel soll ausführlich dargelegt werden, auf welche Weise eine so häufig in Erscheinung tretende Geschwistereifersucht gemildert werden kann (s. S. 287 ff.).

Verunsicherungen im Besitzbedürfnis äußern sich nun freilich keineswegs immer in einer Schwierigkeit um die Ausscheidung. Sie können auch nur als Sammelleidenschaft, als Geiz, als Wortkargheit, ja in besonders schlimmen Formen auch durch eine extreme Gehemmtheit zum Ausdruck kommen: daß es dem Menschen nicht mehr möglich ist, etwas für sich zu behalten. Er gibt dann überströmend mehr als er hat, oder er reagiert mit einer gefährlichen Neigung zu chronisch werdenden Durchfällen. Menschen, die ihr berechtigtes vitales Bedürfnis nach Besitz auf dem Boden einer frühkindlichen Dressur zu permanenter Abgabe eine sog. retentive Gehemmtheit erworben haben, sind später in der Gefahr, oft lebensgefährlich zu erkranken, an reaktiven Depressionen, an einer Colitis ulcerosa, an einer übertriebenen Helferhaltung, die im Grunde voll Angst auf die einzunehmenden Gegengeschenke hofft und mit feindseliger Aggressivität antwortet, wenn sie nicht in der erwarteten Weise eintreffen.

Da wir – auch noch in unserer Zeit – eine ambivalente Beziehung zum Besitz haben, da das vitale Besitzbedürfnis im Zeitalter des Sozialismus dem Menschen ebenso abgesprochen wird, wie in der Christus unangemessen interpretierenden Morallehre der Kirchen des vergangenen Jahrhunderts, tun wir uns immer noch schwer, dem seelisch schwachen Kind eine gesunde Entfaltung seines vitalen Besitztriebes zuzubilligen. Aber nur aus einem fröhlich zum Eigentum drängenden und sein Eigentum hütenden Kleinkind kann ein Erwachsener werden, der zu einem ihm angemessenen, sich nicht selbst überfordernden Altruismus heranreift. Geknebelte, abgeschnürte, gehemmte Natur bricht sich ähnlich unangemessen Bahn wie der Stuhldrang des kleinen Markus.

C

Clownerie

Andreas ist in seiner Klasse unbeliebt. Obgleich er ein flinkes Bürschchen ist, ja obgleich er sich rege am Unterricht beteiligt, kann er keine Freunde finden. „Er ist vorlaut", sagt die Lehrerin, „er läßt den anderen nicht ein einziges Mal den Vortritt, er schreit gewissermaßen lauthals unentwegt Kikeriki. Ich muß ihn immerzu bremsen."

„Den Andreas mag ich nicht", sagt der gleichaltrige Nachbarjunge, „er gibt so an. Immer will er der Erste und der Beste sein.

Früher hab' ich ja öfter mal mit ihm gespielt; aber immer lacht er mich aus, wenn ich irgendwas nicht habe, was er hat, wenn ich bei einem Spiel verloren hab' – oder so."

„Andreas ist gemein", sagt seine Kindergartenfreundin Eva, „mit dem geb' ich mich nicht mehr ab, seit ich zur Schule gehe. Er mogelt beim Spielen, um zu gewinnen. Einmal hat er mir sogar ein Bein gestellt, als ich von der Lehrerin gelobt worden war. Der kann mir gestohlen bleiben."

„Unser Andreas ist maßlos geltungssüchtig", sagt die Mutter, „Wir duken und duken ihn, aber er bessert sich nicht. Jetzt ist er in der Schule bereits gänzlich isoliert, und eigentlich ist er auch bei uns in der Familie schon lange das schwarze Schaf. Alle, mein Mann und seine Brüder können sein Gehabe einfach nicht aushalten. Er nervt sie. Mehrere Male am Tag bekommt er zu hören: ‚Gockel nicht so!' Oft", klagt die Mutter weiter, „geht dieses Verhalten in eine alberne Kasperei über. Aber damit hat er schließlich noch am meisten Erfolg; denn er hat ganz witzige Einfälle, imitiert einen Erwachsenen, schauspielert Gestelztheit und Würde, schwätzt altklug daher. Das erregt dann schließlich doch Aufmerksamkeit und bringt uns zum Lachen. Am besten wäre es, er ginge als Clown zum Zirkus; da gehörte er noch am ehesten hin."

Die Familie und die Klassengemeinschaft sind mit Andreas in einen gefährlichen Teufelskreis geraten. Andreas möchte sich hervortun. Er möchte durch sein „Gegockel" nicht etwa nur die Aufmerksamkeit seiner Umwelt, sondern deren Anerkennung gewinnen. Er ist dabei in eine Sackgasse geraten; denn zunächst hat er die Erfahrung gemacht: „Wenn ich mich in den Vordergrund drängele, wenn ich ein kasperndes Feuerwerk inszeniere, dann beachtet man mich, dann lacht man, dann stehe ich plötzlich im Mittelpunkt." „Und das ist es", so sagt die nach Anerkennung lechzende Seele, ohne daß es Andreas bewußt wird, „was ich brauche. So muß ich weitermachen!"

Er verstärkt also seine Bemühungen, und zwar um so mehr als er erlebt, daß sie nicht ausreichen, so anerkannt zu werden, wie er es nötig hätte. Aber je mehr er seinem kleinen Lebensschiff das Kommando gibt: Alle Kraft voraus! Je höher die Bugwelle aufschäumt, um so mehr hat er zwar kurzfristige Lacherfolge, aber dauerhaft nichts als elende Mißerfolge. Ja, er gerät quasi ins Out – zu Hause und in der Schule; denn gerade die bewährten Erzieher hier wie dort sagen sich: Der kleine Angeber muß gedeckelt werden! Erkennte man nur, daß der geltungssüchtige Andreas nicht auf dem Boden einer überzogenen Selbstsicherheit seine Clownerien veranstaltet, nicht weil er mehr, sondern weniger als seine Klassenkameraden und Geschwister an sich glaubt. „Wer angibt, hat's nötig!", sagt der Volksmund zu Recht.

Die Klassenclowns haben in der Tiefe ihrer Seele einen Minderwertigkeitskomplex. Sie glauben nicht, daß sie etwas taugen. Und auf dem Weg, den sie eingeschlagen haben, können sie ihre Meinung über sich selbst auch nicht durch echte Erfolge entschärfen. Der Versuch zum Ausgleich des seelischen Schwächegefühles bewirkt zwar Momentapplaus, aber keine entspannende Ich-Stärke. Und weil das so ist, ist die Bemühung der Erwachsenen, den vorlauten Schreier in Reih und Glied zu bringen, eine ebenso unwirksame Gegenmaßnahme wie die des Kindes, durch Clownerie beliebt zu werden.

Nötig ist es vielmehr, diese Zusammenhänge zu durchschauen und das Kind nicht beim Clownen, wohl aber bei sozialen, bei konstruktiv schöpferischen und bei erarbeiteten Schulleistungen zu verstärken, d. h. also: das Kind nicht weniger, sondern mehr zu beachten, freilich gerade nicht beim „Gockeln". Die Familienmitglieder sollten dahingehend beraten werden, daß die geltungssüchtigen Kunststücke praktisch übersehen werden. Bei dem albernen Kaspern sollten sich die Zuschauer so rasch wie möglich unauffällig und schweigend (ohne herabsetzenden Kommentar) aus dem Staube machen.

Aber der zuhörende Andreas, der aufmerksame, der hilfsbereite, der selbstlose Andreas sollte lautes, freudiges Lob ernten. Oft beweist eine gründliche Erhebung der Vorgeschichte, daß das Kind von Anbeginn an wirklich weniger Anerkennung in der Familie bekam als seine Geschwister oder daß ein besonders gravierendes, beschämendes Erlebnis den Minderwertigkeitskomplex ausgelöst hat. Manchmal handelt es sich auch lediglich um besonders sensible, intelligente und deshalb in vermehrter Weise zu Selbstkritik und Selbstverwerfen neigende Kinder. (Es ist sicher kein Zufall, daß sich so viele Dichter mehr oder weniger autobiographisch mit dem Phänomen der Clownerie beschäftigen.)*

Aber natürlich gibt es auch das Umgekehrte: etwa daß ein Ein-

---

* Sartre, J. P.: Die Wörter, Hamburg 1965, Böll, H.: Ansichten eines Clowns, Berlin 1969; Mann, T.: Bekenntnisse des Hochstaplers Felix Krull, Stockholm 1939.

zelkind von den es umstehenden Erwachsenen wie ein kleiner Halbgott behandelt wurde, den man einerseits vergötterte, andererseits aber nicht hinreichend zur verteidigungsfähigen Selbstbehauptung erzog. Auch solche Kinder entwickeln dann gern einen Minderwertigkeitskomplex und bauen die Schaustellungen, mit denen sie daheim so viel Erfolg hatten, in einer die fremde Umwelt abstoßenden Weise aus.

Manchmal fühlen sich die kleinen Clowns auch in ihrer Geschlechtsrolle als Junge oder als Mädchen minderwertig, nicht selten, weil sie weniger akzeptiert wurden als ein Geschwister des anderen Geschlechts. Gelegentlich sind sehr unbewußte, nur untergründig wirksame Antipathien eines Elternteils dem Kind gegenüber die primäre Ursache dafür, daß es sich nicht als hinreichend anerkannt erlebt. Durch gemeinsames Nachdenken der Eltern über die Ursache der Minderwertigkeitsgefühle läßt sich mit dem Mut zur Ehrlichkeit doch manches zutage fördern, was das Verhalten des kleinen Clowns erklärt und die dahinter liegende Furcht, sich in den Augen der Familie wertlos zu fühlen, begründet. Einsicht ist bei diesem subtilen Problem auch bereits der erste Schritt zur Besserung.

Bei Markus ergab sich, daß die Mutter den Vierjährigen einmal beim Doktorspielen mit seiner Kindergartenfreundin erwischt hatte. Seitdem hatte sich in ihr die Angst festgesetzt, daß er den Charakter eines Onkels geerbt haben könnte, der vor Jahren wegen Exhibitionismus eine Gefängnisstrafe verbüßt und viel Beschämung über die bekannte Familie in einer Kleinstadt hervorgerufen hatte. Diese Furcht hatte sie in eine große Distanz zu Markus gebracht, die für den kleinen Sohn unbekömmlich gewesen war. Eine Information der Mutter über die tragische, milieubedingte Ursache des Exhibitonismus, eine Aufklärung über den Sinn des Doktorspiels als altersentsprechende „normale" Kinderneugier war geeignet, den Riß zu heilen und die eigentliche gute Beziehung zwischen Mutter und Kind wiederherzustellen. Die Aufklärung über den verursachenden Hintergrund und eine Bemühung um Anerkennung des Kindes am rechten Ort und zur rechten Zeit konnten eine Beruhigung der Kinderseele erwirken und damit verhindern, daß die große Zahl ewig ungesättigter, geltungssüchtiger Männer um ein weiteres Exemplar dieser die Lebenserfüllung mindernden Fehlentwicklung bei Zeiten eingeschränkt werden konnte.

D

Depression
(Fehlende Ausdauer, Selbstmordimpulse)

Gibt es depressive Kinder? Ihre Zahl in der Bundesrepublik ist nach meiner Schätzung unermeßlich groß; nur ist das für die Umwelt nicht so selbstverständlich durchschaubar. Depressive Kinder sind nicht traurig. Sie dämmern nicht wie depressive Erwachsene vor sich hin, sie weinen und klagen nicht wie diese. Die Depression von Kindern kommt nur sehr verdeckt, oft auch erst durch eine testpsychologische Untersuchung zum Vorschein. Dem Laien werden depressive Züge bei Kindern am ehesten durch ihre Spielunlust, später durch eine sich generalisierende Beschäftigungsunlust als eine ihm unerklärliche Auffälligkeit sichtbar. Diese Kinder wirken träge, gleichzeitig oft schandmäulig patzig. Sie geben viel Anlaß zu Ärger und Schelte, wenn sie erst aus dem Kleinkindalter heraus sind; denn sie sind von aufreizender Dickfelligkeit. Sie kommen morgens nicht aus dem Bett und schaffen's abends nicht hinein. Sie schieben die notwendigen Arbeiten auf und vor sich hin. Sie sind nicht selten gefräßig und naschsüchtig. Sie rühren von sich aus keinen Finger. „Sie sind faul", seufzen deshalb auch die Eltern und sehen sich genötigt, den müden Gaul mit viel Antreiben zum Traben zu bringen. Der Fernsehapparat hat für diese Kinder eine magische Daueranziehungskraft. Sie können Nachmittag für Nachmittag bewegungslos vor dem Apparat sitzen.

Je älter die Kinder werden, um so renitenter werden viele von ihnen zudem. Sie geben unfreundliche Antworten, sind aber anhaltend beleidigt, wenn man es ihnen mit gleicher Münze heimzahlt. Manche der depressiven Kinder sind erschreckend wenig liebenswürdig, sondern von einem krötenhaften Egoismus. Nicht selten haben sie vielerlei große Wünsche und Pläne. Klavier wollen sie spielen oder Posaune. Im Ballett wollen sie tanzen. Eine Gitarre muß gekauft werden. Unbedingt wollen sie in diesen oder jenen Verein. Das Fahrrad, das Mofa wird nörgelnd ertrotzt; und dennoch werden die erbettelten Gegenstände rasch wieder beiseite gelegt, schon ganz und gar, wenn ihre Beherrschung stetige Übung voraussetzt. Freilich sind nicht alle depressiven Kinder gleichzeitig aufsässig. Es gibt, besonders unter den Mädchen, eine ganze Reihe, die betont brav, ja übergefügig sind, die allem und jedem versuchen, etwas zuliebe zu tun in einem frühreif wirkenden, unkindlichen Altruismus. Manche haben nur einen aufdrängenden, im Grunde liebeheischenden Blick und eine Freundlichkeit, die stumm gewissermaßen darum bettelt, an die Brust genommen zu werden.

Aber beiden Spielarten ist eines gemeinsam: Das depressive Kind gibt auf, ehe der Erfolg eintritt. Es hat zu wenig Ausdauer. Manchmal ist sogar die depressive Passivität noch nicht einmal manifest sichtbar. Sie wird vielmehr durch eine quirlige Unruhe, durch vielfältige Aktivitäten überdeckt, die aber eine gleichbleibende Stetigkeit meist ebenfalls vermissen lassen. Großer Anlauf und kleine Wirkung – das ist das typische Kennzeichen eines im Grunde antriebsgeminderten depressiven Kindes. Dabei ist diese Haltung meist das Ergebnis einer sehr frühen, sehr massiven Verdrängung von Existenzangst, wie sie im ersten Abschnitt beschrieben wurde. Bei der depressiven Struktur ist diese Angst aber nicht durch ein einmaliges Erlebnis hervorgerufen worden, sondern durch die Erfahrung, daß das angstvolle Schreien als Signal von Hunger und Sichverlassenfühlen viele, viele Male nicht zum Erfolg führte. Die Gleichgültigkeit des depressiven Kindes ist nicht eine angeborene Eigenschaft, sondern resignierte Reaktion, Verdrängung unverstehbarer Erfolglosigkeit bei der Meldung von Bedürftigkeit an die den Säugling pflegende Person. Die Vorstellung, durch Aktivität erfolgreich sein zu können, ist im Ansatz in einer gefährlich antriebsmindernden Weise zunichte gemacht worden und hat eine generelle Minderung der Mobilisierbarkeit des Willens zur Folge.

Wenn man diesen Hintergrund kennt, versteht man plötzlich auch, warum die fortgesetzten Antreibereien bei diesen Kindern so erfolglos sind, warum es nicht hilft, ihnen verbal einsichtig zu machen, wie wichtig es wäre, zum Beispiel mehr Antriebswillen und mehr Ausdauer zu entwickeln. Das Kind kann gar nicht wollen! Ja, man wird ihm durch die enttäuschenden, kopfschüttelnden Bemerkungen nicht nur nicht gerecht, sondern verstärkt das tiefe unbefriedigte Unbehagen, das die Antriebsschwäche hervorrief.

Viele Mütter und Väter in der Praxis antworten auf solche Aufklärung mit Recht: „Aber ohne Druck geht überhaupt nichts, dann bringt sie (oder er) gar nichts mehr." Das ist durchaus richtig. In einer laufenlassenden Erziehung verkommt ein depressives Kind oft völlig; denn es ist ja nicht im mindesten in der Lage, seine Freizeit zu nutzen. Ein depressives Kind braucht in der Tat ein großes Ausmaß an Mühewaltung. Freilich mangelt es bei den meisten Eltern depressiver Kinder daran nicht. In den selteneren Fällen sind es Rabeneltern, die ihre Brut rund um die Uhr vernachlässigen. Eher ist das Gegenteil der Fall: daß die Trägheit des Sprößlings die Eltern spätestens vom Schulalter ab beunruhigt und durchaus zur Beachtung der Schwierigkeit geführt hat. Das allein ist aber nicht genug. Sie muß zunächst einmal richtig als Not und nicht als Unwille des Kindes erkannt und ins elterliche Bewußtsein genommen sein. Die daraufhin einsetzenden Maßnahmen müssen das Ziel haben, dem Kind die fehlende Erfahrung zu vermitteln, daß „sich regen Segen bringt", daß Beharrlichkeit schließlich doch zum Erfolg führt. Es hat aber keinen Sinn, das zu *predigen.* Es muß in langer und geduldig nachholender Therapie neu eingeübt werden.

Am Beginn einer solchen Therapie durch die verantwortlichen Erwachsenen in der Umwelt des Kindes sollte die nachdenkliche Frage stehen, für welche Tätigkeit sich das Kind überhaupt noch ein bißchen interessiert. Bei ihr muß angesetzt werden. Oft sind das Beschäftigungsweisen, in denen ohnehin eine Möglichkeit zur Selbstheilung steckt. Das Unbewußte des Kindes hat dafür manchmal ein außerordentlich gutes Gespür. Viele depressive Kinder sind für *zweisame* Spiele zu begeistern, nicht nur für zweisame Brettspiele, von Mühle und Dame bis zu Malefiz und Mensch-ärgere-dich-nicht, sondern mehr noch für motorische zweisame Spiele, besonders Ballspiele, Tischtennis, Federball, Torschießen, Boccia und Krokett. Im allgemeinen bewähren sich aber am meisten die Spiele, in denen mit Hilfe eines Balles oder ähnlicher Gegenstände im *frontalen* Gegenüber miteinander gespielt wird. Die nachholende Wirksamkeit solcher therapeutischen Spiele besteht im Erleben der dualen Gemeinsamkeit, in diesem „Ich und Du – wir beide". Ein Erfahren dieser Art ist deshalb von so zentraler Wichtigkeit, weil die meisten dieser Kinder ihre Depression dadurch erworben haben, daß ihnen am Lebensanfang zu wenig das Erlebnis zuteil wird, daß auf ihre „Aktion" vom betreuenden Erwachsenen mit einer Re-Aktion geantwortet wird. Das Erlebnis:

Mein Gegenüber ist auf mich eingestellt, es antwortet auf meine Aufforderung – hat deshalb für die unbewußte Lebensbasis eine stärkende Wirkung. Es wird auf diese Weise Urkommunikation nachgeholt, die oft aus tragischen Gründen in der ersten Lebenszeit nicht in hinreichendem Maße erfolgt ist. Weil *diese* Bedürftigkeit gestillt wird, kann dann auch das Einüben einer Fertigkeit zusätzlich belebend wirken.

Wichtig ist, daß die Kommunikationsspiele zunächst nicht zu langfristig angesetzt werden. Das sieht praktisch etwa so aus: Man schenkt dem Kind zu seinem 8. Geburtstag (vor dieser Altersstufe ist das noch unangebracht; in der Altersstufe der Vier- bis Achtjährigen sollte man ähnliche Versuche mit einem gewöhnlichen, etwas größeren Gummiball praktizieren) ein Tischtennisspiel und übt mit ihm etwa zehn Minuten lang das sogenannte „Angeben". Dabei muß es gelobt werden, wenn es dem Kind gelingt, den Ball einmal über das Netz zu bekommen. Daß es den Ball zurückschlägt, wird nicht erwartet. Hat es den Ball fünfmal über das Netz geschlagen, erklärt man das Kind für erfolgreich und tüchtig. Das Tagesklassenziel ist erreicht. Man hört von sich aus auf. Allein wenn das Kind bittet, weiterzumachen, sollte man ihm ein Match für erneutes fünfmaliges „Angeben" zubilligen und sich gleichzeitig darüber freuen, daß es weiterspielen will und erfolgreich dabei ist. Erst am nächsten Tag sollte man ein Zurückschlagen des Balles als Gelegenheitstreffer als Erfolg buchen, das Spiel aber relativ kurzfristig gestalten und es etwa mit der stolzen Bemerkung „dreimal getroffen!" beenden. Freilich sollte man mit begeisterter Zustimmung reagieren, wenn das Kind die Bitte äußert, doch weiterzuspielen, und ihr unverzüglich nachkommen, freilich nur mit vorheriger Begrenzung: „Na, dann also noch bis zu drei Treffern!" Damit darf man fortfahren, wenn das Kind das verlangt, wobei der Erwachsene die Erfolge ausdrücklich jeweils neu erwähnen muß: „Jetzt hast Du schon fünfzehnmal getroffen! Das ist schon recht gut!" Wenn das Kind so weit fortgeschritten ist, daß es wettbewerbsfähig wird, sollte man das Spiel zunächst dennoch kurzfristiger gestalten, als es die Spielregel vorschreibt, nach dem Motto: Wer zuerst 5 Punkte hat (nicht 21!), hat verloren. Außer dem Erleben von Zweisamkeit ist das Einüben in ein nach Regeln geordnetes Verhalten dabei eine sehr notwendige therapeutische Maßnahme. Kraft zu Verläßlichkeit, zu Ordnung, Treue und Fairness hat ihre Voraussetzung in der liebenden Zuwendung. Wichtig ist auch, daß man die ersten einübenden Schritte nicht etwa durch ein schon spielfähiges älteres Geschwister absolvieren läßt, sondern sich selbst bemüht. Ältere Geschwister sind als Nachhilfelehrer und Laientherapeuten in den allerseltensten Fällen brauchbar, selbst dann nicht, wenn sie einfühlsam und dem Jüngeren gegenüber liebevoll sind. Das depressive Kind hat längst die Erfahrung gemacht, daß die älteren „alles" besser machen, daß sie deren Konkurrenz nun einmal nicht gewachsen sind. Oft sind ältere Geschwister aus Angst, die jüngeren könnten ihnen den Rang ablaufen, auch hochnäsig herablassend und gouvernantenhaft streng. Das alles ist weniger als nichts, führt eher zu mehr Entmutigung als zur Auflösung der apathischen Resignation.

Ein ermutigendes Lernen in kleinen, kurzgehaltenen Programmen, die auf Erfolge in kleinsten Schritten aus sind, sind natürlich nicht durch zehnminütiges Tischtennisspielen innerhalb von drei Wochen zu erreichen. Sie brauchen mehr Zeit! Zeigt sich, daß das Interesse an einem bestimmten Spiel trotz recht guter Fortschritte mehr und mehr erlahmt, sollte man mit keinem Wort in der alten Weise anzutreiben versuchen, sondern zu anderen Spielen übergehen, bei denen gemeinsam geübt und gelernt wird. Mindestens ein Jahr sollte man hier systematisch „am Ball bleiben", jedenfalls so lange, bis das Lebensschwungrad des Kindes sich von selbst zu drehen beginnt. Einem Kind, von dem erwartet wird, daß es die Eigenschaft geduldiger Beharrlichkeit entwickelt, muß zähe, unermüdliche Geduld geschenkt worden sein. Da in unserer Zeit des technischen Knopfdruckes unsere Kinder darin leider am Lebensanfang häufig zu kurz kommen, brauchen wir heute viel mehr Therapie als früher. Wenn wir das rechtzeitig erkennen und rechtzeitig zum Nachholen ansetzen, läßt sich der Schaden oft für alle Zeiten bereinigen. Am besten ist es, bei den so langfristig nötigen Bemühungen zu ertasten, ob das Erstarken am Erfolg nicht an Tätigkeiten möglich ist, die *beiden,* nicht nur dem Kind, sondern auch dem Erwachsenen Freude machen. Den Vorrang muß freilich ganz gewiß in den Anfangsphasen das noch vorhandene Interesse des *Kindes* haben. Die Spielwahl muß unbedingt altersgerecht sein, und die Hauptregel sollte grundsätzlich sein: Kleine, zunächst nur sehr, sehr winzige Anforderungen mit der Aussicht auf Erfolgserlebnisse nach kurzer Zeit der Anstrengung. Nur schrittweise darf hier gesteigert werden!

Es soll zum Schluß noch darauf hingewiesen werden, daß dieses

Programm oft besonders gute Ergebnisse zeitigt, wenn sich der Laientherapeut und das depressive Kind auf das Kochen und Backen verlegen. Das ist besonders dann der Fall, wenn die unbewußte Haltung der Hoffnungslosigkeit sich dadurch angebahnt hat, daß dem Säugling keine Nahrung angeboten wurde, wenn er voll Hunger schrie, wenn er nicht satt wurde oder wenn ihm durch eine Anfangsschwierigkeit die Nahrungsaufnahme blockiert war, zum Beispiel beim Magenpförtnerkrampf. Sich Nahrung selbst zu erarbeiten und durch diese Eigentätigkeit satt zu werden, ist oft ein ganz direkter Weg, um eine elende Antriebsblockade zu lösen. Dabei muß auch hier natürlich der allergrößte Wert darauf gelegt werden, daß das Kind den Kochvorgang in seine eigene Regie nimmt und der Erwachsene lediglich als beratender und ein wenig mithelfender Begleiter fungiert.

Auch hier gilt: kleine Mengen, kurze Betätigungszeit, und zwar grundsätzlich zu einem Zeitpunkt, an dem nicht für einen anderen Menschen der Familie gekocht werden muß. Das Kind und der Erwachsene müssen *allein* in der Küche sein und die Früchte der Arbeit nur von den beiden Akteuren genossen werden. Das ist die Hauptbedingung, um mit diesem therapeutischen Programm erfolgreich zu sein. Die Gegebenheit, daß die Familie mehrere Kinder hat, braucht der Durchführung nicht entgegenzustehen. Man verlegt die Übung auf einen Zeitpunkt, an dem die anderen Geschwister nicht anwesend sind, oder man aktiviert – falls vorhanden – die Großmutter für dieses Programm. Besonders gut ist das möglich, wenn sie in der Nähe wohnt und ihr eine eigene Küche zur Verfügung steht. Im allgemeinen sind Mütter ohnehin findige Organisatoren und schaffen die Möglichkeit zu solchen Programmen, wenn sie die außerordentlich große Notwendigkeit erst einmal erkannt haben. Es ist auch nicht nötig, daß immer der gleiche Erwachsene das gesamte Programm gestaltet. Vater kann zum Beispiel das Torschießen übernehmen, eine hilfreiche Nachbarin das Kochen, und Mutter schließt nach Ablauf einiger Wochen ein Bastelprogramm an. Man lasse sich nicht entmutigen, wenn an einzelnen Tagen nichts geht. Man sollte das Programm dann ohne negativen Kommentar abschließen und am nächsten Tag einen erneuten Versuch starten. Bleibt das Kind unwillig, so sollte man eine andere Form suchen. Es ist sinnvoll, in einfallsreicher und horchbereiter Weise um die Aktivierung des Kindes bemüht zu sein. Denn mit der Reaktivierung ist gleichzeitig die Gefahr des späteren Ausbruchs einer manifesten neurotischen Depression gebannt.

Haben die Kinder erst einmal wieder die Möglichkeit gewonnen, Freude am Spielen zu haben und ihren kleinen täglichen Pflichten nachzukommen, so kann es therapeutisch nachhaltig sinnreich sein, dem Kind von Grundschulalter ab ein Haustier als Gefährten zu schenken. Hunde oder Katzen bewähren sich am meisten. Auch ein Kaninchen oder ein Vogel kann von Wert sein. Die Betreuung eines eigenen Ponys oder Pferdes gar kann den letzten Ausläufern einer neurotischen Depression den Garaus machen. Wichtig ist es freilich, noch geschwächte Kinder nicht mit der Forderung zur hundertprozentigen Versorgung zu überfordern. Die Therapie – dem Kind Geborgenheit durch die Gemeinschaft, die Nähe, den Schutz des Tieres zu vermitteln – muß den Vorrang in der Tierhaltung behalten*.

Gelegentlich suchen Eltern mit ihrem Kind einen Psychotherapeuten aus einem Anlaß auf, der sie mit Recht alarmiert; das Kind hat geäußert: „Ich habe überhaupt keine Lust mehr zu leben." „Am besten, ich bring' mich um." „Irgendwann findet ihr mich eines Morgens noch tot im Bett." „Wär ich doch bloß schon tot!" Oder im Affekt hinausstürmend: „So, jetzt bring' ich mich um." Oder „mich seht ihr nie wieder!"

Solche Äußerungen können sehr unterschiedlichen Aussagewert und einen sehr unterschiedlichen Hintergrund haben. Er ist für Eltern nicht immer erkennbar, und deshalb ist eine Untersuchung durch einen Fachmann mit der Fragestellung: „Was bedeutet diese Aussage, und welche Konsequenzen müssen verantwortungsbewußte Eltern daraus ziehen?" von großem Wert.

Oft ist eine Äußerung oder ein Ausbruch dieser Art ein ernst zu nehmendes Signal. Nicht selten entlarvt sich so eine bisher unerkannte schwelende Depression. Jedenfalls, wenn das Kind lange vorher Verhaltensweisen gezeigt hat, wie sie in dieser Schrift beschrieben werden (S. 229 ff, S. 242 ff), sind Todeswünsche als eine Manifestationsweise der Depression zu verstehen und mindestens

* Siehe Meves, C., Illies, J.: Geliebte Gefährten, Tiere als Hausgenossen, Herderbücherei 1981.

mit einem Programm intensiver dualer Kontaktbemühung (S. 231 ff) zu beantworten*.

Es ist aber auch möglich, daß ein Selbstmordwunsch quasi aus heiterem Himmel geäußert wird, aus einer akuten Verzweiflung heraus, im Anschluß an eine Unstimmigkeit, eine Auseinandersetzung, bei der das Kind den kürzeren gezogen hat oder sich ungerecht, falsch, entwürdigend behandelt fühlte.

Die Äußerung kann also der Ausdruck einer momentanen Verzweiflung sein, eine mehr oder weniger berechtigte, situationsbedingte Reaktion, die keinen anderen Aussagewert hat, als daß das Kind besonders gefühlsreich, empfindlich, exaltiert und erregbar ist, daß es nicht genug „Frustrationstoleranz" gegen Mißerfolge, gegen Angriffe und Kränkungen besitzt oder daß die Selbstmorddrohung eine Reaktion auf ein pädagogisch ungeschicktes bis unangemessenes Verhalten seiner Erzieher war.

Sich Gedanken über die verzweifelte Äußerung des Kindes zunächst einmal gewissermaßen im stillen Kämmerlein per Selbstbefragung zu machen, ist notwendig und wertvoll. Es ist aber in den seltensten Fällen angezeigt, dem Kind die eigene tiefe Betroffenheit unverhohlen kundzutun.

Allzuleicht bekommt die Selbstmordäußerung den Charakter einer erpresserischen Drohung, wenn das Kind erlebt, daß es ihm damit gelingt, seine Eltern einzuschüchtern. Gerade Kinder, die in irgendeiner Weise ein seelisches Defizit haben, können dann für ihren Bemächtigungstrieb eine lustvolle Chance wittern, so daß ein exzessives Beachten der Selbstmorddrohung die Wiederholung geradezu herausfordert. Da die Motive dem Kind aber unbewußt sind, kann es Verzweiflung und Bemächtigungsabsicht nicht hinreichend genug unterscheiden, so daß sich nicht nur die Neigung zur Erpressung, sondern auch die zur Verzweiflung verstärkt. Unangemessene, übertrieben geäußerte Beachtung des Selbstmordwunsches kann seine Durchführung geradezu heraufbeschwören, besonders wenn die dadurch hervorgerufene Verzweiflung der Eltern für das Kind verstehbar und zu einem „süßen" Rachegedanken wird. Es war nicht unberechtigt, daß Freud seine Patienten nach einem mißglückten Selbstmordversuch fragte: „Wen wollten Sie denn in Wirklichkeit umbringen?"

---

* Siehe auch: Löwenau, H. W.: Suicidale Tendenzen bei neurotischen Kindern und Jugendlichen, Z. Kinderpsych. 5, (165–168), 1970.

Die Selbstmordäußerung muß also zwar faktisch sehr ernst genommen werden; aber die Reaktion der Eltern auf die Äußerung sollte in der direkten Konfrontation grundsätzlich so gelassen wie möglich sein. Kommt zum Beispiel das Kind aus der Schule und sagt: „Ich hab' wieder 'ne Sechs, nun kann ich mich nur noch vor'n Zug schmeißen", dann sollte man nicht alles stehen und liegen lassen, Vater aus dem Dienst herantelefonieren, Großmutter herüber bitten und mit dem Kind eine tränenreiche Sofasitzung inszenieren. Man sollte vielmehr, ohne seine Tätigkeit zu unterbrechen, eher antworten: „Du, das ist ja scheußlich! Ich versteh', daß dich das wütend und traurig macht. Ich kenn' das auch: Wenn man verzweifelt ist, denkt man leicht einmal, daß das Leben keinen Sinn mehr hat. Das ist aber meist nur ein paar Tage so, manchmal auch nur Stunden. Durch die muß man durch. Danach merkt man, daß es so verzweiflungsvoll gar nicht ist, daß es doch einen Ausweg gibt. Eigentlich ist dazu die Schule gerade da, daß sie einem dabei hilft, sich darin einzuüben, eine Menge sehr unangenehmer Dinge zu ertragen. Davon wird man nämlich stärker. Nachher kannst du auch im Leben eine ganze Menge aushalten. Das ist wie beim Verlieren im Spiel: Man mag das überhaupt nicht, aber man kriegt auf diese Weise Seelenmuskeln – in dem Sinn ‚Was mich nicht umbringt, macht mich stärker'. Ich guck' mir dein Heft mit an, wenn ich hier fertig bin. Sicher können wir zusammen 'was machen, daß das beim nächsten Mal besser wird."

Wichtig ist zweierlei: Nicht die Verzweiflung, sondern das Ertragen von Unlust zu verstärken und gleichzeitig den Angeschlagenen mit seiner Verzweiflung anzunehmen und ihn innerlich nicht allein zu lassen.

Beim elterlichen Nachdenken über das Übermaß an Verzweiflung aus nicht objektiv verzweiflungsvollem Anlaß bei ihrem Kind sollte die Frage nach einem lebenswichtigen Unlusttraining unbedingt mit erhoben werden; denn das ist generell eine Gefahr für unsere Kinder: daß das Leben im friedlichen Wohlstand zu wenig Abhärtung gegen Unlust bietet und daß dieser Mangel durch einen nicht frustrierenden Erziehungsstil zu weitgehend erhalten bleibt. Deshalb ist es im allgemeinen besser, einige Geschwister zu haben, die dafür sorgen, daß man nicht ohne Kümmernisse in Abrahams Schoß sitzt, deshalb ist es nötig, daß die Eltern den Kindern auch Einschränkungen auferlegen. In maßvoller Form praktiziert, sind sie nötig, damit die Kinder später nicht bereits wie eine Feder umpustbar sind. In diesem Sinne ist es auch wichtig, daß die Eltern nicht, kaum daß ihr Kind weint, hinzustürzen und die Quelle der Unlust für das leidende Menschlein ausräumen. Besser ist es, wenn das Kind sich selbst aufmacht, besser ist es, wenn die Eltern im Hintergrund bleiben und den Trost erst spenden, wenn das Kind ihn bei den Erwachsenen sucht. Vorschnelles Handeln mindert die notwenige seelische Abhärtung gegen das Ertragen von Unlust und kann die Schwelle für Verzweiflungen, die als nicht mehr ertragbar empfunden werden, herabsetzen. Grundsätzlich gilt: Großes Lamento über die Verzweiflung schwächt sie und die Verzweiflungsneigung nicht ab, sondern verstärkt sie.

Freilich gibt es auch dies: daß das Kind sich von seinen Eltern mit Recht falsch, uneinfühlsam, ungerecht, grob und lieblos behandelt fühlt, daß nicht nur das Kind selbst, sondern auch der elterliche Akteur erkennt: Dieses war ein schwerer Verstoß gegen das Kind. Dann sollte das – nicht unmittelbar nach der Selbstmorddrohung, sondern einige Stunden später – ein Schuldbekenntnis und eine Wiedergutmachungsaktion zur Folge haben. Man sollte sich aber von der Selbstmorddrohung ausdrücklich distanzieren nach dem Motto: „Du, das habe ich vorhin falsch gemacht. Ich sehe das ein; es war nicht richtig. Bitte nimm mir das nicht mehr übel. Ich habe mir etwas Schönes für uns beide ausgedacht, um dich wieder zu versöhnen. Aber das mache ich nicht, weil du gesagt hast, du wolltest dich umbringen. Das war von *dir* nun wieder falsch. Man muß auch einmal etwas Unrechtes aushalten; das macht stärker. Es ist Quatsch, das Leben gleich in die Ecke schmeißen zu wollen, wenn es einmal nicht ganz so rosig ist. Dazu bist du viel zu kostbar, und das Leben wird meistens auch ganz schnell wieder schön. Wer sich umbringt, betrügt sich und ist vor allem selbst der Dumme. Das bringt gar nichts."

Es ist für Eltern wichtig, zu wissen, daß Lebens- und Schicksalshärte die Selbstmordneigung herabsetzt, Verwöhnung sie fördert, weil die Tragfähigkeit sich dann einschränkt. Daraus läßt sich aber nicht der Schluß ableiten, daß es zulässig wäre, Verzweiflung als unrealistisch zu diffamieren, sondern sich um eine Veränderung des Erziehungsstils zu bemühen. Eine Erhellung der Hintergründe für die Selbstmordneigung ist auf jeden Fall unerläßlich; denn es kann auch ganz anders sein: Nicht wenige Kinder fühlen sich lange in einer ihnen unerträglichen Weise als wertlos, als sündig, bevor der Gedanke an Selbstmord in ihnen aufsteigt. Das ist vor allem der Fall, wenn ihr Maßstab für „wert sein" unerreichbar hoch ist. Solche Kinder scheitern gewissermaßen an ihrem eigenen übertriebenen Anspruch auf Vollkommenheit. Ihre innere Kontrollfunktion ist derart übersteuert, daß ihre Lebenslust gewissermaßen eingekerkert, ja geradezu zugemauert erscheint. Mit diesen Kindern muß das von jedweder Leistung abgelöste Recht auf Leben neu eingeübt werden. Mit ihnen muß man leistungslose Ferien machen, bis sie begreifen, daß sie bereits um ihrer selbst willen geliebt werden und nicht allein dann, wenn sie etwas leisten. Das ist für die immer dazu gehörenden verantwortungsbewußten, leistungsbemühten Eltern ganz besonders schwer. Und doch hilft die ernst genommene Not des Kindes meist, die Erwachsenen selbst aus einer perfektionistischen Leistungsverkrampfung zu befreien, die auch ihnen zu gereifter Ausgeglichenheit zu verhelfen vermag.

In der Pubertät und Adoleszenz können sich die Selbstmordneigungen heute in unserem Kulturkreis dadurch zusätzlich noch verstärken, daß die Jugendlichen keine Antwort auf die Frage nach dem Sinn des Lebens finden. Nach dem Sinn zu fragen, gehört gewissermaßen zu den Aufgaben dieser Entwicklungsphase: Der Mensch ist daraufhin angelegt, seinen Lebensauftrag bewußt in Angriff zu nehmen. Es kann Selbstmordgedanken auslösen, wenn man über die Medien den Jugendlichen eingibt, daß es für sie keinen Lebenssinn gäbe, daß ihre Aussicht auf Zukunft, die Möglichkeit, ein menschenwürdiges Leben in dieser Gesellschaft zu führen, allzu gering sei. Solche negativen Beeinflussungen sind unverantwortlich, weil sie latente Depressionen derart verstärken können, daß so eine selbstmordbereite Zukunftsmüdigkeit und Lebensfeindlichkeit geradezu heraufbeschworen wird. Indoktinierte Lebensverweigerung dieser Art muß von bewußten Eltern so rechtzeitig wie möglich bekämpft werden. Die Jugendlichen müssen von ihren Eltern erfahren, daß es zu den generell üblichen Lebensvoraussetzungen gehört, nicht zu wissen, ob man Zukunft hat, daß das Leben grundsätzlich gefahrenreich ist und immer war und daß man dennoch Berechtigung zur Hoffnung hat: Jeder Baum hat bereits einen Lebensauftrag, jeder Mensch hat einen, wenn auch so viel differenzierter und schwerer zu erkennen. Jeder soll seine Begabungen entfalten und die Erde mitgestalten und entfalten helfen. Jeder hat eine allen Menschen gemeinsame Hauptbegabung: die Liebe. Wer Liebe lebt und sich um Liebe bemüht, findet in unserer auf diesem Sektor unterentwickelten Welt für ihre Entfaltung jede Menge Betätigung. Von Planstellen ist die Bemühung um Liebe nicht abhängig. Liebe hat auch Zukunft. Sie steht viel zu wenig im Mittelpunkt unseres Lebens. Liebe lohnt sich selbst dann, wenn morgen die Welt untergeht, denn sie hat Ewigkeitswert. Wenn man Jugendliche erst einmal in der Ausrichtung nach dem Leuchtturm Liebe in Marsch gesetzt hat, braucht man nicht zu fürchten, daß die Verzweiflung lebenszerstörend nach ihnen zu greifen vermag; denn wer gebraucht wird, dringend, unersetzbar, bitter notwendig, der bringt sich nicht um! Freilich können Eltern mit diesem Versuch nur dann Erfolg haben, wenn sie diese Moral nicht nur predigen, sondern den Kindern durch deren Kindheit hindurch vorleben. Dann freilich wirken solche Erklärungen wie Erleuchtungen im wahrsten Sinne des Wortes, die es verhindern können, daß die Kinder, orientierungslos gemacht, im Finstern in die Sümpfe der mehr oder weniger lauten und leisen Verführer zur Lebensmüdigkeit stolpern.

E

Eßschwierigkeiten

(Eßunlust, Magersucht, Fettsucht, Bulimie)

Die Qualen, die Mütter ausstehen, wenn ihre Kinder chronisch schlechte Esser sind, werden von der Umwelt meist nicht hinreichend mitempfunden. Im Gegenteil: Die Mütter zarter, dünner, kleinwüchsiger Kinder werden mehr oder weniger als Rabenmütter eingestuft, und selbst die beratenden Ärzte neigen gelegentlich kopfschüttelnd dazu, bei den Müttern die Schuld für die Appetitlosigkeit eines Kindes zu suchen.

Dabei kommt es ziemlich selten vor, daß die Mütter durch Unvernunft und Übertreibung das Elend hervorgerufen haben. Das ist, untersucht man genau, meist selbst dann nicht der Fall, wenn das Verhalten der Mütter augenfälligerweise die Störung steigert. Die Tatsache, daß Kinder in einem großen Familienverband und in Heimen seltener unter chronischem Appetitmangel leiden, bedeutet genau dieses: daß eine liebevoll bemühte Mutter durch ein unwissendes Reagieren das Leiden u. U. nicht mindert, sondern verstärkt.

Deshalb möge niemand auf sie den ersten Stein werfen. Es ist so sehr verständlich, daß eine Mutter, zu deren pflegerischen Bedürfnissen es ohnehin gehört, das Kind zu füttern, es zum Essen zu bewegen versucht, wenn sie wiederholt die Erfahrung macht: Es will und will nicht essen, nicht nur bei einer Mahlzeit, sondern auch bei der nächsten; es verliert an Gewicht, es wächst nicht mehr. Wie sollte eine natürliche Mutter darauf nicht mit Angst reagieren; denn sie *muß* doch ihr Kind füttern. Sie hat schließlich den Auftrag, diesen ihr anvertrauten Winzling durch gute Ernährung großzuziehen. Groß und stark soll er doch werden! Von dem instinktiven Drang der Mutter her ist es deshalb nur allzu verstehbar, daß sie die Mühewaltung vervielfacht, daß sie mehr anbietet, Besseres anbietet, öfter anbietet. Leider aber zeitigt die verstärkte Bemühung häufig nur das Gegenteil von dem, was man sich erhofft: Das Kind verhärtet sich geradezu in der Eßverweigerung nach Suppenkaspermanier.

Unbedingt muß vor aller Therapie auch hier die Differentialdiagnose stehen. Oft ist es dem Arzt möglich, sie zu erstellen und die Grundkrankheit zu behandeln. Bei vielen körperlichen Erkrankungen ist die Appetitstörung sogar das einzige Signal. Fiebernde Kinder zum Beispiel haben in den seltensten Fällen Lust zu essen. Es wäre sogar falsch, sie dann zum Essen zu zwingen. Ihr Körper braucht leichte Nahrung und nimmt sie häufig überhaupt nur in flüssiger Form an.

Manchmal entsteht die Appetitstörung auch erst durch die Medikamente, die wegen einer Erkrankung verabreicht werden mußten; sie ist dann, ähnlich wie bei unangemessener Nahrungszufuhr, lediglich das Kennzeichen eines „verdorbenen Magens", d. h. einer Reizung der Magenschleimhaut, die nur durch geduldiges Mühen mit sanfter Nahrungszufuhr zu beseitigen ist.

In solchen Fällen ist es richtig, daß die Pflegenden die Appetitstörung wortlos akzeptieren und ohne viel Beachtung der Schwierigkeit dem Kind die erforderliche Diät ganz selbstverständlich verabreichen.

Es ist außerordentlich wichtig, um die Eßstörung nicht zu viele Worte zu machen und, falls das Kind selbst unglücklich ist, ihm zu verheißen, daß es schon bald wieder guten Appetit haben und mitessen können wird. Jede um das Kind zentralisierte Besorgtheit von Mutter, Ahne, Großahne und sonstiger Verwandtschaft kann bei Kindern, die sich vorher nicht genug beachtet fühlten, eine chronische, sekundär psychogene Eßstörung zur Folge haben.

Es gibt aber auch dies: daß die Eßstörung das erste manifeste Symptom einer neurotischen Depression ist, die nur durch Zuwendung geheilt werden kann. Aber gerade dann vermeide man tunlichst die Beachtung der Appetitstörung. Ist der sekundäre Krankheitsgewinn durch Mutters Besorgtheit beim Essen erst einmal erzielt, so wird er zu einem Motor in eine die Krankheit verschlimmernde falsche Richtung. Zuwendung müssen dergleichen Kinder über Spielformen bekommen, wie sie im vorigen Kapitel beschrieben worden sind, auf gar keinen Fall über das Drängeln, Bitten, erzwungenes Füttern oder das Bereitstellen nur noch von Leckereien. Zwar ist es gewiß sinnvoll, dem appetitlosen Kind öfter die Nahrungsmittel anzubieten, die es besonders gern mag, aber dann unauffällig und am besten, ohne viel Aufhebens davon zu machen. Auf diese Weise züchten wir das wählerische Kind, das Mutter dadurch tyrannisiert, daß es sie zwingt, über Jahre für es gesondert zu kochen, um einen Sonderstatus gegenüber den Geschwistern einzunehmen. Der Anspruch auf Verwöhnung kann dadurch bis ins Erwachsenenalter, ja bis in die eigene Ehe hineingetragen werden und dort zu unerträglichen Schwierigkeiten führen.

Viele Appetitstörungen moderner Kleinkinder beruhen darauf, daß die ersten Erfahrungen mit der Welt und speziell mit der Nahrungsaufnahme statt positiv ängstigend negativ waren. Der Einfluß solcher negativen Erlebnisse auf die positive oder negative Einstellung zur Welt wird heute im allgemeinen weit unterschätzt. Bei vielen chronisch schlecht essenden Kindern und solchen, die an einem azetonämischen Erbrechen leiden, läßt sich nachweisen, daß es bereits in der Säuglingszeit Gestörtheiten im Nahrungsbereich gab: Brechdurchfälle, die zum Austrocknen und zu Krankenhausaufenthalten führten, unerkannter Magenpförtnerkrampf, der bewirkte, daß der Säugling über Wochen zu wenig Nahrung bekam, Frühgeburt mit Brutkastenschicksal, Sondenernährung, Behinderung der Nahrungszufuhr durch Wolfsrachen, brutale Anweisungen zum nächtlichen Durchschreien des Neugeborenen – dies alles können Vorprägungen zur neurotischen Depression sein, für die das chronisch schlechte Essen im Kindesalter oft ein Leitsymptom ist.

Störungen dieser Art sind deshalb besonders unangenehm, weil der erste negative Eindruck um die Nahrungsaufnahme oft die unbewußte Fehlvorstellung eingeprägt hat, für das alles trage Mutter die Verantwortung, Mutter sei schuld – irgendwie. Die Kinder haben diese mißtrauische Angst gegen ihre meist durchaus mütterliche Mutter zwar nicht im Bewußtsein, aber sie färbt das Eßverhalten, ja oft färbt diese dumpfe Angst die Einstellung des Kindes zur Mutter. Wir wissen das deshalb, weil in den Kindertherapien dann (manchmal auch nur über die Träume der Kinder) die absurdesten Befürchtungen ans Tageslicht kommen, so zum Beispiel die Angst, Mutter wolle das Kind mit dem Essen vergiften. Werden solche angstvollen Hintergründe chronischer Eßstörungen nicht erkannt und durch geschicktes therapeutisches Verhalten der Eltern angegangen, so können im Erwachsenenalter auf dem Boden negativer Urerfahrungen plötzlich Vergiftungs- und Verfolgungsängste genereller Art ausbrechen und zu schwerer psychischer Erkrankung führen. Es ist sinnvoll, Eßängste dieser Art ernst zu nehmen und ihnen mit Herz und Verstand zu begegnen!

Bei chronischer Eßunlust im Kindesalter muß also zunächst einmal durch ärztliche Untersuchung ausgeschlossen werden, daß ein körperliches Leiden die Ursache ist. Aber selbst wenn der Gang zum Arzt keine Aufklärung über die Ursache der Schwierigkeit erbrachte, ist dadurch nicht mit absoluter Sicherheit geklärt, ob die Schwierigkeit nicht doch körperlich bedingt ist. Oft ist der Krankheitsherd so minimal, daß er nicht entdeckbar ist und dennoch eine Minderung des körperlichen Wohlbefindens bedingt hat. Es ist dann auch nicht ratsam, von Arzt zu Arzt zu rennen, sondern sich mit der beruhigenden Gewißheit zu begnügen, daß die Eßunlust ein so gravierendes Alarmzeichen körperlicher Art offensichtlich nicht ist. Statt dessen sollte mit Geduld und Geschick der Versuch gemacht werden, die Eßstörung eher durch viel Zuwendung und Anregung zum Spielen, besonders auch in viel frischer Luft und in Bewegung draußen, zu beseitigen und gleichzeitig den Entschluß zu fassen, mit der Eßunlust so lange zu leben, bis sie sich verflüchtigt hat. Diese Geduld und dieses Geschick lohnen sich; sie sind deswegen so enorm wichtig, weil sich ohne sie die Störung zu einem entfaltungsmindernden Leiden einschleifen kann.

Mütterliches Geschick bei Eßunlust ihrer Kinder hat darin zu bestehen, daß bei den Mahlzeiten dem Kind nicht eilfertig der Teller vollgehäuft wird, sondern zunächst alle anderen Personen am Tisch bedient werden, das eßunlustige Kind aber gewissermaßen übergangen wird. In den seltensten Fällen meldet es sich, wenn es älter als drei Jahre ist, dann nicht von selbst. Freilich verlangt das eßunlustige Kind dann meist nicht zu essen, sondern zu trinken. „Ich will auch Kakao", sagt es. Die Antwort sollte lauten: „Ja, aber vorher ißt jeder von uns zwei Happen Schwarzbrot." Dabei reicht man dem Kind zwei hauchdünne Viertelchen einer leicht gebutterten und mit einem vom Kind geliebten Belag belegten Brotscheibe. Mit allen Kindern am Tisch und mit sich selbst ist man vorher genauso verfahren. *Alle* haben einen winzigen Grundstock an Nahrung zu sich zu nehmen, ehe der Ausschank der geliebten Flüssigkeit erfolgt. Es ist nun freilich häufig so, daß das Kind dann einen Machtkampf mit den Erwachsenen beginnt, und es äußert: „Ich will zu trinken, aber keinen Kakao, sondern Cola." Es ist wichtig, dann nicht zu springen und den Sonderwunsch allein für das eßunlustige Kind zu erfüllen. Es muß heißen: „Cola habe ich nicht hier; Du kannst Milch oder Wasser haben." Gewiß ist es sinnvoll, vor allem die Nährgetränke bei Tisch zu haben, von denen man weiß, daß das eßschwache Kind sie gern zu sich nimmt. Aber auf die Sonderwünsche einzugehen, enthält eine gefährliche Teufelsklaue: Oft will das Kind weder das eine noch das andere, sondern probiert lediglich aus, wie weit es die Erwachsenen mit seiner Eßschwierigkeit gefügig machen kann. Das sind gefährliche Mechanismen, die man nach Möglichkeit verhindern sollte, sich einzubahnen.

Grundsätzlich ist es wichtig, um die Eßschwierigkeit nicht zuviel Getöse zu machen. Die Mutter sollte ihre Sorge um das Kind so wenig wie möglich sichtbar werden lassen. Wenn das Kind nicht ißt, sollte es nicht weiter gemahnt und gefüttert, sondern die Mahlzeit abgeräumt werden, ohne den Appetitmangel des Kindes zu beklagen. Ist es in einem guten körperlichen Status und tritt der Appetitmangel unverhofft auf, sollte man ohne jede Zwischenfütterung die nächste Mahlzeit abwarten, aber verhindern, daß das Kind inzwischen Näschereien und Nährflüssigkeiten zu sich nimmt. Wasser sei erlaubt, wenn das Kind durstig ist, mehr nicht. Oft ist die Eßstörung schließlich nichts weiter als der instinktiv richtig gewählte Selbstheilungsversuch bei „verdorbenem

Magen" oder auch der Vorbote einer Infektionskrankheit. Auch dann dient die Essensabwehr einem sinnvollen Regulationsmechanismus.

Vor allem sollte man Kindern eine geringe Menge von Nahrung auf den Teller geben. Nicht im Schlaraffenland, sondern dort, wo Schmalhans Küchenmeister ist, pflegen die Kinder einen gesunden Appetit zu haben.

Sehr viel schwieriger wird die Situation, wenn das Kind abzumagern beginnt, denn das bedeutet schließlich eine ernst zu nehmende Lebensbedrohung, der durch Kürzen, Bagatellisieren und Ignorieren nicht beizukommen ist. Am heilsamsten gegen eine chronische Eßunlust hat sich immer noch Luftveränderung erwiesen, und zwar nicht irgendeine, sondern der langfristige Aufenthalt an der offenen Nordsee. Die Luft der ost- und nordfriesischen Inseln – unter ihnen am meisten Sylt, weil sie das stärkste Reizklima aufweist – hat sich hervorragend als Appetitanreger bei chronischen Eßschwierigkeiten bewährt. Freilich: Der Aufenthalt sollte langfristig sein, am besten nicht weniger als vier Wochen betragen, und falls eine depressive Beimischung der oben beschriebenen Art vermutet werden kann, ruhig einmal in der Zweisamkeit mit einer Person allein und deren intensiver Zuwendung erfolgen.

Das gilt sogar für die sogenannte Pubertätsmagersucht der Mädchen, die in den letzten Jahrzehnten seuchenartig zugenommen hat. Sie besteht in einer oft geradezu panischen Furcht, von jedem eingenommenen Bissen eine nicht mehr kontrollierbare Gewichtssteigerung zu erfahren. Magersucht wird zur Eßangst, weil die (im Grunde berechtigte) Furcht entstanden ist, die immense Eßgier nicht steuern zu können und dadurch ein dem Kranken widerwärtiges Übergewicht zu entwickeln. Unter den besorgten Blikken der Mutter wird die Eßangst zur nicht brechbaren Eßverweigerung, die bei unzureichender Hilfe und Nicht-erkannt-werden der Krankheit zu Entkräftung und Tod führen kann.

Es darf nicht verkannt werden, daß diese sogenannte Anorexia nervosa gleichzeitig Angst vor dem Leben bedeutet, vor der Notwendigkeit, es als Frau zu leben und sich dabei verantwortungsbewußt selbst zu kontrollieren. Die Mädchen errichten deshalb eine Überkontrolle und in Gestalt der Waage ein symbolisches Kontrollinstrument. Dabei wird die Gewichtsabnahme als gelungene Selbstbeherrschung und das heißt als Erfolg verbucht. Dadurch entsteht eine Verkehrung des Lust-Unlustprinzips im Hinblick auf die Nahrungsaufnahme: Nicht essen wird als Lust, Essen als Unlust erlebt. Unabhängig von der vielschichtigen Genese, auf die in diesem Zusammenhang ausführlich nicht eingegangen werden kann*, kann es eine geradezu erlösende Wirkung haben, wenn die Mütter ihre Bemühung aufgeben, die Töchter zum Essen bewegen zu wollen. Das Anbieten, Auffordern, Klagen, Überreden verstärkt die Erkrankung. Im Hinblick auf das Essen sollte die Angst vor der Gewichtszunahme als unaufgebbar angenommen werden. Die Mutter sollte die Bemühung der Tochter um kalorienarme Nahrung vielmehr voll unterstützen und dementsprechend einkaufen. Bevor man dieses Programm in Aktion setzt, bewährt es sich zu sagen: „Ich verstehe deine Angst. Ich will dir mithelfen, nicht dick zu werden. Freilich mußt du wissen, was die Krankengeschichten Magersüchtiger ergeben haben: Ißt ein junges Mädchen über Jahre zu wenig Eiweiß, so bekommt sie Hungeroedeme und eine Stoffwechselanomalie. Beides bewirkt, daß der Körper gedunsen dick wird: im Gesicht, am Bauch, an den Beinen. Es ist also nötig, Magerkäse, Magerquark, Magerjoghurt, auch gedünsteten Kochfisch und mageres Kochfleisch oder ähnliches zu essen. Ich werde dergleichen im Eisschrank parat halten. Du kannst bestimmen, wie du es damit halten willst."

Die Teilnahme des Mädchens an den Mahlzeiten sollte mit der Begründung, daß das der Kranken nicht zumutbar ist, aufgegeben werden. Das Essen sollte in die Regie des Mädchens gegeben werden, und es sollten allenfalls unterstützende Worte fallen: „Du, ich habe einen fabelhaft billigen Rapunzelsalat auf dem Markt gefunden und dir mitgebracht. Der ist praktisch kalorienlos."

Die Waage sollte freilich nach Möglichkeit aus dem Badezimmer entfernt werden mit der Begründung, daß das Wiegen eine Sucht werden könne und die Gedanken dann in einer qualvollen Weise fesseln. Im übrigen aber ist es dringend, daß die Zuwendung der Mutter zur Tochter nicht auf die krankhafte Eßangst beschränkt bleibt. Das beste Mittel, eine Magersucht zu heilen, besteht in einer täglichen, lustvollen, stundenweisen Beschäftigung der Mutter mit ihrer Tochter. Viele Mütter haben ihre Töchter durch tägliche gemeinsame Spaziergänge, über ein bis zwei Jahre eisern durchgehalten, geheilt. Gemeinsames Schwimmen,

*Ausführliche Darstellungen befinden sich in meinen Büchern „Unser Leben muß anders werden", Herderbücherei 1976, und: der Mensch hinter seiner Maske, Verlag Weißes Kreuz, 1983.

Wandern, Tennisspielen – zunächst auf jeden Fall nur mit der Mutter allein – können Wunder wirken.

In vielen Fällen beruht die Magersucht auf einer Frühschädigung im Nahrungsbereich, die in eine bemühte, gewissenhafte Erziehungsform eingebettet ist, so daß sich der Leistungswille oft sogar überstark zur perfektionistischen Gewissenhaftigkeit entfalten konnte. Die Beziehung der Kinder zu ihren Müttern ist durchgängig so gut, daß die oft erhebliche Wut auf sie verdrängt wird. Dennoch gelingt die Identifikation mit ihr nicht in so ausreichendem Maß, daß die Schwelle zum Frausein ohne Angst überschritten werden könnte; denn die Lebensform der Mütter erschreckt und frustriert die Töchter – sei es, daß sie die Mütter als eine in ihrer Ehe maßlos Leidende erleben, sei es, daß sie die Überforderung der Mütter (oft als Berufstätige, als Alleinerziehende) als elendes Schicksal erfahren, sei es, daß ein altes Defizit durch den Mangel an Zeit der Mutter belebt wird. Jedenfalls ist das Nachholen der Zuwendung – regelmäßig und gänzlich abgelöst von dem Problem um die Nahrungsaufnahme – die entscheidende Maßnahme zur Beseitigung dieser lebensbedrohlichen Erkrankung. Sind die Mütter mit dieser Grundforderung nach einem Übersehen des pathologischen Eßverhaltens und mit der Notwendigkeit zu täglicher Zuwendung überfordert, so sollte man dieses Programm einer Patin, einer Tante evtl. auch einer Therapeutin übergeben. Jugendliche Mädchen haben manchmal noch eine Lieblingstante, der sie oft sogar mehr vertrauen als der Mutter. Das Fortkommen in der Schule, die Auflösung der meist mit dem Beginn der Erkrankung einsetzenden Isolation sollte man zunächst zurückstellen. Erfahrungsgemäß holen die Magersüchtigen die in der Krankheit erstarrte Lebenszuwendung bald wieder nach, wenn die Eßangst erst einmal überwunden ist.

Bei Kindern mit einer frühkindlichen Schädigung im Nahrungsbereich, bei denen eine sorgfältige Leistungsbemühung ihrer Eltern und das Vorhandensein einer guten Mutter-Kind-Beziehung fehlt, herrscht im Eßverhalten häufig eine nicht bezwingbare Gier nach Nahrung vor. Daraus resultiert dann im Grundschulalter, meist auf dem Boden von Nasch- und Trinksüchten, ein erhebliches Übergewicht, das zur Adipositas, zur Fettsucht werden kann. Der Durchbruch der mundsüchtigen Gier zeigt sich dazu meist in früh einsetzendem, maßlosem Zigaretten- und Alkoholkonsum. Bei jungen Mädchen wird das Übergewicht dann manchmal quälend als unerträgliche Abweichung vom Schlankheitsideal erlebt, so daß als Abwehr dagegen eine Bulimie entwickelt wird, d. h. die Kranken essen erst maßlos Vieles und Süßes, um sich dann den Finger in den Hals zu stecken und zu erbrechen.

Gegen die Fettsucht und gegen die Bulimie hilft die gemeinsame Zubereitung von schmackhaften, kalorienarmen Nahrungsmitteln, die gemeinsam verzehrt werden müssen. Die Mädchen und ihre Mütter bzw. ihre Therapeuten brauchen die tägliche gemeinsame Beschäftigung um ganz viel, die Schlankheit erhaltende kalorienarme Nahrungsmittel, die nur von den beiden Akteuren allein verzehrt werden sollten, und darüber hinaus ein Zuwendungsprogramm der auf Seite 231 ff beschriebenen Art.

Beschädigungen im Nahrungsbereich können durch die heutigen meist gefährlich falschen Empfehlungen in der Pflege von Säuglingen entstehen. Keine seelische Beschädigung der bisher beschriebenen Art zu erleiden, ist daher eher die Ausnahme als die Regel. Mütter, die sich die Mühe machen, ihre Säuglinge nicht aus Prinzip stundenlang schreien zu lassen, haben eher Aussicht, dergleichen Nöte zu vermeiden, als die, die sich den instinktlosen Anweisungen, die heute üblicherweise gegeben werden, beugten.

Daß Eßstörungen der eben beschriebenen Art bei männlichen Jugendlichen außerordentlich selten sind, liegt vor allem daran, daß ihr Hungern selten einmal auf Dauer den Stellenwert eines erstrebenswerten Erfolges bekommt. Der Pubertätsschub mit seinem ausgeprägten und späten Längenwachstum ist bei den Jungen zudem geeignet, trotz großer und kalorienreicher Nahrungszufuhr eine Adipositas kaum einmal aufrecht zu erhalten. Darüber hinaus wird der „dicke" Mann in unserem Kulturkreis keineswegs so diskriminiert wie die dicke Frau. Außerdem sind männliche Jugendliche viel eher in der Lage, die Aggression, die auf dem Boden einer frühkindlichen Frustration latent meist vorhanden ist, als direkte Opposition auszuleben oder mit einer Sucht zu beantworten. Bei ambivalenter Mutterbeziehung und einer die Aggression unterdrückenden Gewissenskontrolle gibt es freilich eine sich der Magersucht annähernde Eßangst auch bei den Jungen. Sie pflegt, gerade umgekehrt, leichter auflösbar zu sein, wenn die Mutter bereit ist, ihre kleinkindhafte Bemutterung des Sohnes aufzugeben. In solchen Fällen geht die Eßangst häufig in eine große Trinkgier über. Das eigentliche Bedürfnis kommt so gewissermaßen ans Tageslicht. Soll es nicht zum Alkoholismus entarten, so bedarf es einer therapeutischen „Mineralwasserkumpanei", d. h. des Bemühens, in nachholender Zweisamkeit den Versuch zu machen, unter Bewußtmachen der Zusammenhänge die Gefahr zu bannen.

F

Faulenzen

„Ich habe eben keinen Bock auf Arbeit", sagt der 17jährige Stefan und stößt voller Wut seine Schuhspitze gegen das Tischbein. Seine Eltern haben ihn geschickt, weil sie am Ende sind mit ihrem Latein. Der Vater hat mir sein Elend bereits plastisch geschildert: „Sehen Sie", sagt er, „eigentlich könnte man unserer Familie den Namen Fleiß geben. Wir schaffen von morgens bis abends, unermüdlich. Auch unsere 74jährige Mutter werkt noch von morgens bis abends; unsere Geschwister – alle sind arbeitsame Leute, die sich fleißig regen. Aber dann haben wir da diesen unseren einzigen Sohn, den Stefan, der ist faul wie die Sünde.

Ich will Ihnen beschreiben, wie das aussieht: Mittags kommt er von der Schule heim, klingelt ungeduldig anhaltend. Meine Frau öffnet. Er kommt herein wie ein Bergsteiger, der mit letzter Kraft eine Schutzhütte erreicht hat. Seine beiden Taschen läßt er im Flur einfach aus den Händen fallen – plupp, da stehen sie dann mitten in der Landschaft. Zu einem Erwidern des Grußes reicht die Kraft offenbar auch nicht, allenfalls ein unartikulierter Urlaut dringt aus seiner Kehle. Er wendet sich seinem Zimmer zu, stößt die meist angelehnte Tür mit dem Knie auf (denn er ist zu faul, den Arm bis zur Türklinke zu bewegen), und dann läßt er sich auf seine Couch fallen, drückt ein paar Knöpfe, der Lärm aus der Röhre jault auf; er angelt nach seinen Zigaretten und der Cola unter dem Bett, und dann bleibt er da liegen, stundenlang!

In den ersten Jahren seiner zunehmenden Faulenzerei haben wir natürlich noch viele Versuche gemacht, das zu ändern. Wir haben ihn zu kleinen Dienstleistungen eingespannt; aber der Aufwand der wiederholten Aufforderungen war so mühsam, daß wir schließlich davon abließen und die Gänge lieber rasch selbst taten. Irgendwann begannen wir es aber auch als unnatürlich zu empfinden, daß ein junger Bursch keine Lust hat, mit seinesgleichen umzugehen. Wir meldeten ihn in verschiedenen Vereinen an – auf die Dauer ohne Erfolg. Zwei- dreimal ging er hin. Dann verlor er den Kontakt. „Keine Lust", war seine stereotype Antwort auf unser Drängen. Um Himmelswillen helfen Sie uns! Wie bekommt man diesen faulen Sack von der Horizontalen in die Vertikale?"

Die Sorge des Vaters ist mehr als berechtigt, denn die „Faulheit" der eben beschriebenen Art beruht hier, wie in vielen Fällen, auf einer „Aktivitätsatrophie". Ich habe diese Störung in Analogie zu körperlicher Schwunderscheinung, etwa der Muskelatrophie so benannt, um zu verdeutlichen, daß es sich auch bei dieser seelischen Störung um ein Unvermögen handelt, um eine Unfähigkeit, die durch Appelle an den Willen ebenso wenig zu beseitigen ist, wie etwa ein Muskel, der lange bewegungsunfähig im Gips liegen mußte, nun plötzlich sportliche Leistungen erbringen kann. Kein vernünftiger Mensch erwartet dergleichen. Es ist jedem einsichtig, daß der Muskel nun erst lange und in vorsichtigen Schritten wieder geübt werden muß, ehe er auch nur ein mittleres Maß an Bewegungsleistung zustande bekommen kann. Das ist bei der Aktivitätsatrophie, die dem Laien als elende Faulenzerei erscheint, nicht anders; denn sie ist durch eine Lähmung der Aktivität, oft auf dem Boden der bereits beschriebenen neurotischen Depression oder durch exzessive Verwöhnung entstanden und lange eingeschliffen. Auch sie kann nur durch viele Mühewaltung in kleinen Schritten wieder beseitigt werden.

Einsicht dieser Art in das Wesen der Störung ist deshalb so dringlich, weil die Appelle an den Willen die müde Lustlosigkeit nachhaltig verstärken können. Denn der Jugendliche sagt sich in der Tiefe seiner Seele: „Wie recht haben meine Eltern – ich bin eben ein Taugenichts. Alle ‚bringen' etwas – nur ich, ich bin eben eine Niete." Diese berechtigte Selbstkritik mindert aber das Selbstwertgefühl, ohne das kein Mensch den Antriebsüberschuß zu konstruktiven Tätigkeiten aufbringen kann. Auf diese Weise setzen sich immer neu die Störung verschlimmernde Teufelskreise in Gang.

Die Gegenmaßnahmen müssen anderer Art sein: Als erstes ist es auch bei dieser Schwierigkeit wichtig, herauszufinden, an welcher Stelle noch ein Fünkchen Interesse glimmt. Der eine hat immerhin noch Interesse für Fußball, wenn auch nicht mehr fürs Selbstspielen, so doch fürs Zuschauen bei Spielen und für die Spieler. Dann sollten die Eltern versuchen, hier den Fuß in die Seelentür zu bekommen. Gewiß gibt es Möglichkeiten, daß Vater und Sohn ein regionales Spiel gemeinsam besuchen oder auch ein überregionales als gemeinsames Abenteuer anpeilen. Vielleicht kann Vater gemeinsam mit dem Sohn unter die Autogrammjäger gehen, vielleicht können sie eine Sammlung mit Berichten und Unterschriften beginnen. Jedes kleinste Interesse sollte versucht werden, gemeinsam anzupacken. Wichtig ist, daß Freude an irgendeiner Tätigkeit entsteht, am besten gemeinsame Freude, und von dort zu neuen, allmählich sich steigernden, Anstrengung fordernden Freizeitbeschäftigungen übergegangen wird. Das ist zwar sehr mühsam, es ist ohne geduldiges Aushalten auch von Rückschlägen nicht zu schaffen, aber es ist sehr lohnend, weil es gewissermaßen in letzter Minute noch eine gefährlich negative Fehlentwicklung aufzuhalten vermag.

Besser ist es natürlich, der Aktivitätsatrophie vorzubeugen, sie gar nicht erst einschleifen zu lassen. Wir müssen uns eingestehen, daß manche der neuen gefährlichen seelischen Störungen darauf beruhen, daß unsere Kinder in einer unnatürlich gewordenen Kunstwelt zu rasch und zu viel sich selbst überlassen wurden, daß ihnen urtümliche, die Phantasie anregende Gemeinsamkeit und Umwelt nicht mehr zur Verfügung stand. Das eben erzeugt jene gefährliche Kraftlosigkeit. Je früher wir ihr entgegenwirken, um so sicherer können wir dem Einschleifen einer Aktivitätsatrophie bei unseren Kindern entgehen. Drei Voraussetzungen sind dazu wichtig:

1. Soviel konstante personale Betreuung wie möglich durch die ersten Kinderjahre hindurch.
2. Sowenig wie möglich Verwöhnung mit Materialien. Weniger ist für unsere Wohlstandskinder grundsätzlich mehr; weniger Fernsehen, weniger Spielzeug, weniger Bekleidungsfülle, weniger weite Reisen im Fond eines Autos, weniger Taschengeld, weniger Lollies und Eis am Stiel.
3. Soviel wie möglich behutsame Anregung zur Entfaltung der Begabungen und Interessen. Eltern sollten ertasten, wo eine konstruktive Freizeitbeschäftigung ausbaubar ist. An den verschiedenen Interessenrichtungen der Kinder läßt sich das ausmachen: Das eine Kind ist voller Wachheit, wenn es um das

Leben der Tiere geht; das Aquarium, die Volière, der Kaninchenstall können das Interesse anregen; auch Erzählen und das Heranbringen von Büchern. Ausgewählte Fernsehsendungen können das Interesse auch zu vermehrtem Kenntnisstand, zu mehr Erfolg bei der Tierhaltung führen, Erfolg in der Schule im Fach Biologie einbringen etc. Im Werken, in der Handarbeit, in Musik, Zeichnen, Modellieren, Schauspielern, Sport, Tanz sollten unsere Kinder im Grundschulalter durch ihre Eltern gefördert werden, und zwar nicht alle in allen Fähigkeiten, sondern in einer, die der speziellen Interessenrichtung und Begabung gemäß ist. Rechtzeitige, intensive Bemühungen der Eltern sind heute vorbeugend geradezu lebensnotwendig, denn sie können verhindern, daß das Wohlstandskind der Trägheit, dem passiven Konsum verfällt. Es wird dann extrem gefährdet, in den Sümpfen, die unsere Welt für ihre Jugendlichen parat hat, verloren zu gehen.

Ist die Aktivitätsatrophie dennoch im Jugendalter ausgebrochen und haben die Eltern keinen Erfolg in ihrem Bemühen um die Neubelebung der Interessen, so sollte unbedingt ein Umgebungswechsel angestrebt werden. Die Schulprogramme des Christlichen Jugenddorfwerkes sind geeignet, der Aktivitätsatrophie abzuhelfen. Manchmal kann auch ein mindestens einjähriger Auslandsaufenthalt in einer Familie oder in einem Internat Wunder wirken.

G

Grimassieren

(Augentic, Grunztic, Schnüffeltic, Schultertic, Räuspertic)

Der zehnjährige Knabe steht auf, als ich das Behandlungszimmer betrete. Er gibt mir mit einer korrekten Verbeugung die Hand, sagt dabei: „Ich heiße Dennis W." und setzt sich erst wieder, als ich ihn dazu auffordere. Er ist, obgleich das heute aus der Mode gekommen ist, ein zu korrekter Höflichkeit erzogenes Kind. Aber nachdem ich ihn aufgefordert habe, mit dem großen Baukasten eine kleine Szene nach seiner eigenen Wahl zu erstellen und er sich mit Eifer dieser Arbeit zugewandt hat, verzerrt sich plötzlich sein Mund zu einer Art schiefmäuliger Gähngeste, gleichzeitig kneift er die Augen zusammen und schüttelt den Kopf, so als wolle er die sein Gesicht überziehende Grimasse damit beseitigen. Im Nu ist der Spuk wieder verschwunden, aber das Kind schaut mich mit beschämter Verzweiflung an. Seine Augen sagen: „Nun ist er heraus, der ganze elende Makel, und ich hatte mir doch vorgenommen, daß ich dieser Fremden gegenüber *nicht* grimassieren werde. Ich habe mir doch solche Mühe gegeben, dieses blöde Zucken zu unterdrücken – und doch ist es mir passiert! Was soll die bloß von mir denken. Sicher hält sie mich nun auch für verrückt!"

Darin freilich irrt sich mein kleiner neuer Patient. Ein Grimassieren der eben beschriebenen Art mit Appellen an den Willen, mit Auslachen, Diffamieren und kopfschüttelnder Verachtung zu beantworten, ist eine Reaktionsform nicht verstehender Laien. Dem Sachverständigen ist bekannt, daß das Grimassieren in die Kategorie unwillkürlich auftretender Ticerscheinungen gehört*. Es gibt sie in großer Zahl auch bei Erwachsenen. Sie zeigen sich nicht nur als Zusammenkneifen der Augen, als Verziehen und Schnaufen des Mundes, als Krausen oder Schnüffeln der Nase, sondern auch als Räuspern, als Kopfrucken, als Schulterzucken.

Oft wird der Tic mit epileptischen, hirnorganisch bedingten Leiden verwechselt, auch von Neurologen nicht selten als sogenannte *Chorea minor* oder *Petit mal* fehldiagnostiziert, was höchst bedenkliche Folgen, nämlich eine unnötig dämpfende Dauermedikamentation zur Folge haben kann. Der psychogene Tic entsteht nicht im Erwachsenen- oder im Jugendalter, er ist eine Angelegenheit der Kinderjahre. Dort nur nimmt er seinen Anfang. Freilich kann er dann u.U. ein lebenslängliches chronisches Symptom werden, wenn er nicht rechtzeitig diagnostiziert und auf ihn entlastend reagiert wird. Gelegentlich verschwindet er auch ohne Behandlung von selbst, wenn das Kind von sich aus seelisch kräftiger geworden ist, bevor sich das Symptom zu starrer Gewöhnung verfestigt hat.

Der psychisch bedingte Tic, gleich welcher Art, ist eine nicht zum Zuge gekommene Angriffsgebärde, gewissermaßen das Rudi-

---

*Dührssen, A.: Psychogene Erkrankungen von Kindern und Jugendlichen, Göttingen 1954, S. 282.

ment eines im Ansatz mißglückten Angriffs. Der Mundzuckende möchte eigentlich die Zähne fletschen, der Schulterzuckende möchte eigentlich zuschlagen (deshalb tritt er meist in der rechten Schulter und nur bei den wenigen Linkshändern in der linken Schulter auf), der Schnaufende und Schnüffelnde möchte zischen, der Räuspernde möchte wütend schreien, spucken und beißen, der mit den Augen Blinzelnde möchte eigentlich mit der Drohgebärde geweiteter Augen auf den Gegner losgehen.

Deshalb entwickeln auch nur diejenigen Kinder einen psychogenen Tic, deren Selbstbehauptungstrieb in einem Übermaß, in einem der Seele unbekömmlichen Maß, eingegrenzt ist. Bei einer Erziehung, die darauf aus ist, den Willen des Kindes stark einzuschränken, ist die Wahrscheinlichkeit, daß ein Kind einen Tic entwickelt, deshalb sehr viel größer als bei einer antiautoritären Erziehungsform, womit ich diese keineswegs durchgängig als die richtigere Erziehungsform bezeichnet haben möchte; sie läßt, im Extrem gehandhabt, lediglich andere, nicht minder gravierende Störungen entstehen. Die übertriebene Willenseinschränkung des Kindes braucht auch nicht etwa durch rigorose, mit Gewalt erzwungene Gehorsamsforderungen hervorgerufen zu werden, sie kann auch durch eingreifende Überbehütung hervorgerufen werden. Dennis' Eltern z. B. waren beide berufstätig. Er war als Einzelkind weitgehend von den Großeltern großgezogen worden. Der pensionierte Lehrer-Großvater sorgte streng für eine übergewissenhafte Erledigung der Schulaufgaben des Enkels, die Großmutter war ihm gewissermaßen Tag und Nacht auf den Fersen mit Umsorgen und Befehlen. Die Beseitigung aus der Obhut der Großeltern, die Möglichkeit, unter der Beaufsichtigung der nun nur noch halbtags arbeitenden Mutter viel mehr Spielraum in Anspruch nehmen und seinen Willen entwickeln zu dürfen, bewirkte ein allmählich sich verflüchtigendes Symptom.

Bei älteren Kindern, die sich ihres Leidens bewußt werden und zur Vermehrung der Ticerscheinungen gerade dadurch beitragen, daß sie sie krampfhaft zu unterdrücken suchen, kann es förderlich sein, den Kindern den Aussagewert des Tics bewußt zu machen, ihn als berechtigt zu legitimieren und das Kind zu einem vermehrten Gebrauch seines heimlichen Kampfstils zu ermuntern. Zum Schnaufen, Blinzeln, Zucken aufgefordert, um die Wette gezuckt und geschnaubt, kann das Symptom oft in kürzester Zeit auf Nimmerwiedersehen zum Verschwinden gebracht werden, nicht nur weil es durch ein Rezeptchen kuriert wurde, sondern weil das Kind die Berechtigung zur willkürlichen Äußerung seines Eigenwillens erfährt und die zu weit gehende, existenzgefährdende Einschränkung des Selbstbehauptungswillens aufgehoben wurde.

Die Unfähigkeit, sich durchzusetzen, führt also statt zu dem eigentlich beabsichtigten Angriff, der eigentlich beabsichtigten Abwehr zu einer zu weit gehenden Bemühung um Zurückhaltung. Es wäre freilich zu einfach, daraus zu schließen, daß im Umfeld eines solchen Symptomträgers ein ihm feindlich gesonnener Mensch vorhanden sein müsse. Sie ist meist vielmehr nicht direkt von den Menschen der Umwelt verschuldet. Am Beginn solcher Nöte stehen viel eher Ängste im Selbstbehauptungsbereich, die durch tragische Frustrationen in den ersten Lebensjahren entstanden sind, zum Beispiel Mutterverlust durch frühe Krankenhausaufenthalte oder eine mit Strafen erzwungene Dressur zum Gehorsam, eine unbekömmliche, gut gemeinte Bemühung um gutes Benehmen des Kindes etc*. Existentielle Angst erzeugt grundsätzlich Aggression. Hat das Kind in der ihm bedrohlich scheinenden Situation keine Möglichkeit, sich zu artikulieren, so antwortet es mit dem psychosomatischen Symptom, das sich später leicht einmal wieder belebt, wenn eine ihm ähnlich scheinende Unheimlichkeit oder Überforderung entsteht.

Es ist von besonderer Tragik, daß Kinder, die einen Tic entwickeln, meist Eltern haben, die um die Erziehung ihrer Sprößlinge mit Einsatzbereitschaft und Verantwortungsgefühl bemüht sind. Gerade für diese Eltern ist das Auftreten der unwillkürlichen Zuckungen besonders irritierend. Da sie selbst ihr Leben durch Disziplinierung bewältigen, raten sie dem grimassierenden Kind, die Schwierigkeit durch vermehrte Willensanstrengung zu beheben. Aber gerade diese Aufforderung wirkt verstärkend, erregt den Unwillen der Erziehenden, mehr Beachtung des Leidens bei allen Beteiligten, wodurch die Chronifizierung im bedenklichen Teufelskreis in Gang gesetzt wird. Die „Fratze" des Kindes signalisiert die zu weit gehende Eigenmächtigkeit seiner Erzieher. Die mißhandelte „Natur" des Kindes setzt sich gegen den Willen aller Beteiligten durch und sollte deshalb als Mahnung zur Än-

* Mitscherlich, M.: Beitrag zur Psychologie des Tic ... Adv. Psychosomat. Med. 3, 203, 1963; Heigl, F.: Ein Fall von generalisiertem Tic. Z. Kinderpsych. 4, 202, 1955.

derung des oft nur ein wenig zu strengen Erziehungsstils gewertet werden.

Begreifen die meist durchaus mit Liebe erziehenden Eltern erst einmal diesen Zusammenhang, verstehen sie erst einmal, daß das Kind eine ihm unbekömmliche Einengung erfuhr, dann läßt sich zusätzlich auch mit viel sportlicher Betätigung helfen. Grundsätzlich gilt bei Störungen, die durch eine zu weit gehende Drosselung des Selbstbehauptungstriebes, der Unfähigkeit zur Selbstverteidigung entstanden ist: Je mehr das Kind erlebt, daß es stark ist, daß es nicht nur verbal, sondern auch kraft seiner Muskeln in der Lage ist, sich zu behaupten, um so weniger sind Durchbrüche durch die Gehemmtheit, wie sie die Ticerscheinungen darstellen, noch existentiell nötig. Der Weg in die Ausgeglichenheit kann durch Einsicht und Einübung erfolgreich eingeschlagen werden.

H

Haarausreißen

Daß der Volksmund im Hinblick auf eine verzweiflungsvolle Situation davon spricht, es sei „zum Haare raufen", enthält eine psychische Wirklichkeit. Wer kennt das nicht – sich in einer plötzlich einsetzenden blockierenden Situation mit beiden Händen an den Kopf zu greifen, und wenn sie sich zur Aussichtslosigkeit, zur Ausweglosigkeit ohne alle Hoffnung ausweitet, in ohnmächtigem, wütendem Schmerz an den Haaren zu zerren, sie zu zerraufen oder sie auch sogar auszureißen? Alles ist versperrt an das angestrebte Ziel zu gelangen, zu fliehen, anzugreifen, die ausweglose Situation zu ändern. Nichts geht mehr. Aber der Schmerz ist da, die Wut ist da, und zwar in einer unerträglichen Form. Der Griff an den Kopf, zunächst eine reflektorische Schutzbewegung, findet in der Motorik des Reißens und im Empfinden des körperlichen Schmerzes eine Entlastung des als zu schlimm erlebten Unlustgefühls.

Gestimmtheiten schwerer Verzweiflung sind es deshalb auch immer, die bei Kindern und Jugendlichen am Beginn eines zwanghaften Haarausreißens vorhanden gewesen sind. Das braucht Eltern und Erzieher nicht zu entsetzen und zu belasten in der Furcht, daß die Schwierigkeit dann also ein Zeichen für schlechte Behandlung des Kindes sein müßte. Kleinkinder können schon aus geringfügigem Anlaß in Verzweiflung geraten: Wenn ein Eindringling das geliebte Polizeiauto in die Hand nimmt, wenn ein Geschwister ruppig ist, wenn Mutter für eine kurze Zeit fort geht, ohne das Kind mitzunehmen. Es kommt nicht darauf an, ob eine Situation objektiv zur Verzweiflung berechtigt, es kommt darauf an, wie ein Kind sie subjektiv empfindet, ob es in der Lage ist, sich zu trösten und Hoffnung zu gewinnen.

Das Symptom des Haarereißens pflegt sich erst einzuschleifen, wenn die verzweiflungsvolle Lage fortgesetzt erhalten bleibt bzw. sich häufig erneuert, so daß das Kind sich seines Entlastungserfolgs durch Haarereißen erinnert. In solchen Fällen kann es ziemlich rasch zu einer Chronifizierung des Symptoms kommen. Natürlich spielt die Haartracht dabei eine gewichtige Rolle: Ein Bürstenhaarschnitt eignet sich nicht, um das Symptom zur Entwicklung kommen zu lassen. Deshalb läßt sich diese Schwierigkeit sehr viel häufiger bei langhaarigen Mädchen beobachten als bei anderen Personengruppen. Die Mode, das Haar offen und herabfallend zu tragen, hat das Haarereißen bei jungen Mädchen in den vergangenen Jahren sehr begünstigt. Es ist eine der vielen selbstschädigenden Reaktionsformen auf Wut, Enttäuschung und gehemmte Aggression. In jungen Jahren handelt es sich dabei nicht selten um eine Reaktion auf Strafe – etwa eingesperrt oder von der Mutter getrennt oder von ihr zugunsten eines anderen Geschwisters benachteiligt zu werden. Im Jugendalter kann bei Wut über den Freund, die Schule, den Lehrer, vor allem aber über sich selbst die einmal als entlastend erlebte Praktik wieder belebt und zu einem hartnäckigen Zwang werden.

Um zu heilen, ist es infolgedessen nötig, zunächst einmal die Ursache des Schmerzes herauszufinden und gemeinsam mit dem jungen Menschen einen Ausweg zu suchen, den es in den allermeisten Fällen gibt, ohne daß er bisher freilich entdeckt wurde. Oft hilft mehr Zuwendung, wie es in den vorhergehenden Kapiteln konkret dargestellt wurde. Auch sportliche Betätigung, vor allem in aggressiven Sportarten, wie auch manuelle Tätigkeiten, z. B. Stricken, kann angemessener entlasten. Bei jungen Mädchen ist nicht selten die Wut über den eigenen Unwert, die Selbstverurteilung, das Selbstverdammen wegen hoffnungsloser Häßlichkeit die zentrale Ursache der selbstgebastelten Falle in die ausweglose Verzweiflung. Besonders Mädchen, die ebenso willensstark wie ehrgeizig sind und sich im Hinblick auf das Konkurrieren in Schönheit als hoffnungslos abgeschlagen erleben, neigen zu dem Verzweiflungssymptom des Haarausreißens. Das Bemühen um Verschönerung, um eine kleidsame Frisur, eine die Mängel verdekkende Bekleidung kann wirkungsvoll helfen, wenn sie dem Mädchen die Erfahrung vermittelt, daß es einer zu negativen Vorstellung über sich selbst aufgesessen ist. Wichtig ist es auch, der Gruppe der Überehrgeizigen verbal deutlich zu machen, daß der Wert eines Menschen von äußeren Erfolgen nicht abhängt. In solchen Fällen darf nicht übersehen werden, daß zunächst der innere überstrenge Zensor, der die Selbstverwerfung hervorrief, entschärft werden muß, um den Haarausreißer aus seinem meist selbstgezimmerten Gefängnis zu befreien*.

I

Intellektualisieren

Ein 15jähriger Oberschüler sitzt mir gegenüber. Seine Eltern haben ihn geschickt, da sie um seinen Werdegang besorgt sind: Wolfgang versagt beim Wiederholen der gleichen Klasse. „Ich habe eben keine Lust", sagt er achselzuckend und streckt die Beine von sich, „was kann mir diese Leistungsgesellschaft denn auch schon bieten? Wo soll da ein Sinn drin sein? Die wollen mich doch nur ausbeuten. Das kapitalistische Wirtschaftssystem gibt ja keinem einzelnen die Möglichkeit, sich frei zu entfalten. Alle werden eingeengt und ausgesaugt. Keinem wird das Recht zugebilligt, so zu leben, wie es ihm zusteht und wie es ihm gefällt. Da mach' ich nicht mit. Man muß seine progressive Verweigerung gegen das Sy-

---

*Siehe auch: Szonn, G.: Zwei Fälle von Haarausreißen, Z. Kinderpsych. 1 (10–18), 1975; Reinelt, A. und Breiter, M.: Therapie einer Trichotillomanie, Z. Kinderpsych. 5 (169–174) 1980.

stem auch leben und durchhalten", sagt Wolfgang, wirft in heroischem Trotz den Kopf zurück und schaut mich kampfesmutig an.

„Wie möchtest Du denn leben?" frage ich zurück. „Nun", sagt er, „vor allem möchte ich meine Ruhe haben, aufstehen, wann ich will, essen, wann ich will, nach Hause kommen, wann ich will. Nicht immer von irgendwem belämmert werden, der mich unterdrückt und seine Herrschaftsgelüste an mir konkretisiert."

Ich mache Wolfgang klar, daß dieses Wunschbild wenig Fortschrittliches an sich hat, sondern konservativ, ja reaktionär bis in die Knochen ist: Denn dieser Wunschtraum ist der nach Rückkehr in den paradiesischen Zustand des Fötus im Mutterleib. Bereits mit dem Tag der Geburt sei eine Möglichkeit zu solchem Leben ein für allemal passé. Man stehe in der rauhen Wirklichkeit, in der täglichen Unsicherheit und Bedrohung dieser sterblichen Existenz und habe sich nach der Decke zu strecken, und das hieße, immer sich irgendwie abzustrampeln und anzustrengen, denn sonst ginge man binnen kurzem ein.

Wolfgang ist der typische Fall der neumodischen Variante einer Verdrängungsart, auf die uns bereits Sigmund und Anna Freud aufmerksam machten: auf den Mechanismus der Rationalisierung. Das heißt: Der Mensch sucht und findet Scheinbegründungen für ein Unbehagen in seiner Stimmung, für ein ihm selbst befremdliches, zu Mißerfolgen führendes Verhalten. Er bemäntelt das ihm selbst unheimliche, das ihm selbst nicht gefallende Verhalten mit einer scheinbar plausiblen Erklärung. Die Erklärung, die Wolfgang mir vorträgt, ist nicht sehr originell, er hat sie aus den Medien, aus der Schule oder von welchen Spatzen auch immer, die diese Parolen von den Dächern pfeifen, übernommen; aber sie sind für ihn nur oberflächlich heilsam. Oberflächlich zwar schützen sie ihn: Sie bewahren ihn vor einer gefährlichen Einbuße seines Selbstwertgefühls, jener flüsternden Stimme seines Innern, die ihm zuraunt: Im Grunde haben die Alten doch recht: Du bist eben ein Versager, bist nichts, kannst nichts, taugst nichts. Wolfgangs Rationalisieren und oberflächliches Intellektualisieren ist ein Schachzug seines Selbstbehauptungstriebes, der ihn wenigstens über Wasser hält. Aber auf Dauer ist dieses Rettungsmanöver weniger als rettend, denn es zementiert die Selbsttäuschung, es verstellt den Mut zur wahrhaftigen Konfrontation mit der eigentlichen Schwierigkeit und bewirkt so eine gefährliche Sackgassensituation.

Ungesunde Intellektualisierung als Abwehrmechanismus gegen die bewußte Auseinandersetzung mit der Verantwortung für das eigene Tun und Lassen ist unter den Jugendlichen, ja bereits unter den älteren Kindern heute außerordentlich häufig. Zu einer solchen Entwicklung trägt nicht nur das geistige Klima in den Medien allein, sondern oft auch ganz direkt die Schule bei. Die Lehrpläne der Grundschulen bereits sind gespickt mit intellektualistischen Verfrühungen, die nicht die Denkfähigkeit, sondern eine intellektualistische Altklugheit fördern. An die Stelle einer altersentsprechenden Befriedigung und Freude an den kleinen Lernfortschritten tritt ein Zerreden, Reflektieren und Problematisieren der Lebenssituationen, ohne hinreichende Kenntnis, Erfahrung und Reife zur Bildung echter Urteile zu besitzen. Die „Erziehung zur Kritikfähigkeit" und zum „Problembewußtsein" macht die Kinder in einer unbekömmlichen Weise zu selbstgerechten Menschen, die für alles und jedes Ungenügen einen einzigen Sündenbock parat haben: die böse Gesellschaft, gegen deren Mächtigkeit man nichts ausrichten kann – es sei denn die leise und schließlich auch laute Revolution. Dieser Trend bewirkt in den Kindern eine bedenkliche Reifungsblockade; denn er verhindert die Einsicht, daß es möglich ist, Unzufriedenheit in Zufriedenheit zu verwandeln, wenn man bereit ist, die Fehler und die Verantwortung dafür zunächst nur bei sich selbst zu suchen und mit einer Änderung infolgedessen bei sich selbst zu beginnen. Intellektualistische Scheinbegründungen zementieren die Irrtümer und führen in eine starre Selbsttäuschung, die schließlich die Grundzüge einer irreversiblen Psychopathie annehmen, im Sinne der klassischen Definition von Prinzhorn: „Psychopathie ist das Leiden an lebensnotwendigen Selbsttäuschungen." Selbsttäuschungen dieser Art bedürfen im Wiederholungszwang der panzernden Argumentation, um die verdrängte Wahrheit nicht zu Wort kommen zu lassen; sie bedürfen der Verstärkung in der Gruppe, in Programmen, Grundsatzpapieren und absichernden Gremien mit Mehrheitsbeschlüssen. Intellektualisierungen, die eine Verdrängung zu stabilisieren haben, sind deshalb meist extrem wortreich. Die so gängigen Worte im Jugendjargon „labern", „quasseln", „quatschen" sind als unbewußte Intention der Absicherung gegen den Verdrängungsaufbruch sehr treffende Ausdrücke für die eloquenten Bemühungen um Aufrechterhaltung der illusionären Selbsttäuschung.

Herauszufinden, welches die wahren, meist sehr subjektiven, von Fall zu Fall unterschiedlichen Ursachen, zum Beispiel eines Schulversagens, sind, ist der tapfere und dadurch auch der erfolgreichere Weg, als sich einen Angstschutz durch Intellektualisierung aufzubauen. Die Voraussetzung dazu besteht in der Einsicht, daß es in den seltensten Fällen in unserer Macht steht, die Ursachen für seelisch-geistige Schwierigkeiten selbst zu erkennen. Im Hinblick auf körperliche Nöte sehen wir das ganz selbstverständlich ein. Wir überlassen die Diagnose dem Arzt. Im Hinblick auf seelische Mißerfolge und Lebensschwierigkeiten, die immer neu und langfristig in gleicher Weise in Erscheinung treten, müssen wir uns ebenfalls fragen, ob es nicht nötig wäre, einen Fachmann zu fragen, weil sich die Schwierigkeit mit einer Scheinerklärung nicht aus der Welt schaffen ließ.

Bei Wolfgang lagen die wahren Ursachen darin, daß der intellektualisierte Junge im Grunde wenig Begabung und deshalb auch wenig Interesse für das abstrakt-logische Denken mitbrachte, das in seiner Schule zunehmend mehr gefordert wurde. Er besaß hingegen eine vorzügliche praktische Intelligenz, die ihm bald auch Erfolge einbrachte, als er erst einmal auf das ihm gemäße Pferd (eine Lehre) umgesattelt hatte. Aber dazu war es auch nötig, seine Eltern davon zu überzeugen, daß die Vergötzung des Intellekts und intellektualistischer Berufe nichts taugt bzw. eine Überwertung der abstrakt-logischen Begabung sei. Die tapfere Anerkenntnis der verschiedenen Begabungen als gleichwertig und die Bemühung um Verbreitung dieser fortschrittlichen und das heißt humaneren Einstellung erst kann allmählich dazu führen, daß wir die Überschätzung von Intellektualisierungsprozessen aufgeben und unsere Kinder vor dem Weg in eine im Grunde infantil bleibende Hochstapelei bewahren, denn sie führt zum Erstarren in einer Haltung der Lebenslüge, die sich feige vor einem ehrlichen Nachdenken über die eigenen Schwierigkeiten und das Übernehmen der Verantwortung für sie drückt.

J

Jaktationen

(Schaukelbewegungen im Liegen, im Stehen, im Sitzen, in Krabbelstellung)

Eine Mutter stellt mir ihr sechsjähriges Töchterchen vor, ein Mädchen mit strahlenden Augen und lebhaftem Mienenspiel. Sie zeigt in den Tests ihre reichhaltige Phantasie, ihren fülligen Wortschatz, ihre rasche Auffassungsgabe, ihre konzentrierte Arbeitsmöglichkeit – ein Kind ohne Beeinträchtigungen. Ich bestätige der Mutter, daß es gewiß in der Lage sein wird, im kommenden Jahr den schulischen Anforderungen zu genügen. Die Mutter sagt erfreut lächelnd: „Ich wollte auch nur einmal wissen, ob Sie vielleicht noch etwas von all den Schrecken sehen, die uns umgaben oder ob sie nicht nur für uns Laien verschwunden zu sein scheinen. Und dann berichtet sie von einem fünfjährigen opferreichen Kampf um die seelische Gesundung ihrer kleinen Adoptivtochter. Im Alter von anderthalb Jahren hatte sie sie aus einem Heim übernommen. Bis dahin hatte das Kind fünf Stationen der Betreuung hinter sich: bei einer verwahrlosten Mutter zunächst, einem Pflegenest dann, einem Heim, Pflegeeltern, die es zurückgaben in ein neues, ein anderes Heim.

Dorett konnte noch nicht sitzen, als ihre Adoptiveltern sie übernahmen. Sie spuckte feste Nahrung wieder aus. Sie lag mit leerem Gesichtsausdruck, ohne ein Lächeln je zu erwidern, ernst in ihrem Bettchen und drehte sich schaukelnd fortgesetzt von einer Seite auf die andere. Selten unterbrach das Kind dieses Schaukeln, und selbst des Nachts erzeugte sie mit ihrem Bett gewissermaßen die rollenden Geräusche des kleinen „Häwelmannes". Diese Erstarrung der Kinderseele in der Rollbewegung blieb auch noch über Monate erhalten, nachdem das Kind Eltern und eine konstante Umgebung bekommen hatte. „Dorett", so sagt die Mutter, „nahm von mir zunächst scheinbar überhaupt keine Notiz, sie guckte gewissermaßen durch mich hindurch; sie nahm mich einfach nicht an. Aufweichen tat das Elend zuerst bei meinem Mann. Nach sechs Wochen lächelte sie ihn plötzlich zum ersten Mal an, als er, abends nach Hause kommend, mit ihr

„Kuckuck" spielte. An diesem Abend haben wir es gewagt, sie mit in unser Bett zu nehmen, zwischen uns, im Arm meines Mannes. Sie schaukelte tatsächlich nicht mehr ganz so kontinuierlich, auch nicht mehr ganz so rasch. Sie werden sich denken können, wie wenig hingegen wir beiden Erwachsenen schliefen. Aber wir wußten bereits, daß die Jactatio capitis eine Kompensation der Angst in der Verlassenheit ist, und wir hatten uns vorgenommen, den Versuch zu machen, ihr die fehlende Geborgenheit der Säuglingszeit nachzuliefern. Mit einem Totaleinsatz meiner Person gelang das auch. Nach einem halben Jahr wurde Dorett ein fröhliches Kind, das zu sprechen und zu laufen begann. Die Schaukelbewegungen verschwanden. Heute schläft Dorett ganz ruhig in ihrem eigenen Bett."

Die Schaukelbewegungen, bei denen Kinder sich in der Rückenlage mit Kopf und Rumpf hin- und herbewegen, entstehen in der Säuglingszeit. Die Angst, ausgeliefert, fremd, verlassen zu sein, führt, wie wir im 1. Kapitel beschrieben, zu Adrenalinausschüttungen, die zur Flucht bereitstellen, einer Flucht, die ein Säugling noch nicht vollziehen kann. Die Möglichkeit, das Unlustgefühl der Angst durch Bewegung zu entlasten, ist allenfalls durch Hin- und Herbewegen möglich. Jedenfalls erlebt das Kind beim unruhigen Hin- und Herwerfen, daß es so die Angst beschwichtigen kann. Es verordnet sich per Selbsthilfe das Schaukeln als seelisches Beruhigungsmittel. Viele Kinder, die nicht so gezielt therapiert wurden wie Dorett, gewöhnen sich deshalb daran und behalten die Jactationen als Einschlafmittel lange, manche sogar lebenslänglich bei. Fragen die Bezugspersonen die älteren Kinder, warum sie diese der Umwelt befremdliche Verhaltensweise vollziehen, so antworten sie: „Das brauch' ich, sonst kann ich nicht einschlafen."

Es gibt verschiedene Formen der Jactatio; einige haben den gleichen Aussagewert wie die eben beschriebene, sind aber erst gegen Ende des ersten oder im zweiten Lebensjahr entstanden. Das ist der Fall, wenn Kleinkinder in der Sitzlage mit dem Kopf auf den Boden schlagen oder wenn sie stehend von einem Bein auf das andere schaukeln. Die Beschwichtigungsnotwendigkeit ist dann in dem Alter entstanden, in dem das Kind gerade zu sitzen respektive zu stehen begann.

Eine andere, die Eltern oft sehr ängstigende Jactatio hat hingegen nicht den Stellenwert der Angstbeschwichtigung, sondern ist der Ausdruck einer noch nicht hinreichend abführbaren motorischen Spannung. Eine nicht kleine Zahl von Kindern stellt sich im Krabbelalter in Krabbelposition und stößt mit dem Kopf gegen die Bettwand. Bei dieser Jactatio mag auch die Freude am „Ursach'-sein", am Erzeugen eines lauten Geräusches am Anfang stehen. Jedenfalls ist diese Jactatio durch vermehrte motorische Betätigung, durch Dreiradfahren, schaukeln, rutschen und springen meist ziemlich rasch zu überwinden. Aber auch ohne solche spezielle Bemühung verschwindet diese Form der Jactatio mit fortschreitender Körperbeherrschung von selbst, ohne sich langfristig einzuschleifen.

Die Jactatio hingegen, die sich aus Verlassenheitsgefühlen in der Säuglingszeit entwickelt hat, läßt sich nur durch viel nachholende Zweisamkeit allmählich lösen, am besten, indem die leibliche Nähe im Kleinkindalter nachgeholt wird. Freilich: Sind die Kinder bei Behandlungsbeginn älter als drei Jahre, so sollte man die Bemühung um nachholende Geborgenheit nicht mehr in säuglingshafter Manier versuchen. Besser sind dann Erzählstunden, Vorlesen auf dem Schoß, lustige Finger- und Reiterspiele, Suchen und Finden, Haschen und Ballrollen. Auf jeden Fall aber sollte man in der Zeit der kleinen Therapie dem Kind so wenig wie möglich Umgebungswechsel zumuten und schon ganz und gar nicht ohne die Person, die das Kind in seiner ständigen Betreuung hat. Daß man unbesorgt einschlafen kann, weil man in der Sicherheit und Geborgenheit der liebevoll nahen, vertrauten Person steht – diese Erfahrung sollte über eine lange Phase hinweg während der Kleinkinderzeit nachgeliefert werden, um das unruhig gewordene Kinderherz zu umfrieden. Wenn das gelingt, hört erfahrungsgemäß auch die Jactatio capitis auf.

K

Kontaktnöte

(Aufdringlichkeit, Schüchternheit, Sprechblockade, Mutismus)

Es gibt viele verschiedene Formen von Kontaktnöten bereits im Kindesalter. In erheblicher Zahl steht heute freilich mehr die Gier nach Kontakt im Vordergrund als diejenige Kontaktnot, die durch eine überstarke Zurückhaltung entsteht. Klammernde Kontaktsucht, die den kritischen Abstand zum anderen nicht wahrt, wird jedenfalls vom Schulalter ab von Gleichaltrigen wie von Erwachsenen mehr oder weniger rasch mit Abwenden, Zurückstoßen, ja schließlich mit Brüskieren beantwortet. Gierige Kontaktsucht wird instinktiv als Gefahr der Bemächtigung erlebt und mit Abwehr beantwortet. Deshalb fallen viele scheinbar besonders kontaktfähige Kinder in Wirklichkeit von einer Enttäuschung in die andere und geraten in zunehmende Vereinsamung. Zwar sind sie meist hart im Nehmen und erneuern ihre Bemühungen mit immer anderen Personen. Aber diese Bemühungen gleichen der Unermüdlichkeit einer auf Beute lauernden Spinne. Da sie unangemessen sind, ist auf die Dauer die Zahl der Mißerfolge viel größer als die Zahl der Erfolge. Zu dauerhaften Freundschaften führen die Bemühungen selten. Die „dicken" Freundschaften sind lediglich hochsprühende Strohfeuer.

Aufdringliche Kontaktsucht ist sowohl im Kindes- wie im Erwachsenenalter ein Merkmal der neurotischen Depression, wie sie in Kapitel D beschrieben wurde. Der Mensch fühlt sich in der Tiefe seiner Seele nicht stark genug, um selbständig und in eigener Regie das Leben zu bewältigen. Daraus resultiert das überstarke, das saugende Anlehnungsbedürfnis, das den Abstand zum anderen nicht in angemessener Weise wahrt.

Um klammernden Kindern aus ihrer Not zu helfen, ist es für Eltern wichtig, in der Weise zu verfahren, wie es in Kapitel D beschrieben ist. Wenn es nämlich nicht gelingt, das Defizit aufzulösen, entsteht die Gefahr, daß sich eine große generelle Lebenserschwernis vorbahnt, daß der seelisch Hungrige so etwas wie einen parasitären Charakter entwickelt. Einen solchen haben ungezählte Menschen, die lediglich schenken, um den anderen Dankbarkeit heischend an sich zu binden, die oft überschwenglich geben in der unbewußten Erwartung, dann endlich absolut fordern zu können. Dieser heimliche Bemächtigungsversuch macht untauglich zur Ehe, erschwert und belastet Mutterschaften und ruiniert Freundschaftsbeziehungen. Kontaktsucht von Kindern und Jugendlichen ist grundsätzlich nicht dadurch zu heilen, daß man sich an die „Menschenfresserei" bedingungslos ausliefert. Das überfordert binnen kurzem die Kräfte des Helfers und läßt den Kontaktsüchtigen in einem infantilen Status verharren, ja eher zurückfallen und daran unglücklich werden. Nötig ist vielmehr eine langfristige Begleitung mit fest umgrenzten Stunden mindestens einmal in der Woche, in denen das kontaktgierige Kind und sein Helfer ganz aufeinander eingestellt sind. Es ist aber unabdingbar, diese Stunden von vornherein zu begrenzen, um keinen Riesenanspruch zu züchten und damit es gelernt werden kann, die Realität zu akzeptieren.

Aber auch das Phänomen, daß ein Kind so schüchtern ist, daß es nicht wagt, an die anderen heranzugehen, kommt noch heute vor. Das einsam verwehte Mauerblümchen auf dem Schulhof, das von allen mißachtete linkische schwarze Schaf, das Kind in der Klasse, das kein Lehrer auch nur mit Namen kennt, weil es aus seiner Unscheinbarkeit nie heraustritt – das sind die im Übermaß zurückhaltenden, die Meute fürchtenden Kinder. Ihre Not verstärkt sich in der Pubertät oft geradezu dramatisch, weil ihnen nun ihr Elend auch noch bewußt wird und sich durch verkrampfte Willensanstrengungen eher verstärkt als abbaut. Von den Elternsprechtagen kommt Mutter heim und sagt voller Vorwurf zu ihrem Kind: „Aber Du beteiligst Dich ja gar nicht am mündlichen Unterricht! Gib Dir doch Mühe, lern' Deine Sachen und gib den Lehrern Antwort, wenn sie fragen!" Mit solchen Appellen werden die Erzieher den Schwierigkeiten dieser Kinder nicht gerecht, denn sie sind meistens fleißig.

Sie können oft auch gut zuhören und sich vorzüglich konzentrieren. Sie haben deshalb oft einen viel besseren Wissensstand als die Lehrer vermuten. Sie können sich eben nur nicht artikulieren. Die Möglichkeit, sich darzustellen, ist gehemmt. Ihr Licht brennt unter dem Scheffel. Der bewußt gemachte Druck, sich nun doch endlich am Unterricht, beim Gespräch unter Gleichaltrigen, auf den Partys sprechend zu beteiligen, läßt sie aber gänzlich verstummen. Es gibt kein sichereres Mittel, Kontaktnot zu zementieren als Appelle an den Willen, als Herausstellen und Auffordern: „So, Kind, nun sprich!"

Für den Menschen in Kontaktnot wird eine solche wohlmeinende, aber falsche Methode geradezu als Qual erlebt.

Während die gierige Kontaktsuche die Folge eines Zuwendungsdefizits ist und infolgedessen in die Kategorie der Depressionen gehört und mit den dort beschriebenen Therapieformen angegangen werden sollte, ist die Schüchternheit, die Verhaltenheit oft die Folge einer zu willensmächtigen Bemühung von Erziehern in den ersten Lebensjahren. Die extrem sorgsamen, bemühten, das Kind stark dirigierenden Mütter schränken ohne alle Absicht die Fähigkeit des Kindes, den ihm zustehenden Verhaltensspielraum in Anspruch zu nehmen, ein. Dieser Spielraum ist stattdessen von der mächtigen Mutter immer bereits besetzt. Da sie dabei selten kalt ist, sondern warm und sorgsam, bleibt das Kind ihr schüchternes Anhängsel und ist ohne sie, die immer für das Kind spricht, hilflos*. Die sorgsame Betreuung führt zur Entfaltung von Sorgfalt, Fleiß, Gewissenhaftigkeit, Ausdauer – Eigenschaften, die die Schulfähigkeit stark begünstigen und die „stillen Wasser" zu Assen in den schriftlichen Arbeiten werden lassen. Dennoch hindert sie ihre Gehemmtheit, Freude an ihren Erfolgen zu haben und die ihrem Wissensstand entsprechende Anerkennung zu ernten.

Der erste Schritt zur Therapie besteht im Abbau der oft bereits verinnerlichten Sprechforderung. Der schüchtern-schweigsame Jugendliche sollte sich vergegenwärtigen, daß „stille Wasser tief" sind, daß in einer freien Demokratie kein Mensch zum Reden gezwungen werden kann und darf, daß Reden Silber, Schweigen Gold ist, wie das Sprichwort weiß, d. h. die Gehemmtheit muß voll als Wert, nicht als Anlaß für Minderwertigkeitsgefühle angenommen werden, nicht nur von dem Patienten, sondern auch von seiner Umwelt. Der zweite Schritt besteht darin, dem jugendlichen Patienten sein Recht auf die Inanspruchnahme eines gewissen Verhaltensspielraums bewußt zu machen und zu üben, diesen Spielraum zunächst in der vertrauten häuslichen Umgebung in Anspruch zu nehmen, d. h. am Familientisch den Redestrom der anderen auch einmal zu unterbrechen und laut zu erklären: „Ich

* Siehe auch: Rösler, M.: Befunde beim neurotischen Mutismus der Kinder, Z. Kinderpsych. 6,(187–194), 1981.

habe dazu auch etwas zu sagen" etc. Je jünger das Kind ist, um so mehr muß der therapeutische Akzent auf der Empfehlung an die Umwelt liegen, sich genereller Zurückhaltung zu befleißigen. Den meist so besonders wohlmeinenden Müttern muß deutlich werden, daß ihre Erziehung beste Eigenschaften gefördert hat, daß es nun aber nötig ist, auch noch den Eigenwillen zur Entfaltung zu bringen. Mütter sind glücklich, wenn sie vom Therapeuten hören, daß sie nicht alles verdorben, sondern sogar besonders Gutes geleistet haben, und daß es nun lediglich noch darauf ankomme, dem Kind zu mehr Durchsetzung zu verhelfen. Dazu sei die erste Voraussetzung, daß Mutter sich auf den Lorbeeren ihrer Erziehung ausruhe, so daß das Kind mehr seelischen Spielraum bekäme.

Die Sprechblockade pflegt sich in dem Maß zu lockern, in dem dem jungen Menschen Eigenwert und Eigenrecht in seiner Umwelt zugebilligt wird und man ihm durch Zurücknahme der Ausbreitung anderer Willensbekundungen eine angemessene Ausbreitung seines Ich zubilligt.

Anders als bei diesen relativ umgrenzten Problemen mit guten Chancen zur Selbstheilung gibt es so etwas wie ein psychisch bedingtes Verstummtsein von Kindern. Im Grunde kennzeichnet der Ausdruck „Ich bin sprachlos" vorzüglich dieses Verhalten der betroffenen Kinder. Freilich ist das Sprachlos-sein oft wie festgefroren und hat seine Wurzel meistens in einem tief erschreckenden Erlebnis der ersten Lebensjahre. Diese Kinder sind praktisch stumm. Sie sprechen nur in der allervertrautesten Umgebung. Weder im Kindergarten noch in der Schule ist ihnen hingegen irgendein Wörtchen abzupressen. Dieser sogenannte „elektive Mutismus" unterscheidet sich unverwechselbar vom sogenannten „Autismus", einer Kontaktstörung, bei der auch die Möglichkeit, zuzuhören oder die Personen der Umwelt in Augenschein zu nehmen, nicht vorhanden ist. Autistische Kinder leben wie hinter einer Glaswand und sind deshalb auch nicht in der Lage, altersentsprechende Lernprozesse zu vollziehen. Sie gehören in die Kategorie der schwerbehinderten Kinder, die vieler Bemühungen unter Zuhilfenahme von Fachkräften bedürftig sind. Die lediglich verstummten Kinder sind in der Intelligenzentfaltung meist nicht mehr behindert als andere normal begabte Kinder mit einer mehr oder weniger üblichen Gehemmtheit ihrer Altersgenossen. Bei diesen Kindern ist es sinnvoll, ihnen eine Erklärung für ihre Sprechblockade abzugeben, wie es im Kapitel A beschrieben wurde, um danach in verstehender, übender Bewußtheit daran zu gehen, die Schreckstarre allmählich aufzulösen.

Ganz selten nur bewirkt ein fürchterlicher Schreck, daß ein älteres Kind verstummt. Verheimlichte Vergewaltigungen zum Beispiel können ein Krankheitsbild dieser Art hervorrufen. Einige Male erlebte ich in meiner Praxis, daß junge Mädchen während der Ausbildungszeit verstummten und schließlich aus der Schule entfernt wurden. Psychotherapeutisch ließ es sich relativ rasch lösen: Väter hatten die Töchter sexuell mißbraucht und ihnen unter Androhung von Mord und Selbstmord verboten, darüber mit irgend jemandem zu sprechen. Exzessive Nöte dieser Art sind also durch Laientherapie in den seltensten Fällen zu beheben. Sie bedürfen des sachkompetenten Helfers außerhalb des persönlichen Umfeldes.

Nicht selten baut sich ein Mutismus auch auf einem leichten, oft gar nicht erkannten frühkindlichen Hirnschaden auf. Die verspätete Entwicklung, vor allem im Sprechen, führt in solchen Fällen zu einer Benachteiligung, die vom Kind als Unfähigkeit zur Selbstbehauptung erlebt wird und bei den Müttern eine zu starke Mobilisierung ihrer Schutzinstinkte zur Folge hat. Dadurch kann sich aber gerade die Benachteiligung intensiv einschleifen, so daß sich psychische Gehemmtheiten aufpfropfen. Ein Übungsprogramm mit dem Ziel, Selbständigkeit, Selbstbehauptung und Erlebnisse der Stärke zu gewinnen, sind angemessenere Reaktionsformen.

L

Lügen und Stehlen

„Nein", sagt die Ehefrau des Diplomaten verzweifelt, „wir werden unser Kind aus dem Hause geben müssen, wenn das so weitergeht. Diese Beschämung für meinen Mann, diese Schande für mich im Kreis der Diplomatenfamilien. Und dabei dann noch diese Raffinesse, diese Verlogenheit bei einem so jungen Mädchen. Halten Sie es für möglich, daß die Eigenschaften einer Großtante meines Mannes in dem Kind wieder hervorbrechen?"

Ich halte das alles für möglich; aber vorerst lasse ich mir die Vorgeschichte der kleinen siebenjährigen Beatrice erzählen, die ihre Umgebung dadurch verschreckt, daß sie die Gäste ihrer Eltern bestiehlt. Und da diese Eltern, durch den Beruf des Vaters bedingt, sehr viele Gäste, ein sogenanntes „offenes Haus“ haben, gibt es für Beatrice in Hülle und Fülle zu tun. Beatrice ist eingewebt in das turbulente Leben ihrer Eltern: In Deutschland zwar geboren, wurde sie von ihren Eltern in eine südamerikanische Großstadt mitgenommen. Auch dort schon hatte die Mutter reichlich mit Repräsentationspflichten zu tun. Beatrice hatte eine liebe indianische Kinderfrau, an der sie mit großer Zärtlichkeit hing. Aber schon vor Vollendung des zweiten Lebensjahres wurde der Diplomat in den Fernen Osten abberufen und machte sich mit seiner kleinen Familie nach dorthin auf. Das Kind hatte tagelang weder gegessen noch geschlafen, wohl aus Heimweh nach seiner geliebten „Mam“. Dann beugte sich für mehrere Monate ein mongolisches Frauengesicht (nach dem indianischen) über das Bettchen von Beatrice. („Wissen Sie, die einheimischen Frauen sind so zuverlässige Arbeitskräfte.“) Im Alter von fünf Jahren Rückkehr nach Deutschland und das Haus in Bonn immer voll mit Mexikanern, Negern, Indern, Japanern, Weißen. „Dies ist so besonders eindrucksvoll“, sagt die Mutter, „selten bestiehlt sie Männer, selten auch deutsche Frauen. Die fremdländischen Frauen vor allem sind ihre Opfer. Denen entwendet sie Geld und Schmuck, ja manchmal sogar Wäsche und Parfums.

Es hat lange gedauert, bis wir herausfanden, was überhaupt los war. Oft wurde ja auch erst wochenlang nach dem Besuch angefragt, ob wir die entsprechenden Gegenstände gefunden hätten. Wir hatten nie. Wir fragten auch Beatrice; aber sie log uns mit der scheinheiligsten Miene aus ihren wasserblauen Augen an. Sie schien uns unschuldig wie ein Lamm. Wie sollten wir auch darauf kommen; wir hatten sie gut erzogen. Z. Z. haben wir eine pensionierte Lehrerin angestellt, um die unzureichenden Sprach- und Schreibkenntnisse mit dem Kind nachzuholen. Aber wir hatten die Dame gebeten, auch Gewicht auf eine moralische Erziehung zu legen. Unsere Beatrice kann „mein und dein“ wohl unterscheiden. Die wiederholten unerklärlichen Verluste unserer Gäste wurden schlagartig zur Einsicht in die Wahrheit, als eine ausländische Diplomatenfrau zum zweiten Mal unser Gast war und ihre Tasche absichtlich in der Halle stehen ließ, als alle Personen, außer Beatrice, das Haus verließen, um zu einer Veranstaltung zu gehen. Sie hatte die deutschen Geldscheine in ihrer Börse gezählt und bat uns, nach unserer Heimkehr unverzüglich Beatrice zu rufen und ihr auf den Kopf zuzusagen, daß sie die fehlenden Scheine gestohlen habe. Und dennoch log das Kind verletzt schluchzend. Erst als Frau N. drohte, sie würde durch den Vergleich der Fingerabdrücke bei der Polizei die Sache an den Tag bringen, gab sie zu, zwei grüne Zwanziger zwischen mehrere andere in ihr eigenes Portemonnaie gesteckt zu haben. Wir haben sie dann hart bestraft und gezwungen, auch die anderen Diebereien zuzugeben. Sie hatte in einer Abseite eine zusammengestohlene kleine Schatzkammer! Wir haben das meiste zurückgeben können und meinten, nach ausführlichen Gesprächen mit Beatrice, die Sache wäre ausgestanden; aber weit gefehlt. Nur noch ein wenig raffinierter fing die ganze Chose nach wenigen Wochen wieder von vorne an. Helfen Sie uns weiter, wir sind mit unserem Latein am Ende!"

Unerklärlich ist diese Geschichte eigentlich nur, wenn man nüchtern Geld nur als Zahlungsmittel versteht. Aber über solche Mittel verfügte das Mädchen sogar in mehr als ausreichender Weise. Für Beatrice hatte aber das viele Stehlen bei den ausländischen Frauen eine ganz andere Bedeutung: nämlich die der seelischen Bereicherung, um einen elenden seelischen Armutszustand zu überwinden. Und ihr Unbewußtes hatte berechtigterweise die Vorstellung, daß dieser Reichtum bei den ausländischen Frauen zu suchen sei; denn eine Indianerin war es gewesen, die ihr in der entscheidenden Phase ihres Lebens das Kinderglück der Geborgenheit geschenkt hatte. Nicht lange genug freilich; sie wurde von ihrer Ersatzmutter zu früh getrennt und fand etwas annähernd Süßes nicht wieder. Die Sehnsucht danach wurde um so brennender, je mehr die Eltern die Kontinente zu wechseln hatten, je weniger umfriedete Einwurzelung gelang. Wie sollte sie im lauten Diplomatenhaushalt in der Hauptstadt der Bundesrepublik gelingen, in dem sie nebenher lief und allenfalls als Repräsentationsobjekt zu fungieren hatte!

Die Problematik der kleinen Beatrice bewirkt übrigens bei vielen Menschen mit ähnlichen seelischen Defiziten aus den ersten Lebensjahren ein Angezogensein von den Umverteilungsideen der Marxisten, d.h. sie projizieren eigene Bedürfnisse in ihre politischen Ansichten hinein. Den Reichen etwas wegzunehmen, damit die Armen satt werden, das ist ein so eingängiger Vorschlag zur Sanierung der Welt – nicht etwa weil dem ein praktikables, erfolgversprechendes Konzept innewohnt, sondern weil es selbst unter den sogenannten Reichen viele seelische Arme gibt, die von der Notwendigkeit der Bereicherung durch Raub auf dem Boden ihres subjektiven Elends geradezu besessen sind. Bedürfnisse dieser Art lassen sich auch durch noch so viel Umverteilung nicht heilen, weil der grundsätzliche Irrtum darin besteht, daß das In-Besitzbringen von Materiellem nur ein Teilaspekt des Bedürfnisses ist, durch Nähe, Treue und Wärme seelisch satt zu werden. Nur teilweise sättigt die „Umverteilung" materiellen Besitzes den bohrenden Stachel, ein Besitzloser zu sein. Deshalb wird der Raub zum Zwang. Zum Sattwerden aber reicht er nicht, selbst wenn man sich die ganze Welt unter den Nagel risse. Ebenso wenig ist den seelischen Nimmersatts dadurch zu helfen, daß man ihnen sagt, die Kaufhauskönige hätten ihnen das Kapital zur Erstellung ihres Unternehmens erst einmal gestohlen, und so seien sie berechtigt, dort zu stehlen, was sich stehlen ließe. Eine solche illusionäre Legitimation bringt zwar viel latente Raubgier in die handgreifliche Verwirklichung, hilft aber aus dem Elend nicht heraus.

Daß es das heute in zunehmendem Maße gibt, daß Menschen aus sogenannten „guten" Elternhäusern kriminell, ja zu Terroristen werden, hat viel damit zu tun, daß die „Berufstätigkeit" der Damen der Upper class, nämlich ihre ständigen Repräsentationspflichten, die sie hindern, bei ihren Kindern anwesend zu sein, nicht mehr durch Kinderfrauen kompensiert werden, die früher meist konstante Ersatzmütter durch die gesamte Kindheit hindurch waren. Der Fall Beatrice ist zwar ein extremer, aber es gibt ihn in abgeschwächter Ausprägung außerordentlich häufig. Die sich im Stehldrang ausdrückende seelische Verarmung ist durch eine zu große Zahl wechselnder Bezugspersonen, der Au-pair-Mädchen, Praktikantinnen, Stundenfrauen, Aushilfen, oft auch noch zusätzlich durch zuviel Umgebungswechsel entstanden, so daß die seelische Entwurzelung des Kindes mißlang. Dabei gehören das Lügen und das Stehlen zusammen. Sie sind zwei meist miteinander verkoppelte Symptome einer Basisstörung: mit den Personen der Umwelt nicht in einem Grundkonsens, nicht in einem inneren Einssein zu stehen. Die noch unzureichend eigenständige kleine Seele empfindet sich als abgetrennt, als nicht einbezogen, denn die beschützende Einheit des Anfangs ist nicht zustande gekommen. Dadurch entsteht der „füchsische" Charakter, nämlich das Bedürfnis des Kindes, sich das ihm Zustehende durch List zu erzwingen. Es entsteht die maskierte Verschlagenheit, die den anderen zwar entgegenkommt, sich aber nie wirklich brüderlich, vertrauensvoll mit ihnen eint. Die fehlende Einfühlung der Betreuenden in das kleine Kind bewirkt einen Ausfall der Einfühlung in den Schmerz des anderen, wenn man ihn seiner Habe beraubt. Vertrauen – so viel, daß es dem anderen schenkbar wäre, ist in solchen Kindern nicht hinreichend vorhanden. Deshalb lügen sie, deshalb gleichen sie im Grunde Raubritterburgen mit tiefen Schutzgräben und hochgezogenen Brücken. Das Lügen von Kindern dient in der großen Mehrzahl aller Fälle ihrem Selbstschutz. Oft geschieht es ganz direkt im Zuge der Bemühung, Bestrafungen oder anderen Unannehmlichkeiten zu entgehen. Bei hartnäckigem Leugnen und Abstreiten irgendwelcher Missetaten ist das zum Beispiel der Fall.

Oft wird das Lügen aber auch eingesetzt, um Aufmerksamkeit zu erregen, um Eindruck zu machen und dadurch Zuwendung zu provozieren. Besonders bei Lügen, die Übertreibungen darstellen, muß den Erziehern deutlich werden, daß das Kind dazu ansetzt, seine Ichschwäche durch geltungsstrebiges Gebaren zu kompensieren.

Allenfalls in der frühen Kindheit, zwischen dem dritten und sechsten Lebensjahr, kann das Übertreiben und das Wegnehmen noch den Stellenwert unzureichender Unterscheidung haben. In diesem Alter lernt das Kind erst allmählich unter dem Einfluß seiner Erzieher, Wunschtraum und Wirklichkeit, mein und dein zu trennen. Bei normal intelligenten Kindern ist dieser Lernprozeß aber spätestens mit sieben Jahren abgeschlossen. Ältere Grundschulkinder, die immer wieder Lügenmärchen als Erlebnisberichte auftischen, die ihre Umwelt bestehlen und das hartnäckig abstreiten, gehören in die am Fall Beatrice demonstrierte Kategorie seelisch verarmter Kinder, deren Antriebe immerhin so agil sind, daß ihr Unbewußtes den Versuch macht, Benachteiligung heimlich aktiv zu korrigieren.

Für die Eltern sollte ein solches Verhalten ihrer Kinder im Schulalter Alarmstufe Eins bedeuten, denn ein Verhalten dieser Art kennzeichnet schließlich, daß das Kind in seiner unbewußten Not einen außerordentlich unheilvollen Weg eingeschlagen hat. Nach dem oben Gesagten wird es wohl auch allen Erziehenden deutlich erkennbar sein, daß schrilles Schimpfen, harte, gewaltsame Strafen nicht in der Tiefe heilsam sein können. Zwar kann auf diese Weise der Stehldrang zunächst unterdrückt werden, aber dann meist nur bis an den Beginn der Pubertät oder allenfalls, um die Not in eine andere Zielrichtung, etwa eine Suchtgefährdung, abzudrängen. Ja, hartes Diffamieren des kleinen Diebes, des kleinen Lügners kann u. U. bewirken, daß die Bestrafung als Zuwendung erlebt wird und sogar dadurch den Zwang verstärkt. Freilich: Es ist geradezu unabdingbar wichtig, daß die kleinen Untaten aufgedeckt werden. Ignorieren und Bagatellisieren wird von den Kindern als lieblose Gleichgültigkeit mißverstanden und macht neue Bemühungen um Aufhebung des elenden Zustandes notwendig. Es muß mit dem Kind bei jeder Mopserei der Versuch gemacht werden, die Angelegenheit so in Ordnung zu bringen, daß sie ad acta gelegt werden kann. Weggenommene Gegenstände müssen zurückgetragen bzw. mit einer Entschuldigung zurückgeschickt werden, Geldbeträge müssen ersetzt werden, am besten aus dem Sparschwein des Kindes, in Ausnahmefällen auch, indem die Eltern sich bei der Wiedergutmachung durch Zulegen beteiligen. Aber derlei Bemühungen werden nur zu einer konstruktiven Änderung führen, wenn die Eltern sich an der Not des Kindes als mitbeteiligt, als mitverantwortlich, ja mitschuldig fühlen. Das Kind muß erfahren: „Du, das ist eine böse Geschichte, die dir da passiert ist; da müssen wir unbedingt wieder heraus. Man tut sich selbst etwas sehr Schlimmes an, wenn man sich darin einübt, andere Menschen zu bestehlen und zu belügen. Man bekommt soviel Ärger, wenn man 14 ist, sogar mit dem Amtsgericht. Freilich: Ich bin mir sicher, daß du nicht böse sein willst. Du schleppst da vielmehr noch etwas von früher mit dir herum. Wir haben es ja auch schwer gehabt: Wir haben zu wenig zusammen sein können. Wir wollen das jetzt anders machen."

Und dann werden Vorschläge gemacht (im Sinne der ersten Kapitel), wie man durch liebevolle Gemeinsamkeit den Teufel auszutreiben gedenkt.

Wenn Kinder im Grundschulalter bei wiederholtem Stehlen entdeckt werden, sind Eltern wohlberaten, wenn sie selbst ihren Lebensstil langfristig ändern. Mütter, die jetzt ihre Arbeitsstelle aufgeben und „Nur-Hausfrauen" werden, Väter, die sich darum bemühen, sich vom Außendienst weg in eine Tätigkeit versetzen zu lassen, die es ihnen möglich macht, mittags und abends zu Hause anwesend zu sein, Großeltern, die evtl. einspringen, wenn das alles nicht möglich ist, indem sie das gefährdete Kind vielleicht für zwei Jahre ganz in ihre Obhut nehmen, haben alle Chancen, eine Fehlentwicklung aufzuhalten, die sich jenseits der Pubertät selten noch von den Angehörigen korrigieren läßt. Jede Menge an Aufwand lohnt sich, wenn das Kind einen Stehlzwang entwickelt hat*.

Wie richtig kann uns die Weisheit des Märchens vom „Meisterdieb" verdeutlichen, daß nur der junge Baum durch Aufbinden zum geraden Wachstum gebracht werden kann, daß es zu spät ist, diesen Versuch noch mit einem ausgewachsenen zu machen!

Beatrices Eltern haben den gravierenden Stellenwert in der Verhaltensstörung ihres Kindes erkannt und ein großes Opfer gebracht: Beatrice und ihre Mutter haben sich für zwei Jahre eine kleine Wohnung in ländlicher Umgebung vor den Toren der Bundeshauptstadt genommen. Die Mutter wurde von den Repräsentationspflichten völlig befreit nach dem Motto: Wenn eine schwere *körperliche* Krankheit einen langfristigen Sanatoriumsaufenthalt nötig machen würde, hätte die Mutter das Kind auch begleitet und für ein offenes Haus nicht präsent sein können. Gemeinsames Schwimmen und Reiten gehörten zum täglichen Leben von Mutter und Kind. Die Mahlzeiten fanden in wohltuend strenger Regelmäßigkeit zu zweit oder zu dritt mit dem Vater statt. Nach zwei Jahren war Beatrice so stabilisiert, daß man ihr das Bonner Leben wieder zumuten konnte. Heute ist sie eine seelisch gesunde 14jährige, die ihre Aufgaben mit Elan anpackt.

---

* Remschmidt, H.: Neuere Ergebnisse der Kinderdelinquenzforschung, 2, (29–39), 1978.

M

Motorische Unruhe

Seelisch gesunde Kleinkinder haben einen schier unerschöpflichen Bewegungsdrang. Das ist außerordentlich sinnvoll: Hat sich der kleine Mensch erst einmal auf seine Beine gestellt, so muß er seine Muskulatur entwickeln, muß Körperbeherrschung lernen, muß sich die Umwelt vertraut machen, um dem Leben gewachsen zu werden. Dabei hat das „Normale" eine große Spannbreite: Buben sind laut neuer relevanter Forschung durchgängig motorisch lebhafter als Mädchen*; aber über lange Zeit besinnlich spielende Kleinkinder sind ebenso gesund wie andere, die nicht stillsitzen können. Von einer bedenklichen Übererregbarkeit sprechen wir erst, wenn das Kind jenseits der Siebenjährigkeit selbst während des Schulunterrichts unfähig ist, sich still zu verhalten, auf seinem Platz sitzen zu bleiben, wenn es, gleich in welcher Situation, einen fahrigen Bewegungsdrang an den Tag legt, der es hindert, bei irgendwelchen Tätigkeiten auszuharren, sei es beim Essen, Spielen oder Schularbeiten-machen.

Es ist für Eltern wichtig, zu wissen, daß die übersteigerte motorische Unruhe hirnorganisch bedingt sein kann. Deshalb ist es nötig, mit Hilfe eines spezialisierten Kinderneurologen in solchen Fällen eine Differentialdiagnose anzustreben**. Kinderärzte haben ein spezielles Medikament gegen die organisch bedingte Hyperkinese entwickelt *** . Es ist also falsch, ohne eine vorhergehende gründliche körperliche Untersuchung bei einem ärztlichen Spezialisten eine lediglich psychisch bedingte Ursache der motorischen Übererregbarkeit von vornherein anzunehmen. Freilich gibt es sie, und zwar keineswegs selten. Das am Anfang dieser Schrift Gesagte gilt auch hier: Angst läßt sich durch Bewegung erträglich machen. Hektisches Agieren kann zum eingebahnten Ab-

---

* Siehe Merz, F.: Geschlechterunterschiede und ihre Entwicklung, Göttingen 1979.

** Siehe die sozialpädiatrischen Zentren von Prof. Pechstein, Mainz, Prof. Hellbrügge, München.

*** Eichsleder, W.: Praktische Hinweise konzentrationsgestörter hyperaktiver Kinder mit Stimulantien. Der Kinderarzt 12, S. 1848–1851 (1981).

wehrmechanismus gegen große innere Beunruhigung werden. Wenn Kinder eine starke motorische Unruhe zeigen, muß man also herauszufinden versuchen, was sie wohl beunruhigt. Eine zerbrechende Elternehe zum Beispiel kann ein Kind so sehr beunruhigen, daß es zum Zappelphilipp wird. Es gibt auch typische unbewußte Konflikte, die, wenn sie nicht phasenspezifisch bewältigt werden, Unruhe auslösen können, zum Beispiel wenn der kleine Sohn in eine erotisch getönte Fixierung an die Mutter gerät und die Identifikation mit dem Vater ausbleibt. Übersteigerte, zu lang erhaltene überenge Mutterbindung löst bei Söhnen Gewissensangst aus, die dann meist auf den Vater projiziert wird und objektiv unbegründete Angst vor kastrierenden Gewalttätigkeiten durch ihn hervorruft. Eine solche ungelöste und verlängerte „Ödipussituation" kann Buben im Grundschulalter geradezu panisch machen, ohne daß die Umwelt und das Kind selbst in der Lage sind, die Ursache der Beunruhigung zu erkennen.

Es kann auch existentielle Ängstigung entstehen, wenn zum Beispiel ein jüngeres Geschwister fortgesetzt dem älteren den Rang abzulaufen beginnt und diesen ins Out abdrängt. Scheidungswaisen sind nicht selten unfähig, sich auf irgendetwas zu konzentrieren, weil sie im Kreidekreis zwischen den Eltern stehen und von diesen hin- und hergezerrt werden. Die immer erneute Forderung an das Kind, sich für Mutter oder Vater zu entscheiden, den einen zu lieben und den anderen mitzuhassen, kann das Kind in einer gänzlich unzumutbaren Weise überfordern und quälen, so daß die Flucht in die Hypermotorik ein quasi lebensrettender Ausweg ist.

Nicht selten liegen aber überhaupt keine akuten Beweggründe vor, sondern das Kind wurde lediglich in seinen Grundbedürfnissen zu wenig abgesättigt. Konrad Lorenz hat bereits an höheren Tieren nachgewiesen, daß ihr Neugierverhalten und ihre Konzentrationsmöglichkeit für neue Lernschritte eingeschränkt bleiben, solange nicht die vitalen Triebe befriedigt wurden. Das könnten, wie es bereits beschrieben wurde, Defizite im Nahrungs- und Bindungsbereich sein.

Beim Auftreten von motorischer Unruhe kann auch der Bewegungsdrang der frühen Kindheit unangemessen lange drastisch eingeengt gewesen sein, so daß er sich später mit Macht Bahn bricht. Bei Kindern, die in engen Wohnungen, bei geräuschempfindlichen Erwachsenen auf Stillsein dressiert worden sind, kann das so sein, oder auch bei denen, die eine lange Leidenszeit der Unbeweglichkeit durch Gipsverbände und ähnliches in ihrer Kleinkinderzeit durchmachen mußten.

Es läßt sich also erkennen: Selbst wenn eine rein organische Ursache der motorischen Unruhe ausgeschlossen worden ist, gibt es über ihre psychische Verursachung noch viel zu rätseln. Beruht sie nur auf einer bisher zu geringen körperlichen Betätigung, so ist die Schwierigkeit durch mehr Sport, durch das Ermöglichen von nachholenden motorischen Betätigungen in kontinuierlichem Einsatz der Erziehenden in einigen Monaten meist zu lösen. Das Diffuse der Motorik durch systematischen Sport, durch sportliches Spiel mit der Notwendigkeit, Spielregeln einzuhalten, zu beseitigen, ist dabei ein gezieltes Mittel, um voranzukommen.

Wenig förderlich ist es, wenn Eltern ihre verschiedenen Kinder im Hinblick auf die Motorik alle über den gleichen Kamm zu scheren suchen, etwa die lebhafteren mit Forderungen zum Stillsitzen zu traktieren und zu tadeln, die ruhigeren zu loben. Es gibt auch große angeborene Unterschiede im Hinblick auf die motorische Bedürftigkeit. Mädchen erweisen sich in den Grundschuljahren als schulfähiger, weil sie mehr „Sitzfleisch" haben. Aber dieser Unterschied wird nicht dadurch ausgeglichen, daß man den Brüdern ihre Schwestern als Vorbild hinstellt. Es muß vielmehr dafür gesorgt werden, daß das Bedürfnis nach Bewegung konstruktiv umgelenkt wird. Wenn Buben nach der Schule keine Gelegenheit hatten – etwa weil sie eine längere Zeit im Schulbus zubringen mußten – sich auszutoben, sollte man ihnen das zubilligen, am besten in einer Zeitspanne noch vor dem Essen, so daß sie danach so entspannt sind, daß sie mit den Schularbeiten beginnen können. Radfahren, Rollschuhlaufen, Torschießen, Federball- und Fangenspielen tun hier gute Dienste, um die Konzentrationsmöglichkeit auf die Schularbeiten vorzubahnen.

Daß viele Schulklassen heute so unruhig sind, daß das Unterrichten zur Schwerarbeit wird, liegt an der unzureichenden Absättigung der vitalen Grundantriebe in den ersten Lebensjahren. Zu frühes Abschieben der Kinder in Kollektiverziehung, zum Beispiel in Tagesstätten oder Wochenkrippen, fehlendes Grenzensetzen in einer vernachlässigenden Erziehung oder auch ein hemmungsloser, die Schlafzeit zu stark einschränkender Fernsehkonsum können ebenfalls verursachende Faktoren motorischer Unruhe sein. Da Unruhe in der Gruppe darüber hinaus ansteckend wirkt, brauchen nur einige motorisch Übererregbare Unruhe zu verbreiten, um bei einer großen Schar ungebändigte Bewegungslust zu aktivieren, so daß sich die Kinderschar in einen nicht regierbaren Haufen verwandelt.

Gegen dieses immer häufiger eintretende Desaster hilft allenfalls die Einrichtung von sehr viel mehr Sportstunden und die Reduzierung der Klassen auf überschaubare Stärken, die es den Lehrern möglich macht, den einzelnen Kindern zu helfen, durch personalen Kontakt das beunruhigende emotionale Defizit zu verkleinern.

N

Nägelbeißen und Daumenlutschen

Unsere Zähne dienen gewiß in erster Linie dem Zerkleinern der Nahrung. Es ist dem Menschen aber urtümlich selbstverständlich, sie auch als Verteidigungsinstrument zu gebrauchen. Kleine Kinder müssen lernen, daß Beißen unerwünscht ist. Spontan benutzen sie die Zähne, um zuzubeißen, wenn ihnen ein Gleichaltriger zu nahe tritt, wenn sie auf ein Geschwister wütend sind, wenn sie ihre Mütter bestrafen wollen. Ohne energisches Verbieten der Erziehenden würden vermutlich viel mehr Kinder ihre Zähne als Aggressions- und Verteidigungsinstrument gebrauchen. Sich durch Beißen zur Wehr zu setzen, ist eine elementare Möglichkeit des Menschen. Übersteigt das Maß der Willenseinschränkung das dem Kind Zuträgliche, ohne daß es die übersteigerte Fremdbestimmung abwehren kann, so beginnt es sich selbst zu beißen. Die Finger dazu in den Mund zu stecken und die Nägel abzubeißen, ist das Naheliegendste. Deshalb kommt es auch unter allen Selbstbeißereien am häufigsten vor. Freilich lassen sich auch die Lippen und die Wangenhäute zerbeißen, ja es lassen sich die Kiefer aufeinanderpressen, so daß es (vor allem während des Schlafes) zum Zähneknirschen kommt. Manche Kinder beißen und reißen auch an den Nagelhäuten, einige benutzen auch ein Beißtuch oder den Bettzipfel als Beißobjekt. Alle diese Erscheinungen haben einen

Sinn: ohnmächtige Wut abzuführen, nicht entfaltbarem und blockiertem Willen ein Ventil zu schaffen.

Diese Hintergründe zu erkennen, ist für Eltern wichtig. Sie kommen dann nicht mehr auf die Idee, das Nägelkauen durch Ermahnen und Strafen abschaffen zu wollen. Viel besser ist es, die Beißerei gar nicht zu beachten. Wer versteht, daß das Unbewußte des Kindes sich ein Ventil suchen mußte und es auch gefunden hat, wird es ihm auch gar nicht ausreden oder abdressieren wollen. Von großem Wert ist hingegen, daß die Eltern herauszufinden suchen, wodurch ihr Kind sich wohl zu weitgehend eingeengt, zu sehr überfordert fühlt. Es ist auch sinnlos, dem zum Beispiel entgegenzusetzen: „Aber wie sollte sich unser Christian durch diese wenigen Schularbeiten überfordert fühlen? Wir mußten für die Schule dreimal so viel leisten." Es sollte vielmehr erkannt werden, daß es kein allgemeingültiges, festsetzbares Maß für Überforderung gibt; jeder Mensch hat sein eigenes. Daß viele Kinder heute sehr viel rascher Überforderungssymptome wie das Nägelbeißen zeigen, ist ein Zeichen dafür, daß sie weniger tragfähig sind, daß ihnen so viel Leistung wie den Kindern der Elterngeneration nicht mehr zumutbar ist. Auch diese Gegebenheit hat viel damit zu tun, daß die Nahrungsbedürfnisse im Säuglingsalter nicht mehr naturgemäß abgesättigt werden*, so daß eine generelle Minderung der seelischen Stabilität im Untergrund entstanden ist. Eingrenzung des Eigenwillens kann erst dann konstruktiv sein, wenn bereits kraftvolle seelische Substanz zur Entfaltung gelangt ist; sonst kommt es zur Einbuße der Entfaltungsmöglichkeit. Das Nägelbeißen ist dafür ein beachtenswertes Zeichen.

Es ist deshalb nicht möglich, allgemeine Ratschläge zu seiner Beseitigung zu geben. Eltern müssen sich zum Beispiel fragen: Wird das Kind im häuslichen Bereich zu sehr eingespannt? Kann es zu wenig selbständig seine eigenen Impulse leben? Muß es im Übermaß tun, was andere wollen? Ist es zu früh zur Schule gekommen? Kann man ihm so viel Stillsitzen noch nicht zumuten? Sitzt es zu lange über seinen Hausaufgaben? Wird es zu stark von irgendwem dirigiert? Dem Kind mehr Möglichkeiten zu vermitteln, auch bei sich selbst sein zu dürfen und nicht nur ein Manipula-

---

* Ausführliche Darstellung der im Säuglingsalter entstehenden Einbuße an Belastungsmöglichkeit in Christa Meves: Erziehen lernen, Bayerischer Schulbuchverlag, 6. Aufl. 1980, Die Schulnöte unserer Kinder, Gütersloher Verlagshaus, 7. Aufl. 1981, Verhaltensstörungen bei Kindern, Piper Verlag, 6. Aufl. 1976.

tionsobjekt seiner Umwelt zu sein, muß jedenfalls angestrebt werden, wenn das Symptom des Nägelbeißens aufgetreten ist. Nötig ist auch, solche Veränderungen so rasch wie möglich anzuberaumen, denn wenn das Nägelbeißen erst einmal über Monate und Jahre besteht, ist es selbst dann nur schwer zu beseitigen, wenn die Notwendigkeit dazu nicht mehr vorhanden ist. Die Gewöhnung bewirkt schließlich einen eigenständigen Automatismus, der auch erhalten bleibt, wenn dem Menschen genügend Spielraum zur Verfügung steht.

Vom Jugendalter ab beginnen die Kinder dann nicht selten an dem Zwang zum Knabbern zu leiden, weil sie sich erstens durch den häßlichen Anblick und zweitens durch ihre Willensschwäche gemindert fühlen. In solchen Fällen ist es erfolgversprechend, den Kindern bewährte Praktiken zum Abgewöhnen nahezulegen und zu erproben*. So läßt sich dem Willigen ins Bewußtsein rufen, daß der Impuls zum erneuten Beißen vor allem dadurch hervorgerufen wird, daß durch den Biß immer wieder eine Unebenheit am Nagelrand entsteht, die als unangenehm erlebt wird, so daß man sie so rasch wie möglich beseitigen möchte. Deshalb ist es sinnvoll, in der Hosentasche ständig eine sehr gute Nagelfeile bei sich zu tragen. Immer wenn der Impuls zum Abbeißen der Unebenheit auftaucht, sollte sie sorgsam mit der Feile entfernt werden. Es lohnt sich auch, sich vorzunehmen, zuerst einen, dann zwei und allmählich weitere Nägel vom Beißen auszuschließen und sich am Entstehen weißer Nagelränder zu freuen. Die mitbemühten Bezugspersonen sollten mit Kleinigkeiten belohnen, wenn einige Fingernägel über Tage unbebissen sind. Bei Mädchen in der Pubertät kann man eine verschönernde Nagelpflege anschließen. Rückfälle sollten übergangen, Fortschritte freudig registriert werden. In der zentralen Phase des Abgewöhnens kann es auch sinnreich sein, harte Äpfel, rohe Mohrrüben oder Kohlrabischeiben anzubieten, um den Beißzwang umzuleiten.

Aber einem solchen Kurieren an Symptomen sollte grundsätzlich viel Verändern im Lebensstil des Kindes in der oben beschriebenen Weise vorausgehen.

Um eine andere Manipulation an den Fingern machen sich Eltern oft Sorgen: um das Daumenlutschen. In gewisser Weise ist sie

* Siehe auch Christmann, F. und Sommer, G.: Verhaltenstherapeutische Behandlung des Fingernägelbeißens, Z. Kinderpsych. 4, (139–145), 1976.

auch berechtigt. Als erstes: Wenn der Finger zu oft und zu lange durch eine Kindheit lang in den Mund gesteckt wird, entwickelt sich ein Überbiß, der die Zahnärzte bekümmert, denn es ist dann im Grundschulalter nötig, die langjährige Mühsal einer Gebißkorrektur auf sich zu nehmen. Das aber ist ein Regulationsversuch, zu dem so viel Geduld gehört, wie sie gerade die kleinen Daumenlutscher und ihre Eltern häufig nicht aufbringen – jedenfalls beklagen das die Zahnärzte.

Als zweites: Das zwanghafte Daumenlutschen bis ins Grundschulalter hinein – auch am Tage und statt zu spielen durchgeführt – ist ein Zeichen für ein extrem starkes, unabgesättigtes Saugbedürfnis. Ungesättigtsein dieser Art hat aber eine Neigung zu depressiven Gestimmtheiten zur Folge, wie sie in den Kapiteln D, E, F, U und V beschrieben werden. Es ist also nötig, das Daumenlutschen als das Zeichen einer seelischen Gefährdung zu betrachten.

Die beste vorbeugende Maßnahme, um ein Daumenlutschen gar nicht erst zum Zwang werden zu lassen, ist das Stillen nach Bedarf durch die gesamte Säuglingszeit hindurch. Wohlgemerkt: Nicht nur Brustnahrung statt Flaschennahrung bewahrt davor, sondern ein Anlegen des Kindes an die Brust *jederzeit*, wenn es danach verlangt, auch nachts; denn nur so ist es möglich, das Saugbedürfnis des Kindes wirklich abzusättigen, ohne daß eine suchtgefährdende Sehnsucht zurückbleibt. Sigmund Freud hat uns die Bedeutung des Mundes als „erogene Zone" der Säuglingszeit und ihre Bedeutung für die spätere Charakterentwicklung zwar deutlich gemacht, aber die pflegerischen Konsequenzen, die man daraus ziehen mußte, hat man trotz allen seinen Ansatz bestätigenden Erfahrungswissens nicht ziehen wollen; denn die Konsequenz müßte heißen, daß man es den Müttern ermöglichte, sich ihren Kindern in der Säuglingszeit unaufhörlich hinzuhalten. Die internationale Stilliga allein, „La leche ligue", hat hier die notwendigen Konsequenzen gezogen und vermittelt den Müttern praktikable Ratschläge zur Säuglingspflege, deren positive Bedeutung für die spätere Persönlichkeitsentwicklung gar nicht hoch genug eingeschätzt werden kann. Freilich: Durchführbar wäre das für den Säugling Notwendige als kollektives Programm nur, wenn nicht nur die Säuglingsmütter von aller Berufstätigkeit freigestellt würden, sondern wenn ihnen eine Hilfskraft zur Verfügung gestellt würde. Ohne eine absolute Freistellung der Mutter ist das

Programm nicht durchführbar, weil der nach Bedarf gestillte Säugling viel weniger schläft und die Mutter praktisch ständig beansprucht. Diese Handhabung ist aber eine Gewähr, nicht nur um Daumenlutschen, sondern um spätere Naschsucht, Trinksucht, Zigarettensucht, Trunksucht und die in den Kapiteln D und W beschriebenen Gefahren lebenslänglicher lebensvergällender und – erschwerender Depressionen im Ansatz entscheidend zu verringern. Besorgte Mütter sollten freilich unterscheiden: Daß Gefahr im Verzug ist,läßt sich erst dann fürchten, wenn ein Kind noch im Schulalter, auch am Tage und statt zu spielen am Daumen lutscht; denn erst das macht sichtbar, daß das Kind an einer extrem starken „oralen" Bedürfnisspannung leidet. Es gehört hingegen zum „normalen" Verhalten eines Kindes, daß es, wenn es Trost sucht, einmal seinen Daumen oder einige der anderen Finger seiner Hand in den Mund steckt.

Wenn ein Kleinkind fortgesetzt am Tage am Daumen lutscht, so verdient das zwar Beachtung der Erziehenden, aber eine Beachtung, die man dem Kind auf gar keinen Fall mitteilen sollte.

Bei allen Manipulationen dieser Art – das Nägelbeißen eingeschlossen – bewirkt der Befehl, dergleichen zu unterlassen, das Gegenteil: Der Befehl erzeugt Unlust, die die Notwendigkeit, sich von ihr durch die eingewöhnte Ersatzbefriedigung zu entlasten, verstärkt.

Ablenken und Zuwenden mit Praktiken, wie sie in den Kapiteln D, H und L beschrieben werden, haben bei entsprechender Geduld sehr viel mehr echte Erfolgsaussicht. Brutales Unterbinden durch Anlegen von Manschetten, durch Bestreichen der Finger mit Senf, durch Schläge und Mißhandlungen bewirken zwar, daß die Neigung abrupt verschwindet, aber nie, ohne Schlimmerem Platz zu machen. Nur im besten Fall kommt es zu einer Symptomverschiebung, d.h. zum Auftreten einer anderen Schwäche. Im übleren Fall findet eine Verdrängung statt, die später – oft erst im Jugend- oder Erwachsenenalter – als böse Unbeherrschbarkeit verschiedenster Art zum vulkanartigen, dann nicht mehr aufhaltbaren Durchbruch gelangt.

Vor gewaltsamer Unterdrückung der in diesem ABC genannten Symptome kann gar nicht nachhaltig genug gewarnt werden.

Ein angängiges Mittel zum allmählichen Abbau eines noch übermächtigen Saugbedürfnisses ist es, die Kinder ihr Trinkbedürfnis so oft wie möglich mittels eines Strohhalms absättigen zu lassen. Zweifelhafter ist hingegen der Schnuller, jedenfalls wenn er als Therapeutikum jenseits der Säuglingszeit verwendet wird. Die neuerliche Mode, die Schnuller und Saugflaschen mit süßer Flüssigkeit zu füllen, kann das suchtartige Bedürfnis nach Süßigkeiten verstärken, schon ganz und gar, wenn ein Mangel an seelischer „Süße" besteht. Auf diese Weise kann eine Fettsucht bzw. eine krankhafte Naschsucht mit all ihren quälerischen Problemen vorgebahnt werden, von der Zerstörung des Gebisses, über das die Kinderärzte entsetzt klagen, abgesehen*.

Es gilt für Eltern heute, sehr grundsätzlich zu erkennen, daß keinem Defizit eines echten Bedürfnisses durch ein Variieren mit immer neuen Erfindungen von Ersatzpräparaten begegnet werden kann, sondern lediglich durch einen echten seelischen Einsatz, wie er in den Kapiteln D und L beschrieben wird.

Gelingt es nicht, den Zwang zum Daumenlutschen abzugewöhnen, so muß den Eltern bewußt werden, daß die erste gerauchte Zigarette, der erste kleine Alkoholschwips für ihre Kinder so etwas wie einen Sog, eine oft dann kaum mehr bezwingbare Riesenversuchung darstellt. Eltern zwanghaft daumenlutschender Kinder sollten sie darauf aufmerksam machen. Genauso wie man alles tut, um einen Allergiker nicht durch eine Impfung zu gefährden, wie man alles tut, um einen Bluter davor zu bewahren, sich zu verletzen, sollten daumenlutschende Kinder davor bewahrt werden, Zigaretten oder Alkohol zu probieren. Es müssen den Kindern vielmehr reichliche Angebote zur Absättigung der oralen Gier gemacht werden. Vor allem aber sollte vom zehnten Lebensjahr ab immer wieder mit den Kindern Aufklärung darüber betrieben werden, was für ein lebenszerrüttendes und lebensverkürzendes Elend Alkohol- und Rauschgiftabhängigkeit bedeutet. Abschrekkende Schilderungen von der allerrealistischsten Art sind in diesem Alter angebracht, um den Kindern einsichtig zu machen, daß es kein Heldentum und kein Erwachsensein bedeutet, sich mit Genußmitteln zu ruinieren. Bereits die Kinder müssen begreifen, daß die Suchtgefahr so etwas Ähnliches darstellt wie eine Lawine, vor der es keine Rettung gibt, wenn man erst einmal in ihre Bahn geraten ist.

---

* Sprockhoff, O.: Eine neue Kinderkrankheit: Die Nuckelflasche. Deutsches Ärzteblatt 1 (1982), S. 40.

O

Opposition

(Geschwistereifersucht, Aggressionen, Sprechverweigerung)

Die Schule will den elfjährigen Martin nicht behalten. „Er ist untragbar für uns", sagt der Schulleiter, als ich ihn anrufe. „Wir sind ja einigen Kummer gewohnt", fährt er bitter lachend fort, „aber dieser Knabe ist derart renitent, derart aufsässig, daß er uns das Arbeitsklima gänzlich verdirbt. Und er treibt's mit allen. Es ist nicht etwa so, daß man ihm durch Versetzen in eine andere Klasse helfen könnte. Er tut grundsätzlich das Gegenteil von dem, was angeordnet wird, er ist unangenehm frech, er arbeitet überhaupt nicht mit, er stört den Unterricht, wo er kann, und zwar mit nicht erlahmender Hartnäckigkeit. Ich halte es für möglich, daß er intelligent ist, aber richtig beurteilen läßt sich das nicht, er steht in allen Fächern auf Sechs und hat bestimmt kaum aufholbare Lücken. Mit den Eltern haben wir oft genug gesprochen; sie sind gänzlich machtlos. Es hilft uns nicht, daß sie versprechen, den Sohn an die Kandare zu nehmen. Sie schaffen das einfach nicht. Wir haben keine andere Wahl, als ihn der Sonderschule zu übergeben." Ich bitte um Fristverlängerung bis zum Schuljahrschluß. „Das sind noch fast fünf Monate", gebe ich dem resignierten Rektor zu bedenken, „lassen Sie es uns bitte wenigstens versuchen!"

Diese Hoffnung habe ich erst nach der testpsychologischen Untersuchung von Martin und einem ausführlichen Gespräch mit seinen Eltern entwickelt, denn daraus ergab sich, daß er weder ein Sonderschulkind ist, noch, daß es seinen Eltern an Bereitschaft zur Änderung mangelt.

Martin ist der mittlere von fünf Kindern im Orgelpfeifenabstand. Er hat zwei ältere Brüder und zwei jüngere Schwestern. Als er geboren wurde, begann sein „Vorgänger" gerade zu laufen; er war noch im Krabbelalter, als die älteste Tochter geboren wurde. „Martin war immer das fünfte Rad am Wagen", gesteht die Mutter ein, „bei den beiden Ältesten hat meine Mutter noch mit im Hause gelebt und tüchtig mit zugepackt. Hart wurde es nach ihrem Tod in der Zeit, als Martin klein war. Da war ich einfach überlastet. Später, als der Schornstein besser rauchte und unsere

Jüngste geboren wurde, hatten wir eine Praktikantin, die sich besonders liebevoll um die beiden kleinen Mädchen kümmerte. Eigentlich schon ziemlich früh, so mit vier Jahren, begann Martin bereits zu Hause enorm dickköpfig zu werden. „Nein“ war sein häufigstes Wort. Ich kann gar nicht zählen, wie oft dieser Junge überhaupt pro Tag „nein“ sagt. „Das Erziehen wird dann so schwierig“, seufzt die Mutter, „sie ist so aufreizend, diese ewige Opposition!“

Was hat Martin für endlos viele Ohrfeigen dafür bekommen! Aber er dachte gar nicht daran, sich zu ändern. Je größer die Kinder wurden, umso mehr wurde er auch in der Familie das „schwarze Schaf“. Die kleinen Mädchen lachten ihn aus, und die älteren Brüder schubsten ihn weg. Das hat ihn sicher noch mehr verhärtet. Die Schule wurde von Anfang an zur Katastrophe. Diese vielen Beschwerden der Lehrer, die Klagen und die schulterzuckende Verachtung der Miteltern. Bald sagten uns verschiedene Leute, daß Martin doch wohl nicht ganz richtig im Kopf sei. Wir sind daraufhin zum Arzt gegangen und haben seinen Kopf gründlich untersuchen lassen. Nichts – der Junge sei absolut in Ordnung, wurde uns gesagt. Es war ein riesiger Aufwand, aber geändert hat sich gar nichts“, schließt die Mutter ihren Bericht.

Ich unterstreiche zunächst, wie nötig dennoch die neurologische Untersuchung gewesen sei; denn nicht selten ist eine solche oppositionelle Schwererziehbarkeit in der Tat organisch bedingt und bedarf einer entsprechenden Reaktion der Umwelt des Kranken. Aber viele der kleinen Neinsager sind lediglich auf dem Boden seelischer Nöte in ihrem Verhalten wie rotierende Brandbomben: Sie versprühen fortgesetzt feurige Aggressionen und entzünden so allerorten Gegenaggressionen in ihrer Umwelt.

Dabei ist die Fehlentwicklung durchaus einsehbar, wenn man erst einmal begriffen hat, daß die Pflanze Mensch an ihrem Lebensanfang zart und verletzbar ist und der intensiven Betreuung bedarf. In natürlichen Gesellschaften werden Geschwister im allgemeinen nicht in einem jährlichen Abstand zur Welt gebracht. Die Wahrscheinlichkeit einer neuen Empfängnis ist beträchtlich herabgesetzt, wenn eine Mutter ihr Kind in den ersten sechs Monaten absolut voll stillt. Die voll, nach Bedarf stillende Mutter ist weniger empfängnisfähig. Die Natur schafft dem einzelnen Kind gewissermaßen die Voraussetzung, nicht in einem zu engen Abstand von Geschwistern umstellt zu werden.

Bei Martin war das aber der Fall. Seine Opposition, seine fortgesetzte Abwehr ist ein unbewußter Schrei seiner Seele, etwa im Sinne der Worte von Ingeborg Bachmann: „Abstand, um Himmels willen Abstand!" Aggressive Daueropposition als Haltung läßt sich in der Praxis deshalb häufig bei den mittleren Kindern einer Geschwisterschar beobachten. Sie können nämlich die Tatsache, daß da noch Mitesser, Mitbeanspruchер und Platzverdränger in Gestalt der Geschwister vorhanden sind, oft am wenigsten ertragen, das heißt: Ihre Schwierigkeit hat nicht primär ihre Ursache darin, daß sie auf ihre Geschwister eifersüchtig sind, sondern sie konnten am Anfang nicht genug seelische Kraft erwerben, um ihre Geschwister aushalten zu können.

Diese Problematik ist übrigens häufig auch bei Adoptivkindern gegeben. Viele wohlmeinenden Eltern von angenommenen Kindern, die auf dem Boden der Unverwahrtheit in der Säuglingszeit vermehrte Schwierigkeiten machen, glauben sie durch die Adoption eines weiteren Kindes verringern zu können. Aber das ist dann nicht selten ein enttäuschender Irrtum: Die Schwierigkeiten steigern sich, statt weniger zu werden, weil das noch seelisch schwache Kind das Adoptivgeschwister als Rivalen erlebt, der es gefährdet, das Defizit an Zuwendung niemals nachzuholen. Ein einziges am Anfang unzureichend betreutes Kind schöpft oft die ganze Liebeskraft bemühter Ersatzeltern aus. Geschwisterschaft heilt in solchen Fällen nicht, sondern behindert die seelische Sanierung.

Bei den mittleren Kindern in einer Geschwisterschar ist die Sachlage manchmal ein wenig ähnlich. Auch sie können das Gerangel im Nest gelegentlich seelisch noch nicht aushalten. Es darf schließlich nicht übersehen werden: Im allgemeinen wird den Ältesten die umfänglichste Mühewaltung zuteil, was sogar dazu führt, daß sie statistisch die erfolgreichsten Schüler sind; denn wie man in den Wald hineinruft, so schallt es heraus: Sorgfalt der Mutter läßt die Charaktereigenschaft Sorgfalt bei der Schularbeit entstehen, Gehorsam der Mutter gegen die Ansprüche ihrer Säuglinge erzeugt freiwilligen Gehorsam der Kinder gegen die Leistungsforderungen der Lehrer. Wenn ein liebevolles Elternpaar opferbereit die Betreuung des ältesten Kindes übernimmt, hat es meist gegenüber seinen nachgeborenen Geschwistern einen kaum von diesen aufholbaren Vorteil. Allenfalls das Jüngste hat einen ähnlichen Schicksalsbonus, denn es bleibt in den Augen der Eltern das Kleinchen, das am meisten Hilfsbedürftige, und wird dieser Rolle nicht wie alle anderen vor ihm durch die Geburt eines weiteren Geschwisters enthoben. Die Mittleren haben allenfalls den Vorteil, sich durchsetzen zu müssen und sich durchsetzen zu lernen. Ist der Platz aber zu schmal und die seelische Substanz nicht füllig genug, so bekommt das Sich-selbst-Behaupten den Akzent des Wegbeißens. Ahnden die Eltern derlei Feindseligkeiten mit Liebesentzug, so erlebt sich das Kind als zusätzlich benachteiligt, als weniger geliebt, als zurückgesetzt; es antwortet mit Verweigerung. Sein gekränkter Zorn weitet sich gewissermaßen auf alles aus, was ihm in die Quere kommt. Es läuft mit seiner Enttäuschung gewissermaßen Amok.

Es ist mir in meiner Praxis immer wieder eindrucksvoll gewesen, zu erleben, wie aus diesen Kindern der „böse" Geist oft binnen kurzem ausfährt, wenn sie von einer Person endlich vorbehaltlos angenommen werden*. Martins Vater zum Beispiel konnte es überzeugt aufnehmen, daß das Benehmen des Sohnes sich durch eine hitzige Abwehr von Bedrängnis entwickelt hatte. Er nahm sich vor, einem Segelfliegerclub beizutreten und den Sohn regelmäßig dorthin mitzunehmen. Dabei wandte er sich nicht nur auf den relativ langen Anfahrtstunden dem Sohn intensiv zu: Es wurde außerhalb des Hauses in der Nachbarschaft noch ein Bastelkeller gemietet, zu dem nur Vater und Sohn Zugang hatten und wo die beiden immer raffiniertere Modellflugzeuge miteinander bastelten. Dabei ergaben sich viele gute Gespräche zwischen Vater und Sohn. Schon nach wenigen Wochen kam es zu einer erstaunlichen Beruhigung des Knaben. Der Vater sagte beglückt: „Ich habe gar nicht gewußt, was für ein guter Kumpel, was für ein netter Kerl in diesem Sohn steckt!"

Natürlich erhebt sich bei diesem Programm einer Laientherapie die Frage nach der Durchführbarkeit, vor allem im Hinblick auf die anderen Geschwister. Werden sie nicht mit Eifersucht oder gar ähnlichen Fehlentwicklungen antworten, wie die kleinen Nein-sager sie zeigen? Gewiß brauchen die Geschwister eine Erklärung für die offensichtliche Bevorzugung des einen Kindes. Ihnen muß gesagt werden, daß das nicht bedeutet, daß künftig nur noch Martin

* Siehe auch: Nelles-Bächler, M.: Die schulische Behinderung des aggressiven Kindes. Z. Kinderpsych. 3, (99–102), 1974; Kluge: Erziehungsschwierigkeit und Schwererziehbarkeit, Z. Kinderpsych. 2 (52–61) 1971.

von Vater geliebt wird, sondern daß Martin gewissermaßen eine gefährliche seelische „Blutvergiftung" hat, die nur Vater wieder heilen kann. Wenn eins von ihnen etwa eine Nieren- oder Lungenerkrankung hätte, würden die Eltern auch alles tun, was in ihrer Macht stünde und von den Fachärzten empfohlen würde, um ihm zur Genesung zu verhelfen. Den Kleineren muß in Aussicht gestellt werden, auch einmal eine besondere Zuwendung zu bekommen. In Familien mit vielen Geschwistern lohnt es sich zum Beispiel, auf eine Reise, zu einer Unternehmung immer einmal nur ein Kind mitzunehmen. Das sind für die Kinder oft ganz besonders schöne Erlebnisse, die sie meist lebenslänglich nicht wieder vergessen.

Nicht immer beruht die aggressive Opposition auf einer Nestenge, auf Geschwistereifersucht oder auf einer hirnorganischen Beeinträchtigung. Sie kann auch die Folge einer Erziehungsform sein, in der die Eltern dem Kind die Sicherheit durch das Leben in einer festen Ordnung versagten. Eine solche superantiautoritäre, laufenlassende Erziehung, die es versäumt, Grenzen zu setzen, erzeugt Angst und als Folge davon Aggression und Aufsässigkeit. Einem Überfluß an orientierungslos und unsicher machender Freiheit in den ersten Kinderjahren kann aber nicht einfach dadurch begegnet werden, daß man nun plötzlich die Zügel anzieht. Es muß auch hier erst eine Phase intensiver Zuwendung erfolgen, in der freilich nicht mehr alles schrankenlos erlaubt ist, sondern durch gemeinsame Übereinkünfte Regelungen getroffen werden, die es dem Kind möglich machen, sich in eingebahnten Strukturen geborgen zu fühlen. Das ist zum Beispiel dadurch zu erreichen, daß man die Stunden der Gemeinsamkeit fest umgrenzt, daß man gegen Schluß der gemeinsamen Tätigkeit Ordnung miteinander macht, daß man so viel wie möglich das Einhalten von Spielregeln einübt. Im Falle einer zu weit getriebenen Regellosigkeit im Kinderleben sollte als Therapie besonders auch eine Ordnung der Mahlzeiten und des Zu-Bett-gehens eingeführt und kleine Pflichten konsequent durchgesetzt werden: zum Beispiel das Wechseln der Schuhe beim Eintritt ins Haus, das Händewaschen vor Tisch, eine feste Sitz- und Schlafordnung und dergleichen mehr. Generell dürfen die Eltern wissen, daß die Opposition ihrer Kinder durchgängig kein Zeichen von ausgemachter Bosheit, kein undankbares Übelwollen, sondern verzweiflungsvolle Antwort auf eine Unerträglichkeit ist, deren Ursache dem jungen

Kind meist gar nicht erkennbar, geschweige denn formulierbar sein kann. Besonders ist das der Fall, wenn die seelischen Verletzungen bereits einige Jahre zurückliegen (wie etwa eine überraschende Operation, eine Trennung von den Eltern, eine mißhandelnde Bestrafung).

Lediglich bei älteren Kindern kommt es gelegentlich vor, daß die wahren Zusammenhänge im Bewußtsein sind. Kürzlich wurde mir zum Beispiel ein 15jähriger vorgestellt, der seit mehreren Monaten den Sprechkontakt zu seinen Eltern aufgegeben hatte und alle Fragen und Bitten nur mit Kopfschütteln beantwortete. Mir gegenüber fiel es ihm leicht, seine Opposition zu begründen: Die Eltern hatten sich scheiden lassen wollen, und die Mutter hatte ihren Ältesten zum Kampfkumpanen gegen den Vater gemacht. Sie hatte ihm die erschütterndsten Geschichten über seinen Vater mitgeteilt, die ihn veranlaßten, ihn zu verachten und zu hassen. Nach einigen Monaten hatten sich die Eltern aber wieder versöhnt. Der Sohn hatte den Eindruck, daß seine Mutter ihn zuerst ausgenutzt und dann verraten habe. Die verständigen Eltern konnten erkennen, daß in die Versöhnung, in das gegenseitige Bekennen von Schuld und Versagen der zu weit in den Konflikt mithineingezogene Sohn nun ebenfalls miteingeschlossen sein müsse. Gemeinsame Gespräche lösten den Bann.

Am Rande dieses Kapitels muß erwähnt werden, daß ein gewisses Maß an Opposition bei den Kindern kein Zeichen einer Fehlentwicklung, sondern von der Fähigkeit zu gesunder Selbstbehauptung ist. Aggression – auch, ja gerade gegen die besten Eltern der Welt, muß sein, weil nur durch „Auseinandersetzung" im wahrsten Sinne des Wortes eine allmähliche Verselbständigung der Kinder erfolgen kann. Die erste Trotzphase im Alter von drei bis vier Jahren und das zweite Trotzalter in der Pubertät um die 14jährigkeit herum sind seelisch gesunde, konstruktive Lebensabschnitte, in denen sich die Kinder – die Knaben mehr noch als die Mädchen – von Mutters Schürzenband zu lösen haben, damit der Status der Selbständigkeit erreicht werden kann. Es *kann* in diesen Zeiten gar nicht immer friedlich zugehen, wie wir friedenssüchtigen Mütter es uns ersehnen. Es dürfen Meinungsverschiedenheiten entstehen, und es ist notwendig, den Jugendlichen in der Pubertät zuzubilligen, um jeden Preis anderer Meinung sein zu wollen als Vater und Mutter.

Unheilvoll ist es hingegen, wenn die oppositionellen Tendenzen gegen die Eltern, die in jedem Menschen mehr oder weniger berechtigt vorhanden sind, durch den Trend unserer Zeit künstlich geschürt und zum obersten Lebensprinzip erhoben werden. Kein Mensch wird vom Verweigern lebenssatt. Begrenztes Verweigern kann lediglich, ähnlich wie Geburtswehen, eine schmerzhafte, aber konstruktive Werdefunktion haben. Eine generelle Beeinflussung der Kinder zum Verweigern, eine „Erziehung zum Ungehorsam", ein diskriminierendes Hochstilisieren der ungerechtfertigten Ansicht, daß Eltern und ihre Lebensweise schlecht und verachtenswert seien, ist böse Kindsverführung. Eine Politisierung subjektiver Kindernöte, eine Vermittlung von Scheinbegründungen ihrer seelisch bedingten Unzufriedenheit vermittelt ihnen nicht, durch „Aufdecken der Wahrheit" Impulse zur konstruktiven Veränderung, sondern im Gegenteil: Es vernebelt die Einsicht in wahre Zusammenhänge, verhärtet die Opposition, provoziert Resignation und Aggression und degradiert die Kinder schließlich zu willfährig gemachten Manipulationsobjekten in der Hand der Antreiber zur Weltrevolution. Sich geistig auf das Pferd der oppositionellen Verweigerung zu setzen, bedeutet für Jugendliche, vom Weg zu einem sinnerfüllten, nach Wahrheit strebenden Lebens abzuirren. Es ist dringliche Elternaufgabe, die am besten bereits vor dem Pubertätsschub wahrgenommen werden sollte, ihre Kinder über die Gefahren solcher Verführung aufmerksam zu machen, damit sie sehenden Auges an den Fallen vorbeisteuern*.

---

* Über die Bewältigungsmöglichkeiten der entwicklungsbedingten oder auch durch Indoktrination im Jugendalter geschürte Opposition siehe: Meves, C.: Unsere Kinder wachsen heran. Herder-Verlag, Freiburg 1981.

P

Phobien

(Schulangst, Tierangst, Spritzenangst, Zahnarzt- und Friseurangst)

Eine Mutter fleht mich am Telefon weinend an, ob ich nicht jetzt gleich bitte einmal herüberkommen könne. Sie wäre so verzweifelt wegen ihrer Tochter. Die wäre geradezu verhext. Als ich vor der Tür stehe, höre ich drinnen ein Kind laut und wütend schreien. Nachdem ich geklingelt habe, wird es still. Die Mutter führt mich in die Küche. In der hinteren Ecke der Speisekammer hockt ein achtjähriges Kind mit zerrauften Haaren und einem verweinten Gesicht. „Sie will nicht zur Schule", sagt die Mutter ratlos, „seit mehreren Wochen nun schon nicht. Zuerst haben wir geglaubt, sie sei krank, weil sie so viel Bauchschmerzen bekam und weil ihr übel war, und man sah ihr auch an, daß das stimmt. Sie war ganz weiß im Gesicht. Wir haben sie daraufhin gründlich untersuchen lassen – es ist nichts. Aber als die Untersuchungen vorüber waren, wollte sie erst recht nicht wieder in die Schule." „Aber mit Ihnen, mit der Polizei, geh' ich auch nicht", fährt es schluchzend aus dem Kind heraus. „O nein, ich bin nicht von der Polizei", sage ich, „du kannst ganz ruhig sein. Keiner wird dich hier wegschleppen. Ich gehe jetzt mit Mutter ins Wohnzimmer und laß mir erstmal erzählen, was eigentlich los ist."

Das Schreien verstummt. Wir lassen das Kind bei offenen Türen allein. „Wissen Sie", beginnt die Mutter, „unsere Annegret ist ein sehr strebsames und fleißiges Kind, sie möchte in der Schule alles ganz besonders gut machen, und sie hat dabei auch Erfolg. Es sollte wohl eine etwas schwierige Arbeit geschrieben werden, als die Angst zum ersten Mal so massiv ausbrach. Aber wenn ich mich genau besinne, gab es das immer schon öfter einmal, daß ich einen Entschuldigungszettel geschrieben habe mit dem Wortlaut: ‚Annegret hat Bauchschmerzen und kann deswegen heute nicht am Unterricht teilnehmen.' Meistens waren sie am nächsten Morgen auch eher schlimmer; aber sie hat es schließlich doch geschafft, wieder loszugehen. Leid hat sie mir schon getan – mit dieser Angst in den Augen. Dabei hat sie eine nette Lehrerin. In der Klasse ist sie wohl immer ein wenig isoliert; aber sie hat auch nette Nachbarinnen, die bereit sind, sie unter ihre Fittiche zu nehmen; denn Annegret ist ein bißchen schüchtern, freilich nur draußen. Hier in der Familie spielt sie eigentlich eher den Tyrannen. Sogar ihre beiden älteren Schwestern tanzen mehr oder weniger nach ihrer Pfeife. Mein Mann hat sie neulich morgens 'mal vertrimmt, als sie wieder anfing, Spektakel zu machen. Seitdem sitzt sie schreiend und fauchend meist in der Speisekammerecke und ist zu nichts mehr zu bewegen."

Ich frage die Mutter nach Annegrets Werdegang. Annegret ist mit anderthalb Jahren wegen eines Blasenleidens im Krankenhaus gewesen. „Es war so schrecklich", erinnert sich die Mutter. Wir haben das Kind nur durch eine Scheibe sehen dürfen – über Wochen. Sie war apathisch, und als wir sie endlich wiederbekamen, mußte sie erneut das Laufen lernen und reagierte noch nach Monaten mit panischer Angst, wenn ich mich auch nur ins Nebenzimmer entfernte. Das wurde allmählich ein wenig besser, aber nie ganz gut. Unsere Älteste sagt: ‚Das ist ein echtes Nesthäkchen, als wenn sie sich so richtig in dich festhakt, Mutter! Mein Mann gibt mir die Schuld an der Schwierigkeit. ‚Du verpimpelst sie', sagt er. Und wahrscheinlich hat er damit irgendwie auch recht. Ich denke, daß ich Schuld habe an der Infektion damals. Ich möchte das wieder gut machen. Und außerdem zeigt doch dieses Klammern, wie sehr das Kind mich braucht. Aber die Sache mit der Schule verstehe ich nicht. Das ist nun wirklich eine freundliche Atmosphäre dort. Furcht davor braucht sie bestimmt nicht zu haben."

Ich erkläre der Mutter zunächst einmal, daß Annegret an einer sogenannten Schulphobie leidet, d. h. an einer Angst, für die die Schule nicht die Ursache, sondern lediglich der Anlaß sei. Die ehrgeizige kleine Annegret erlebt die Möglichkeit, eine Arbeit evtl. auch einmal zu verhauen, als eine Gefährdung ihres noch relativ schwachen Selbstwertgefühls und damit als eine Bedrohung ihrer Existenz. Sie fürchtet, durch eine schlechte Zensur vernichtbar zu werden, und die Bedrohung belebt die gleichen Gefühle, die sie schon einmal erlebte, als man sie der mütterlichen Obhut entriß und schmerzhaften Eingriffen unterzog. Die Furcht, vernichtet zu werden, führt auf dem Boden von Gefäßverkrampfungen, die durch die Angst hervorgerufen werden, zu den Nabelkoliken, den Kopfschmerzen, der Übelkeit und bewirkt, daß das Kind sich schreiend und in Todesnot bis in die hinterste Ecke des Hauses verkriecht. Alte Vernichtungsangst belebt sich in Krisensituationen leicht neu und wird durch drei Reaktionsweisen chronifiziert: Erstens dadurch, daß die Mutter mit sichtbarer Besorgtheit reagiert, zweitens daß die Umwelt und das Kind selbst die ganze Sache als peinlich, schlimm, unnormal und beschämend erfahren und drittens durch den Schulausfall die Gefahr des echten Schulmißerfolges entsteht.

Schon als ich Frau M. laut und vernehmlich erkläre, daß sie und auch ich gewiß in ähnliche Bedrängnisse gekommen wären, wenn wir eine solche schlimme Trennungszeit von der Mutter hätten durchmachen müssen, kommt das Kind leise ins Zimmer und setzt sich, an die Heizung gelehnt, auf den Boden, um mir zuzuhören, so daß es nach einiger Zeit sogar gelingt, es in das Gespräch miteinzubeziehen. Das sei alte Angst, erkläre ich Mutter und Kind, und die könne man allmählich verjagen; denn auch damals sei das ja ein, wenn auch verständlicher Irrtum gewesen: In der Klinik würden Kinder geheilt und nicht vernichtet. Ich erzähle dem Kind, daß die Angst jeden Tag ein wenig weniger würde, wenn man sie Schritt für Schritt austreibe. Ein wenig Tapferkeit gehöre freilich dazu. Morgen solle sie gemeinsam mit Mutter zunächst nur bis zur Schule gehen, der Lehrerin guten Tag sagen und an Mutters Hand nach Hause zurückkehren. Ein solcher Anfang sei zwar schwer, aber Annegret würde das sicher schaffen, und wir alle würden uns darüber freuen; denn wenn man ganz zu Hause bleibe, würde die Angst nicht weniger, sondern immer schlimmer. Annegret willigt fröhlich, ja wie erlöst ein, und ich entwerfe am gleichen Tag mit der Mutter und der Lehrerin zusammen ein kleines verhaltenstherapeutisches Programm zur allmählichen Neueingliederung des Kindes in die Schule. Wichtig ist dabei auch eine Erklärung der Lehrerin an die Klasse mit dem Ziel, bei den Mitschülern Verständnis und Hilfsbereitschaft hervorzurufen, um das Kind nicht der Gruppenhatz auszuliefern. Und empfehlenswert ist es auch, noch über Monate von einer Zensierung der Arbeiten des Kindes abzusehen. Das phobische Kind sollte weniger für seine intellektuellen Leistungen als für soziales Verhalten und seine Fortschritte im Sich-Durchsetzen gelobt und belohnt werden. Im häuslichen Bereich ist es wichtig, so viel wie möglich die Selbständigkeit des Kindes zu fördern, durch viel Umgang mit Gleichaltrigen, durch selbständige Botengänge, durch Besuche bei

Verwandten, allmählich auch mit zunächst einmaligem Nächtigen am Wochenende u. s. f. Die Beratung von Familien mit phobischen Kindern hat gelehrt: Haben die Mütter erst einmal verstanden, daß es ihrem Kind hilft, wenn sie es so behutsam und einfallsreich wie möglich von ihrem Schürzenband lösen, ist es oft nicht schwer, schnell gute Fortschritte zu machen. Mütter mit phobischen Kindern sitzen häufig lediglich dem Irrtum auf, daß es ihre Pflicht sei, das „arme Kind" unter möglichst große Fittiche zu nehmen. Das bewirkt aber Rückschritt statt Ausheilung der panischen Angst.

Bei allen anderen Phobien ist dies gleichermaßen zu beachten. Am häufigsten ist bei den Kindern heute die Insektenangst, die Spinnenangst und die Hundeangst. Aber auch die Friseur- und Zahnarztangst ist nicht selten. Nur gelegentlich tritt eine Schlangen- und Rattenangst im Kindesalter auf. Immer steht hinter der entsetzlichen Angst die meist bereits mit Berechtigung erlebte Furcht, vernichtet zu werden. Hinter der Angst vor stechenden Insekten steht oft das Erleben von schmerzhaften Punktionen, Sondierungen und anderen ärztlichen Eingriffen, die mit einer Injektion begannen. Hundeängste haben meist Erlebnisse mit jähzornig ‚bellenden' Männern, oft mit Vätern im Hintergrund. Schlangen- und Rattenphobien sind typische Frauenängste und signalisieren auf dem Boden erschreckender Erfahrungen Sexualangst, genauer: Furcht vor dem männlichen Glied. Kinder, die durch Schamverletzer oder Kindesverführer sexuell verletzt worden sind, weichen ebenfalls häufig phobisch aus, d. h. das eigentliche Erlebnis wird (ausgelöst durch die Androhung schlimmer Folgen bei Verrat der sexuellen Vorgänge) vergessen, d. h. im echten Sinne Freuds „verdrängt", meldet sich aber nach der Geschlechtsreife zum Beispiel als Angst vor ärztlichen Spritzen oder vor Mäusen wieder. Sexualisierte Mädchen haben oft auch direkte Verfolgungsängste und können in katatoner Starre, im schreilosen Schrei festgebannt bleiben. Sie muten oft psychotisch an, ohne es zu sein. Psychotherapeutisch sind sie vorzüglich angehbar, wenn erst der Sachverhalt durchschaut worden ist. Zahnarzt- und Friseurängste kommen, im Gegensatz zu den typischen Frauenphobien, viel häufiger bei Knaben und Männern vor.

Der erste Schritt heraus aus einer Phobie sollte bei Kindern vom Grundschulalter ab darin bestehen, ihnen ihre Angst als verstehbar zu erklären, um ihr den Aspekt des Unheimlichen, dem man hilflos ausgeliefert ist, zu nehmen. Denn das erhöht die Angst oft bis zum Dauerstreß. Der zweite Schritt sollte dem Kind die Möglichkeit geben, durch tapferes, aktives Handeln dem Gespenst entgegenzutreten und ihm dabei Hilfe und Begleitung anzutragen. Parallel dazu sollte ein Programm zur physischen Kräftigung und zur seelisch-geistigen Verselbständigung entworfen werden.

Manche Kinder machen oft Abend für Abend in einer verkrampften Weise Jagd auf Spinnen, ehe sie es wagen, ins Bett zu gehen und das Licht zu löschen. Dabei dient die Spinne als vorgeschobenes symbolisches Objekt für eine Person oder ein eigenes Bedürfnis, dessen Überhandnehmen man fürchtet: Die lauernde vielarmige Umklammerung, die lähmt, aussaugt und vernichtet – das ist die eigentliche Angst, um die es geht. Dabei ist es meist die Mutter bzw. die betreuende Bezugsperson, der man dergleichen Gefährlichkeiten zutraut, obgleich objektiv nicht einmal eine sehr starke, überbehütende Bemächtigungstendenz bei der Mutter vorhanden zu sein braucht. Die eigentlichen Bemächtigungsimpulse können im Grunde auch allein vom Kind ausgehen, der Mutter zugeschrieben und durch die Angst vor Spinnen nur noch zusätzlich verhüllt sein. Aber die lärmende Heftigkeit und das Andauern der Phobie macht deutlich, daß eine unerkannte Not dringend der Bewältigung bedarf.

Wie der Hintergrundskonflikt aussehen kann, soll an einem weiteren Fall einsichtig gemacht werden: Der elfjährige Alexander hat heimlich, als die Eltern fort waren, einen Hitchcock-Gruselfilm gesehen. Dabei gerät ein Forscher im Dschungel in eine Falle von Einheimischen. Sie schießen ihm in die Waden und machen ihn so bewegungsunfähig. Während er sich hilflos auf dem Sumpfboden windet, läßt sich eine Riesenspinne auf sein Gesicht fallen, umklammert es und saugt den Hilflosen aus, bis er unter Qualen stirbt. Alexander bekommt bereits während des Films einen schweren Angstanfall. Unter Zittern und Weinen kann er telefonisch einen Nachbarn herbeirufen. Nur mit Schlaftabletten wird das Kind schließlich im Arm der Mutter zur Ruhe gebracht. Den Fernsehraum kann der Knabe seit diesem Abend nicht mehr betreten, aber auch in seinem eigenen Zimmer allein zu sein, geschweige denn dort zu schlafen, ist nicht mehr möglich. Die Angst vor Spinnen macht den Jungen schier schlaflos und unkonzentriert in der Schule. Alexander gelingt es nur noch, im Arm der Mutter einzuschlafen.

Der Vater hat sich derweil mit dem Bettlager des Knaben zu begnügen. Bedeutungsvollerweise sagt Alexander bei der ersten Vorstellung: „Leider geht das nun schon so über Monate. Ich frage mich: Wie lange wird das mein Vater noch ertragen; wann wird er dreinschlagen?" Auf die Frage, ob Vater das denn manchmal täte, verneint der Sohn verwirrt kopfschüttelnd. Und eine umfängliche tiefenpsychologische Untersuchung des phantasiebegabten Kindes bringt es an den Tag: Die räuberische Spinne sitzt in Alexander selbst. Er möchte sich unbewußt seiner schönen, liebenswerten Mama ganz allein bemächtigen und den Vater ausschalten. Gleichzeitig aber fürchtet sein reagibles Gewissen, eine vernichtende Bestrafung durch den Vater hervorzurufen. Sich der Mutter hinzugeben in nicht aufgegebener fetaler Totalität oder als erobernder Liebhaber – das ist die Urgefährdung des männlichen Kindes. Sie würde Blockade der Eigenentfaltung zur Folge haben, und deshalb wird vom Unbewußten vor dieser Versuchung mit Strafängsten gewarnt. Hitchcockfilme und dergleichen dienen dabei lediglich als Auslöser zum Sichtbarwerden eines bereits lange in der Tiefe schwelenden Problems. Hätte der Knabe den Film nicht gesehen, so hätte sich seine Spinnenphobie vermutlich an einem anderen Ereignis im Alltag ebenso entzündet.

In die Kategorie dieser Warnungen des Unbewußten gehören auch die gänzlich unbegründeten Ängste vor einer Kastration, die nicht selten nur noch als verschobene Angst vor dem Haareschneiden oder dem Zahnziehen ans Tageslicht kommt. Bei allen Konstellationen dieser Art hilft eine behutsame Distanzierung von der Mutter und viel Gemeinsamkeit mit dem Vater. Alexander hat sich zum Beispiel wieder an das angstlose Schlafen in seinem Zimmer gewöhnt, nachdem der Vater dort eine Woche lang mit auf der Couch geschlafen hatte. Danach wurde er vom Vater, der eine Landwirtschaft betrieb, täglich mit auf den Trecker genommen und als Vaters Nachfolger mit dessen Aufgaben vertraut gemacht. Gleichzeitig wurden tote Spinnen gesammelt und in einem Marmeladenglas betrachtet; später wurden lebende hinzugegeben und schließlich sogar von Alexander selbst zu Beobachtungszwecken gefangen. Die Bewältigung der Spinne in ihm selbst konnte es Alexander möglich machen, von dem sehnsüchtigen Wunsch nach der Mutter zu lassen und sich in fröhlicher Würde in die Fußstapfen seines Vaters zu begeben.

Nicht immer ist es möglich, die Ursache einer Phobie rasch herauszufinden. Oft müssen die Erziehenden lange geduldig zuwarten, ehe sich Erhellendes ergibt. Dazu kann vorzüglich das freie Phantasiespiel des Kindes nutzbar gemacht werden. Es lohnt sich auf jeden Fall, dem Kind Material zur Verfügung zu stellen, das zum freien Phantasieren anregt: Playmobils, Kasperlepuppen und Stofftiere haben einen besonders guten Aufforderungscharakter. Einfallsreiche Kinder erzählen auch gern nach Bildern oder Reizwörtern selbstausgedachte Geschichten. Oft kann das freie Spielen, in das der Erwachsene sich nicht unaufgefordert einmischen sollte, für das Kind mit seinen Problemen eine erhebliche Entlastung bedeuten. Viele Kinder spielen sich gesund, ohne daß die Erwachsenen ahnen, wie wertvoll das Tun des kleinen Akteurs ist. Deshalb ist es für Kinder mit und ohne Verhaltensstörungen geradezu lebensnotwendig, die Zeit, die Stille, die Muße und den Raum für ihr eigenes spielerisches Gestalten zur Verfügung zu haben. Das spielerische Verarbeiten der kindlichen Konflikte ist von zentralem Wert und ebenso notwendig wie soziales und intellektuelles Lernen in der Gruppe.

Q

Quälen

(Sadismus, Triebverbrechen, Randalieren, Vandalismus, Brandstiftung)

Was veranlaßt Knaben dazu, Fliegen die Flügel auszureißen, Regenwürmer in Stücke zu schneiden, Wildentenküken einzufangen, nachdem sie deren Mutter verjagt haben, Prügelschlachten auf Schulhöfen zu inszenieren, Schulkameraden, die sich hinsetzen wollen, den Stuhl wegzuziehen, so daß sie auf die Erde sausen, sich gegenseitig die Finger zu verdrehen, sich gegen die Schienbeine zu treten und ein Bein zu stellen? Andere, meist schwächere Lebewesen zu quälen – ist das eine Verhaltensstörung, ein Irrweg oder ein normaler Wesenszug bei den Angehörigen des männlichen Geschlechts? Denn Mädchen zeigen vergleichsweise wesentlich weniger Neigung zu quälerischen Betätigungen. Dabei erscheint es doppelt befremdlich, daß die Lust am Schmerzzufügen in den Augen der Knaben geradezu aufleuchtet. Woher rührt diese Lust? Ist sie das Zeichen einer teuflischen, krankhaften Eigenschaft? Krümmt sich hier bereits ein Häkchen, das im Erwachsenenalter zum Haken werden will?

Ich vermute, daß das Quälen zum barbarischen Urbestand männlicher Lüste gehört. Es bedeutet für sie, je schwächer sie sich fühlen, um so lebensnotwendiger, Dokumentation der eigenen Stärke, ja mehr: der sichtbaren Überlegenheit. Ursache von Unterjochung, von schmerzhaftem Zittern, von entthronender, entwürdigender Erniedrigung zu sein, verbannt die Angst vor der eigenen Unterlegenheit. Je weniger ein Kind Angst vor Unterlegenheit zu haben braucht, umsoweniger verspürt es den Impuls, sich seine Überlegenheit durch Quälen von Schwächeren zu beweisen. Mütter sind schon im Kleinkindalter mit zahllosen Ermahnungen bemüht, die Quälsucht ihrer Söhne gar nicht erst zur Entfaltung kommen zu lassen; aber sie werden nur dann mehr erreichen als fragwürdige Verdrängung, wenn sie es schaffen, ihren Kindern zu einer hinreichenden Ich-Stärke zu verhelfen, sonst wird die Quälsucht durch die Verdrängung durchbrechen, sobald sich die Gelegenheit zur Machtentfaltung bietet. Brutales Brechen des Willens durch mißhandelnde Prügelerziehung ist deshalb kaum einmal der Weg zur Erzeugung von engelhafter Friedfertigkeit. Dieser Schein ist trügerisch. Gequälte Kinder werden deshalb nur allzu leicht zu quälenden Erwachsenen, wobei es nicht selten bei einer Verknüpfung mit sexuellen Antrieben zur Ausbildung einer sadistischen oder masochistischen Perversion kommt. Exhibitionismus, sexuelle Nötigung, ja die grauenhaftesten quälerischen, sexuell getönten Handlungen an ihren Opfern mit anschließendem Mord sind als Folge solcher Vorgeschichten in der Kriminalistik verzeichnet.

Zeigen ältere Kinder trotz der üblichen und vielfältigen Bemühung der Erziehenden, quälerische Handlungen zu verhindern, eine offenkundige Neigung dazu, so sollte man sie dringend so rasch wie möglich in eine psychotherapeutische Behandlung geben. Erwachsene Triebtäter sind fast immer schon als Kinder mit quälerischen und sexuellen Handlungen auffällig geworden*.

* Bauer, G.: Triebverbrechen jugendlicher und heranwachsender Delinquenten. Z. Kinderpsych. 6 (234–237) 1970.

Schließen sich Jugendliche gewalttätigen Rockern an, werden sie durch Überfälle auf Passanten, besonders auf hilflose Alte oder junge Kinder auffällig und straffällig, oder toben sie ihre Wut durch mutwilliges Beschädigen von öffentlichen Einrichtungen aus, so muß dringend der Versuch gemacht werden, der anarchistischen Überflutung zu begegnen. Das kann durch die Bemühung um aggressive Sportarten wie Boxen, Judo, Tennis, Fußball, Zielschießen, Speerwerfen und Kugelstoßen geschehen. Auf jeden Fall sollte der Versuch gemacht werden, herauszufinden, auf welchem Gebiet, am besten durch Einsatz von Körperkräften, etwas Besonderes geleistet werden kann. Auch Langstreckenschwimmen, Skilaufen, Bobfahren und Geräteturnen sind dazu geeignet. Es muß nämlich dieses miteinander legiert werden: erstens die Kanalisierung der meist erheblich vorhandenen vitalen Energien und zweitens die Hebung des Selbstbewußtseins durch „ausstechende" Spitzenleistungen. Das sind gangbare Wege, um oft verhängnisvollen Fehlentwicklungen und traurigem Lebensunglück vorzubeugen.

Die letzte Chance, einer quälsüchtigen Kriminalisierung im Wiederholungszwang zu entgehen, sind für Eltern oft die ersten Gerichtsverhandlungen gegen den wegen einer quälerischen Straftat angeklagten Sohn. Zweierlei ist dabei heilsam: sich als Eltern mit dem Sohn gemeinsam in das Boot der Anschuldigungen zu setzen nach dem Motto: „Du, hier ist bei uns dreien etwas furchtbar schief gelaufen, nicht nur bei dir allein, sondern auch bei uns, aber auch nicht nur bei uns allein. Wir wollen dafür gemeinsam die Verantwortung auf uns nehmen. Wir wollen versuchen, das Geschehene wieder gut zu machen, soweit das möglich ist. Wir wollen aber vor allem daraus lernen und gemeinsam darüber nachdenken, wie du dazu kommen kannst, etwas von dir selbst zu halten."

Wird Jugendstrafe angeordnet, so sollte der Delinquent auf gar keinen Fall von den Eltern fallengelassen, sondern regelmäßig besucht und mit Fortbildungsmaterial und Liebesgaben bedacht werden. Je mehr es bei strauchelnden Jugendlichen gelingt, ihnen in den Gefängnissen zu Lehrabschlüssen zu verhelfen, um so mehr verringert sich erfahrungsgemäß die Gefahr, den alten Versuchungen zu quälerischen Gewalttaten nachzugeben.

Besser ist es natürlich, der Fehlentwicklung in den quälsüchtigen Sadismus sofort entgegenzuwirken, wenn er sich im Ansatz zeigt. Eine Werkstatt, in der es zu hämmern, zu bohren, zu hobeln und zu schweißen gibt, gemeinsam mit einem sachverständigen Erwachsenen betrieben, kann hier die besten Dienste leisten. Das aufpolierte, neu zusammengebastelte Moped, das fernzusteuernde Motorboot, das Modellflugzeug, das selbstgezimmerte Gartenhaus, der fahrbar gemachte Oldtimer – langfristige Großaktionen dieser Art, die auch die Körperkräfte der jungen Männer herausfordern und einspannen, die aber vor allem zu einem vorzeigbaren, lobenswerten Arbeitsergebnis führen, können helfen, alte Wunden einer beschädigten Ich-Entwicklung zum Ausheilen zu bringen und erzieherische Sünden zu sühnen.

Ein dem quälsüchtigen Verhalten ähnlicher Hintergrund besteht übrigens meist bei den Brandstiftern: das Bedürfnis, der großmächtige Verursacher einer Tat zu sein, die absolute Überlegenheit offenkundig werden läßt. Dabei reicht es dem Brandstifter, die Flammen des eigenverursachten Spektakulums hoch aufschlagen zu sehen und in schaudernder Lust zu erleben: Dies alles tat *ich*, ich ganz allein. Dabei sind Brandstifter eher junge Männer, deren Selbstentfaltung durch mütterliche oder großmütterliche Verwöhnung und Übermächtigung eingeschränkt blieb. Die testpsychologische Untersuchung der jugendlichen Brandstifter, die mir das Gericht zuwies, zeigten in der Vorgeschichte meist Isolation gegenüber Gleichaltrigen und eine kandarenhafte, in der Pubertät nicht gelöste Bindung an die Mutter. Die Brandstifterseele zeigt etwas von der Hänsel-und-Gretel-Mentalität, die mit feurigen Aggressionen unbewußt die Loslösung von der hexenhaft fesselnden Mutter anstrebt. Das Tragische in diesem Schicksal besteht darin, daß die Mutter oft aus ganzer Seele das Beste für den Sohn zu tun vermeinte. Das zwanghafte Zündeln hat grundsätzlich etwas mit dem prometheischen Trotz, mit der Befreiung von Abhängigkeit zu tun. Der Schritt zur Emanzipation von der „großen Mutter" ist besonders für die Söhne lebensnotwendiger Entwicklungsschritt. Deswegen zündeln besonders die Knaben so gern, deshalb haben die Männer eine lustvolle Beziehung zum Feuermachen. Es ist deshalb wichtig, daß Mütter nicht durch Verwöhnung die aggressiven Impulse in die Verdrängung schicken. Feurige, mörderische Explosionen der Ablösung werden so geradezu vorgebahnt.

R

Rotwerden

Kürzlich schrieb mir ein junges Mädchen, daß sie in einer verzweiflungsvollen Situation sei: Sie habe sich von der Welt mehr und mehr zurückgezogen, besuche zwar noch lustlos und ohne sich am Unterricht zu beteiligen die Schule, aber sonst säße sie zu Hause, und selbst irgendwo einzukaufen oder eine Besorgung auf einem Amt zu erledigen, stieße auf schier unüberwindliche Schwierigkeiten: Sie werde rot, und wenn sie merke, daß sie rot werde, werde sie noch einmal rot, und wenn die Leute anfingen, sich lächelnd darüber zu wundern, bekäme sie noch einen Schub und könne sich dann nicht im mindesten mehr auf das konzentrieren, was man ihr sage, und infolgedessen erst recht nicht situationsgerecht reagieren. Ob sie nun wohl zeit ihres Lebens hinter dem Ofen hocken müsse wegen dieses gräßlichen Makels?

Ich schrieb der Schülerin wieder, wer sie denn wohl zu der Fehlmeinung gebracht habe, daß Rotwerden ein Makel sei. Es sei vielmehr eine leider allmählich aussterbende wertvolle Eigenschaft, das Privileg besonders von jungen Mädchen: nämlich sich zu schämen. Wer sich schämen könne, zeige, daß er so reif sei, sich einzugestehen, daß er Schwächen und Fehler habe, daß er sich unvollkommen fühle. Und unvollkommen *sind* wir alle – nur die Dummköpfe und die Hochnäsigen merken es nicht. Sie solle also bitte aufs Rotwerden-können ganz stolz sein. Sie möge sich vornehmen, bevor sie sich in die Welt begäbe, auf jeden Fall das Rotwerden nicht zu vergessen, sich vornehmen, es vorzuzeigen wie ein besonders hübsches, farbiges Halstuch. Sie solle sich freuen, daß sie es nicht nötig habe, bleiche Wangen durch Auflage von Rouge zu verschönern, weil sie das Rouge nach Bedarf und ganz natürlich auftragen könne.

Ein halbes Jahr verstrich. Zum Weihnachtsfest schrieb mir das Mädchen: „Eben beim Nachdenken über die Personen, denen ich schreiben will, weil ich ihnen Dank schulde, fällt mir überhaupt erst ein, daß mein Problem mit dem Rotwerden nicht mehr existiert. Ihr Rezept hat schlagartig geholfen. Jedenfalls denke ich jetzt immer, wenn ich noch einmal erröte: Na, warum denn auch nicht? Ist das etwa verboten? Dadurch bleibt diese schreckliche Gedankenblockade aus, und infolgedessen komme ich mit meiner Umwelt wieder zurecht. Manchmal habe ich sogar den Eindruck, daß die Männer es ganz gern mögen, wenn ein Mädchen mal ein wenig rot wird. Sie spüren dann wohl auch, daß man noch nicht so abgebrüht und kaputt ist. Danke!"

Ein solcher Rat zum Abgewöhnen des Errötens kann deshalb ohne große Hintergrundanalyse gegeben werden, weil die bewußtmachende Selbstreflexion des Mädchens mit einer Selbstverurteilung verknüpft war, die das Symptom verstärkt und den Leidenden in eine Sackgasse nötigt. Je mehr er sich vornimmt, nicht zu erröten, um so sicherer muß der Vorgang einsetzen; denn an den Vorsatz ist die Selbstverwerfung gekoppelt. Sie ruft das Gefühl, sich schämen zu müssen, zwangsläufig auf den Plan und weitet sich zur Erwartungsangst aus. Selbstbeeinflussung in die entgegengesetzte Richtung ist deshalb das sicherste Schlupfloch, um den Teufelskreisen der Angst vor dem Erröten zu entfliehen.

Freilich ist dieses gewiß lediglich ein Kurieren am Symptom; aber eine gedankliche Einstellungsänderung der empfohlenen Art ist bereits die Voraussetzung zu einer Bemühung an der Wurzel der Schwierigkeit, nämlich der Bemühung um mehr Spontaneität. Menschen mit dergleichen Ängsten darf gesagt werden, daß sie sich geradezu darin üben und das heißt, dergleichen Gedanken häufig denken sollten: mit Lust getrost unvollkommen zu sein, Fehler zu machen und sich nicht zu scheuen, sich das einzugestehen. Vollkommenheit sei die Sache von Engeln. Menschen seien mit Webfehlern geschaffen, einer wie der andere. Deshalb habe keiner ein Recht, auf den anderen mit Fingern zu zeigen, und wenn er's täte, so sei das sein Problem.

Besonders junge Mädchen schaffen es häufig – wenn ihnen eine solche Einstellung vermittelt wird –, die sie verfremdende Hülle eines starren Perfektionismus abzuwerfen wie einen lästigen Panzer und sich einer unbekümmerten Lebenshaltung zu befleißigen.

S

Selbstbefriedigung

(Masturbation, Fetischismus, Transvestitismus)

Selbstbefriedigung im Jugendalter (in der Fachsprache Masturbation oder Onanie), Selbstbefriedigung gar schon im Kindesalter – was ist das, was bedeutet es? Darf es nicht sein, ist es ein Krankheitszeichen, Sünde? Oder muß es vielleicht sein? Ist es ein Merkmal gesunder Sexualität und von Normalität? Dieses Spektrum an Fragen wird heute in Zeitschriften, Büchern und Medien öffentlich diskutiert und konträr beantwortet. Vor einigen Jahrzehnten noch wurde das Thema verdrängt, wo es nur auftauchte. Aber die Sexwelle schwemmte es an die Oberfläche und nötigt, Stellung zu nehmen, um Orientierungsmöglichkeit zu vermitteln. Das soll in diesem Kapitel so sachlich-informativ wie möglich geschehen, weil sich auf diesem Sektor besonders viel ideologische Scharlatanerie eingeschlichen hat.

Als erstes: Das Glied des männlichen Säuglings und die Klitoris des weiblichen Säuglings sind von Anbeginn an reizempfindliche Organe. Sie bleiben das durch die Kindheit hindurch. Aber mit der Geschlechtsreife erst wird aus der Reizempfindlichkeit – bei den Knaben häufiger als bei den Mädchen – ein Drang zur Stimulation. Zwar entdecken normal intelligente Jungen und Mädchen innerhalb ihrer Kindheit – die Knaben meist früher als die Mädchen – die Reizempfindlichkeit ihres Geschlechtsteils, aber ohne daß sie das mehr interessiert als viele andere Dinge ihrer Umwelt auch, die sie entdecken und faszinieren. Buben haben zwischen dem dritten und fünften Lebensjahr eine oft länger andauernde Phase, in der sie auf dem Boden dieser Entdeckung ihr Glied gern berühren und auch gern demonstrieren. Spätestens im Grundschulalter entdecken sie, daß das Glied sich versteifen kann und fragen dann meistens ihre Mutter vertrauensvoll, was das denn sei. Regelmäßiges und anhaltendes Manipulieren am Genital ist bei seelisch gesunden Kindern bis zur Geschlechtsreife nicht üblich. Wenn Kinder jahrelang Praktiken der Selbstbefriedigung im Kindesalter entwickeln, so ist das ein Zeichen dafür, daß sie etwas entbehren und dafür in der „süßen Lust" der genitalen Erregung eine Ersatzbefriedigung an ihrem eigenen Körper entdeckt, gefunden und eingebahnt haben. Bei kleinen Mädchen geschieht das meist dergestalt, daß sie sich ein Kissen, eine Sitzrolle, ein Stofftier zwischen die Beine klemmen und – häufiger in der Sitzhaltung als im Liegen – ihr Genital daran reiben. Manche Eltern berichten, daß das mit abwesendem Gesichtsausdruck bis zur orgasmusähnlichen Erschöpfung geschieht. Auch bei Jungen kann das Reiben am Glied schon im Kindesalter ähnlich exzessive Formen annehmen und mehrere Male täglich wiederholt werden. Daß es sich dabei nicht um eine Frühreife, um ein für alle Kinder erstrebenswertes, das eigentlich „normale" Verhalten handelt, läßt sich unschwer daran ablesen, daß die masturbatorischen Praktiken mehr oder weniger rasch eingestellt werden, wenn die Eltern dieses Benehmen ihrer Kinder nicht durch Strafen auszuschalten suchen (dann wird es heimlich meist sogar verstärkt weiter betrieben), sondern es als Symptom einer Entbehrung verstehen und sich – ohne die Schwierigkeit weiter zu beachten – daran machen, dem seelischen Defizit abzuhelfen. Ich empfehle den Eltern, wenn das Kind am Tage zu onanieren beginnt, sofort ein ablenkendes Spiel zu beginnen, sich – ohne Erwähnung oder gar ein Verbot, das Genital weiter zu berühren – dem Kind zuzuwenden und gemeinsam mit ihm etwas zu unternehmen. Sinnvoll ist es zum Beispiel, Kinder im Vorschulalter auf den Schoß zu nehmen und mit ihnen Bilderbücher zu besehen und Geschichten zu erzählen und vorzulesen. Auch Fingerspiele, Verstecken, Hoppe-Reiter-Spiele, Kissenschlachten oder Ballspiele sind angebracht. Wichtig ist es jedenfalls, daß der Geist und der Körper des Kindes in Bewegung gebracht und am besten auch spielend ein wenig Körperkontakt hergestellt wird.

Nicht unmittelbar im Zuge solcher Ablenkungsmanöver und Anregung zu altersentsprechenden Befriedigungsmöglichkeiten, sondern unabhängig davon sollte man sich um mehr Zärtlichkeit dem Kind gegenüber bemühen. Dabei ist das Umfangen, das Streicheln über den Kopf und die Wangen in Sitzlage angemessener als lange Schmusestunden im Bett, womöglich mit nacktem Körper. Zärtlichkeit dieser Art heizt die Sexualität der Kinder unangemessen früh an und bewirkt eine Fixierung an den Erwachsenen, der das Kind in dieser Weise erotisch stimuliert. Das führt aber zu den schwersten Neurosen, besonders häufig in Form von Straf- und Gewissensängsten (manchmal auch in Form von Phobien), weil das Inzesttabu eine vorgegebene sexuelle Schranke ist, weil der Sohn nicht die Mutter, die Tochter nicht den Vater heiraten darf, sondern sich altersentsprechenden Partnern zuwenden soll. Sexuelle Stimulation durch gleichgeschlechtliche Erwachsene kann sogar eine Vorliebe für homosexuelle Praktiken und Partner vorbahnen und ist deshalb mit Recht nach unserem Gesetzbuch eine strafbare Handlung.

Nicht sexualisierende und erotisierende, sondern dem kindlichen Status angemessene Zärtlichkeit freilich ist in vielen Fällen das entscheidende Heilmittel gegen einen Masturbationszwang im Kindesalter. Das Kind muß häufiger die Erfahrung machen, daß es mit Herz und Händen der Erwachsenen warm umfangen, anerkannt, zärtlich geliebt wird. Wichtig ist auch, daß Kinder immer wieder mit Freude, mit glücklich leuchtenden Augen angeschaut werden, daß Eltern ihnen ihre Liebe durch die Augen mitteilen. Wärme, Herzlichkeit, Zuwendung machen das Mühen um all das angestrengte Selbstanfachen von Lust bald überflüssig.

Eltern von onanierenden Kindern sollten diesen Rat annehmen, ohne sich gegenseitig Vorwürfe über Versäumnisse zu machen. Unsere Kinder sind auch im Hinblick auf das Maß von Zärtlichkeit, das sie brauchen, unterschiedlich angelegt. Für das eine Kind ist die Anerkennung durch Worte ausreichend, für ein anderes ist Mutters glückliches Strahlen über ihr Kind die wesentlichste Befriedigungsmöglichkeit, wieder anderen ist zuviel leibliche Nähe eher unangenehm, ein nächstes braucht Kuschelnähe tagaus, tagein*. Im allgemeinen ist das Bedürfnis nach Zärtlichkeit bei Mädchen größer, so haben neue Untersuchungen ergeben**. Es ist für Mütter auch unproblematischer, sie ihren Töchtern ausreichend zu vermitteln. Bei den Knaben muß eine Mutter jedenfalls jenseits der Kleinkinderzeit gleichzeitig immer wach darauf bedacht sein, einen erotischen Akzent in der Beziehung zu vermeiden, damit die Bindung nicht in eine konfliktreiche Zwiespältigkeit gerät. Ebenso muß natürlich der Vater im Hinblick auf die enge körperliche Nähe zu seiner Tochter in dem Maß zurückhaltender werden, in dem sie sich der Pubertät nähert.

---

* Schaffer, H. R. und Emerson, P. G.: The development of social attachment in infancy, Monogr. Soc. Res. Child Development (1964 b).

** Korner, A. E.: Methodological considerations in studying sex differences in the behavioral functioning of newborns. In: Friedman, R. C. et. al. (Hg.) 1974, 197–208.

Jenseits der Geschlechtsreife bekommt die Selbstbefriedigung einen anderen Stellenwert. Ein großer Teil der Knaben entdeckt sie spontan. Das liegt nicht zuletzt daran, daß mit der Ausschüttung des männlichen Geschlechtshormons schlagartig bei den 14jährigen die höchste Stufe der Potenz einsetzt. Geschlechtsreife bedeutet für den Knaben so etwas wie ein massiver sexueller Überfall, dem er emotional keineswegs einfach selbstverständlich gewachsen ist. Im Grunde gehört es deshalb zu den unaufgebbaren Pflichten von Vätern, ihre Söhne in der Vorpubertät auf dieses Ereignis vorzubereiten. Wichtig ist es dabei, den Söhnen zu verdeutlichen, daß man nicht zu fürchten braucht, durch den Drang überfordert zu werden, daß die Natur sich vielmehr durch unwillkürliche Samenergüsse im Schlaf hilft, daß es also eine entlastende Selbstregulation des Körpers gibt. Hilfreich ist es zudem für die Söhne, zu wissen, daß körperliche Betätigung und Sport eine ausgleichende Funktion haben können.

Vorbereitend sollte bereits in der Vorpubertät von der Selbstbefriedigung gesprochen und den Söhnen mitgeteilt werden, daß es zwar nicht einfach, aber dennoch das Beste ist, damit gar nicht erst – womöglich nur aus Neugier – anzufangen. Es muß ihnen verdeutlicht werden, daß die Onanie mit allen triebhaften Betätigungen eins gemeinsam hat: Sie kann leicht zur Sucht werden und sich stärker als der Wille des Menschen erweisen. Im allgemeinen überschätzt der Mensch seine Willensstärke. Man sagt: Warum soll ich nicht die *eine* Zigarette probieren? Dann kann ich wenigstens mitreden. Warum soll ich nicht einen Joint drücken, davon werde ich doch nicht gleich rauschgiftsüchtig! Und wieso eigentlich nicht jeden Abend einen einzigen kleinen harten Drink? *Jeder* später Süchtige hat am Anfang Gedanken dieser Art gehabt und merkt erst, wenn es längst zu spät ist, wie überheblich er seinen Willen dabei überschätzte. Bei der Selbstbefriedigung ist es im Grunde nicht viel anders: Sie ist, maßvoll angewandt, ebenso wenig bedenklich wie ein maßvoller Konsum von Nikotin und Alkohol; aber sie birgt die Gefahr in sich, daß die Gedanken an die Sexualität gefesselt werden und der Mensch – statt zu mehr Freiheit – in eine festbannende Gefangenschaft des Willens und Handelns geführt wird. Dabei taugt der Mißbrauch auch hier nichts. Auch hier mindert er jenen Überschuß an Kraft, den man für die vielen Aufgaben des Jugendalters dringend benötigt.

In einem solchen Gespräch sollte der Vater dem Sohn seine eigenen Jugendprobleme, die er damals mit der Selbstbefriedigung hatte, nicht verhehlen. Er sollte seinem Sprößling mitteilen, daß es gewiß kein irreparables Unglück und keine Sünde sei, die Höllenstrafen zur Folge habe, wenn ein Jugendlicher sich sexuell selbstbefriedige, aber daß es zum verantwortungsbewußten Erwachsensein gehöre, die geschenkte Lebenskraft nicht sinnlos zu vergeuden, weil man diese Kraft für seinen Lebensauftrag einzusetzen habe. Freilich ist es auch wichtig, das Ammenmärchen auszuräumen, daß durch Masturbation die Zeugungsfähigkeit und die Intelligenz vermindert werde oder gar abhanden kommen könne. Die allgemeine Lebenskraft für den nächsten Tag – die allein ließe sich durch ein Übermaß an Onanie dezimieren. Und das sei nicht sinnvoll.

Moderne Mütter heute sollten auch mit ihren 13jährigen Töchtern über die Selbstbefriedigung sprechen, denn die BRAVO, manche Schulbücher und sogar viele Lehrer machen sich heute anheischig, die Selbstbefriedigung für Mädchen nicht nur als empfehlenswert darzustellen, sondern quasi zur Pflichtübung zu machen. Mädchen sind durch Modezwänge sehr viel leichter zu beeinflussen, wie der Augenschein immer wieder beweist; und deshalb ist es nötig, ihnen zu versichern, daß man ihnen einen Bären aufzubinden sucht, indem man behauptet, daß die Sexualität eines seelisch gesunden Mädchens von der Geschlechtsreife ab gleiche Sexualnöte verursache wie bei den jungen Männern. Es sollte ihnen verdeutlicht werden, daß die Vorstellung, Onanie sei bei jungen Mädchen zwingend nötig, um ihren sexuellen Drang zu entlasten, ein Lügenmärchen sei, ein gefährliches dazu, weil die Selbstbefriedigung nicht eigentlich darauf vorbereite, später in der körperlichen Liebe zu seinem Mann unvoreingenommen glücklich zu werden. Onanie brächte den Trieb in eine eigensüchtige Richtung, und es sei gar nicht einfach, ihn später aus dieser Bahnung wieder herauszulösen. Im übrigen sollten den Töchtern ähnliche Warnungen vor der süchtigen Eingewöhnung mitgegeben werden wie den Söhnen.

Von großem Wert ist es, daß die Eltern ihren Kindern diese Orientierung so geben, daß sie sich nicht von ihnen verstoßen und abgetrennt erleben, wenn sie der Versuchung zu onanieren dann dennoch erliegen. Setzen sich die Eltern bei solchen Gesprächen nicht auf ein hohes Roß, teilen sie ihre Erfahrungen nicht moralisierend, sondern im Geist verständnisbereiter Liebe mit, so werden die Kinder sich im Idealfall nicht scheuen, sogar bei den Eltern Rat und Hilfe zu suchen, wenn sie in ein süchtiges Onanieren hineingeraten sind und es allein nicht schaffen, sich davon zu befreien, obgleich sie es doch so gern möchten. Solchen Jugendlichen sollte bei der nächsten Gelegenheit das Buch von Ingrid Trobisch „Mein schönes Gefühl" in die Hand gegeben werden. Ich habe dieses Buch – auch von den vielen Jugendlichen, die mir aus der Ferne wegen ihrer Quälerei um die Selbstbefriedigung schrieben und mich um Hilfe baten – mit bestem Erfolg immer wieder empfohlen.

Besonders erschreckt sind Eltern, wenn sie entdecken, daß die Selbstbefriedigung eines Sohnes mit einer ihnen befremdlichen Praktik verbunden ist: wenn er sich dazu heimlich einige Stücke der Unterwäsche von weiblichen Personen des Haushalts aneignete. Einige Male habe ich auch erlebt, daß die Wäschestücke von Nachbarn oder Mitbewohnerinnen von der Leine gestohlen wurden. In allen diesen Fällen dient das Wäschestück als Ersatz entweder für mütterliche Zärtlichkeit oder für das noch nicht erreichbare menschliche Sexualobjekt. Dann dient es als Auslöser und Stimulans des Geschlechtstriebes.

Aber es ist unangebracht, Kinder und Jugendliche, die bei derlei Heimlichkeiten ertappt werden, zu fragen, was das solle und warum sie das täten: Sie wissen es nicht, sondern folgen dumpf einem in ihnen übermächtig werdenden Drang. Erzieher werden den Kindern deshalb nicht gerecht , wenn sie sie wegen der „Schweinerei" beschimpfen und bestrafen. Bei Knaben, die vor der Geschlechtsreife die Wäsche von Müttern und Großmüttern entwenden, steht ihre Sehnsucht nach kleinkindhafter Zärtlichkeit und Geborgenheit drängend im Vordergrund. Und selbst bei Jugendlichen, die Wäschestücke von Frauen bei der Selbstbefriedigung benutzen, ist meist ein Defizit im kindlichen Zärtlichkeitsbereich vorhanden. Es hat sich lediglich mit dem aufkeimenden Geschlechtstrieb vermischt. Weil das in der Mehrzahl der Fälle von kindlichem und jugendlichem Fetischismus so ist, hat es viel Aussicht auf Erfolg, auch hier ein Nachholen des frühkindlichen Defizits in den Mittelpunkt des Selbsthilfeprogramms zu setzen, wie es im Kapitel D beschrieben ist.

Unerläßlich ist es freilich, nach dem Aufdecken der Schwierigkeit dem Kind bzw. dem Jugendlichen sein Verhalten zu erklären und es ihm verstehbar zu machen. Dabei muß unbedingt über die normale, riesengroße Macht des Geschlechtstriebes gesprochen werden. Kinder und Jugendliche, die Probleme dieser Art haben, haben meist bereits mehrmals die Erfahrung gemacht, daß sie von dieser ihnen unbekannten und unbezwingbaren Macht überwältigt wurden. Das ist ihnen unheimlich. Die Eltern müssen deshalb das Gewicht ihrer Aufklärung darauf legen, ihren verunsicherten Kindern zu verdeutlichen, daß sie nun einer der größten Mächte begegnet sind, die unser Leben bewegen, nämlich der Geschlechtskraft. Sie sollten ihren Kindern auch einsichtig machen, warum sie notwendigerweise so mächtig ist: Ohne sie würde das Leben bald ersterben, würde die Schöpfung untergehen.

Wenn die Jugendlichen die Geschlechtskraft als einen sinnvollen Lebensmotor verstehen lernen, geraten sie nicht so leicht in die Gefahr, sich selbst wegen der Willensschwäche in bezug auf ihr „Laster" zu verwerfen. Sie halten es aber nicht mehr für selbstverständlich, daß sie allein diese Macht bezwingen könnten, sondern sind nun bereit, gemeinsam mit dem Berater eine Strategie zur angemessenen Zügelung dieser an sich guten und brauchbaren Lebenskraft zu entwickeln.

Dazu gehört im Jugendalter auch eine Annäherung an das andere Geschlecht. Verständige Eltern können vielleicht ihren jugendlichen Kindern einmal oder auch mehrere Male im Monat einen Raum zur Verfügung stellen und ihn zum Treffpunkt für ein paar Freunde und Freundinnen ihres Kindes machen. Wichtig ist dabei aber, das altersentsprechende Beschäftigungsprogramm gleich mitzuliefern und bei den Parties oder dem Jour fix in Hause anwesend zu bleiben. Dabei muß das Kennenlernen der Gleichaltrigen des Gegengeschlechts im Mittelpunkt stehen und nicht etwa ein Freipaß zu häuslichen Sexorgien gegeben werden.

Jugendlichen, die Schwierigkeiten der eben beschriebenen Art haben, muß deutlich gemacht werden, daß es zu den Aufgaben des Menschen gehört, sich seine Triebe dienstbar zu machen, statt sich bedenkenlos an sie auszuliefern. Eine geschickte , nachdenkliche und kluge Annäherung sei beim Umgang mit der Riesenmacht wesentlich angemessener als ein Mitlaufen im Rattenfängerstrom der vom Zeitgeist Verführten.

Es in solcher Weise mit Selbsthilfen allein zu versuchen, ist freilich nicht mehr ratsam, wenn der kleine männliche Fetischist dazu übergeht, die Frauenkleider, die er sich „organisiert" hat, anzuziehen, heimlich und unter schamvoller Lust seine Geschlechtsrolle abzulegen und sie gegen die des anderen Geschlechts einzutauschen. Jungen, die eine solche Problematik zeigen, haben meist eine Blockade in der Übernahme der männlichen Geschlechtsrolle. Oft erscheint ihnen der Vater fremd, unheimlich, allzu mächtig und bedrohlich. Die Beziehung zur Mutter ist oft hingegen besonders eng. Durch diese Konstellation bedingt erscheint es ihnen eher schaffbar, sich mit ihr zu identifizieren. Jungen mit einer solchen Problematik im Hintergrund neigen dazu, sich gemeinsam mit der Mutter für Mode zu interessieren, sie bei Kleiderkäufen zu begleiten und zu beraten und selbst zunehmend mehr Wert auf ein schönes Äußeres im Sinne der Mutter zu legen. Fehlidentifikationen dieser Art sollten sehr ernst genommen werden, wenn sie jenseits der Zehnjährigkeit auftreten. Eine Unsicherheit in der Geschlechtsrolle ist eine Grundvoraussetzung zur Homosexualität. Die Behandlung bei einem analytischen Kinder- und Jugendlichenpsychotherapeuten ist in solchen Fällen so rasch wie möglich anzustreben, weil in diesem Alter meist noch die Möglichkeit besteht, einer manifesten Fehlbahnung entgegenzusteuern.

Auch Mädchen können ihre Weiblichkeit ablehnen, in die Mannrolle schlüpfen und in die Gefahr geraten, lesbisch zu werden. Einige Male hat sich in den vergangenen Jahren gezeigt, daß der Mädchen-„Wildfang" im Grunde wirklich männlichen Geschlechts war: Eine schädigende Medikamenteinnahme der Mutter während der Schwangerschaft hinderte die Ausformung des männlichen Genitals. Zeigen Kinder also bereits früh die Neigung, sich mit dem Gegengeschlecht zu identifizieren, so sollte man sie ärztlich und psychologisch untersuchen lassen.

Der große Einfluß der Geschlechtshormone auf die Ausbildung des Geschlechts während seiner fötalen Entwicklung und die Auswirkung seines Geschlechtsverhaltens jenseits der Geschlechtsreife tritt erst jetzt in die Einblicksmöglichkeit medizinischer Forschung. Deutlich kristallisiert sich aber dabei heraus, daß Abweichungen, die gegengeschlechtliches Verhalten einschränken, auf Anomalien unterschiedlicher Genese beruhen. Es ist unverantwortliche Ideologie, Eltern zu suggerieren, Homosexualität sei lediglich eine gesunde andere Spielart menschlichen Geschlechtsverhaltens und damit gewissermaßen in die zu erprobende Entscheidung jugendlicher Söhne und Töchter gestellt. Diese heute in der Bundesrepublik durchgängig vertretene Meinung in Fachkreisen vernebelt die generelle Beeindruckbarkeit des Menschen im Hinblick auf seine sexuellen Ersterlebnisse. Vor der Verführung durch Ideologien dieser Art müssen die Jugendlichen heute durch ihre Eltern vorsorglich z. B. durch aufklärende Gespräche bewahrt werden.

Sch

Schulschwierigkeiten

(Legasthenie, Schreibkrampf)

Es gibt kaum eine der in diesem Elternalphabet angeführte Verhaltensstörung, die nicht gleichzeitig mit Schulschwierigkeiten einhergeht. Bei den Schüchternen fehlt es an der Beteiligung am Unterricht, bei den Kontaktschwachen am unbekümmerten Umgang mit den Kameraden; bei alten und neuen Ängsten, bei Depression und Zwängen ist die Möglichkeit zur Konzentration, zur Arbeitsfreude, zur Ausdauer und zum Interesse gemindert; bei Überehrgeizigen führt die Angst zu versagen zu einer verkrampften Leistungswut. Grundschüler, die durchschnittlich intelligent sind, schulreif eingeschult wurden und in der Schule versagen, haben in den allermeisten Fällen im Hintergrund seelische Nöte, die es ihnen unmöglich machen, den schulischen Anforderungen zu genügen*. In seltenen Fällen nur werden Schulschwierigkeiten durch das Fehlverhalten einzelner Lehrer hervorgerufen. Allenfalls bilden erfahrungsgemäß bestimmte Maßnahmen, Bemerkungen, Anordnungen von Lehrern den Auslöser für Schwierigkeiten, die beim einzelnen Kind längst vorhanden waren und nun ans Tageslicht geraten.

Es ist zwar sehr verständlich, aber nur ausnahmsweise berechtigt, den Lehrer für das Versagen des einzelnen Kindes zum Sün-

---

* Nach den jeweiligen Persönlichkeitsstrukturen geordnete, ausführliche Darstellungen finden sich in: Christa Meves, Die Schulnöte unserer Kinder, Gütersloher Verlagshaus, Gütersloh, 7. Aufl. 1981 und in „Erziehen lernen", Bayerischer Schulbuch-Verlag, 6. Aufl. 1981, S. 82 ff.

denbock zu machen. Eltern sollten Lehrerbeschuldigungen sehr sorgfältig prüfen, ehe sie versuchen, das Kind aus der Klasse zu nehmen oder sich über den Lehrer bei der vorgesetzten Behörde zu beschweren. Es ist nicht nur eine Eigenschaft unserer Kinder, sondern eine allgemein menschliche Eigenschaft, anderen die Schuld für eigenes Versagen aufzubürden. Wenn Kinder anklagend nach Hause kommen und den Lehrer beschuldigen, der Verursacher ihrer Schulmisere zu sein, neigen Eltern verständlicherweise dazu, sich diesen Klagen mit Vehemenz anzuschließen, denn immerhin sind sie die Beschützer ihrer Kinder und haben die Aufgabe, böse Angreifer abzuwehren. Wie viele Väter sind schon, ähnlich wie der seine Brut aggressiv verteidigende Schwanenvater, mit hoher Bugwelle und geblähtem Gefieder in die Schule gesegelt, um den Bedrohern ihrer Sprößlinge den Garaus zu machen! Manchmal mag das nötig sein, gewiß; aber, wie gesagt, elterliche Aktionen sollten allenfalls nach ausführlichen Recherchen eingeleitet werden. Erweist sich die Empörung des Kindes als eine Bemühung um Beschwichtigung der eigenen Schuldgefühle, so sollte man sich unverzüglich daran machen, die wirklichen Ursachen des Versagens herauszufinden.

Lassen sich seelisch bedingte Ursachen der Schulschwierigkeiten ausschließen, so muß bei älteren Kindern gefragt werden, ob die gewählte Schulform die richtige ist, ob eine bestimmte Fächerwahl den Begabungen und Interessen des Jugendlichen nicht angemessen war und nur aus Bequemlichkeit und Opportunismus so gewählt wurde. Es muß in Frage gestellt werden, ob die Umstände vielleicht eine Klassenwiederholung ratsam machen.

Es ist ein spezieller Mißstand in der derzeitigen Situation der bundesdeutschen Schüler, daß die sogenannte „höhere Bildung" eine gefährliche Überwertung erfahren hat. Bei einem großen Teil unserer Kinder liegt die Hauptbegabung *nicht* im abstrakt-logischen, theoretischen Denken, wie es zum Abitur und zur Vorbereitung auf das Universitätsstudium nötig ist. Mehr Kinder sind handwerklich-praktisch, sozial oder künstlerisch begabt. Es wäre besser, diese Kinder nicht alle durch die Mühlen der Oberschulen zu jagen, sondern ihnen rechtzeitig Förderung ihrer speziellen Begabungen angedeihen zu lassen. Es ist für Eltern außerordentlich notwendig, sich auf diesem Gebiet nicht in einen falschen Ehrgeiz hineindrängen zu lassen, sondern im Wissen um die Gleichwertigkeit verschiedenartiger Begabungen mit ihren Kindern denjenigen

Ausbildungsweg einzuschlagen, der ihnen wirklich gemäß ist. Durch den drängenden Ehrgeiz von Eltern bei nicht entsprechender Begabungsrichtung der Kinder kann es zu viel Schulmüdigkeit, zum Versagen, ja zu einem unbewußten Leistungswiderstand des Kindes kommen. Der viel berufene Schulstreß hat in Unangemessenheit dieser Art viel häufiger seine Ursache als in einer Überbürdung mit schulischen Leistungsforderungen.

Was können Eltern generell tun, um Schulschwierigkeiten gar nicht erst aufkommen zu lassen?

Als erstes muß eindringlich wiederholt werden, daß die Sorgfalt elterlicher Bemühung im Säuglings- und Kleinkindalter die Wahrscheinlichkeit, daß Schulkinder sorgfältig, gewissenhaft, konzentriert und gehorsam sind, beträchtlich erhöht. Mühewaltung und Zeit, die Eltern ihren Kleinkindern geschenkt haben, werden ihnen im allgemeinen durch zügig arbeitende Schulkinder gewissermaßen zurückerstattet.

Als zweites: Alle Anfänge sollten sehr ernst genommen werden. Erfolg beim Langlauf Schule hängt weitgehend davon ab, wie der Start gelingt, d.h. die Eltern sollten durch behutsame Wachsamkeit daran mitwirken, daß die Kinder nach den ersten Monaten des Schulbesuchs den Eindruck gewinnen: Das schaff' ich, da ist für mich 'was drin, da möchte ich weiter mitmachen! Dieses schulische Selbstbewußtsein sollte durch Mitfreuen an den kleinen Erfolgen, durch ermunternde Anregungen, durch geschicktes Üben gefördert werden. Anfänger (nicht nur die Schulanfänger, sondern auch die Anfänger in später hinzukommenden Fächern, von den Fremdsprachen bis zur Mathematik) sollten vor Entmutigungen bewahrt werden. Es ist im höchsten Maße gefährlich, Kinder im Anfangsstadium eines schulischen Faches wegen einer unzureichenden Arbeit zu beschimpfen, zu schlagen; ja, bereits Tadel kann in dieser Situation fehl am Platz sein und die Weiche auf Mutlosigkeit stellen. Das kann auf ein Abstellgleis führen, von dem es schwer ist, hinwegzufinden, wenn sich erst Teufelskreise eingebahnt haben. Es ist tragisch, wie oft gerade bemühte Eltern hier Fehler machen. Wie häufig geschieht das: Die erste Sechs, die erste Eintragung ins Klassenbuch löst bei den Eltern einen Sturm verzweifelter Empörung aus. Taschengeldentzug wird angedroht, Stubenarrest verordnet, das Heft um die Ohren geschlagen. Aber das alles ist gefährlich falsch!

Denkt man darüber nach, warum Eltern an dieser Stelle ihrer eigenen Brut gegenüber so selbstmörderisch unpädagogisch handeln, während sie sich fremden Kindern gegenüber einfühlsam abstützend und fördernd verhalten, so wird der tragische Grund bald deutlich: Sie haben Angst, und zwar natürlich um die geliebten eigenen Kinder mehr als um fremde! Vielleicht spielt auch ein wenig die Gegebenheit mit, daß das intellektuelle Versagen der eigenen Kinder gleichzeitig eine Kränkung darstellt, eine Beleidigung des eigenen Selbstwertgefühls. Sollte womöglich im Schulversagen der Kinder die eigene, bisher geschickt verborgene Dummheit offenbar werden? (Der Zweifel an der eigenen Intelligenz ist ein geradezu typisches Kennzeichen der Gescheiten).

Es ist wichtig, sich dergleichen elterliche Schwächen rechtzeitig klar zu machen, um in der entscheidenden Situation nicht das eigentlich noch recht heile Porzellan durch die übersteigerte Reaktion vollends zu zerschlagen.

Wie sollte das aussehen? Zunächst: Kinder, die mit ersten Mißerfolgen aus der Schule kommen, sind traurig. Sie bedürfen des Trostes. Gemeinsam sollte der Schaden angeschaut und den Erzählungen des Kindes wortlos-wohlwollend zugehört werden. Es sollte dem Kind gesagt werden, daß jeder zwischendurch einmal Mißerfolge habe. Das sei nicht schlimm. Man könne die Scharte wieder auswetzen. Mutter und Vater würden ein wenig mithelfen, das Pensum abhören, ein wenig üben. Außerdem: Wer es schaffe, Mißerfolge auszuhalten, ohne zu versagen, der würde davon stärker, der bekäme ein Stück Seelenhornhaut.

Hämisches Überlegenheitsgetue von älteren Geschwistern sollte zurückgewiesen werden: „Du hast auch nicht immer nur Einsen gebracht; ich übrigens auch nicht, als ich zur Schule ging." Besonders wenn der Vater solche Worte spricht, ist das wirkungsvoll, sieht doch das Kind, daß Vater dennoch groß und stark und erfolgreich geworden ist. Bemühungen dieser Art sind wesentlich ermutigender zu neuen schulischen Anstrengungen für das Kind, als wenn es vom Vater hört, daß der solche schlechte Zensuren niemals heimgebracht hat, dann aber beim Pirschen über den Speicher in den Ferien ein altes Schulzeugnis des Vaters entdeckt mit der Bemerkung „Versetzung zweifelhaft. Max muß sich mehr bemühen!"

Außer der in so viel größerem Maße auftretenden motorischen Unruhe (s. Kapitel M), der neumodischen Opposition (s. Kapitel O), der depressiven Faulheit (Kapitel D und F) und den Nöten, die durch Stehlen (Kapitel L) und Schwänzen entstehen (Kapitel V), gibt es eine Schulschwierigkeit, die heute in einer enorm viel größeren Häufigkeit vorkommt: die sogenannte Legasthenie, die Schreib-Leseschwäche von Kindern. In etwa einem Drittel aller Fälle beruht sie auf einer frühkindlichen Hirnschädigung (s. Erhard Ch. und Lempp R.: Zur Ätiologie der Legasthenie, Z. Kinderpsych. 5., S. 164, 1968); aber es gibt sie auch bei Kindern mit gesundem Gehirn und durchschnittlicher Intelligenz. Mittlerweile hat sich nach einer langen therapeutischen Experimentierphase herausgestellt, daß sie durch viel Schreiben und Üben mit einzelnen Buchstaben, am besten im Einzelunterricht, zu beheben ist; denn die Hauptschwierigkeit bei psychogener Legasthenie besteht oft in einem unzureichenden Erfassen der einzelnen Buchstaben im Schriftbild. Das Kind beobachtet nicht genau genug. Eine Ursache dafür ist, daß vielen der modernen Kinder im Vorschulalter zu wenig „Beschaulichkeit" geschenkt wird*. Sowohl das beschauliche Einander-Anschauen von Mutter und Kind im Säuglingsalter, als besinnliche Spielstunden allein oder zu zweit werden unseren Kindern heute meist zu wenig geschenkt. Die organisierte Hektik des Kinderlebens samt der Reizüberflutung durch nicht verstehbare Eindrücke vom Bildschirm her bewirken eine unzureichende Ausbildung der Beobachtungsfähigkeit.

Für Kinder, die hier ein Defizit mit in die Schule bringen, ist die Ganzwortmethode die schlechtere Leseeinführung, weil auch hier zu viele Eindrücke auf einmal angeboten werden, so daß sich gegen die spezielle Überforderung ein Abwehrautomatismus ausbildet: Das Kind guckt gar nicht erst richtig hin und beschränkt sich aufs Raten.

Welche Ursache die Legasthenie auch hat: Wichtig ist es, sie so rasch wie möglich, am besten bereits vor dem ersten Schuljahr zu entdecken** und mit speziellen Übungen zu beginnen***.

Besser als Legasthenieunterricht in der Gruppe ist die Mühewaltung mit dem einzelnen Kind. Vielleicht lebt im Hause eine Großmutter, die sich an ihre eigene Schulzeit noch erinnert. Mit ihr

---

* Meves, C.: Verhaltensstörungen bei Kindern, München 1971. Schmid, P.: Vom erzieherischen Wert der Legasthenietherapie 2 (69–72) 1978.

** Graichen, J.: Kann man legasthenische und dyskalkulatorische Schulschwierigkeiten voraussagen? Z. Psych. 2 (52–57) 1975.

*** Reuter, P. E.: Eltern arbeiten mit lese-rechtschreibschwachen Kindern, Fachkongr. Legasthenie, Mannheim 1978.

sollte das Kind mit Filzstiften und vorgezeichneten Linien groß die Buchstaben malen, den gleichen Buchstaben viele Male, immer wieder, die gleichen einfachen Wortzusammenstellungen – Mama, Oma, Opa, Papa – immer wieder. Darüber hinaus sollte man mit dem schreib-leseschwachen Kind gemeinsam lesen, aus Büchern mit großer Schrift, umschichtig Satz für Satz. Dazu sollte man sich immer neue Kinderbücher aus den städtischen Büchereien besorgen und an jedem Wochenende mit einer neuen Geschichte beginnen. Das Kind darf dabei nicht den Eindruck haben, daß es mit dem Erwachsenen Schularbeiten macht. Es sollte die berechtigte Vorstellung einer schönen, lustvollen Gemeinsamkeit haben.

Kopfschüttelnde Verzweiflung, entmutigte Wutausbrüche – „Mensch, Jan, geh doch gleich zur Müllabfuhr – lesen lernst du nie!" sollten unter allen Umständen vermieden werden. Fortschritte sollten registriert, gelobt und das Können vielleicht sogar dem Vater am Abend noch einmal gezeigt und mit Freude von ihm bestätigt werden. Das ist der sicherste Weg, um einer Blokkade abzuhelfen, die sonst viele nachteilige Folgen hat.

Sehr gelegentlich kommt es bei Kindern, die am Anfang häufig Mißerfolge mit dem Lesen und Schreiben haben oder die als Linkshänder mit Gewalt zu einem Schreiben mit der rechten Hand genötigt wurden, zu einem Schreibkrampf. Ich deute diese Schwierigkeit in diesem Zusammenhang lediglich an, weil ich mehrere Male erlebt habe, daß Kinder mit Schreibkrämpfen in die Behandlung von Ärzten gerieten, die aus Unkenntnis über das Krankheitsbild des psychisch bedingten Schreibkrampfes einen epileptischen Hintergrund annahmen und mit einer speziellen Therapie darauf antworteten. Auch Kindern mit Schreibkrämpfen kann in der Weise geholfen werden, wie es bei Kindern mit Legasthenie beschrieben wurde. Jedenfalls hat sich das verhaltenstherapeutische Konzept der Desensibilisierung, d. h. das Schreiben zunächst in einer nicht bedrohlichen Situation mit viel Spaßmachen zu üben, sehr bewährt.

Zwar steht hinter dem Schreibkrampf die Persönlichkeitsstruktur einer mehr oder weniger ängstlich-phobischen oder ehrgeizig-zwanghaften Seele (s. Kapitel P und Z), aber ein unverkrampftes, locker spielerisches Kurieren am Symptom kann hier auch bereits mithelfen, übersteigerten Strukturverfestigungen entgegenzuwirken.

Es soll am Schluß dieses Kapitels noch einmal darauf hingewiesen werden, daß der negative Einfluß von zu vielem und wahllosem Fernsehkonsum auf die schulische Leistungsfähigkeit der Kinder gar nicht nachhaltig genug hingewiesen werden kann. Bemühte Eltern müssen deshalb heute dafür Sorge tragen, durch altersentsprechende Gestaltung der Freizeit ihre Kinder davon abzuhalten, fernsehsüchtig, und das heißt: unruhig, unkonzentriert, flüchtig und uneinfühlsam zu werden. Das ist eine schwere neue zusätzliche Aufgabe; denn mit dem Verbieten ist es nicht getan! Es muß ein besseres Angebot gemacht werden, das zur Aktivität anregt statt zum Konsum zu verleiten. Ohne die persönliche Einsatzbereitschaft der Eltern ist das nicht in die Wege zu leiten!

St

Störungen des Schlafs und des Sprechens

(Einschlafstörungen, Stottern, Lispeln)

Psychisch bedingte Schlaf- und Sprechstörungen gehören insofern gemeinsam in ein Kapitel, als es sich bei beiden häufig um ein Tausendfüßlerproblem handelt. Jedenfalls behauptet die Mär, daß der Tausendfüßler keinen Schritt mit seinen zahllosen Beinchen vorankäme, wenn er die Möglichkeit hätte, über sein Laufen nachzudenken. Er würde sich hoffnungslos verheddern. In diesem Witz steckt eine physiologische Wahrheit: Alle unsere Aktionen, die über das Stammhirn gesteuert werden (und bei allen triebhaften Handlungen, bei der Motorik, der Sprache und beim Einschlafen ist das so), gelingen weniger glatt, wenn wir sie reflektieren, d. h. wenn wir unserem Großhirn die Möglichkeit geben, sich bei der Aktion dazwischenzuschalten. Es gelingt uns nicht mehr, eine uns bekannte, jeden Tag benutzte Treppe zwei, drei Stufen auf einmal nehmend hinabzuspringen, wenn wir unsere Gedanken bewußt auf den Vorgang richten. Die Gefahr, daß wir stolpern, ist dann wesentlich größer. Beim Einschlafen ist das nicht anders, und auch hier kann die bewußte Reflexion den Vorgang nachhaltig bremsen. Schwierigkeiten dieser Art treten weniger bei Kleinkindern auf, aber schon vom Grundschulalter ab können sie eine chronische Einschlafstörung hervorrufen. Wenn Eltern von diesen Gegebenheiten nichts wissen, können sie die Schwierigkeit ihrer Kinder durch Besorgtsein nachhaltig verstärken. Worte wie: „Aber Kind, du mußt doch schlafen!" „Mäuschen, schläfst du immer noch nicht?" in zehnminütigem Abstand gerufen, bewirken mit großer Wahrscheinlichkeit, daß das Kind erst einschläft, wenn es todmüde ist.

Wirkungsvolle elterliche Hilfe muß anders aussehen. Kommt ein Kind aus seinem Schlafraum zu den Eltern und sagt: „Mama, ich kann nicht einschlafen", dann sollte man (unter der Voraussetzung, daß nicht irgendwelche Schmerzen, Lärm oder andere berechtigte, abstellbare Gründe dafür vorliegen) antworten: „Oh, das st nicht schlimm, das geht uns allen immer einmal so. Es macht auch gar nichts, wenn man einmal etwas weniger schläft, das holst du dann am Wochenende wieder nach." Auf gar keinen Fall sollte also geantwortet werden: „Aber Kind, du *mußt* doch schlafen, wie willst du sonst morgen in der Schule etwas leisten können? Sonst versagst du gewiß in der Rechenarbeit." Bemerkungen dieser Art alarmieren das Kind und machen es oft für Stunden ebenso hellwach wie unglücklich. Es ist auch unsinnig, nun gleich den Medikamentenschrank mit den Schlafmitteln zu bemühen. Und auch ein Scheinmedikament ist nicht empfehlenswert. Gaben zum Einschlafen lassen die Gedanken auf die Einschlaferwartung gerichtet bleiben, und das ist eins der wirksamsten Mittel, um wach zu bleiben. Sinnvoll ist es vielmehr, das Kind zurückzuführen, ein mildes Nachttischlämpchen zum Leuchten zu bringen und zu sagen: Bleib doch einfach noch ein wenig wach. Mach' es dir gemütlich. chau, ich habe dir eine Clementine (einen Apfel, eine Apfelsine) erlegt, und das hübsche neue Buch habe ich auch für dich bereit elegt. Lies noch ein wenig! Die Tür lassen wir angelehnt, das licht an. Ich komme nachher noch einmal herüber. Wir sind ja alle da. Wenn man im Bett liegt und es sich gemütlich macht, kommt man auch bereits zum guten Ausruhen. Ich habe das oft elbst ausprobiert."

Dergleichen Bemerkungen sind angebracht, weil das Kind mit einem Jammern über das Nichteinschlafenkönnen nur allzu erne erreichen möchte, daß es bei dem aufregenden Fernsehtück, bei dem interessanten Besuch, bei dem Gespräch zwischen Mutter und Vater dabei sein kann. Auf solche erpresserischen Be-

mühungen der Kinder, ihren Verhaltensspielraum unzulässig zu
überdehnen, sollte man nicht eingehen. Es ist dem älteren Kind
und seiner Entwicklung bekömmlicher, ihm auch hier seine Gren
zen aufzuzeigen. Das sollte nach Möglichkeit nicht mit lautstar
ker Gewaltanwendung, nicht mit wütendem Wegscheuchen
geschehen. Es gehört zur Natur des Menschen, seine Eigenmach
weit und immer weiter auszudehnen, je mehr der andere zurück
weicht und den Raum zur Invasion zur Verfügung stellt. Jedes see
lisch gesunde Kind versucht das mit seinen Eltern. Aber auf diese
Weise züchten wir anpassungsunfähige Tyrannen. Gewöhnung
an die Grenzen des eigenen Verhaltensspielraumes gehört lebens
notwendig zur Vorbereitung auf das Erwachsenenalter. Eine Ein
schlafstörung kann deshalb auch dadurch entstehen, daß eine
Gewöhnung an eine immer gleiche Zeit des Schlafengehens nicht
stattgefunden hat. In solchen Fällen kann das Nachholen der Ein
gewöhnung an einen gleichen Rhythmus, an eine gute tägliche
Ordnung beruhigend und heilend wirken.

Grenzziehungen dieser Art durchzusetzen, gelingt Vätern oft
besser als Müttern, weil der natürliche väterliche Egoismus meist
unverdrängt vorhanden und nicht, wie häufig bei den Müttern
durch den Pflegetrieb verdrängt ist.

Wenn die Einschlafstörung trotz des richtigen Verhaltens der
Eltern hartnäckig über Tage und Wochen erhalten bleibt, muß
nach einer tiefergehenden Beunruhigung des Kindes gefahndet
werden, freilich am besten auch hier so, daß das Kind nicht allzu
direkt in das besorgte Nachdenken seiner Eltern einbezogen wird
Hinter der Einschlafstörung kann eine verkrampfte Leistungs
angst des Kindes stehen und sich eine Schulphobie anbahnen
(s. Kapitel P), das Kind kann eine Existenzbedrohung der Familie
wittern, ohne daß es davon Kenntnis hat, es kann in eine sexuelle
Not (s. Kapitel S) geraten oder von Schuldgefühlen wegen eines
strafwürdigen Geheimnisses geplagt sein. Es hat wenig Sinn, das
Kind darüber zu befragen und in es zu dringen, seine Not auszu
sprechen. Oft ist sie ihm überhaupt nicht im Bewußtsein! Drän
gendes Mitleiden nach dem Motto: „Kind, nun sag' doch endlich
was dich quält!" kann bewirken, daß das Kind etwas erfindet, um
Mutters lästiges Fragen loszuwerden. Auf jeden Fall macht ein sol
ches elterliches Verhalten das Kind eigentlich erst so recht un
glücklich.

Besser ist es, in geduldiger Wachheit auf dem „Quivive" zu sein

Aus Träumen und Spielinhalten, aus Phantasiegeschichten und freien Zeichnungen lassen sich häufig viel eher die richtigen Ursachen für die Beunruhigung des Kindes herausfinden als mit Hilfe von bohrenden Fragen.

Die Sprache des Unbewußten zu entschlüsseln, um verdrängte Kinderängste in die Verarbeitungsmöglichkeit zu bekommen, ist das spezielle Aufgabengebiet von analytischen Kinder- und Jugendlichenpsychotherapeuten. Nach einem Fachmann dieser Art sollte man auf die Suche gehen, wenn die Einschlafstörungen trotz vernünftigem, liebevollem Verhalten der Umwelt sich nicht beheben lassen.

Das eben Gesagte gilt freilich vornehmlich für Schulkinder und Jugendliche. Im Kleinkindalter gibt es fast regelhaft eine Phase, in der sich die Kinder vorübergehend mit dem Einschlafen, häufig auch mit dem Durchschlafen schwer tun. Diese Zeit liegt meist im dritten und vierten Lebensjahr. Es ist die Phase, in der die Eltern ihren Kindern ein größeres Bett und oft auch einen eigenen Schlafraum zur Verfügung stellen. Diese nächtliche Distanzierung löst häufig, schon ganz und gar bei Kindern, die Krankenhausaufenthalte oder sonstige Trennungen von ihren Müttern erfahren haben, Angst aus. Halb gerät es ins Bewußtsein, daß man ohne den Schutz der Eltern verraten und verkauft ist. Diese Angst läßt zu Mutter zurückdrängen. Sehr häufig erwachen Kinder in dieser Altersstufe des Nachts und machen sich unverzüglich auf, Mutter zu suchen und sich bei ihr einzukuscheln.

Am besten ist es, unter liebevollem Gemurmel das Kind in das eigene Bett zurückzutransportieren, vielleicht auch ein Lämpchen leuchten zu lassen, mit Zudecken und Über-den-Kopf-streicheln dem halb schlafenden Kind die Nähe der Mutter zu signalisieren. Auf jeden Fall sollte der Schlafplatz des Kindes bei einer Situation dieser Art in Rufnähe der Eltern bleiben. Es ist auch nicht schädlich für das Kind im Kleinkindalter, wenn es den Rest der Nacht im Bett der Mutter verbringt. Man muß nur wissen, daß damit die Wahrscheinlichkeit, daß das Kind nun ein paar Monate lang Nacht für Nacht angetappt kommt, außerordentlich groß ist.

Eine Mutter, die ein granadisches Nachtlager dieser Art als Überforderung erlebt, sollte lieber einige Nächte lang den ersten Weg gehen. Erfahrungsgemäß geben Kinder nach einiger Zeit ihre Bemühungen, zu Mutter ins Bett zu kommen, auf, wenn sie fortgesetzt erfolglos bleiben. Dieser Weg ist aber nur unter der Voraussetzung ratsam, daß das Kind nicht mit Gewalt in sein Bett verbannt wird. Nächtliches Schlagen, Einschließen, brutales Ausstoßen kann schwere seelische Verletzungen hervorrufen, die durch die Kindheit hindurch latent bleiben, aber im Jugendalter wie eine Bombe mit Zeitzünder als Angstneurose, als Hyperaggressivität oder als Zwangsneurose in Erscheinung treten und das Leben der jungen Menschen samt ihrer Familien bzw. ihrer Umwelt nachhaltig beeinträchtigen können.

(Das im Kleinkindalter ebenfalls häufige nächtliche Aufschreien der Kinder wird in Kapitel T [Träume] mitbehandelt.)

Sprechen kann man ebenso wenig wie einschlafen, wenn man es *muß*. Das sicherste Mittel, jemanden am Sprechen zu hindern, ist, ihn unter wiederholtem Drängen dazu aufzufordern. Dabei neigen Kinder, denen man bereits in jungen Jahren mit Appellen an das Gewissen ein überhöhtes Maß an Forderungen gestellt hat, dazu, sich mit dieser Befehlsgewalt zu identifizieren und vom Grundschulalter ab eine innere Instanz zu errichten, die nach dem eingewöhnten Dressurmuster sich selbst Befehle mit Vollkommenheitsanspruch erteilt. Das führt deshalb mit großer Regelmäßigkeit zum Mißerfolg, weil der Selbstbehauptungstrieb sich gegen den inneren Diktator zur Wehr setzt und mit einem unbewußten Widerstand Kadavergehorsam dieser Art blockiert. Sagt die innere Instanz: „Arbeite nun, leiste Glänzendes!", so fängt der Bedrängte an, den Arbeitsanfang immer weiter hinauszuschieben und bei vermehrtem Druck von außen und innen überhaupt gar nicht erst anzufangen. Sagt sie: „Sprich nun, sprich in gepflegtem Deutsch, in makelloser Sprache!", so verstummt der Bedrängte, und wenn er schließlich ein Stück der Blockade überwindet, so redet er stockend, mühsam, zerhackt, dürftig, ja im Extremfall holpernd, stammelnd, stotternd. Und je mehr das Kind nun diese seine Taten beschämt als unzureichend verwirft, umso mehr verschlimmert sich das Übel.

Beim Stottern setzt die Schwierigkeit freilich meist bereits ein, bevor das Kind mit einer solchen das Leiden verstärkenden Selbstkontrolle beginnt, und zwar in der Phase, in der es gerade zu sprechen gelernt hat und nun einen großen Drang verspürt, sich zu artikulieren, oft in einem höheren Maß als es seinem Vermögen entspricht. Besonders vitale Kinder beginnen in dieser Phase immer einmal wieder zu holpern. Es ist nun von entscheidender Wichtigkeit, die spontane Sprechfreude des Kindes nicht zu unterbrechen, unrichtig gesprochene Worte nicht zu korrigieren und das Kind nicht aufzufordern, den letzten Satz korrekt gesprochen zu wiederholen. Ein Verhalten dieser Art kann eine Sprachstörung nachhaltig einbahnen. Nicht umsonst liegt die Entstehung von Stotterleiden meist genau in der Phase, in der der Wille des Kindes sich entfaltet, in der sein Bewegungsdrang so ungeheuer mächtig ist. Übersteigerte Einschränkungen des Bewegungsdranges in diesem Alter (und das ist z. B. auch durch körperliche Behinderung möglich) und eine Erziehung, die das Ego, den Eigenwillen des Kindes weitgehend drosselt (s. Kapitel B), kann den Konflikt zwischen Herausgeben und Zurückhalten ohnehin als Sprechschwierigkeit sichtbar werden lassen. Gehen die in solchen Fällen immer sehr bemühten Erzieher nun daran, auch diesem Leiden durch häufiges Ermahnen den Garaus zu machen, so ist es praktisch fertig, das Stotterleiden.

Man wird den Eltern von sprachgestörten Kindern nicht gerecht, wenn man über sie den Kopf schüttelt. Es ist ebenso tragisch wie bemitleidenswert, daß elterlicher Eifer, wenn er sich zu eingreifend, zu ungeduldig bemüht, große Schwierigkeiten bei den Kinder hervorrufen kann, andere zwar, als wenn die Kinder durch Nachlässigkeit geschädigt werden.

Was für pädagogische Konsequenzen haben diese Einsichten? Erzieher, die erleben, daß ihre Kinder stockend zu sprechen beginnen, sollten jegliches Aufmerksammachen auf die Störung vermeiden. Stattdessen sollte dem Kind so viel wie möglich Gelegenheit gegeben werden zu sprechen, ohne daß man es dabei unterbricht. Ebenso sollte man die Handlungen der Kinder so wenig wie möglich unterbrechen. Das Kind muß generell zum Zuge kommen dürfen, statt im Übermaß fremdbestimmt zu werden.

Nicht selten sind es übrigens auch ältere Geschwister, besonders häufig Schwestern, die mit penetranter Gouvernantenhaftigkeit ihren jüngeren Brüdern die Möglichkeit zur Entfaltung einer eigenständigen Spontaneität rauben. Da im allgemeinen (neue wissenschaftliche Forschungsergebnisse haben das bestätigt*) Knaben ein wesentlich stärkeres Bedürfnis nach motorischer Aktivität haben und infolgedessen oft stärkeren Bemühungen zum Eindämmen ihrer Aktivität ausgesetzt sind, werden sehr viel mehr Jungen als Mädchen zu Stotterern. Freilich gilt das nur für das psychogene

---

* Sullerot, E. (Hg.): Die Wirklichkeit der Frau, 1979.

Stottern. Es gibt vereinzelt auch ein organisch bedingtes. Auch hier bedarf es also einer Differentialdiagnose durch den Neurologen. Ist eine organische Ursache ausgeschlossen, so ist es nicht angezeigt, mit stotternden Kindern glattes Sprechen einüben zu wollen. Durch derlei Bemühungen pflegt sich das psychisch bedingte Stotterleiden nachhaltig zu chronifizieren. Ist es nicht gelungen, die Sprachschwierigkeit durch viel Bemühung, dem Kind in seiner Umwelt einen großen Entfaltungsspielraum zu geben, bis zur Vorpubertät allmählich abzubauen, beginnt das Kind unter der Störung sogar so zu leiden, daß es sie zu unterdrücken sucht (wodurch sie sich zwangsläufig verschlimmert), so sollte man mit ihm (ähnlich wie beim zwanghaften Rotwerden und beim Nichteinschlafen-können) ein Konterprogramm beginnen: Man sollte gemeinsam stottern. Man sollte sich bemühen, so viel wie möglich zu stottern. Die besonders gefährdeten Wortanfänge sollten besonders ausdrücklich nur stotternd ausgesprochen werden*. Ebenso wie bei den bereits beschriebenen Zwängen sollte dem Kind verdeutlicht werden, daß es eigentlich besonders hochstehend sei, seine Fehler gar nicht erst vertuschen zu wollen; jeder habe seine eigenen. Und wenn die anderen etwa über die Sprachschwierigkeit lachen, so sei das nur ein Zeichen dafür, wie wenig sie sich Gedanken über ihre eigenen Schwächen gemacht hätten. Es sei schließlich auch nicht böse, anderen zu ihrem Spaß zu verhelfen. Sie sollten nun einmal ordentlich etwas zu lachen haben. Man sollte – auch im Schulunterricht – vor jeder Antwort denken: „Denen werd' ich aber einmal ordentlich etwas vorstottern!"

Die Lehrer sollten von den Eltern stotternder Kinder hingegen gebeten werden, das Kind stotternd aussprechen zu lassen, ohne es zu unterbrechen und der Klasse in Abwesenheit des sprachgestörten Kindes zu verbieten, es wegen seiner Schwierigkeit auszulachen oder zu hänseln. Geschieht das trotzdem, sollte das feixende Kind vom Lehrer wortlos und unverzüglich vor die Tür gesetzt werden. Die Klassenkameraden pflegen binnen kurzem die Bemühung des Lehrers um ein Überhören des Stotterleidens zu unterstützen.

Besonders bewährt bei der Therapie von Stotterleiden hat sich das Schauspielern nach auswendig gelernten Texten, viel Singen,

---

* Kehrer H. E. und Stegat H.: Über die Behandlung von Stotterern nach Verhaltenstherapeutischer Methode (negative Praxis), Z. Kinderpsych. 5 (164-170).

Gedichtrezitationen und Spielen, bei denen der Stotterer – etwa als Schiedsrichter – viel und laut zu kommandieren hat. Bei keinem der vorgenannten Lautäußerungen (wie übrigens auch beim Zählen) stottert das beeinträchtigte Kind. Je mehr aber Lautäußerungen mit glattem Sprechvorgang gelingen, um so mehr schwächt sich die Schwierigkeit auch beim spontanen Sprechen ab. Eine gute Unterstützung können übrigens auch laute Musikinstrumente sein. Die Pauke schlagen, noch besser trompeten, Posaune oder Horn blasen, können gute Dienste leisten, wenn sie nicht mit übertriebenen Forderungen zum Üben verbunden sind.

Das gilt auch für das Lispeln. Ganz besonders kann hier das Flöten, bei kleinen Kindern auf der Blockflöte, später besser noch auf der Querflöte als Therapeutikum hilfreich sein.

Damit besorgte Eltern im Hinblick auf die psychisch bedingten Sprechschwierigkeiten ihres Kindes den Mut zur Geduld nicht verlieren, sei noch erwähnt, daß nur ein verschwindend geringer Prozentsatz von Sprachleidenden damit lebenslänglich behaftet bleibt. Die Mehrzahl der Menschen mit einer Sprachstörung überwindet sie spontan, wenn sie selbst mehr zu kommandieren als zu gehorchen haben. Und da stotternde Kinder fast immer gewissenhafte Schüler sind, kommen sie in der beruflichen Stufenleiter meist relativ rasch zu solchen Gelegenheiten. Auch die materielle Unabhängigkeit wirkt entkrampfend. Ich habe mehrere Male erlebt, daß das Leiden spontan verschwand, nachdem der Stotternde bei der Bundeswehr Feldwebel geworden war: Das Gefühl, Macht zu haben und sie mit vollem Recht maßvoll ausüben zu dürfen, läßt die Gehemmtheit, die durch zu viel und zu frühes Entmächtigtsein entstanden ist, manchmal geradezu schlagartig verschwinden.

T

Tagträumen – Angstträume

Der neunjährige Clemens baut in der ersten Untersuchungsstunde ein seltsames Gebilde: Er fertigt aus Klötzen ein Hochhaus mit mehreren Etagen, aber ohne Treppenhaus – wie er erklärt – nur mit Fahrstuhl. Der Wolkenkratzer hat einen Dachgarten. Dort liegt im Liegestuhl ein Knabe, neben sich einen Bottich mit einer Flasche und Obst. Unten auf dem Parkett, außerhalb des Hauses spielt sich allerlei Bedrohliches ab: Ein Fuchs belauert das Federvieh, ein Mädchen macht Schularbeiten, unbeaufsichtigte Schweine sind dabei, aus ihrem Koben auszubrechen. Clemens ist ein Tagträumer. Er hat sich in das Wolkenkuckucksheim seiner eigenen Welt eingesponnen. Er hört meist nicht richtig zu, wenn er angesprochen wird, weder in der Schule noch zu Hause.

Tagträumen von Kindern ist ein Abwehrmechanismus gegen eine Realität, die ihnen unerträglich ist, gegen die andere Abwehrmöglichkeiten ihnen aber nicht zur Verfügung stehen. Oft sind es körperlich und seelich zarte Kinder, denen es unmöglich erscheint, sich gegenüber einem sehr vorherrschenden Element durchzusetzen. In dem kleinen Spieltest demonstriert das Kind augenfällig, worum es sich in diesem Fall handelt: um eine supertüchtige, tugendhafte ältere Schwester. „Ja, Claudia", sagt Clemens gedehnt, „die kann alles. Die schreibt nur Einsen. Die schafft bestimmt noch das Abi. Sie macht auch immer mit mir Schularbeiten; aber ich kapier' das doch alles nicht", fügt er traurig resigniert hinzu. Clemens' Mutter weiß über ihn nicht viele Einzelheiten zu berichten. Sie unterstützt ihren Mann nachmittags in der ärztlichen Praxis. „Ich bin nun einmal mehr Ehefrau als Mutter", sagt sie seufzend.

Aber Claudia packt über Clemens so richtig aus: „Wissen Sie", legt sie mit altkluger Miene los, „ich glaube, der hat sie nicht alle – ehrlich. Ich kann noch so viel auf den einreden – plötzlich nickt er so komisch und spricht mit irgendwem, der gar nicht da ist. ‚Was hast Du?' schrei' ich ihn dann an und schüttel' ihn. Dann wird er auf einmal wach, guckt mich verglast an und fragt: ‚Was denn nun schon wieder?'"

In den Spielstunden bei mir wagt Clemens aber bald, unverdeckt seine Phantasien preiszugeben. Er hat einen Phantasiespielgefährten, mit dem macht er Reisen zum Mond, nach Afrika und zu den Inkas. Er ist ein rechter kleiner Dichter mit all seinen spannend gefährlichen Abenteuern. Aber immer ist er letztlich der schlaue Held, eine Art tapferes Schneiderlein, eine Mischung aus Pinocchio und Lillibror.

Als Clemens erst einmal heraus hat, daß auch sein Spiel ein Wert ist, als unter den Klassenkameraden ein ähnlich besinnlicher Knabe gefunden ist, mit dem er gemeinsam unter Aufsicht von dessen Mutter seine Schularbeiten machen kann, als er erst einmal der täglichen kopfschüttelnden Abwertung durch seine Schwester enthoben ist, beginnt Clemens auch in der Schule aufzupassen. Es gelingt ihm, seine Phantasien in die gemeinsamen Spiele mit dem Freund einzubringen; er hat es so bald nicht mehr nötig, das tägliche Erleben von Schwäche durch ein phantasiertes Heldenleben zu kompensieren.

Kleine Tagträumer sind rasch zu heilen, wenn man herausfindet, was sie nötigt, die Fahrstuhlklappen zum Hochhaus ihrer Seele dicht zu machen.

Bei den Angstträumen der Nacht ist das nicht viel anders, obgleich sie nicht immer ein bedenkliches Zeichen sind. Jeder Mensch hat gelegentlich einmal einen Alptraum. Manchmal schafft sich auf diese Weise ein ängstigender Tagesrest ein Ventil, manchmal enthält er eine Warnung des Unbewußten, ein seelisch bedrohliches Problem nicht weiter zu verdrängen. Manchmal hat sich eine Geburtsangst, z. B. die Gefahr zu ersticken unter einer akuten Bedrohung neu belebt und tritt als Vernichtungstraum hervor. Wir können es unseren Kindern nicht ersparen, ängstigende Erlebnisse zu haben, die in der Seele nachwirken. Zur Frage sollten Angstträume erst für Eltern werden, wenn die Kinder oft, mehrere Nächte hintereinander mit entsetztem Weinen aus dem Schlaf auffahren. In solchen Fällen lohnt es sich, das Kind bei seinem Namen zu rufen, es in den Arm zu nehmen und zu sagen: „Ja, Mutter ist da, ja, ja, alle sind da. Da hast du wohl etwas ganz Altes geträumt!" Bei wiederholtem nächtlichen Aufschrecken ist es sinnvoll, das Kind durch Ansprechen so wach zu halten, daß es von dem bedrohlichen Traumgeschehen befreit wird. Bei wiederholtem Aufschreien sollte man nachfragen: „Was war denn los? Was hast du denn geträumt?" Oft können die Kinder dann im

Halbschlaf eine Andeutung machen: „Ach, da war wieder der große Trecker." „Die Kuh, die Kuh – sie wollte mich aufspießen!" „Thomas hat mich den Berg 'runtergeschubst" – oder was auch immer.

Es ist nicht nötig, die Fragerei auszudehnen, sondern man sollte das Kind so schnell wie möglich streichelnd wieder zur Ruhe legen. Hat man erst einmal einen Teil des Inhalts aufgefangen, so kann das Kind meistens am Morgen weitere Details erinnern und erzählen. „Ach ja, das Krokodil, jetzt weiß ich wieder", antworten Kinder dann häufig, wenn man sie auf das nächtliche Ereignis hin anspricht, „das will Berni immer auffressen." In einem solchen Traum kommt z. B. eine verdrängte Riesenaggression gegen das gerade geborene Geschwister Berni, das von der Mutter so viel wegnimmt, zum Ausdruck. Das nächtliche Aufschreien pflegt auf Nimmerwiedersehen zu verschwinden, wenn man daraus die Konsequenz zieht, daß das Kind nicht so weit ins Abseits gestellt bleiben darf, sondern wenn Berni schläft, auch einmal die volle Zuwendung der Mutter ganz allein braucht.

Besonders häufig kommt der sogenannte Pavor nocturnus bei Kindern vor, deren Mütter zu liebesmächtig sind. Diese Kinder sind es, die im Traum von Lokomotiven, Treckern, Lastwagen und Kühen überfahren werden. Das Leiden chronifiziert sich, wenn die Kinder von der Mutter dann regelmäßig mit ins Bett genommen werden und die Mutter auch am Tage ihre Behütung verdoppelt.

Die entgegengesetzte Marschrichtung führt meist eher zum Erfolg. Mehr Selbständigkeit (nicht in brutaler Abnabelung, sondern in behutsamer Gewöhnung) sollte eingeübt werden, mehr körperliche Ertüchtigung, die in dem Kind den Eindruck entstehen läßt, daß es doch schon ganz schön stark und wehrhaft ist. Bei Träumen, in denen das Kind überfahren wird, ist es auch sinnvoll, es am Tage dazu anzuregen, selbst Krokodil, Höllenhund oder Raubritter zu spielen. Bekommt das Kind Gelegenheit, als brüllender Löwe mit rollenden Augen umherzukrabbeln, spielt die Mutter dann die ängstlich jammernd Verschreckte, so wird das Kind mit Begeisterung seine Befreiungsgelüste ausagieren und zu einer entlastenden Vorstellung von Eigenstärke kommen. Im Vorschulalter kann es auch hilfreich sein, kleinen Buben eine Krone zu basteln und das Kind damit zum Kaiser oder König zu krönen. Ein Plastikschwert und ein alter Bademantel können seine Macht und

Würde unterstreichen. Schafft es die mächtige Phalanx der Erwachsenen, dem kleinen Spielkönig ehrerbietig Untertänigkeit darzutun, dann kann es dem Kind ebenfalls besser gelingen, das Gefühl seiner existenzgefährdenden Ohnmacht abzuschwächen.

Manche Angstträume der Kinder sind Märchenmotiven angelehnt. Eltern ziehen daraus gern einmal den Schluß, daß Märchen ihre Kinder ängstigen und deshalb besser nicht mehr erzählt werden sollten. Das ist aber meistens ein Irrtum. Das Märchen bildet nur den Auslöser zu einer speziellen Problematik des Kindes, die in dem Inhalt des gehörten Märchens anklingt; denn dies genau ist ja das Wesen der Märchen: Sie bringen in einer symbolhaften Bildersprache die typischen Grundprobleme und Ängste des Menschen zum Ausdruck – in „Hänsel und Gretel" z. B. die Angst vor der harten und der verwöhnenden Mutter, in den „Sieben Geißlein" vor der destruktiven Gewalt eines betrügerischen Verführers. In dem Märchen „vom Fischer und siner Fru" wird vor Riesenansprüchen, in „Frau Holle" vor Lebensverweigerung gewarnt. Sind Kinder mit ähnlichen Problemen konfrontiert, wie sie im Märchen dargestellt sind, so macht die entsprechende Geschichte einen besonders tiefen Eindruck auf sie. Deshalb sollte ein Anklang an Märchenmotive in den Angstträumen der Kinder allenfalls als Hinweis auf die inhaltliche Problematik verstanden werden.

Bei Fernsehstücken ist das im allgemeinen nicht viel anders. Freilich darf nicht übersehen werden, daß vor allem Pornographie der Gewalt im Fernsehen ein Kind nachhaltig ängstigen kann. Neuere Untersuchungen haben bestätigt, daß brutale Kriminalstücke, dem Kind vor dem Schlafengehen serviert, Schlafstörungen multiplizieren*. Es sollte unbedingt vermieden werden, Kindern Filme zuzumuten, die ihrem Verständnisgrad nicht angemessen sind. Am besten ist es, Kinder überhaupt nicht unbeaufsichtigt dem Fernsehen zu überlassen. Die Bilanz der negativen, ängstigenden Wirkung des Fernsehens auf die Kinder ist weltweit so erschreckend, daß man nicht nachhaltig genug an die Stelle des Fernsehkonsums konstruktive Beschäftigungen mit den Kindern setzen sollte.

---

* Lang, E.: Kind, Familie und Fernsehen. Freiburg o. J.

U

Unsauberkeit – Unordnung

(Bettnässen)

Über das, was Eltern als ein Unmaß an Unsauberkeit und Unordnung verstehen, entscheidet weniger eine allgemeine Vorstellung darüber als ihr eigenes Maß auf diesem Sektor. Über die Verhaltensstörung Verwahrlosung, die generell meist auch durch eine Unfähigkeit zu Ordnung und Sauberkeit gekennzeichnet ist, soll erst im nächsten Kapitel die Rede sein.

In diesem Abschnitt soll von einer speziellen Unsauberkeit, dem Bettnässen, gesprochen und danach jene Formen von Unordnung behandelt werden, die über das normale Maß nicht hinausgehen.

Zu Unrecht empfinden es Mütter oft als einen Makel, daß ihr Kind mit fünf, sieben, neun oder manchmal sogar mit zwölf Jahren immer noch einnäßt. Sie erleben dieses Leiden ihrer Kinder meist als ein persönliches Versagen. Oft meinen sie aber auch, darin eine mehr oder weniger bewußte Aggression ihrer Kinder erkennen zu können und antworten auf dem Boden solcher Vorstellung mit sich mehr und mehr verfestigender Gekränktheit, mit emotionaler Distanzierung von dem kleinen „Bösewicht" oder auch mit mehr oder weniger handgreiflicher Aggression. Schuldgefühle der pflegenden Mütter sind aber in den meisten Fällen unberechtigt. Das psychisch bedingte Bettnässen (eine spezielle ärztliche Untersuchung sollte einen organischen Hintergrund der Schwierigkeit zunächst grundsätzlich ausschließen!) hat in der Regel weder etwas mit Schuld der Mutter noch mit Schuld des Kindes zu tun. Die Unfähigkeit, des Nachts sauber zu sein, ist vielmehr in fast allen Fällen die Folge einer Abweichung, deren Zusammenhang mit dem Einnässen den meisten Beobachtern verborgen bleibt: Bettnässende Kinder haben durchgängig einen ungewöhnlich tiefen Schlaf. Dieser bleierne Tiefschlaf ist es, der bewirkt, daß der Reiz der gefüllten Blase nicht zum Aufwachen führt. Im Durchschnitt schläft der Mensch nicht so tief, daß er nicht durch Außen- oder Binnenreize weckbar wäre, auch im Kindes- und Säuglingsalter nicht. Versinken Kinder in einen so tiefen

Schlaf, daß sie regelmäßig vom Abend bis zum Morgen praktisch nicht weckbar sind, so ist das ein Zeichen dafür, daß sie einen Abwehrmechanismus gegen Angst entwickelt haben. Der Tiefschlaf beschützt das Kind, wenn sein Angstpegel zu niedrig ist und daher zum Dauerstreß zu werden droht, was im Säuglingsalter bereits dadurch geschehen kann, daß es zu lange schreien muß, bis jemand kommt. Kindern, die im Säuglingsalter einen Tiefschlaf entwickelt haben, muß also geholfen werden, vor allem diesen Abwehrmechanismus aufgeben zu können, wenn man hoffen will, daß es ihnen gelingt, auch des Nachts ihre Blasenentleerung zu regulieren.

Im allgemeinen wird es nun freilich in der Phase der Sauberkeitsgewöhnung geschafft, den unnatürlichen Tiefschlaf durch ein unbewußtes Einwirken der Mutter wieder rückgängig zu machen: Sie setzen ihre Kinder am späten Abend noch einmal auf den Topf; in Notfällen, bei Krankheiten, Husten und Erbrechen erleben die Kinder, daß jemand da ist, daß sie gar nicht allein sind. Diese Gegenerfahrung mindert die Notwendigkeit des Tiefschlafs. Der Rückzug der Seele hört auf und macht einem normalen Schlafverhalten Platz. Nur in relativ wenigen Fällen kommt der Tiefschlaf nicht zur Minderung, zum Beispiel wenn neue Erfahrungen bestätigen, daß es besser ist, nichts zu sehen und nichts zu hören (etwa wenn Krankenhausaufenthalte nötig wurden; wenn die Schlafstätte des Kindes nicht in Rufnähe der Eltern ist; wenn durch viel Abwesenheit der Mutter keine Erfahrung der Abgesichertheit entsteht). Die Gründe für ein Bestehenbleiben des Tiefschlafs können jedenfalls vielfältig und tragisch sein. Sie haben viel mit Unwissenheit, selten etwas mit bösem Willen zu tun.

Freilich wirkt es verstärkend auf das Leiden, wenn die Mutter mit Schimpfen darauf reagiert, daß das Kind bei einem Verwandtenbesuch, bei einem Krankenhausaufenthalt sauber blieb, zu Hause aber wieder einnäßt, denn sie gewinnt so nur allzu leicht den Eindruck, daß das Kind sie allein ärgern will. Dabei ist der Triumph von Krankenschwestern, Patentanten oder Großmüttern, bei denen das Kind für einige Nächte sauber blieb, meist nicht berechtigt: Die fremde Umgebung bewirkt vielmehr eine kurzfristige angestrengte Minderung der Schlaftiefe, die sich wieder verliert, wenn das Kind zu einer Eingewöhnung oder Beruhigung kommt. Aber diese Wahrheit wird den Müttern kaum einmal erkennbar, so daß sie das Einnässen als persönliche Attacke gegen sich mißdeuten. Mütterliche Wut auf das Kind ruft Gefühle der Verlassenheit, des Ausgestoßenwerdens hervor und bewirkt, daß die Notwendigkeit des Tiefschlafs weiterbestehen bleibt.

Hat man diese Zusammenhänge erst einmal erfaßt, so ist es nicht mehr schwer, sich Konzepte zur Therapie des Bettnässerleidens einfallen zu lassen. Das Kind muß in den nächsten Monaten so gezielt wie möglich davor beschützt werden, Gefühle der Verlassenheit weiter zu unterhalten. Es muß zunächst vor allen Dingen nachts in der elterlichen Nähe schlafen. Bereits am Abend vor dem Schlafengehen sollte diese Nähe nachhaltig gelebt werden: Eine ausführliche halbe Stunde am Bett des Kindes sollte regelmäßig stattfinden. Hier lassen sich Geschichten erzählen, es können gemeinsam ein Stück Obst vertilgt oder Bilder besehen werden. Empfehlenswert ist der Platz der Mutter am Kopfende des Bettes, so daß das Kind mit Kopf und Oberkörper am Leib der hinter ihm sitzenden Mutter ruht. Wichtig ist es, daß man ihm mitteilt, daß man in Rufnähe ist und die ganze Nacht über bleibt, und daß man noch einmal kommen und es auf den Topf setzen wird. Näßt das Kind nachts mehrere Male ein, so sollte man sich den Wecker stellen. Im allgemeinen reicht eine einzige Topfsitzung ca. anderthalb Stunden nach dem Einschlafen. Die nächtliche Bemühung sollte mit geflüsterter Zärtlichkeit, mit liebevollem Streicheln verbunden sein, auch wenn das Kind scheinbar nicht wach wird. Das trockene Bett am Morgen sollte mit wortreicher Freude zur Kenntnis genommen und mit einem Gummibärchen belohnt werden.

Gelingt es nicht, Topfsitzungen zu erreichen, bevor das Kind eingenäßt hat, so sollte man zusätzlich den von Verhaltenstherapeuten entwickelten Klingelapparat anschaffen*. Er ermöglicht es, daß das Kind durch eine laute Klingel geweckt wird, wenn sich die Unterlage befeuchtet. Aber auch der Klingelapparat führt nur zu dauerhaften Erfolgen, wenn die Mutter hinzueilt und dem Kind behilflich ist. Es bewährt sich nicht, dem noch mit dem Tiefschlaf kämpfenden Kind zuviel zuzumuten: eigenständiger Gang auf eine weit entfernte Toilette, selbständige Erneuerung der Unterlage etc. Auch hier muß in *kleinen* Schritten vorgegangen werden. Das Wichtigste aber ist der Abbau der Vorstellung, nachts ohne Hoffnung allein zu sein. Natürlich ist es förderlich, ein Bettnässerkind auch am Tage nicht zu lange allein zu lassen. Viele

---

* Stegat, H.: Die Verhaltenstherapie der Enuresis; Z. Kinderpsych. 6 (199–207), 1973.

Bettnässerleiden habe ich dadurch heilen können, daß ich mit den Müttern eine praktikable Änderung im Tagesablauf verabredet habe.

Im Grunde brauchte das Bettnässerleiden im Zeitalter der Waschmaschine nicht allzu ernst genommen zu werden, da mit dem Pubertätsbeginn meist spontan eine Verringerung der Schlaftiefe einsetzt, die das Bettnässerleiden auch unbehandelt zum Verschwinden bringt, wenn es nicht ein Symptom dafür wäre, daß sich das Kind des Abwehrmechanismus' der Empfindungslosigkeit bedient. Generalisierte Empfindungslosigkeit erzeugt eine dickhäutige Unerregbarkeit, die als Gleichgültigkeit gegen alles und jedes in Erscheinung tritt. Ein Übermaß an Unbeeindruckbarkeit aber verhindert nicht nur eine zupackende Leistungsbereitschaft, es bewirkt auch eine Stagnation der Reifemöglichkeit. Wo Anrührbarkeit aufhört, geht auch der Motor zur Weiterentwicklung verloren. Die Unsauberkeit des Bettnässerleidens sollte deshalb für Eltern ein dringliches Signal sein, wenn sie hoffen wollen, daß ihr Kind ein fühlfähiger, lebenszupackender und leistungskräftiger Mensch wird.

Um die *Unordnung* ihrer Kinder machen sich die Mütter meistens zu große Sorgen. Ein zu früher Beginn und ein Übermaß an Ordnungsforderungen können leicht einmal dazu führen, daß das Klassenziel nicht nur nicht erreicht wird, sondern bis ins Erwachsenenalter blockiert bleibt. Als generelle Regel mag gelten: Bis zum Alter von vier Jahren sollten die Erwachsenen den Kindern, ohne ein Wort darüber zu verlieren, nachräumen. Danach sollte man das Kind loben, wenn es – Mutter nachahmend – mit aufräumt. Vom sechsten Lebensjahr ab sollte man abends sagen: „Wer groß ist, darf jetzt aufräumen." Kommen Sieben- und Achtjährige der Forderung nicht nach, sollte man bemerken: „Ach, so klein sind Mark und Timm noch!" Gleichzeitig sollte die Fünfjährige, die Mutter hilft, ein kräftiges Lob hören: „Jessica könnte direkt schon zur Schule gehen. Die ist schon sehr groß. Sie kann schon Ordnung machen." Wichtig ist es, älteren Kindern nicht von morgens bis abends mit Ordnungsforderungen hinterherzulaufen. Die Kinder sollten vielmehr gelobt werden, wenn sie ihre Schulsachen in Ordnung halten. Darauf sollte das Hauptgewicht gelegt und lediglich am Abend das Aufräumen im Kinderzimmer gefordert werden.

Von der Zwölfjährigkeit ab sollte vom Kind erwartet werden,

die Ordnung in seinem Zimmer, an seinem Arbeits- und Spielplatz unaufgefordert herzustellen und zu erhalten. Verbreitete Unordnung über den Bereich des Kindes hinaus sollte bewirken, daß Mutter die verstreuten Gegenstände auf den Arbeitsplatz des Kindes zurückbefördert. Ist das Kind zu faul, seinen Bereich in Ordnung zu halten, so sollte man ihm das nicht abnehmen. Wenn es dann in seinem Tohuwabohu wichtige schulische Gegenstände verloren hat, darf man unter keinen Umständen hinzueilen. Der zeitsparende Sinn von Ordnung kann nur erkannt werden und zu einer Änderung der Schlampigkeit führen, wenn konstruktive Erfahrungen dieser Art *nicht* von verwöhnenden Müttern verhindert werden. Besorgte Mütter können ganz getrost sein: Haben ihre Kinder erst einen eigenen Hausstand, so setzen meist bald die Vernunft und die Freude an Schönheit der Rücksichtslosigkeit und dem heimlichen Protest gegen Mutters kunstreiche Ordnung ein Ende.

V

Verwahrlosung

(Schuleschwänzen, Weglaufen, Süchte)

Daß unsere Zeit einen wahren Boom von seelischer Verwahrlosung im Jugendalter hervorbringen würde, war voraussehbar, denn sie ist kein Produkt materieller Armut. Sie ist in unserer Wohlstandsgesellschaft viel häufiger eine Folge von Vernachlässigung und/oder Verwöhnung in den ersten Lebensjahren. Unser künstliches Leben im Wohlstand züchtet geradezu die neurotische Verwahrlosung wie auf einem präparierten Nährboden. Selten sind die Eltern direkt schuld. Sie saßen falschen Anweisungen und Zeittrends auf, die den seelischen Entfaltungsbedingungen der Kinder zu wenig Beachtung schenken*. (Ausführliche Fallschilderungen und Darstellungen der Verursachung dieser neuen Volksseuche finden sich in folgenden Büchern: Manipulierte Maßlosigkeit, S. 19 ff; Mut zum Erziehen, S. 31 ff; Wunschtraum und Wirklichkeit S. 67 ff; Unser Leben muß anders werden, S. 57 ff; Die ruinierte Generation S. 82 ff.

Ein Kennzeichen, daß das Kind in der Gefahr ist, seelisch zu verwahrlosen, ist das Schuleschwänzen und Von-zu-Hause-weglaufen; denn diese beiden Symptome signalisieren, daß zwei Grundcharakteristika der neurotischen Verwahrlosung bei dem Kind vorhanden sind: Eine ausweichende Passivität in bezug auf Leistungsforderungen und eine fehlende Bindung an das Elternhaus. In vielen Fällen treten diese beiden Symptome gemeinsam mit Stehlzwängen (s. Kapitel L) und mit einem Unvermögen zu Sauberkeit und Ordnung auf. Die Stimmung ist im Grunde depressiv (s. Kapitel D) und die Gefahr, in eine betäubende Sucht zu gehen, außerordentlich groß, weil die unzureichende Bindung an geliebte Bezugspersonen keine Gegensteuerung durch das Gewissen ermöglicht*.

Neurotisch verwahrloste Jugendliche sind schwer gefährdete Menschen, weil es ihnen an Lebenskraft und damit auch an Erfolgschancen mangelt. Die durch die Depression bedingte unzureichende Ausdauer zwingt sie in eine Resignation, die generell vor einer selbstmörderischen Selbstzerstörung nicht zurückschreckt. Die Suchtneigung und die Ordnungsverweigerung, die undankbare Aggressivität und Haltlosigkeit, von der die Sexualität heute meist voll mitbetroffen ist, macht sie in einem hohen Maße therapieresistent.

Ist eine Verwahrlosung erst einmal manifest geworden, so entzieht sich der Kranke meist schon nach kürzester Zeit den Bemühungen seiner Helfer. Deswegen ist seelisch Verwahrlosten in der Freiheit kaum zu helfen. Psychiatrische Institutionen sind aber ebenfalls praktisch erfolglos, weil die Kranken sich langfristiger Behandlung meist durch Flucht entziehen.

Für seelisch Verwahrloste wäre ein therapeutisches Konzept wünschenswert, das es ihnen ermöglichte, in kleinen konstanten Schiffsmannschaften als Matrosen die Weltmeere zu befahren und unterwegs von erfahrenen Therapeuten behandelt zu werden. In der Freiheit ist es kaum möglich, sie zu sozialisieren.

Um nicht den frühen Tod durch einen ‚goldenen Schuß' oder im alkoholischen Verkehrsunfall zu erleiden oder hinter Gefängnismauern zu verschwinden, ist es nötig, rechtzeitig die vielen kleinen Verhaltensstörungen im Kindesalter ganz ernst zu neh-

---

* Stahl, C. D. und Panzer, W.: Soziales Umfeld und Familiensituation bei drogengefährdeten Jugendlichen. Z. Kinderpsych., 6, (230–235) 1973.

men, die in den Kapiteln D, F, L, N, O und U beschrieben sind. Rechtzeitig erkannt, lassen sich mit großem Einsatz, mit viel Opferbereitschaft der Erziehenden spätere fürchterliche Schwierigkeiten bannen. Vor dieser neuen Seuche unserer Zeit brauchen wir die gleiche Furcht, das gleiche Entsetzen wie beim Ausbruch einer Pockenepidemie; denn auch hier könnte man nur durch sehr viel Vorbeugen dem Elend entgegenwirken. Nüchternes, ungeschöntes Verantwortungsgefühl muß alle Menschen wach machen, um mitzuhelfen, daß weniger unschuldige Kinder in den Sog dieser grausamen Erkrankung geraten. Die Worte der Mutter von Christiane F., dem rauschgiftsüchtigen Mädchen aus der Szene von Berlin Bahnhof Zoo, die erst aufwachte, als es zu spät war, seien an dieser Stelle allen Lauen ins Gedächtnis gerufen:

„Heute weiß ich natürlich, daß ich mich in erster Linie von meinem schlechten Gewissen freikaufen wollte, weil ich so wenig Zeit für die Kinder hatte. Ich hätte Geld Geld sein lassen sollen. Ich hätte mich um die Kinder kümmern sollen, statt arbeiten zu gehen. Ich begreif' mich heute selber nicht mehr, warum ich die Kinder allein gelassen habe. Als ob man das mit schönen Sachen wieder wettmachen könnte. Ich hätte lieber von der Fürsorge leben sollen, solange mich die Kinder brauchten. Auf jeden Fall hab ich vor lauter Anstrengungen für ein hübsches Zuhause völlig aus dem Kopf verloren, worauf es eigentlich ankommt. Ich kann das alles drehen, wie ich will, am Ende mache ich mir immer denselben Vorwurf. Ich habe die Kinder viel zu häufig sich selbst überlassen. Und Christiane hätte sicherlich mehr Halt gebraucht, mehr Führung ..."*

* Hermann, K. und Rieck, H.: Wir Kinder vom Bahnhof Zoo, Hamburg 1980, S. 59.

W

Wutanfälle

Ein achtjähriger Knabe sitzt über dem Puzzle eines Intelligenztests und versucht die einzelnen Teile zusammenzufügen. Als er nach einigen Versuchen damit nicht zurande kommt, springt er plötzlich auf, wischt die Pappteilchen vom Tisch, trampelt darauf herum, hebt ein größeres auf, zerfetzt es, wirft es gegen die Tür, schreit, brüllt, kippt den Tisch hoch, wirft den Sessel um. Ich stehe schweigend auf und verlasse den Raum. Nur kurz noch höre ich einige polternde Geräusche und ein heiseres Geschrei. Dann kehrt Stille ein.

Ich begebe mich zu Hartmuts Mutter, die auf das Ende der Untersuchung wartet, und berichte ihr von dem Wutanfall ihres Sohnes. „Ja", sagt sie bekümmert, „und so geht das bei uns zu Hause tagaus, tagein. Was sollen wir nur machen? Wir sind so verzweifelt! Glücklicherweise ist in der Schule erst zweimal dergleichen passiert; aber es wird auch immer schlimmer. Vermutlich werden Sie auch gar nichts machen können, denn mein Mann ist genau so jähzornig. Hartmut hat diese Eigenschaft einfach von ihm geerbt. Sie können sich gar nicht vorstellen, wie meine Mutter, unsere Angestellte und ich in Angst und Schrecken leben. Und nun geht das auch noch mit dem Jungen los!"

Nach etwa zehn Minuten betrete ich erneut den Untersuchungsraum. Hartmut hat notdürftig aufgeräumt und sitzt lammfromm vor dem Kasten. Ich lege den Test in den Schrank zurück. „Du kannst nun zu deiner Mutter gehen", sage ich, „ich weiß jetzt über dich Bescheid."

Hartmut schaut mich unsicher-schuldbewußt an. „Ja", sage ich, „ich weiß jetzt, daß du deinen Vater einfach nachmachst. Immer hast du nun schon erlebt, wie der zu Hause herumtobt und dadurch erreicht, daß alles nach seiner Pfeife tanzt; und nun hast du gemerkt, daß das eine ganz gute Methode ist, um alle zum Zittern zu bringen. Aber schau, in Wirklichkeit taugt sie überhaupt nichts; denn wenn man sich erst daran gewöhnt, bei jeder Gelegenheit loszubrüllen, dann kann man das nachher nicht mehr abstellen und macht sich viele, viele Feinde. Und keine Freunde zu haben, sondern nur Feinde, das ist bestimmt kein gutes Leben."

„Aber was soll ich denn machen?" fragt Hartmut. „Ich seh' doch einfach rot, ich koch' doch einfach über." „Ja", erwidere ich, „eine große Wut haben, das passiert jedem von uns alle Nas' lang, wenn etwas nicht so klappt, wie wir es möchten; aber man kann es lernen, sich zu beherrschen." „Wie?", fragt Hartmut.

„Als erstes, indem man sich zwingt, weiterzumachen. Als zweites, indem man, sobald man die Gelegenheit hat, etwas tut, was der Wut ein Ventil schafft, ohne daß es andere Menschen belästigt oder beschädigt. Ich habe deiner Mutter einige Ratschläge gegeben: Wir werden dir einen Boxball im Keller montieren, daran kannst du deine Wut abarbeiten. Auch eine Zielscheibe und Wurfpfeile haben wir für dich vorgesehen und ein Trampolin, in das du die ganze Wut hineinstampfen kannst."

Die Chronifizierung von unbeherrschten Wutanfällen ist um so leichter möglich, je mehr sich die Erwachsenen von ihnen beeindrucken lassen. Jähzornig schreiende Kinder sollten auf jeden Fall ohne Publikum bleiben und nach Abklingen des Anfalls aufgefordert werden, allein die Ordnung, die sie zerstört haben, wiederherzustellen. Jähzorn im Kindesalter sollte aber darüber hinaus als ein Signal erlebt werden, daß das Kind mehr Ventile für seine Aggressivität braucht. Im vorliegenden Fall war es auch noch nötig, den Vater einzubestellen und ihm zu verdeutlichen, wie wenig vorbildlich sein unbeherrschtes Verhalten für die Entwicklung seines Sohnes sei. Ihm wurde klar gemacht, daß er wenig Aussicht habe, einst von seinem Sohn geachtet und anerkannt zu werden, wenn er Machtausübung durch Löwengebrüll in sich hochzüchte. Der Vater sagt mit der gleichen Unschuldsmiene wie der Sohn: „Aber was soll ich denn machen? Ich sehe doch so leicht rot!"

Vater und Sohn sind gemeinsam unter die Amateurboxer gegangen, und auch Säge und Gartenschere liegen immer parat, um der großen Wut durch gutes Gärtnern ein Ventil zu schaffen.

Z

Zwänge

(Wasch-, Ordnungs- und Rückversicherungszwänge, Zwangsphantasien)

Die 16jährige Renate ist so verzweifelt. „Seit zwei Jahren geht es mit mir abwärts", sagt sie. „In der Schule bringe ich nichts, weil ich nicht genug Zeit habe zu lernen; was Freizeit ist, weiß ich schon lange nicht mehr, und die Lust, in dieser Form zu leben, ist mir allmählich wirklich abhanden gekommen."

Renate wäscht alles, was ihr unter die Hände gerät, sich selbst und was sich nur waschen läßt in der kleinen Wohnung, die sie gemeinsam mit der Mutter bewohnt.

„Zuerst war meine Mutter ganz erfreut darüber, daß ich die Wohnung und mich selbst so pieksauber hielt. Aber allmählich fällt ihr meine Wascherei auch enorm auf die Nerven.

‚Man muß doch irgendwann einmal zur Ruhe kommen', sagt meine Mutter zu mir.

Ich finde das ja auch; aber ich kann es nicht ändern. Ich habe schreckliche Angst, anderen irgendeine Krankheit, einen Virus oder so irgendetwas zu übertragen. Ich möchte ein solches Risiko nicht eingehen. Dabei ist mir natürlich klar, daß meine Mutter und ich selbst täglich neue Bazillen einschleppen, schließlich kommen wir ja laufend mit der Außenwelt in Berührung. Aber ich will die nicht weiter verbreiten. Deshalb passe ich schon auf, daß wir nur pflegeleichte Sachen tragen, die sich waschen lassen. Die Waschmaschine ist bei uns ständig in Betrieb. Meine Mutter sagt seufzend: ‚Gegen Deinen Waschmittelverbrauch kann ich demnächst nicht mehr anverdienen.' Dabei sehe ich mit meinem Verstand natürlich ein, daß das alles übertrieben ist mit meinem Sauberkeitsfimmel. Aber ändern kann ich es nicht allein – die Angst ist zu groß."

Ich frage nach Renates Vorgeschichte. Sie ist ein uneheliches Kind. Ihren Vater hat sie nie gekannt. Ihre Mutter ist als Kontoristin immer berufstätig gewesen. Renate selbst ist von der Großmutter aufgezogen worden, die eine gewissenhafte Hausfrau gewesen sei, mehr streng als verwöhnend. Ihre Mutter sei eigentlich für sie eher so etwas wie eine ältere Schwester gewesen. Die eigentliche Betreuung von beiden hätte die Großmutter allein und fest in der Hand gehabt. Sie selbst sei schon früh zur Ordnung und zur Hilfe im Haushalt angehalten worden. Sie habe ihre Großmutter geliebt und in den letzten Jahren ihres Lebens auch viel um sie gelitten. Sie habe Herzasthma gehabt und immer einmal wieder Anfälle bekommen. Als sie eines Tages aus der Schule gekommen sei, habe sie die Großmutter schwer atmend am Boden vorgefunden. Sie sei nach einem Medikament gerannt, das schon öfter geholfen habe. Sie habe versucht, ihr mit dem Löffel etwas einzugeben in den offen aufgeklappten Mund. Da habe die Großmutter plötzlich die Augen verdreht, und dann sei sie ganz starr geworden. Zu atmen hätte sie aufgehört. Da hätte sie einen furchtbaren Schreck bekommen und sei einfach weggerannt, ganz kopflos, lange durch viele Straßen. Schließlich sei sie zurückgekehrt und habe ihre Mutter, eine Nachbarin und den Arzt vorgefunden. Die Großmutter sei tot gewesen – Herzversagen nach Angina pectoris, hat der Arzt gesagt.

Renate macht eine Pause und schaut schweigend zu Boden. „Aber du glaubst, daß *du* Großmutter den Rest gegeben hast, nicht wahr?“ sage ich in das Schweigen hinein. Renate nickt. Dicke Tränen rollen ihr übers Gesicht.

Wir beschließen, die Sache miteinander zu bearbeiten, und beginnen mit regelmäßigen Gesprächsstunden. In diesen kommt schließlich auch ans Tageslicht, daß Renate sich gegen die Großmutter, gegen ihr kleinliches Pflichtbewußtsein, gegen ihre eingreifende Überbesorgtheit oft gewehrt habe, daß sie sich aber von ihr viel zu abhängig gefühlt und ihre Übermächtigkeit bei Auseinandersetzungen gefürchtet habe. Renate erinnert sich dann auch, daß sie bereits einige Jahre vor dem Tod der Großmutter geträumt habe, daß sie sie mit einem Herzmedikament vergiftet hätte. Von dem Traum sei sie in großer Angst und mit lautem Weinen aufgewacht.

Was hat Renates Wasch- und Sauberkeitszwang mit dieser Geschichte zu tun? Die entwicklungspsychologisch berechtigte Aggression gegen die Großmutter ist von dem Kind niemals zugelassen worden. Aber der verdrängte Wunsch nach Befreiung tauchte beim Erleben des großmütterlichen Sterbens dennoch wieder auf, und zwar in der (unbegründeten) Vorstellung, den Tod der Großmutter verursacht zu haben. Nun aber, nach ihrem Sterben, kann der heimliche Wegwunsch erst recht nicht ertragen werden. Panische Schuldgefühle quellen hervor, die nach Entlastung heischen. Und so beginnt Renate ihre Hände gewissermaßen in Unschuld zu waschen. Sie selbst ist schmutzig, vergiftet, infiziert, so empfindet sie, und bedarf der fortgesetzten Reinigung, und deshalb fürchtet sie, unrein zu sein und andere Menschen damit anstecken zu können.

Bei den Waschzwängen sind es sehr häufig unerträgliche und deshalb verdrängte aggressive Wünsche, die überspielt, die ungeschehen gemacht werden sollen.

Aber auch bei den vielen anderen Zwangserscheinungen dreht es sich darum, Handlungen und Wünsche, die dem Menschen als böse, als unzulässig erscheinen, durch ein Gegenritual abzuwehren. Bei den Ordnungszwängen müssen zum Beispiel die Gegenstände des Haushaltes in einer ganz bestimmten Stellung auf einem nicht verrückbaren Platz gehalten werden, bei den Zählzwängen muß bei jeder Gelegenheit alles mögliche gezählt werden. Und da die verbotenen Inhalte allenfalls gelegentlich einmal halb und dann nur mit wieder erneuter Abscheu ins Bewußtsein geraten, können sie nicht verarbeitet werden, sondern führen in den elenden Dauerkampf mit den zu verdrängenden Inhalten aus dem Unbewußten. Die Auflösung solcher Nöte sollte man besser einem Fachmann überlassen. Erfahrungsgemäß führt aber bereits eine Aufklärung über den Hintergrund des als bedrängend erlebten Zwanges zu einer befreienden Entlastung, erst recht wenn es gelingt, dem Patienten seine aggressiven bzw. sexuellen Wünsche als verstehbar, ja als berechtigt und tolerierbar zu verdeutlichen. Die Behandlung freilich ist damit erst begonnen, denn sie kann nur dann als abgeschlossen gelten, wenn es gelingt, den Bereichen des Gewissens einerseits und denen der Triebe andererseits in der Seele eines Menschen zu einem ausgewogenen Maß zu verhelfen. Das ist eine um so erfreulichere Arbeit, als die Notwendigkeit zu zeitraubenden Zwängen durch das Verstehen ihrer Hintergründe sehr rasch merklich nachläßt, so daß die jungen Patienten mit Eifer daran mithelfen, die einseitige Übergewissenhaftigkeit in eine ebenso verantwortungsbewußte wie gelockertere Lebensführung umzuwandeln.

Wenn sich Zwänge bei Kindern und Jugendlichen auch als optimal therapierbar erweisen, sollte man sich als Eltern nicht darauf verlassen. Grundsätzlich ist es mit der Reparatur der Seele anders als bei der unseres Autos. Jedenfalls ist es mit dem Einsetzen von einigen Ersatzteilen allein nicht getan. Immer bedeutet eine Korrektur des Verhaltens mühseligen Kampf gegen eingebahnte Gewohnheiten, schwer bezwingbare, falsch hochgezüchtete Bedürfnisse, Konflikte und Ängste.

Niemals aber bricht eine der in diesem ABC aufgeführten Schwierigkeiten im Jugendalter aus heiterem Himmel aus; selbst im Fall Renate waren die tragischen Ereignisse nicht die Ursache beim Ausbruch des Waschzwangs. Immer geht dem Sichtbarwerden einer solchen sogenannten Zwangsneurose eine zu weitgehende Drosselung des lebensnotwendigen Spielraums und eine Erziehung zu einer Übersteuerung des Gewissens voraus. Kinder, die erlebt haben, daß jede kleinste Frechheit bereits zu einer Art Todsünde gemacht wird, geraten nur allzu oft im jungen Erwachsenenalter in eine Unvereinbarkeit ihrer Antriebe mit dem diktatorischen geistigen Zensor in ihnen selbst. In der Vorbereitung zur Zwangsneurose haben häufig Eltern gewirkt, die tragischerweise zu angstvoll verkrampft ihre Pflicht zu tun bemüht waren.

Unser Maß in der Mitte zwischen Vernachlässigung einerseits und Übereifer und Verwöhnung andererseits finden wir am besten, wenn wir unseren Kindern gegenüber ein Stück gelassenen Gottvertrauens gelten lassen und gleichzeitig von dem Gedanken beseelt bleiben, daß sie nicht an unser Eigenwollen ausgelieferte, von uns zu formende Masse, sondern uns zu guter Gärtnerschaft anvertraute kostbare Seelenpflanzen sind. Lassen wir ihnen gegenüber eine horchbereite Liebe walten, beherzigen wir, daß wir ihnen Spielraum zu geben und Grenzen zu setzen haben, sind wir bereit, in ihrer frühen Kindheit unser Ich hinter ihrer Pflege zurückzustellen, so haben wir alle Chancen, daß unter unserer Obhut junge Menschen heranwachsen, die so lebenskräftig und so liebesfähig sind, daß sie eine gute Zukunft haben.

Literaturverzeichnis

Aichhorn, A.: Verwahrloste Jugend. Bern 1951.
Alexander, F.: Psychosomatische Medizin. Berlin 1951.
Bauer, G.: Triebverbrechen jugendlicher und heranwachsender Delinquenten. Z. Kinderpsych. 6 (1970), S. 234–237.
Biermann, G. (Hrsg.): Handbuch der Kinderpsychotherapie. München 1969.
Böll, H.: Ansichten eines Clowns. Berlin 1963.
Christmann, F. und Sommer, G.: Verhaltenstherapeutische Behandlung des Fingernägelbeißens. Z. Kinderpsych. 4 (1976), S. 139–145.
Damrow, H., und Corell, W.: Ehekonflikte – Konfliktehen, München 1972.
Dubos, René: Programm für eine menschliche Welt, Bergisch-Gladbach 1970.
Dührssen, A.: Psychogene Erkrankungen bei Kindern und Jugendlichen. Göttingen 1954.
Eichsleder, W.: Praktische Hinweise konzentrationsgestörter hyperaktiver Kinder mit Stimulantien. Z. Der Kinderarzt 12 (1981), S. 1848–1851.
Erhard, Ch. und Lempp, R.: Zur Ätiologie der Legasthenie. Z. Kinderpsych. 5 (1968), S. 164.
Eschenbach, U.: Die Frau – ein unheimliches Wesen? Stuttgart 1965.
Fest, J.: Typisch Frau, typisch Mann, Hamburg 1973.
Ford, C. S., und Beach, F. A.: Formen der Sexualität, Berlin 1954.
Freud, S.: Studienausgabe, 60 Bde. Neuaufl. Frankfurt a. M. 1971.
Fromm, E.: Die Kunst des Liebens, Frankfurt a. M. – Berlin 1967.
Gareis, B. und Wiesnet, E.: Gefängniskarrieren. Innsbruck/Würzburg 1973.
Glueck, S. and E.: Unraveling Juvenile Delinquency. New York 1950.
Graichen, J.: Kann man legasthenische und dyskalkulatorische Schulschwierigkeiten voraussagen? Z. Psych. 2 (1975), S. 52–57.
Harding, E.: Der Weg der Frau, Zürich 1932.
Dies.: Frauenmysterium, Zürich 1949.
Harris, T. A.: Ich bin okay – Du bist okay, Hamburg 1973.
Hausmann, M.: Gedichte, Frankfurt a. M. 1960.
Havemann, R.: Dialektik ohne Dogma, Hamburg 1964.
Heigl, F.: Ein Fall von generalisiertem Tic. Z. Kinderpsych. 4 (1955), S. 202.
Hellbrügge, Th.: Kindliche Entwicklung und soziale Umwelt. München 1964.
Ders.: Die sozialpädiatrischen Zentren von Prof. Pechstein. Mainz/München.
Hemmerle, K.: Das geistige Leben der Priester, Köln 1973.
Huntford, R.: Wohlfahrtsdiktatur, Frankfurt a. M. 1973.
Illies, J., und Meves, C.: Lieben – was ist das? Freiburg i. Br. 1972.
Jung, C. G.: Die Ehe als psychologische Beziehung, Zürich 1934.
Kehrer, H. E. und Stegat, H.: Über die Behandlung von Stotterern nach verhaltenstherapeutischer Methode (negative Praxis). Z. Kinderpsych. 5 (1968), S. 164–170.

Keilbach, H.: Untersuchungen an acht Kindern mit der Hauptsymptomatik Einkoten. Z. Kinderpsych. 4 (1977), S. 117–127.
Kluge, K.: Erziehungsschwierigkeit und Schwererziehbarkeit. Z. Kinderpsych. 2 (1971), S. 52–61.
Korner, A. E.: Methodological considerations in studying sex differences in the behavioral functioning of newborns. In: Friedman, R. C. et al. (Hrsg.) 1974, S. 197–208.
Kruse, F.: Raumangst und Platzangst als geburtstraumatische Neurosen. Z. Kinderpsych. 7 (1979), S. 240–250.
Lang, E.: Kind, Familie und Fernsehen. Freiburg o. J.
Lewick-Goodall, J.: Wilde Schimpansen, Hamburg 1971.
Löwenau, H. W.: Suicidale Tendenzen bei neurotischen Kindern und Jugendlichen. Z. Kinderpsych. 5 (1970), S. 165–168.
Mann, T.: Bekenntnisse des Hochstaplers Felix Krull, Stockholm 1939.
Masters, W. H., und Johnson, V. E.: Die sexuelle Reaktion, Frankfurt a. M. 1967.
Mead, M.: Mann und Weib, Hamburg 1972.
Meierhofer, M. und Keller, W.: Frustration im frühen Kindesalter. Bern 1966.
Merz, F.: Geschlechterunterschiede und ihre Entwicklung. Göttingen 1979.
Meves, C.: Verhaltensstörungen bei Kindern. München 1971.
Dies.: Die Schulnöte unserer Kinder. Hamburg 1974.
Dies.: Erziehen lernen in tiefenpsychologischer Sicht. München, 6. Aufl. 1981.
Dies. (und Illies, J.): Geliebte Gefährten – Tiere als Hausgenossen. Freiburg 1981.
Dies.: Unser Leben muß anders werden. Freiburg 1976.
Dies.: Unsere Kinder wachsen heran – Wie wir ihnen helfen können. Freiburg 1981.
Dies.: Manipulierte Maßlosigkeit. Freiburg, 23. Aufl., 1982.
Dies.: Wunschtraum und Wirklichkeit, Freiburg i. Br. 1973.
Dies. (und Ortlieb, H.-D.): Die ruinierte Generation. Freiburg 1981.
Dies.: Bericht über die psychagogische Arbeit mit einem entwicklungsgehemmten Jungen. Pr. Kinderpsych. 6 (1965), S. 197–208.
Dies.: Vergleichbare Strukturen von Verhaltensstörungen bei Kindern und Tieren. Pr. Kinderpsych. 8 (1967), S. 273–280.
Dies. (und Simonsen, H. P.): Katamnesen nach Krankenhausaufenthalt im Kindesalter. Pr. Kinderpsych. 6 (1968), S. 197–204.
Dies.: Mut zum Erziehen. Gütersloh, 7. Aufl. 1981.
Dies.: Erziehen und erzählen – von Kindern und Märchen. Stuttgart 1974.
Dies. (und Illies, J.): Lieben – was ist das? Freiburg, 14. Aufl., 1981.
Meves-Schetelig, U.: Biologische und psychologische Aspekte der Mutter-Kind-Beziehung beim Menschen, Inaugural-Dissertation, Kassel 1980.
Mitscherlich, M.: Beitrag zur Psychologie des Tic. Adv. Psychosomat. Med. 3 (1963), S. 203.
Nelles-Bächler, M.: Die schulische Behinderung des aggressiven Kindes. Z. Kinderpsych. 3 (1974), S. 99–102.
Neumann, E.: Zur Psychologie des Weiblichen, Zürich 1953.
Neumann, U.: Wieviel Liebe braucht ein Kind? Stuttgart 1970.
Reinelt, A. und Breiter, M.: Therapie einer Trichotillomanie. Z. Kinderpsych. 5 (1980), S. 169–174.
Remschmidt, H.: Neuere Ergebnisse der Kinderdelinquenzforschung 2 (1978), S. 29–39.
Reuter, P. E.: Eltern arbeiten mit lese-rechtschreibschwachen Kindern. Fachkongreß Legasthenie, Mannheim 1978.
Rösler, M.: Befunde beim neurotischen Mutismus der Kinder. Z. Kinderpsych. 6 (1981), S. 187–194.
Sartre, J. P.: Die Wörter. Hamburg 1965.

Sullerot, E. (Hrsg.): Die Wirklichkeit der Frau. 1979.
Szonn, G.: Zwei Fälle von Haarausreißen. Z. Kinderpsych. 1 (1975), S. 10–18.
Schaffer, H. R. und Emerson, P. G.: The development of social attachment in infancy, Monogr. Soc Res. Child Development (1964b).
Schetelig, H.: Frühkindliche Deprivation als Ursache einer sozialen Behinderung. In: Das öffentliche Gesundheitswesen, Heft 9, (1981), S. 409–456.
Ders.: Entscheidend sind die ersten Lebensjahre. Freiburg 1979.
Schwidder, W.: Neoanalyse. In: Handbuch der Neurosenlehre und der Psychotherapie, Bd. III. München/Berlin 1959.
Stahl, C. D. und Panzer, W.: Soziales Umfeld und Familiensituation bei drogengefährdeten Jugendlichen. Z. Kinderpsych. 6 (1973), S. 230–235.
Stegat, H.: Die Verhaltenstherapie der Enuresis. Z. Kinderpsych. 6 (1973), S. 199–207.
Stern, K.: Die Flucht vor dem Weib, Salzburg 1968.
Sprockhoff, O.: Eine neue Kinderkrankheit: Die Nuckelflasche. Deutsches Ärzteblatt 1 (1982), S. 40.

Fremdwörterverzeichnis

Abort	Fehlgeburt
Adipositas	Fettsucht
Adoleszenz	Jünglingsalter
Adrenalinausschüttung	Ausschüttung von Nebennierenrindenprodukten unter Angst
Aktivitätsatrophie	Schwund der Möglichkeit, aktiv zu sein
akzeptieren	annehmen
Altruismus	Nächstenliebe
ambivalent	zwiespältig
Analogie	Entsprechung
Anamnese	Vorgeschichte einer Krankheit
anarchistisch	gesetzlos
apathisch	erschlafft, antriebslos
apodiktisch	sicher
Asthma bronchiale	Erkrankung der Bronchien
Autismus	krankhaftes Unvermögen, Kontakt zur Umwelt aufzunehmen
autobiographisch	die eigene Lebensgeschichte beschreibend
azetonämisch	den Blutzucker mindernd
Boom	Hochgetriebenheit
Bulimie	künstlich herbeigeführtes Erbrechen nach überreichlicher Nahrungsaufnahme aus Angst vor Gewichtszunahme
Chorea minor	Veitstanz
Chronifizierung	Fortdauern
Coeliacie	Darmerkrankung
Colitis ulcerosa	Darmerkrankung
Defizit	Mangel
Desaster	Mißgeschick
diffamieren	lächerlich machen
differentialdiagnostisch	unterscheidend eine Krankheit erkennen
diskriminieren	herabsetzen
Distanz	Entfernung
Encephalitis	Hirnhautentzündung
Enkopresis	Einkoten
Ersttrauma	erste seelische Verletzung
exaltiert	aufgeregt
Exhibitionismus	Schamverletzung durch Vorzeigen des männlichen Gliedes
exzessiv	das Maß überschreitend

Fetischismus	geschlechtliche Befriedigung an einem Ersatz
feixen	sich lustig machen
fötal	im Zustand der Ungeborenheit
freiflottierend	frei umherschweifend
Frustrationstoleranz	Seelenstärke
Funktion	Aufgabe
Gegenritual	magische, oft wiederholte Handlung zur Abwehr böser Mächte
generalisiert	verallgemeinert
Genese	Entstehungsgeschichte
genital	die Geschlechtsteile betreffend
granadisches Nachtlager	Schlafplatz in gedrängter Enge
Hungeroedem	Wasserretentionen im Körper
Hyperaggressivität	übersteigerte Angriffslust
Identifikation	Gleichsetzung
imitieren	nachmachen
indoktriniert	fehlbelehrt
infiziert	angesteckt
interpretieren	erklären
Invasion	Einfall, Übergriff
Inzesttabu	Verbot der geschlechtlichen Beziehung mit nahen Blutsverwandten
irreversibel	nicht heilbar
Jactatio capitis	Hin- und Herschlagen des Kopfes
Jour fix	festgelegter Tag gemeinsamer Verabredung
Kastration	Entmannung
katatone Starre	verkrampfte Bewegungslosigkeit
Klitoris	Kitzler
Kompensation	Ausgleich
konstant	gleichbleibend
Konstellation	Zusammentreffen von Umständen
konstruktiv	aufbauend
Konzept	Plan
latent	unterschwellig
Legasthenie	Schreib-Leseschwäche
legiert	verschmolzen
lesbisch	weiblich homosexuell
manifest	offenbar
manipulieren	aktiv beeinflussen
Marasmus	körperliche Verelendung
Masochismus	Lust, sich quälen zu lassen
Mentalität	Wesensart
motorisch	körperlich beweglich
Mutismus	krankhafte Schweigsamkeit
Neurologe	Facharzt für organische Nervenleiden, Hirnspezialist
neurotisch	seelisch gehemmt
notorisch	offenkundig
Opportunismus	das für sich selbst Günstige tun
optimal	bestens
Orgasmus	Höhepunkt sexueller Erregung
Overprotection	Überbehütung
panisch	unreflektiert angstvoll

pathologisch	krankhaft
Pavor nocturnus	nächtliches Aufschreien
penetrant	durchdringend
Perfektionismus	das Streben nach Vollkommenheit
Perversion	sexuelle Abartigkeit
Petit mal	geringfügige Anzeichen einer Epilepsie
Phalanx	Schlachtreihe
Phobie	Furcht, bei der die Angst auf einen Gegenstand abgeleitet ist
physiologisch	körperlich
pomadig	träge
Pornographie	unzüchtige Darstellung
potentiell	der Anlage nach
Potenz	Geschlechtskraft
pränatal	vorgeburtlich
Privileg	Vorrecht
prometheisch	wie der griechische Gott Prometheus
psychogen	seelisch bedingt
Psychopathie	seelische Schwäche
psychosomatisch	körperlich leidend durch seelische Ursachen bedingt
psychotisch	geisteskrank
qui vive	hellwach aufmerksam sein
rational	vernunftgemäß
reaktivierbar	wieder handlungsfähig machen
Recherchen	Nachforschungen
reflektorisch	einem Reflex, einer automatischen Reaktionsform gehorchend
renitent	widersetzlich
retentiv	zurückhaltend
Sadismus	Quälsucht
Sanierung	Heilung
Selbstreflexion	Selbstbeobachtung und -befragung
Sexorgie	Sexgelage
sozialisieren	gesellschaftsfähig machen
Spontaneität	unnachdenkliche Handlungsbereitschaft
Stagnation	Steckenbleiben
Stimulation	Selbstreizung
suggerieren	beibringen
subtil	zart
Symptom	Krankheitszeichen
Testosteronschub	Schub von männlichem Sexualhormon
therapieresistent	durch Heilungsversuche unbeeinflußbar
Tohuwabohu	Durcheinander
tolerierbar	annehmbar
Transvestitismus	sich in der Kleidung des Gegengeschlechts darstellen
umkonditionieren	eine Haltungsänderung durch Lernen erwirken
verbal	mit Worten bekundend
Volière	Vogelhaus

Wo unsere Zukunft heller wird

Die Herderbücherei nach dem 1000. Band

In jeder Serie ist Band 1000 ein Signal. Am Vorabend des Dritten Reiches schrieb z. B. Karl Jaspers für die Nummer 1000 der Sammlung Göschen seine berühmte Zeitanalyse. Die Redaktion der Herderbücherei stellt *ihren* Jubiläumsband unter eine Frage, die heute viele Menschen bewegt: „Wer wird das Antlitz der Erde erneuern?“

Verdruß und Langeweile, Resignation und Ratlosigkeit, die heute allenthalben herrschen, machen es nicht wünschenswert, daß unsere Zukunft eine Hochrechnung unserer Gegenwart wäre. Entscheidendes muß sich ändern, wenn unsere Welt lebenswert bleiben soll. Doch die Hoffnung, daß dies auf *revolutionärem* Wege zu erreichen wäre, ist längst dahin. Bleibt also alles beim alten?

In dieser lähmenden Situation fordert Band 1000 der Herderbücherei dazu auf, verheißungsvolle Aufbrüche anderer Art nicht zu übersehen. Daß Natur verteidigt wird, daß Poesie wieder einen Markt hat oder daß das Verständnis für die Tiefenerfahrungen anderer Religionen wächst, sind nur die augenfälligsten Erscheinungen. Im einzelnen geschieht viel, was über den toten Punkt hinausführen könnte. Wir nehmen es nur nicht wahr, weil der Zeitgeist unseren Blickwinkel verengt hat. Es gilt also, Bewußtseinsgrenzen zu sprengen und neue Wirklichkeiten in den Blick zu nehmen, wenn wir wieder zuversichtlich werden wollen.

Band 1000 der Herderbücherei analysiert, wo sich, meist unterhalb unserer Wahrnehmungsschwelle, schöpferische Veränderungen vollziehen. Sein Untertitel „Von den Spuren des Geistes in unserer Zeit“ könnte als Leitwort über dem gesamten Herderbücherei-Programm nach Band 1000 stehen. In vielen Bänden versucht die Taschenbuchredaktion auszumachen, wo Zeichen des Untergangs zu Zeichen des Übergangs werden. Bekannte Wissenschaftler äußern sich dazu in dem Herdertaschenbuch „Wo unsere Zukunft heller wird“

(Nr. 1021). Er wird herausgegeben von Ursula von Mangoldt, die in einem eigenen Band „Was birgt uns in der Gefahr?“ (Nr. 1051) ihre Erfahrungen an der Schwelle eines neuen Zeitalters beschreibt.

Veränderungen allenthalben. Auf dem Gebiet der Seelenforschung schildert Elisabeth Lukas, die Meisterschülerin von Viktor E. Frankl, den Weg „Von der Tiefen- zur Höhenpsychologie“ (Nr. 1020), den die Logotherapie eingeschlagen hat. Die 1982 begonnene Serie „Wegzeichen“ zieht die Folgerungen aus der wachsenden Abkehr vom bequemen Versorgungsdenken. Zum Umdenken fordern Tisa von der Schulenburg und Heinrich Böll auf in Erinnerung an die schlimmen Jahre der Nachkriegszeit: „Was ist aus uns geworden?“ (Nr. 1024). In der Tat sind an unsere Humanität neue Fragen gestellt. Das wird besonders deutlich in der Orientierungsstudie „Atomwaffen und Gewissen“ (Nr. 1043) oder in dem Dokumentarbericht „Die letzte Fahrt der Kap Anamur I“ (Nr. 1058), geschrieben von dem Initiator des Rettungskomitees Robert Neudeck.

Die Welt wieder vielschichtiger und geheimnisvoller zu sehen, darum geht es in einer anderen Programmsparte. So haben Sterne nicht nur einen Lauf, sondern auch eine Sprache, wie der Astronom Udo Becker schreibt („Was sagen uns Sterne?“ Nr. 1053). Haben wir einen 6. Sinn?, fragt der Jerusalemer Forscher H. C. Berendt in seiner „Einführung in die Telepathie“ (1022) und als Quintessenz einer langen Beschäftigung kommt der Marburger Theologe Ernst Benz zu der Feststellung, daß ein gründliches Gespräch zwischen „Parapsychologie und Religion“ (Nr. 1025) wichtige Ansatzpunkte liefern könnte für ein tieferes Verständnis der biblischen Bücher.

„Warum noch lesen?“ heißt der Titel des 53. INITIATIVE-Bandes, in dem Gerd-Klaus Kaltenbrunner und seine Mitarbeiter sich mit dem notwendigen Überfluß der Bücher beschäftigen. Angesichts dieses Programms läßt sich die aufgeworfene Frage leicht beantworten.

Christa Meves

Manipulierte Maßlosigkeit
Band 401, 144 Seiten, 24. Auflage

Wunschtraum und Wirklichkeit
Band 433, 160 Seiten, 13. Auflage

Die Bibel antwortet uns in Bildern
Band 461, 160 Seiten, 13. Auflage

Ehe-Alphabet
Band 485, 128 Seiten, 22. Auflage

Kinderschicksal in unserer Hand
Band 501, 160 Seiten, 11. Auflage

Freiheit will gelernt sein
Band 517, 144 Seiten, 11. Auflage

Unser Leben muß anders werden
Band 517, 128 Seiten, 9. Auflage

Lange Schatten – helles Licht
Band 590, 160 Seiten, 6. Auflage

Antworten Sie gleich
Lebenshilfe in Briefen
Band 635, 144 Seiten, 5. Auflage

Seelische Gesundheit und biblisches Heil
Band 696, 160 Seiten, 4. Auflage

Ich reise für die Zukunft
Band 715, 144 Seiten, 2. Auflage

Kleines ABC für Seelenhelfer
Band 810, 160 Seiten, 3. Auflage

Ich will mich ändern
Band 885, 128 Seiten, 3. Auflage

Der Weg zum sinnerfüllten Leben
Band 931, 352 Seiten

Problemkinder brauchen Hilfe
Band 951, 160 Seiten, 3. Auflage

Erziehen und Erzählen
Band 976, 128 Seiten, 2. Auflage

in der Herderbücherei